JEANIEL CARLOS MAGNO

PUBLICIZAÇÃO DA VELHICE

CRENÇAS, FATOS E DIREITOS

KOTTER EDITORIAL

JEANIEL CARLOS MAGNO

PUBLICIZAÇÃO DA VELHICE

CRENÇAS, FATOS E DIREITOS

PREFÁCIO
Álvaro Nunes Larangeira

Coordenação editorial: Sálvio Nienkötter
Editor-executivo: Claudecir de Oliveira Rocha
Editores-adjuntos: Daniel Osiecki, Francieli Cunico
Capa e design editorial: Carlos Garcia Fernandes
Produção: Cristiane Nienkötter
Preparação de originais e revisão: O Autor

Dados Internacionais de Catalogação na Publicação (CIP)
Angelica Ilacqua CRB-8/7057

Magno, Jeaniel Carlos
Publicização da velhice : crenças, fatos e direitos / Jeaniel Carlos Magno ; prefácio de Álvaro Nunes Laranjeira. -- Curitiba : Kotter Editorial, 2021.
144 p. ; 16 x 23 cm

Bibliografia
ISBN 978-65-89624-86-8

1. Publicidade 2. Propaganda 3. Envelhecimento I. Título II. Laranjeira, Álvaro Nunes

CDD 659

21-4761

KOTTER EDITORIAL

Kotter Editorial Ltda.
Rua das Cerejeiras, 194
CEP: 82700-510 - Curitiba - PR
Tel. + 55(41) 3585-5161
www.kotter.com.br | contato@kotter.com.br

Feito o depósito legal
setembro de 2021
1ª Edição

Dedico esta obra à Tânia minha esposa, aos meus filhos, aos meus pais, à minha avó Nilza, aos meus tios e tias, aos amigos, aos professores e a todos aqueles que direta ou indiretamente contribuíram para que esta produção se materializasse.

Às professoras Glaci de Almeida e Nilma de Almeida, à minha avó Maria Pureza Carneiro Magno, ao meu avô Leôncio Domingos do Nascimento e ao inesquecível amigo Natal Martin Junior, de saudosas lembranças.

IMAGINÁRIO SOCIAL DE VELHICE

Brigitte por Pixabay, 2021

Há muros que só a paciência derruba. E há pontes que só o carinho constrói. Fiz a escalada da montanha da vida removendo pedras e plantando flores.

(Cora Coralina)

Esta obra é resultado de um estudo de caso, uma pesquisa dissertativa realizada entre os anos de 2019 e 2021 com a qual o autor obteve o título de Mestre em Comunicação e Linguagens pela Universidade Tuiuti do Paraná (UTP) em 2021

QUALIDADE DE VIDA NA LONGEVIDADE

Viniciusemc2 por Pixabay, 2021

A velhice é honesta, se ela sabe proteger-se, se ela defende seus direitos, se ela não se deixa dominar por ninguém, se ela até o último suspiro é senhora dos seus

(Marcos Tullius Cícero, II a.C.)

SUMÁRIO

Prefácio

Do autor predestinado à obra

Álvaro Nunes Larangeira

Ah se os artigos terceiros da Política Nacional do Idoso – "A política nacional do idoso reger-se-á pelos seguintes princípios: I - a família, a sociedade e o estado têm o dever de assegurar ao idoso todos os direitos da cidadania, garantindo sua participação na comunidade, defendendo sua dignidade, bem-estar e o direito à vida; II - o processo de envelhecimento diz respeito à sociedade em geral, devendo ser objeto de conhecimento e informação para todos; III - o idoso não deve sofrer discriminação de qualquer natureza; IV - o idoso deve ser o principal agente e o destinatário das transformações a serem efetivadas através desta política; V - as diferenças econômicas, sociais, regionais e, particularmente, as contradições entre o meio rural e o urbano do Brasil deverão ser observadas pelos poderes públicos e pela sociedade em geral, na aplicação desta lei" – , de 1994, e do Estatuto do Idoso – "É obrigação da família, da comunidade, da sociedade e do Poder Público assegurar ao idoso, com absoluta prioridade, a efetivação do direito à vida, à saúde, à alimentação, à educação, à cultura, ao esporte, ao lazer, ao trabalho, à cidadania, à liberdade, à dignidade, ao respeito e à convivência familiar e comunitária" –, sancionado em 2003, fossem as diretrizes das políticas governamentais para as pessoas longevas. Ah!

No entanto, bem se sabe ser diferente a realidade. Medidas e propostas dos poderes Executivo e Legislativo afastam dos assalariados cada vez mais o horizonte da aposentadoria, sob o capcioso argumento da adequação à expectativa de vida da população brasileira. Como se viver mais fosse problemático. A pirâmide previdenciária vislumbrada pela quase totalidade da população brasileira – excluídos, lógico, os nababos corporativistas – oferece na base valores irrisórios, mas com a possibilidade de alcançar o topo, onde se pode ser agraciado com outro valor irrisório. A consequência é a constatação da presença forçada da terceira idade na concorrência por vagas no mercado de trabalho formal e informal, para manter a subsistência cotidiana, e a metamorfose da aposentadoria, pensada antes como desfrute, em apêndice salarial. Em linguagem atual, a uberização da velhice.

Associado à questão econômica, temos o peso do imaginário, gestado pela proposição midiática representativa dos mandamentos de uma sociedade produtivista. A terceira idade é apresentada como estrato à parte da dinâmica normativa do cotidiano, alienada por suas considerações e perspectivas e infantilizada em interlocuções de embutido caráter alienista, ou então é retrata em situações idílicas, irreais, como se fosse um enfeite. Tendo em vista a situação majoritária dos idosos no Brasil, assolados pela míngua das condições socioeconômicas e à mercê dos corriqueiros abusos intrafamiliares e menosprezos dos poderes institucionais, e ainda tentando contornar os implacáveis efeitos físicos próprios desta etapa da vida, querer, por exemplo, atribuir o epíteto de "Melhor idade" a esta fase é, por certo, um escárnio.

Este grupo etário, conhecedor e guia nos caminhos pelos quais todos terão de passar, requer respeito e reconhecimento, termos basilares da presente obra do Jeaniel Carlos Magno. O livro "Publicização da velhice: crenças, fatos e direitos" do recém-titulado mestre em Comunicação e Linguagens é, na essência, um hino à terceira idade, em todos os aspectos necessários: o esmero e a sensibilidade na abordagem do assunto, a salutar e irredutível determinação em apontar e ceifar as recorrentes estereotipias e reiterados preconceitos incrustados nas interpretações e imaginários sobre o envelhecimento e o reforço no decorrer do texto da imprescindível consciência por parte dos idosos do direito a direitos. Isto para ficarmos apenas em três aspectos emanentes da apaixonada pesquisa realizada pelo autor nos últimos três anos.

A partir do feedback do tema Direito do Idoso (com base no citado Estatuto do Idoso), ministrado à turma 2019 da Universidade Aberta da Maturidade (UAM), projeto de extensão da Universidade Federal do Paraná (UFPR) destinado a pessoas com mais de 60 anos, foi possível ao pesquisador delinear a importância da comunicação e respectivos procedimentos e processos para a retenção na memória dos vívidos alunos dos ensinamentos e perspectivas abertas nas discussões a respeito dos direitos legais a eles destinados. "Assim, a funcionalidade-chave da comunicação na esfera do social é cumprir uma função que lhe é própria, a de publicizar, dentre outras finalidades, os direitos do idoso e meios de enfrentamento aos abusos por eles sofridos. Por isso a urgência de um olhar comunicacional que divulgue de maneira clara, irrestrita e habitual os direitos do idoso e que pensa formas de disseminar a imagem de velhice que favoreçam uma ideia mais sóbria e honesta dessa etapa da vida", concluiu o autor.

Tanto pela leitura do livro quanto por conversas a respeito do tema, certifica-se ter Jeaniel nascido para a autoria deste trabalho. É pelo tato nas expressões, a arguição sensível, o ponderamento na argumentação e todo o cuidado nas assertivas. "Afinal", diz ele, "discutir a temática da velhice é avançar os estudos sobre os mais variados enfoques que cobrem o processo de envelhecimento e as questões que assolam a velhice. Nesse aspecto, a presente pesquisa se aplicou em lançar luz sobre os direitos do idoso e seus benefícios para os grupos etários de mais idade, no caso, o da terceira idade da turma 2019 da UAM". Tem Jeaniel uma característica muito peculiar: em toda publicação sobre o tema ele eleva a qualidade de vida dos estudos acerca da terceira idade.

Sêneca avisava, nas ponderações destinadas ao intuito da tranquilidade da alma: "Persuade-te, pois, de que toda situação está sujeita a mudanças e de que tudo o que cai sobre os outros pode igualmente cair sobre ti". Em "Todos os homens são mortais", romance de Simone de Beauvoir, o conde Raymundo Fosca tem a sina da eternidade. É imortal e predestinado a ter a mesma idade biológica por todo o sempre. "Vivo e não tenho vida. Não morrerei nunca e não tenho futuro. Não sou ninguém. Não tenho história e nem fisionomia", reclama. Pois nós, mortais, temos futuro, somos alguém com história e estórias, fisionomias mutáveis e desejosos, porque factível, da melhor vida possível. Envelhecer, pois, é um privilégio. Compete a nós dignificá-lo, tal qual faz Jeaniel Carlos Magno neste livro.

Álvaro Nunes Larangeira
Professor visitante do Programa de Pós-Graduação em Saúde Coletiva da Universidade Federal do Espírito Santo (PPGSC/UFES). Mestre e doutor em Comunicação pela Pontifícia Universidade Católica do Rio Grande do Sul (PUCRS) e pós-doutor em Jornalismo pela Universidade de Coimbra, em Portugal.

ÓCIO E LAZER

Ivan z por Pixabay, 2021

> Não é a imagem superfaturada da velhice que deve propor a inclusão social do idoso e, sim sua condição de finitude. Ser velho é um direito, inclusive de viver como bem entender.
>
> (Maria Helena Novaes)

ENVELHECER NA CONTEMPORANEIDADE

A década de 1990 rompeu o silêncio que havia sobre a temática da velhice. A elevação da expectativa de vida em nível global e as projeções de qualidade de vida para sujeitos longevos, apontadas por organismos internacionais no assunto, deram visibilidade à temática, que se tornou matéria discutida em políticas públicas e teve o reconhecimento de direitos tal qual o da globalização da aposentadoria e o da regulamentação da Política Nacional do Idoso (PNI) no Brasil (DEBERT, 2012).

Contudo, a midiatização homogeneizada da velhice fez da ideia um negócio lucrativo para o mercado de consumo (DEBERT, 2012). Com isso, acentuou o perigo da clivagem social, reavivou antigos estereótipos, expôs as muitas arbitrariedades que assolam a velhice e trouxe à tona a discriminação em função da idade e a fobia de envelhecer, que faz com que a pessoa recorra a métodos que omitem a inevitável finitude da vida ao procurar adiar a velhice e dilatar a juventude (MASCARO, 2004).

O fato é que agora pode-se observar as linhas que separam o modo comunicacional com que a temática foi sendo difundida no decurso da história das sociedades. Enquanto na tradição o silêncio foi a tônica da velhice (marginal), na modernidade a midiatização definiu dois extremos: a sobrevalorização (grife) e a desvalorização (descarte).

Em que pese tais variantes, a visibilidade que o tema velhice obteve nas últimas décadas propiciou, no Brasil, a multiplicação de escolas abertas da maturidade, que se mostraram um núcleo estratégico na valorização da velhice e na orientação ao idoso, da mesma maneira as associações de aposentados, que se notabilizaram como legítimos interlocutores políticos legais no interesse dessa categoria (DEBERT, 2012).

Por ora, a partir dos direitos assegurados ao idoso, há bem mais canais dispostos a subsidiá-los a enfrentar as adversidades e a combater abusos, pois, cinquenta e dois estudos atuais, realizados em 28 países, revelaram que 16% das pessoas na faixa de 60 anos acima já foram submetidas a algum tipo de abuso; dessas, 11,6 % a abusos psicológicos, 6,8% a abusos financeiros e 4,2% a abusos físicos (OPAS/OMS, 2017). O impasse é que boa parte das pessoas desconhecem quais são os direitos legais do idoso.

De acordo com Tuchlinski (2019), muitos idosos se surpreendem ao saberem que para além da gratuidade no transporte e do atendimento preferencial ao idoso, há outras prerrogativas que subsidiam essa categoria social – um sintoma de que ainda não estão colocadas, de maneira clara, ampla e irrestrita, para o idoso e para a sociedade, todas as garantias legais atribuídas aos grupos etários de mais idade.

Neste sentido, para combater com persistência os abusos que ainda afrontam a velhice, percebe-se que em relação a outras campanhas que concorrem igualmente por audiência, é preciso avaliar como os direitos do idoso, divulgados nas mídias de massa e nos programas dirigidos à terceira idade, ganham destaque na memória das pessoas pertencentes aos grupos etários de mais idade.

Diante disso, um estudo de caso sobre a turma 2019 da Universidade Aberta da Maturidade (UAM) da Universidade Federal do Paraná (UFPR) foi a motivação para investigar a respeito. A intenção, foi avaliar, na ordem das prioridades, o grau de significância que o tema Direito do Idoso cumpre na memória do grupo etário terceira idade, assim convencionado, primeira etapa da velhice, compreendida na faixa média dos 60 e 70 anos os idosos jovens, listados dessa maneira na revista da Sociedade Brasileira de Clínica Médica (SBCM)[1]. Restava, portanto, saber, como o tema Direito do Idoso, difundido na UAM, iria se destacar na memória do grupo terceira idade da turma 2019 em relação a outros temas lá discutidos que também concorriam por audiência?

---

[1] Artigo do curso de Geriatria da Faculdade de Medicina da Universidade de São Paulo, publicado na revista da Sociedade Brasileira de Clínica Médica (MAUÉS; PASCHOAL; JALUUL; FRANÇA; JACOB FILHO, 2010, p. 406).

Em vista disso, foram traçados os seguintes objetivos: descrever as qualidades das atividades práticas e sociais ofertadas no programa da UAM e transmitidas à turma 2019; averiguar a relação do grupo terceira idade da turma 2019 com o conteúdo recebido; identificar similaridade entre os temas de interesse consumidos; e verificar, na ordem das prioridades, a posição de destaque que o tópico Direito do Idoso ocupa na memória do grupo terceira idade daquela turma.

Partiu-se da hipótese que devido à variedade de temas ofertados no programa da UAM e às distintas demandas dos interessados e, não, em razão de um domínio prévio do saber, o tema Direito do Idoso poderia não estar nas primeiras fileiras do centro das atenções dos participantes da turma 2019. Então, o impacto comunicacional das ações voltadas à difusão dos direitos do idoso, planejadas pela UAM, poderia não reter a devida atenção do idoso sobre o valor do assunto, que permaneceria incógnito.

Para testar a hipótese citada, o plano foi aplicar uma investigação de natureza elementar planejada, descritiva e explicativa, guiada pelo método hipotético-dedutivo, com uma abordagem qualitativa, realizada com recursos bibliográficos, documentais e por um estudo de caso único, a partir dos pressupostos de Robert K. Yin. Já o referencial teórico baseou-se, sobretudo, em Guita Grin Debert e Ricardo Moragas.

Assim, três enfoques organizaram o eixo de estudo. O primeiro cobriu aspectos comunicacionais da publicidade e suas nuances históricas: de mediadora entre a política e a moral à de propaganda como função de esfera pública e opinião pública. Depois, um recorte histórico, questões de ordem e o efeito das ações publicitárias alinhadas ao mercado de consumo em relação ao tema Velhice, estruturaram o segundo enfoque. Por último, foi exposto um panorama estatístico atual sobre os entraves que assolam a velhice; foi relembrada a origem e a natureza dos programas sociais dirigidos ao idoso, com declarações significativas da parte daqueles para quem o tempo livre se converte em oportunidade; e foram rememorados os direitos certificados por lei ao idoso, com base na Constituição de 1988, na PNI e no Estatuto do Idoso (EI), e o mérito da difusão dos direitos no enfrentamento aos abusos, que, de modo presente, cerceiam o bem-estar e a autonomia de pessoas com 60 anos ou mais.

Então, para responder às questões de pesquisa, o processo analítico planejado para atender às demandas impostas, seguiu um roteiro também analítico, dirigido a estudos de casos únicos, proposto por Robert Yin (2015). E a partir de um roteiro fixado, definiu-se que o agrupamento de perfis, uma comparação de dados e uma padronização, mediada por uma triangulação entre as questões, referencial e múltiplas fontes de evidências (observações, questionários, entrevistas e outros), seria o recurso analítico.

Similarmente, o plano analítico começou com uma padronização sintomática, apoiada nos objetivos traçados e nas hipóteses levantadas, e examinou, por intermédio de uma combinação padrão, a convergência e a qualidade dos dados obtidos no estudo de caso produzindo inferências explicativas acerca do que foi previamente definido no estudo.

No final, em decorrência da aposta metodológica investigativa, concluiu-se que apesar de a diretriz do programa da UAM investir na difusão dos direitos do idoso: dos 19 participantes investigados, 16 deles expressaram uma visão restrita sobre quais são os direitos do idoso previstos no Estatuto do Idoso (EI). Além disso, dentre outros achados, descobriu-se que a hipótese lançada contou com outras intervenções para que o tema Direito do Idoso ocupasse a discreta posição que assumiu na memória da turma 2019 da UAM, e que essa obra se propõe a historiar.

CAPÍTULO I
PUBLICIZAÇÃO, MÍDIA E CONSUMO

A proposta para este capítulo é discorrer sobre a temática da velhice e seus diferentes enfoques. Sobretudo, em relação ao aspecto que vincula o tema Direito do Idoso ao instrumento legal denominado Estatuto do Idoso. Contudo, lançando luz sobre o processo comunicacional como um todo e como componente-chave na divulgação dos direitos do idoso à sociedade e ao próprio destinatário, o idoso.

Comunicação: da publicização à lógica do mercado de consumo

A priori, a comunicação assume posição no núcleo da evolução sociocultural humana. A biografia humana só ganha destaque porque suas experiências no vivido são mantidas por um regime de acervo e superação, mas acima de tudo, porque suas performances são comunicáveis. O que determina tal posição é a constituição de um sistema comunicacional complexo, estruturado a partir da percepção que o homem tem de si e do mundo e do exercício de convivência que faz, que causa a troca cultural e desta forma, define a natureza humana do homem (MENEZES, 1973a).

Com isso, as propriedades comunicacionais que transformaram as civilizações primitivas no modelo atual de sociedade, decorrem, da parte do homem, sobretudo, da construção lógica de um raciocínio hipotético-dedutivo; da expertise para produzir e manusear ferramentas; e da inserção num sistema comunicacional marcado por símbolos e linguagens (MENEZES, 1973a). Isto é, em razão do caráter apontado, a comunicação exerce nitidamente uma funcionalidade chave na esfera do social, pois cumpre um papel próprio, o de comunicação social. Por isso, é na orbita da criação e divulgação, que o olhar comunicacional e midiático precisa estar calibrado para bem propagar conceitos e imagens factuais, como exemplo: o da velhice e seus direitos.

Por esse ângulo, a comunicação se define pelo ato de pôr em comum, de gerar um processo social elementar, que objetiva não somente a troca de saberes entre indivíduos de uma sociedade, mas a convergência de distintas visões expressivas, de modo solidário e adaptado (MENEZES, 1973b). Não obstante, mediada pela troca de informações relevantes, a comunicação fomenta o conhecimento humano, que se transforma em prática transmissível e um saber utilizável (MENEZES, 1973a).

Diante isso, percebe-se que o elemento capaz de converter o conhecimento recebido em prática transmissível e um saber aplicável, deriva da qualidade da informação recebida, que por força de convenção, ganha status de diretriz e, assim reconhecida, é propagado de geração em geração tal conhecimento. O que faz da comunicação um processo capaz de fortalecer os alicerces da sociedade. Logo, um campo do conhecimento singular para os estudos das relações humanas e em sociedade; e para os estudos dos imaginários sociais, em especial, o da velhice.

Na categoria de campo do conhecimento acerca dos estudos da comunicação, técnicas, formas de transmissão, canais por onde circula a informação. É no domínio da publicidade e da propaganda que certas nuances provocam uma especial atenção sobre os efeitos que cada uma dessas ramificações da comunicação é capaz de produzir no imaginário social. Seja com o plano de divulgar fatos e ideias ou de sustentar mitos e estereótipos - a performance comunicativa tanto pode promover o bem-estar, quanto comprometer a autoestima de pessoas que vivem as distintas fases da velhice.

Conforme apurou Teobaldo de Andrade (1965), a primeira referência ao termo propaganda é datada de 1597, ano em que circulou um decreto papal de Clemente VIII, denominado "Congregatio e Propaganda Fide", com o objetivo de propagar a fé nos países pagãos. Já o termo publicidade, para uma vertente dedicada ao estudo, é o nível de persuasão que delimita se a ação é publicitária ou de caráter propagandista (ANDRADE, 1965).

Quanto a origem dos termos publicidade e propaganda, ambos derivaram do latim. Na primeira, a expressão "publicare", refere-se ao ato de transformar a ação comunicável em algo de natureza pública a ser divulgado ou difundido o feito. Já a expressão "propagare", é o ato de anunciar por repetidas vezes determinado ponto de vista, de modo a persuadir o indivíduo a engajar na ideia sugerida (ANDRADE, 1965).

Para Benedicto Silva, citado por Andrade (1965), a publicidade visa informar, já a propaganda objetiva convencer. A primeira divulga o fato novo, ao passo que a segunda repete o mesmo discurso incessantemente. Na mesma trilha, desenvolve ainda o autor que:

> O divulgador em essência é um informante qualificado. Não sugere, nem insinua, nem concita, nem exorta, nem exagera, nem dramatiza, nem foge deliberadamente à verdade. Registra, descreve, narra, informa simplesmente (SILVA, citado por ANDRADE, 1965, p. 32)

Além disso, acrescenta que:

> Sua tarefa (do propagandista) não se resume, como a do divulgador, em publicar, isto é, tornar público, mas procura persuadir, incutir noções e ideias na mente do público, despertar a atenção onde a atenção não existe, glorificar o que é vulgar, magnificar o que é empolgante, exaltar o que é nobre, explorar a vaidade, as paixões, as manias, os preconceitos humanos, em resumo criar desejos, liberar impulsos e emoções capazes de levarem o público trabalhado a sentir e, finalmente, a agir de modo que aproveite os interesses em cujos benefícios a propaganda seja conduzida (SILVA, citado por ANDRADE, 1965, p. 32)

Para o publicitário Rafael Sampaio (2013, p. 3), a ideia de propaganda remete a ações pensadas no afã de "mudar hábitos, recuperar uma economia, criar imagem, promover o consumo, vender produtos, informar o consumidor". Uma maneira de comunicar, que potencializa os sentidos, aciona os desejos, desorganiza o raciocínio, alimenta o imaginário e intervém na autonomia em escolher o que bem entender (SAMPAIO, 2013, p. 8).

Todavia, Sampaio (2013) enfatiza três definições contemporâneas, relativas aos termos publicidade e propaganda, apuradas a partir da derivação da língua inglesa: 1) advertising, para designar o anúncio comercial, um modo de propagar que objetiva divulgar e fomentar o consumo de bens, tais como: a difusão de conteúdo de utilidade pública, que visa incentivar posturas solidárias adequadas ao convívio em sociedade (filantropia, observar as leis de trânsito, cuidar do patrimônio público etc.); 2) publicity, que se refere à informação divulgada editorialmente através de jornais, rádio, TV e outras formas de mídia de massa, no afã de disseminar informações ligadas às organizações, instituições, pessoas, conceitos, fatos etc., e livre do ônus de que o anunciante tenha que arcar com os custos relativos ao espaço ou tempo empregue na difusão da informação; e 3) propaganda, de natureza política, religiosa ou de cunho ideológico, que objetiva difundir conceitos com tais características.

Com o mesmo enfoque atual de definições, para o professor, doutor e mestre em comunicação, João Anzanello Carrascoza (2014, p. 54), o discurso visto como persuasivo na esfera da publicidade "não visa tanto a compulsão pela compra, mas a adesão do consumidor ao consenso social anunciado". Com isso, percebe-se que o dispositivo que une os conceitos históricos, relativos à publicidade e a propaganda, às definições vigentes sobre esses mesmos recursos, chama-se adesão pela sedução. Nesse domínio, Carrascoza (2017, p. 52) especifica o modus operandi de como o processo comunicacional publicitário se articula para obter êxito em conquistar a adesão do consumidor em foco. Isto é, "um anúncio de produto, por exemplo, não visa apenas levar o consumidor a ter uma adesão por ele, mas, por meio da escolha cuidadosa de seus ditos (e seus correspondentes não-ditos)". E desenvolve que:

> Não basta fazer o consumidor crer no mundo imaginário que para ele é criado e gerenciado por ações de marketing, mas diminuir, diante de seus olhos, a significância dos outros mundos que com ele competem (CARRASCOZA, 2017, p. 52, grifos do autor)

Assim, é preciso reiterar que as ramificações da comunicação, seja de natureza publicitária e/ou dirigida à propaganda, a depender do objetivo estabelecido, de acordo com o modus operandi demonstrado acima, no que compete à imagem de velhice e a divulgação dos direitos do idoso, tanto podem promover o bem-estar na velhice, devolvendo à sociedade e ao idoso um imaginário sóbrio de velhice, quanto podem oferecer à indústria do consumo um nicho de mercado em que a imagem de velhice é vendida de modo superfaturado para a sociedade e para o próprio idoso.

Neste caso, uma ação publicitária empenhada em salvaguardar uma imagem factual de velhice e disposta a sustentar tal visibilidade, precisa, antes de tudo, oferecer produtos que, por certo, atendam as demandas desse público etário de mais idade. Assim, talvez, estratégias dessa natureza seduzam a própria indústria do consumo a aderir e ofertar a esse nicho de mercado, produtos e serviços condizentes com a realidade desse público. Todavia, conforme realça Carrascoza (2017), para além das questões de mercado, há, ainda, a disputa no campo midiático, onde suas ideias se enfrentam.

Para o filósofo Jürgen Habermas (2014), com a vinda das mídias de massa eletrônicas; com o crescimento expressivo das atribuições conferidas à propaganda; com a gradual tendência de unir entretenimento e informação; com a convergência cada vez maior de todas as áreas em torno de um mesmo eixo; com uma teia de comunicação mais comercializada e concentrada; com o aumento do valor de capital e com o crescimento da proporção organizacional das instituições editoriais, as rotas de comunicação foram precisamente centralizadas e as possibilidades de acesso à comunicação pública se tornaram privilégios para poucos. Com isso, "surgiu uma nova categoria de influência, a saber, o poder da mídia, que, usada de modo manipulador, privou o princípio da publicidade da sua inocência." (HABERMAS, 2014, p. 57-58).

Segundo Habermas (2014), a publicidade ganha destaque a partir de duas versões políticas: filosofia do direito e filosofia da história. Evocado pelo autor (2014), para Kant, a publicidade remete a ideia de que somente por meio dela se é possível conciliar a política com a moral, e define a publicidade como um preceito da instância jurídica e, acima de tudo, como técnica do esclarecimento. Uma norma que determina, que o exercício público da sua razão deve primar indubitavelmente pelo livre arbítrio, e somente isto é capaz de gerar o Esclarecimento entre os seres humanos, ainda que o exercício privado da razão seja modesto. Isto é, cada integrante da sociedade é requisitado a exercer seu papel de "publicista" e que se expressa através do artificio da escrita ao público (HABERMAS, 2014).

Na versão da filosofia do direito, reconhecida como a versão manifesta, as diretrizes universais são geradas apenas por força da natureza, com a estimativa de que as leis do direito são capazes de concluir as ações políticas baseadas nas práticas morais, aquelas que evidenciam se tratar de um direito ao ser humano e, portanto, um dever jurídico a ser cumprido. A compreensão dessas leis é assegurada através da publicidade, designada para tal finalidade a partir dos fundamentos originários do estado jurídico por vias de regra (HABERMAS, 2014).

Na versão não oficial, intitulada filosofia da história, a política, de antemão, deve persistir na criação de um estado jurídico. Por esse motivo, ela faz uso da criação de diretrizes universais, manifestadas por força da natureza, em especial, da política moral. Por não se tratar de um entendimento meramente de caráter moral, nesta instância, a ação política de ratificar as leis leva em conta as decisões do coletivo reunidas da vontade da maioria sobre o bem-estar deles, explica Habermas (2014).

A percepção dessas leis desse modo estabelecido pelo coletivo, precisa ser novamente garantida pela publicidade. Agora, a publicidade deve situar-se entre a política e a moral de um modo particular. Deve confirmar-se uma fusão perceptível dos desejos de todos, o ato legal deve decorrer do ato moral (HABERMAS, 2014). Nessa perspectiva, a filosofia da história servirá de guia para o público, pois as bases da razão coincidem com as imposições do bem-estar. Assim, na medida em que o Esclarecimento se acentua, a própria filosofia da história irá se converter em parte do Esclarecimento que ela indica como norte a ser seguido. Condição que, para Hegel, é um horizonte questionável enquanto ordem natural e descartável, enquanto preceito de mediação entre a política e a moral, pois o espaço tomado pela publicidade para instruir o povo, é na verdade um ato ideológico (HABERMAS, 2014).

Afora os atributos ideológicos conferidos à publicidade no decurso da história, conforme a mídia impressa se comercializa, equiparam-se as fronteiras entre o fluxo de mercadoria e as interações do público; no interior do âmbito privado, desaparecem as fronteiras entre ambiente público e ambiente privado. (HABERMAS, 2014).

De modo específico, Habermas (2014) descreve que na origem da formação dos pequenos negócios guiados a comercialização de jornais, por princípios, operava-se com uma margem modesta de lucro. No momento em que a imprensa de notícias se converteu em mídia de opinião e a produção escrita de informes passou a disputar lugar com o jornalismo de escritores, àquele contexto econômico ganhou contornos políticos de grandes proporções. Então, muito embora as discussões sobre a relação publicização, mídia e consumo se deem na esfera pública econômica, no domínio de um sistema capitalista voraz que, pela proliferação das publicações propagandistas no espaço público, estimula as pessoas ao consumo e ao exercício contínuo desta prática (HABERMAS, 2014). Em que pese isso, “desde o início, a representação publicística de interesses privados privilegiados estava associada aos interesses políticos". (HABERMAS, 2014, p. 413).

Afinal, conforme esclarece Habermas (2014), no mesmo período que através da propaganda a disputa horizontal das ambições dos possuidores de mercadorias se embrenhou no espaço público, o eixo capitalista de competição tal e qual já havia sido posto na rivalidade entre os partidos bem como a disputa vertical entre as inclinações de classe já havia excedido as linhas da mesma esfera pública. Entretanto, somente com as práticas das relações públicas é que se notou a natureza política dos anúncios econômicos, esclarece o autor (2014).

Nota-se que o enfoque proposto por Habermas (2014) relativo às funções conferidas à propaganda e à publicidade, aponta para o imediato poder de manobra dos meios de comunicação de massa eletrônico, implicado nas competências atribuídas a esses dois dispositivos da comunicação. Muito, em função de outro, o das Relações Públicas, que, embora opere suas práticas na intenção de obter a adesão do público em torno de uma causa maior, se articulado como instrumento à serviço de interesses políticos, omite seus objetivos comerciais passando, pela sedução, uma imagem de apreço e cuidados com o interesse público. Logo, se tomar por base esses mesmos mecanismos, em projetos dirigidos à imagem de velhice ou na divulgação dos direitos do idoso: no lugar do factual, vender-se-á o ilusório. Porque a linguagem não é exata, sua densidade é típica, tal qual o silêncio tem sentido (CARRASCOZA, 2017).

Então, se a comunicação exerce uma funcionalidade chave na esfera do social, amparada na ideia de que ela define a natureza humana do homem ao propiciar a troca de saberes entre indivíduos da sociedade, de tal modo que favoreça a convergência de diferentes pontos de vista (MENEZES, 1973a). Esses recursos, precisam transmitir uma concepção honesta de velhice, para que tal conhecimento se conserve no imaginário social e, assim, seja difundido como um saber prático às gerações futuras.

Com isso, percebe-se que a função das mídias de massa, da publicidade e da propaganda, no âmbito das questões relativas à temática da velhice, precisa estar a serviço da sociedade. Precisa se articular como dispositivo, porém, para propagar os direitos do idoso e combater os abusos que assolam os grupos etários de mais idade. Contudo, pelo viés de tornar público o assunto, registrar ocorrências, descrever fatos, narrar acontecimentos, simplesmente informar, conforme esclarece Benedito Silva, citado por Andrade (1965, p. 32). Bem como pelo viés de propagar conteúdo de utilidade pública que incentive posturas solidárias e adequadas ao convívio social, assim caracterizado por Sampaio (2013), a saber, a observação dos direitos do idoso.

Enfim, é indispensável um modo de publicizar que exponha e rejeite imaginários estereotipados de velhice sustentados na tradição e àqueles sobrevalorizados no tempo presente. Mas acima de tudo, que se sobressaia e seja um instrumento capaz de promover a qualidade de vida para sujeitos longevos, difundir seus direitos e apoiar no combate aos abusos por eles sofridos. Eis um desafio para o Relações Públicas procurar por soluções.

CAPÍTULO II
IMAGINÁRIO SOCIAL DE VELHICE

Aqueles que se empenharam em analisar as várias questões relativas à velhice e ao processo de envelhecimento, apoiados no contexto e na área de estudo a qual estavam afiliados, produziram reflexões que iluminaram enfoques particulares e históricos das diferentes fases da velhice. Com o mesmo arranjo, mas com o eixo epistemológico fixado na comunicação, as implicações do tripé publicização, mídia e consumo sobre os direitos do idoso; a constituição de um imaginário social de velhice conservado na história; e o desfecho, que fundamenta o papel chave da comunicação na valorização da propagação dos direitos do idoso e no combate aos abusos por eles sofridos, cobrem vários ângulos atinentes à velhice e expõem tanto as prerrogativas que custeiam as carências dos grupos etários de mais idade, quanto o ônus que a tradição insiste em preservar.

A velhice na história: o silêncio, como tônica da velhice marginal

A partir do imaginário social de velhice investigado, também as civilizações antigas transmitiam aos filhos, através da cultura, uma reputação marginal designada ao velho, privando-o do convívio social e silenciando suas objeções e sentimentos (BEAUVOIR, 1990). Evidências de que: "Todo imaginário é comunicação. Mesmo o imaginário do silêncio diz algo" (SILVA, 2017, p. 32). Diz que o custo da desfiliação do convívio social debitado na conta do idoso, resultado da repulsa imaginária de uma parte do coletivo, da indiferença de uns e da omissão de outros, e sustenta, por assim entender, um imaginário distorcido de velhice, que conduz à clivagem social e simultaneamente, ao silêncio comunicacional, o idoso.

Na mitologia, sobre a imagem de velhice, se pensava que a fonte geradora do vigor que perpetuava a raça humana, tinha origem num imaginário que admitia que de algum modo e em algum instante a juventude lhes foi restituída (BEAUVOIR, 1990). Para os povos antigos, chegar os 65 anos era um feito e poucos superavam os 3% da população. Considerados, assim, idosos, e muito idosos se chegassem aos 50 anos, ganhavam o status de velhos, idosos, anciãos, a parcela da população assim nomeada, que, na maioria das vezes, os são, biologicamente (BEAUVOIR, 1990). Para os esquimós, rezam as lendas que o êxito de salvar um idoso, sinalizava aos que tramaram se livrar do ancião, que um implacável castigo iria se desmoronar sobre os maus feitores. Já as mulheres idosas, eram retratadas como portadoras de magias, criadoras e curandeiras. Tal qual, regularmente, essas civilizações antigas, para caracterizar seus deuses, constituíam no imaginário a figura de enormes velhos, fortes e tomados de sabedoria, que na realidade, em tempo algum, a vida imitou as fábulas (BEAUVOIR, 1990). Entre os Iacutos, os mais velhos eram banidos e forçados à mendicância ou transformados pelos filhos em escravos e subjugados a trabalhos penosos, o que fazia com que muitos idosos pedissem para que os filhos abreviassem sua existência e os matassem (BEAUVOIR, 1990). Entretanto, por vezes, a sabedoria popular rendia subsídios aos mais velhos, que lhes assegurava de algum modo recuperar seu devido lugar no coração da família, a saber:

> Um camponês dá de comer a seu pai separado da família, numa pequena gamela de madeira; surpreende o filho catando pequenos tocos de pau: "É para você, quando ficar velho" – diz a criança. Imediatamente o avô recupera seu lugar na mesa comum (BEAUVOIR, 1990, p. 12-13)

Em outras situações, garantia a própria sobrevivência do idoso, pois:

> A urgência das necessidades obriga alguns primitivos a matar seus velhos parentes, com o risco de ter mais tarde a mesma sorte. Nos casos menos extremos, a precaução e os sentimentos filiais temperam o egoísmo. (BEAUVOIR, 1990, p. 13)

Desde os primórdios, passando pelas culturas agrícolas mais modernas, "as sociedades de repetição" têm em comum o fato de a técnica não evoluir; o fator tempo desatrelado dos indicativos de que um futuro está por vir, e sim relacionado à percepção de que a juventude vai ao longe e, neste caso, é preciso ir ao encontro dessa juventude para então resgatá-la (BEAUVOIR, 1990) – daí a noção de um imaginário social de velhice associado a uma juventude restituída.

Para os Yahgans (costa da Terra do Fogo) e os aleútes (mongóis), ambas civilizações extintas (final do século XIX), a relação entre pais e filhos é edificante e todos residem na mesma cabana. Isso faz com que os laços familiares entre eles permaneçam fortes, inclusive na fase da velhice, uma vez que todos os idosos, nessa cultura, são reconhecidos (BEAUVOIR, 1990), ou seja, pode-se dizer, que nessa sociedade, há respeito entre gerações.

Chamada, a era de ouro dos idosos, assim declarada historicamente, de acordo com a historiadora britânica Pat Thane (2018) isso se deve, especificamente, ao fato que outrora, poucas eram as pessoas que ascendiam à velhice e, por isso, eram prestigiadas e amadas por seus familiares. Entretanto, em razão de inúmeros fatores históricos como a imigração e a emigração na Europa pré-industrial, muitos jovens deixaram suas residências e comunidades com seus idosos para trás em busca de oportunidades de emprego e, isso, desencadeou um cenário complexo, associado ao abandono, à solidão e à miséria do idoso (THANE, 2018).

Na mesma esteira, Simone de Beauvoir (1990) relata, que, em 1970, na França, o número de idosos era o maior do mundo. Aproximadamente 12% da população estava na faixa dos 65 anos acima e em meio à miséria, à solidão, às deficiências e ao desespero. E o mesmo ocorreu nos Estados Unidos, que para mascarar a barbárie desenfreada e infame diante dos discursos ufanistas e humanitários que professavam, a estirpe dominante articulou a conveniente ideia de não mais considerar as pessoas mais velhas como homens (BEAUVOIR, 1990).

Todavia, um dos fatores que mantêm ativas as inquietações que atormentam a velhice, se associa ao fato que: "O velho, enquanto categoria social, nunca interveio no percurso do mundo. Enquanto conserva uma eficácia, ele permanece integrado à coletividade e não se distingue dela." (BEAUVOIR, 1990, p. 110). Com isso, nota-se que os elementos característicos que compõem a história da velhice, a depender da cultura fixada no imaginário de cada sociedade, a velhice tanto foi relegada à sua própria sorte, quanto, por vezes, venerada em sua longevidade. Para mais, se a imagem de velhice fomentou a repulsa, também promoveu a busca incessante por um elixir da juventude. Então, se de um lado, foi preciso se articular para assegurar a própria sobrevivência enquanto velho. De outro, nas sociedades de repetição, sem o fator tempo como condicionante, a juventude ia ao longe. E noutro, o mérito de se alcançar a longevidade rendeu bons frutos aos privilegiados.

Enfim, conceituar a velhice histórica é considerar o papel marginal imposto ao idoso. É reconhecer a manutenção de um imaginário social de velhice que impõem ao velho o rótulo de fardo, que fomenta a negligência, o abandono, a solidão, o silêncio. Por isso, questões de ordem, mitos e fatos precisam ser mais bem depurados, para serem melhor analisados, bem como as formas de abusos, ao máximo evidenciadas, para serem exemplarmente combatidas pela legislação que vigora em favor do idoso.

A velhice estereotipada: questões de ordem, mitos e fatos

Avalia-se que "só há imaginário na medida em que o real é possível e passível de distorção." (SILVA, 2017, p. 39). Sendo assim, uma imagem distorcida de velhice só resiste enquanto permanecer discreta sua face na órbita do real. Porque uma vez desvelada, mitos e fatos serão postos à prova e confrontados de modo efetivo.

Pela ordem. A velhice não é um episódio isolado, é o produto e a continuação de um processo. Não se restringe apenas a um evento biológico, trata-se também de um acontecimento cultural (BEAUVOIR, 1990). Depois, o termo "velhice" acomoda dois sentidos diferentes. Ao mesmo tempo em que representa uma categoria social, por vezes reconhecida conforme a situação. Corresponde ao próprio destino de cada indivíduo (BEAUVOIR, 1990). Sobre as narrativas que ligam o aumento do isolamento do idoso à ideia de que os mais pobres terminam na solidão e no esquecimento. Para uns, é fruto da dinâmica de um mundo moderno, com menos filhos e estes, distantes, em função das demandas da profissão e dos projetos de vida (THANE, 2018). Para outros, é em decorrência de possíveis divórcios e da não formação de uma nova família, pois, na Grã-Bretanha, como exemplo, os britânicos tendem a se isolar dos amigos e dos familiares (THANE, 2018). Contudo, percebe-se que embora esses exemplos expressem um cenário ligado à solidão e ao esquecimento, não excluem a incidência do fator socioeconômico sobre outras realidades.

Não obstante, nos dias de hoje, há mais pessoas morando sozinhas, dissociado da faixa etária e das questões relacionadas à solidão, fruto de um estilo próprio de vida, que favorece a autonomia para que o idoso continue ativo e mantenha seu sustento. E mesmo que viva com os filhos adultos, a relação de dependência pode não ser factual, mas sim, por questões de tradição (THANE, 2018). Apesar disso, históricos de negligência e abuso por parte da família, motiva o idoso a morar sozinho. Na Europa medieval, contos populares revelam os perigos de se estar sob a tutela dos filhos. Sinais de desrespeito, desprezo e, por fim, a miséria, fruto de conflitos entre gerações e o abandono por parte da família, são situações que se repetem nos dias de hoje (THANE, 2018).

Para além do enfoque apurado, é necessário desmistificar a ideia que os mais velhos são sempre dependentes dos mais jovens, e rememorar que foram os idosos os alicerces de seus familiares num passado recente. Com efeito, muitos desses idosos tiveram um papel relevante na comunidade. Seja no auxílio que deram aos necessitados, ao dar suporte aos seus netos, crianças doentes, deficientes, cônjuges, vizinhos. Seja conferindo apoio financeiro para esses, quando possível. Na Grã-Bretanha, 43% das crianças menores de 5 anos, cujas mães trabalham fora, são cuidadas pelos avós, posto que as creches públicas não dão conta da demanda, o que leva o idoso a desistir de trabalhar e passar a cuidar dos netos (THANE, 2018).

De modo que, são várias as razões para não classificar o idoso como fardo e dependentes dos mais jovens no custeio de suas despesas adicionais em moradia e saúde. Primeiro, que esse rótulo omite a contribuição positiva que o idoso deixara para a economia e à sociedade, pois foi trabalhador, contribuinte, consumidor, e ainda são o suporte para os jovens e seus familiares. Depois, não são fardos, pois 40 bilhões de libras que entram a mais por ano no país, decorrem dos pagamentos de taxas, poder aquisitivo, doações e voluntariados, resultantes do auxílio de pessoas com mais de 65 anos, se comparado ao que se gasta com esse grupo etário em despesas relativas à aposentadoria, saúde e assistência social. (THANE, 2018).

Com efeito, naquilo que estigmatiza o idoso como fardo, de acordo com a jornalista e pós doutora em Ciências da Comunicação pela Universidade de São Paulo (USP), Beltrina Côrte (2018), a etapa da velhice compõe as narrativas da mídia com base em enunciados numéricos, que destinam à categoria idade, as ameaças sociais, ambientais e de saúde, que ela traz em si. Situação que por si só marginaliza o sujeito idoso, por classificá-lo e se auto rotular como fardo à sociedade. Com isso, percebe-se que não só a sociedade incorpora tal imaginário negativo como o próprio idoso passa a admitir esse imaginário como factual. Nesse estágio, de acordo com o sociólogo Michel Maffesoli (2001), um imaginário será sempre coletivo, ainda que reflita no indivíduo de maneira exclusiva. Logo, um imaginário conservado na tradição.

Para o sociólogo Ricardo Moragas (1997), a questão da velhice está associada a três concepções. A velhice cronológica, determinada por uma convenção que fixa a idade de 65 anos, uma alusão à idade que normalmente o indivíduo se afasta das atividades profissionais, baseado em fatos históricos datados do século 19. A velhice funcional, que estigmatiza o sujeito ao classificá-lo como "velho", inapto e restrito. E a velhice etapa vital, para designar a serenidade com a qual se reconhece essa etapa da vida, em que a passagem do tempo registra as marcas de uma história vivida e que abre novas perspectivas para que em tempo outras experiências sejam vividas.

A primeira, julga Moragas, é democrática, pois todos os elementos do conjunto nasceram na mesma data. Entretanto, questões de ordem econômica, condições de trabalho e de saúde, como exemplo, impactam diretamente, desproporcionalmente e individualmente cada indivíduo. O que faz com que cada um apresente um panorama distinto, relativo ao condicionamento físico, psicológico, intelectual e do bem-estar, que interfere na autoestima do indivíduo (MORAGAS, 1997). Quanto à segunda concepção, é preciso combatê-la, pois vai de encontro aos projetos que visam a autoestima de sujeitos que vivenciam as fases da velhice. E no tocante à terceira concepção, esta parece ser a ideia mais sóbria sobre a velhice, porque denota um ambiente propício à experiência humana e vai ao encontro das propostas teóricas e práticas da psicologia, da sociologia e atividades afins que advogam em conjunto a favor das causas da velhice, justifica Moragas (1997). Logo, conceituar a velhice e as pessoas que iniciam essa etapa da vida, como sujeitos caros ao sistema, fardos à família e bocas inúteis, requer uma revisão de conceitos imediata, para que tais clichês sejam banidos da sociedade bem como a questão dos abusos que os mais velhos sofrem por parte daqueles que deveriam cuidar do seu bem-estar.

Espera-se, da parte do Estado e da sociedade, um monitoramento ininterrupto, para que as leis que subsidiam as garantias do idoso, sejam a resposta efetiva em termos de sanções sobre aqueles que subestimam o propósito da lei, que visa a ratificar os direitos sociais do idoso. Porque se déssemos ouvidos ao idoso, seríamos forçados a reconhecer tratar-se de uma voz humana que foi distorcida por mentiras, mitos e narrativas, impostos por rótulos fabricados pela sabedoria burguesa para silenciar o que vai na mente e no coração dos nossos velhos (BEAUVOIR, 1990).

Conforme Moragas (1997), tal enfrentamento atravessa questões demográficas, políticas e de opinião pública que regularmente provocam o surgimento de mitos que precisam de ser combatidos e trazidos à luz dos fatos. A saber, de início, há de fato uma propensão histórica, quanto a um aumento superior de pessoas acima dos 60 anos, se comparados as demais faixas da população ao redor do globo. Mas em decorrência da melhoria na qualidade de vida e da diminuição na taxa de natalidade, e serão maiores em países desenvolvidos (MORAGAS, 1997).

Outra questão, refere-se aos custos que uma parcela passiva da sociedade (jovens e idosos) irá acarretar à economia, saldo da apuração do número de aposentados versus trabalhadores ativos. Pois deixa de fora da base de cálculo, fatores igualmente influentes no resultado, como a acentuada crise industrial global, as inovações tecnológicas e outros, projetando assim, todo o peso da questão sobre os aspectos associados ao fator longevidade (MORAGAS, 1997).

Em se tratando de políticos, seja da situação ou da oposição, todos são hábeis leitores para extrair de seu eleitorado, que devem destinar atenção às causas dos idosos, um eleitorado em franco crescimento. Mas na contramão da lógica, o que se vê é uma redução de recursos, que mal dá conta das inúmeras carências desse grupo (MORAGAS, 1997). Nesse sentido, sobre a opinião pública, qualquer político tem consciência, independente da proposta de programa, pouco significado terá, se não contar com a aprovação da opinião pública, que precisa estar sensibilizada com as causas da velhice, que não raras vezes são tratadas nas mídias (MORAGAS, 1997).

Para Moragas (1997), são várias questões por serem sanadas, a solidão, a segregação e o descaso, entre outros. Isto, nos países desenvolvidos, pois nos demais, as demandas são de ordem primária também. Ou seja, para além dos ganhos momentâneos, os eleitores precisam perceber a necessidade de programas dirigidos à velhice, que promovam mudanças profundas e de longo prazo.

Então, sobre a temática da velhice recaem muitos equívocos entre fatos científicos e crenças da opinião pública, que acabam por transfigurar o factual em ilusório e que precisa ser retificado e divulgado pelas mídias, no intuito de manter a população e os idosos mais bem informados a respeito, realça Moragas (1997), e exemplifica as evidências no quadro 1.

QUADRO 1 – MITOS E FATOS

QUESTÃO	MITO	FATO
Idade da velhice	A velhice inicia aos 65 anos.	Não há uma idade cronológica, *varia de indivíduo para indivíduo.*
Habilidades do idoso	Os idosos são "limitados em suas aptidões".	"Possuem muitas possibilidades"
Habilidades biológicas	Os idosos são frágeis e limitados.	*Há um envelhecimento*, mas *não é doença*, nem por isso é limitante. Varia segundo a aptidão de cada um e nos limites que a geração suporta.
Habilidades psíquicas	Os idosos têm baixo nível cognitivo.	A perda geral da memória não difere muito do que acontece em outras idades, e que a redução imediata da memória é remediada pelo ganho da memória remota, mediante exercícios e técnicas. *A inteligência tanto pode reduzir, quanto se elevar, desde que possa exercitá-la.*
Habilidades sociais	Os idosos são reservados e isolados.	Numa sociedade em que se prioriza a jovialidade, a métrica da beleza, a condição econômica, esses fatores tendem a excluir o idoso do convívio social. O 1° passo nesta direção, é o da aposentadoria, visto que o fator trabalho funciona como um medidor de status com os meios econômicos, sociais, políticos, entre outros.

Adaptado de Moragas, 1997, p. 25-30, grifo nosso.

Com ênfase, para Moragas (1997), muitos conceituam o estágio da velhice de modo negativo sua condição vital, mas a psicologia do desenvolvimento humano classifica este momento como um degrau a mais da experiência vital e identicamente as outras, com traços que oscilam do positivo ao moderado. Logo, frente às evidências citadas no quadro 1 sobre as questões desmistificadas por fatos, constata-se que:

> Uma pessoa idosa possui várias experiências, conhecimentos e saberes que um jovem não pode ter. Mas este possui a força e a vitalidade de que o velho carece. Se a sociedade valoriza unicamente o desenvolvimento

> fisiológico, são evidentes as limitações dos idosos. Contudo se ela aprecia a qualidade psíquica e social, então há muitas oportunidades para eles (MORAGAS, 1997, p. 30)

Contudo, tais qualidades estão subordinadas à questão do ócio e do lazer em tempos de aposentadoria, alerta Moragas (1997). Porque a ambiguidade que cobre o fator tempo na fase da velhice para os que ascendem ao status de "aposentados" é a seguinte: trata-se de uma oportunidade de se desfrutar de seus benefícios em função do tempo livre, ou trata-se de uma ameaça, justamente em função do tempo livre (MORAGAS, 1997)? – Questão que o gráfico 1 ilustra com clareza.

GRÁFICO 1 – ÓCIO E LAZER NA APOSENTADORIA (OPORTUNIDADE OU AMEAÇA?)

Moragas, 1997, p. 216

Nota-se que os fatores implicados na questão acima remetem ao livre arbítrio que o aposentado exerce sobre o tempo livre que possui, para usufrui-lo da forma que bem entender. Contudo, há uma restrição à autonomia, há um desconhecimento de direitos atestados e uma falta de subsídios no combate aos abusos e a desinformação sobre esses direitos. Nesta realidade não haverá oportunidade para o idoso desfrutar de tais benefícios e, sim, o risco de que o ócio não planejado se converta em angústia e exílio para as pessoas que vivem as diferentes fases da velhice.

Enfim, o exercício de explorar vários ângulos atinentes à velhice, ampliam o olhar sobre os muitos fatores que incidem direta e indiretamente sobre a vida do idoso nas sociedades ocidentais capitalistas – sobretudo, no Brasil, onde se constata que:

> A noção que temos da velhice decorre mais da luta de classe que do conflito de gerações. É preciso mudar a vida, recriar tudo, refazer as relações humanas doentes para que os velhos trabalhadores nãos sejam uma espécie estrangeira. Para que nenhuma forma de humanidade seja excluída da humanidade é que as minorias têm lutado, que os grupos discriminados têm reagido. A mulher, o negro, combatem pelos seus direitos, mas o velho não tem armas. Nós é que temos de lutar por ele. (BOSI, 1994, p. 81)

Por isso, ao se propagar uma imagem de velhice análoga às virtudes que foram herdadas da infância, a uma experiência adquirida e a um espírito jovial, que deve permanecer ativo no sujeito independente da faixa etária à qual pertença. Pode-se configurar num modo de luta em favor do idoso, por revigorar sua autoestima.

Do contrário, não bastassem as limitações impostas por um corpo em franco declínio e pela iminente instabilidade de um organismo fragilizado - reflexos da inevitável passagem do tempo. Na hipótese que o idoso seja submetido a situações de negligência e abusos de toda ordem – seja através do Estado, ao não observar direitos garantidos em lei e ao suprimir dos idosos recursos previdenciários - seja da parte da sociedade, ao não os defender e menosprezar a importância que já tiveram para a economia do país - seja da parte da família, ao ignorá-los, ao não lhes dar voz e ao não mais reconhecer suas vontades e escolhas – a enfermidade que acometerá o idoso nessas condições, por dedução, chama-se depressão, e se dará no âmbito de um imaginário rico em baixa autoestima, que o leva à tristeza, à solidão, ao silêncio.

Então, a pessoa que ali está "já não comunica, não produz calor, quando a comunicação, reduzida a uma troca de informações, perde sua função de cola social" (SILVA, 2017, p. 78). Um crime perfeito. Porque a arma utilizada é o próprio imaginário constituído, que, de certa forma, acaba por matar o real. "Mata-o por transfiguração" (SILVA, 2017, p. 22). Quanto a autoria do crime, permanecem sob suspeita, o Estado, a sociedade e a família, com fortes evidências de cumplicidade na relação entre as partes, por assim perceber.

Conclui-se, que classificar as pessoas na faixa etária dos 60 anos acima como fardos e dependentes dos mais jovens, ainda que comprovadamente não o sejam, pode desencadear um imaginário estereotipado de velhice, a despeito da realidade singular de outros países desenvolvidos acerca de seus idosos, conforme descrito. Apercebe-se de que as mesmas formas de abusos, identificadas no interior da cultura ocidental capitalista, se repetem, seja no século XVIII, seja nas décadas de 1970, 1980 e 1990, seja no tempo presente. Seria esse fenômeno, um produto da realidade cultural, destacado por Beauvoir (1990), preservado no imaginário coletivo porque há um real provável e suscetível de distorção, citado por Silva (2017)?

Por certo, salvo uma soma de ações orquestradas da parte de quem investe no bem-estar do idoso, no seu resgate social e na observação de seus direitos, o cenário permanecerá à espera de um movimento que faça de seus direitos, seus escudos.

A velhice homogeneizada: de grife ao descarte

Com a elevação da expectativa de vida em nível global e com as projeções de qualidade de vida para sujeitos longevos, apontados por organismos internacionais no assunto. O resultado foi que a velhice se tornou um tema de interesse público, disseminado nas mídias, explorado em roteiros de turismo e em matéria discutida em políticas públicas, que lhe rendeu a certificação de direitos, como mostra o quadro 2 a evolução gradativa da expectativa de vida para esse grupo etário de 60 anos acima.

QUADRO 2 – INDICADOR E PANORAMA DA POPULAÇÃO COM 60 ANOS OU MAIS

BASE	POPULAÇÃO	FAIXA ETÁRIA / PROJEÇÃO	REFERENCIA	FONTE
1970	4,7 milhões	60 anos acima 5% população	Brasil base IBGE	Mascaro (2004)
1980	7,2 milhões	60 anos acima 6% população	Brasil base IBGE	Mascaro (2004)
1991	10,7 milhões	60 anos acima 7% população	Brasil base IBGE	Mascaro (2004)
2000	---------------	60 anos (↑) estimativa 69,83	Brasil base IBGE	Castro e Hoff (2018)
2012	25,4 milhões	60 anos acima	Brasil base IBGE	IBGE (2017)
2016	---------------	60 anos (↑) estimativa 75,72	Brasil base IBGE	Castro e Hoff (2018)
2017	30,2 milhões	60 anos (↑)18,00% população	Brasil base IBGE	IBGE (2017)
2030	Projeção	65 anos (↑)19,49% população	Brasil base IBGE	Castro e Hoff (2018)
2015	900 milhões	60 anos acima	No mundo / OMS	OPAS/OMS (2017)
2030	1,4 bilhão	60 anos acima - Projeção	No mundo / OMS	Côrte (2018)
2050	2,1 bilhões	60 anos (↑) 80% baixa renda	No mundo / OMS	Côrte (2018)

Adaptado de Mascaro, 2004; IBGE, 2017; OPAS/OMS, 2017; Castro; Hoff, 2018; Côrte, 2018.

De acordo com as projeções de expectativa de vida, ilustradas no quadro 2 acima e com a visibilidade que a temática da velhice obteve, somado ao reconhecimento de direitos assegurados às pessoas com 60 anos ou mais, na atualidade, a história nos revela três contextos distinto. Para a filósofa Simone de Beauvoir (1990), as sociedades dos anos 1970 silenciaram a velhice. Para o sociólogo Ricardo Moragas (1997), a década de

1980 sustentou um aspecto depreciativo e cronológico sobre a velhice, mas adicionou o conceito de velhice etapa vital, ao qualificá-la como a ideia mais sóbria e o ambiente propício à experiência humana. Já para a antropóloga Guita Grin Debert (2012), a década de 1990 desvelou um cenário peculiar e também complexo de se analisar, que transforma a questão da velhice em problema do velho, contudo, sobrevaloriza sua condição, enquanto etapa produtiva, festiva e satisfatória, aos moldes e aos interesses de um mercado de consumo que direciona total atenção a esse perfil de consumidor, na mesma medida em que desqualifica e descarta o perfil imprudente, e ativo até os dias atuais.

De positivo é que as últimas décadas quebraram o silêncio sobre a temática da velhice, que se converteu em objeto de estudos e matéria discutida em políticas públicas, sobretudo, em períodos eleitorais, mas que lhe rendeu o reconhecimento de direitos, como a globalização da aposentadoria (DEBERT, 2012).

Conquistas, como a legislação que regulamentou a Política Nacional do Idoso no Brasil (PNI), promulgada no governo Itamar Franco, em 1994 (BRASIL, 1994b), e o Estatuto do Idoso (EI), promulgado no governo Luiz Inácio Lula da Silva, em 2003 (BRASIL, 2013), foram substanciais. Esta última, para subsidiar a falta de efetividade da PNI em executar algumas medidas protetivas e atos fixados na Lei nº 8.842, de 4 de janeiro de 1994, conforme realça o jurista Alexandre Alcântara (2016).

Em que pese todo um conjunto inédito de conquistas obtidas em prol da velhice, um novo dilema se instalou. A homogeneização. Um conceito de velhice, apontado por Debert (2012), que intensificou o perigo da clivagem social, reavivou antigos estereótipos, trouxe à tona as muitas arbitrariedades que assombram o sujeito idoso e expôs a discriminação em função da idade e a fobia de envelhecer, que faz com que o sujeito idoso recorra a artifícios que omitem a inevitável finitude da vida em busca de adiar a velhice e dilatar a juventude, ressalta Mascaro (2004).

Para Côrte (2018), cada estágio da velhice compreende diferentes demandas, cobre mais de uma faixa etária e atende a distintos interesses de classe, gênero e etnia. Para Debert (2012), conectar tantos aspectos heterogêneos e agrupá-los como se fossem uma só força social, compromete em larga medida a formação de laços que mobilizem essas forças a lutarem por uma só causa, diante de tantas que há.

Neste cenário, Debert (2012) aponta para a reprivatização do envelhecimento, para evidenciar um possível movimento contrário que organiza esse processo de socialização e que converte as angústias da velhice em uma obrigação própria do idoso, mas que pode ser diluída, caso o sujeito se enquadre num modo de consumo, estilo de vida e engajamento em projetos motivacionais. Remete à uma proposta aos padrões de um projeto neoliberal, que sobrestima a autonomia e confere à velhice estabelecer uma nova ordem cultural, que caracterize o idoso contemporâneo como um composto independente e racional, que dita uma nova configuração sobre a representação da vida em sociedade e que avaliza a aplicação de um método particular de acompanhamento (DEBERT, 2012).

Porém, na prática, a velhice se converte em negócio lucrativo, e tanto a mídia, como o mercado de consumo direcionam seus holofotes para o indivíduo plenamente comprometido com um estilo de vida saudável, ao passo que aos imprudentes, aqueles que o corpo já não responde mais às próprias decisões, consequências de delito no decurso da vida, estes são dignos de punição (DEBERT, 2012).

Nesse sentido, não bastassem a dualidade, interesse e rejeição, para a Doutora em Ciências da Comunicação, Sônia de Amorim Mascaro (2004), as causas mais afinadas em promover ou desestabilizar as várias fases da velhice, estão intimamente ligadas às questões financeiras do indivíduo e ao desequilíbrio social que afetam boa parte dos brasileiros idosos e, por conseguinte, fomentam estereótipos de toda ordem, principalmente os clássicos. De maneira que, para Debert (2012), o interesse vem da parte do mercado de consumo e a rejeição da velhice ou medo, é resultado de um imaginário negativo que descarta o que é velho. Para Mascaro (2004), a rejeição também decorre de um projeto que visa a adiar a velhice e prolongar a juventude, por intermédio de substâncias milagrosas, manipuladas por mãos alquimistas, adverte a estudiosa.

Em tal caso, pode-se dizer que a fonte da juventude se materializa nos artifícios milagrosos, preparados por alquimistas da indústria dos componentes vitamínicos, do condicionamento físico, do cosmético, da cirurgia plástica, do empréstimo consignado, para realizar o sonho de rejuvenescer, e da indústria farmacêutica, caso o combinado não se cumpra, para estimular a autoestima e frear a depressão.

Em outras palavras, o fato é que a norma imposta remete a um imaginário que deprecia o envelhecimento e suprime a inevitável finitude da vida. Afinal:

> Saber-se finito é muito diferente de sentir-se mortal: na velhice, [...], entra em cena a consciência da própria morte e a consequente urgência aflitiva de um futuro cada vez mais próximo. Provocadoramente, surge, para as pessoas idosas, a oportunidade de crescimento e desenvolvimento pessoal: quando lhes é possível manter o domínio ativo em relação à própria vida e, portanto, à própria morte. (TORRES, 1999, citado por PY, 2018, p. 134).

No entanto.

> Os idosos estão nas luzes e nas sombras do envelhecimento numa densidade espantosa: os de 60 anos e os centenários; os saudáveis e ativos os incapacitados e doentes; os da cidade e do campo; os abastados e os pobres; as mulheres e os homens; os de todas as cores; todas as crenças; todas as orientações sexuais e todos tantos mais [...] os alegres que festejam uma forma peculiar de liberdade e os muito tristes em lutos intermináveis [...] (PY, 2018, p. 133)

Portanto, um projeto que vise a adiar a velhice, por dedução, apresenta duas situações: "o preço da adesão é o prazer imediato" (SILVA, 2012, p. 25); e o custo da desfiliação, pela baixa autoestima, leva o idoso à depressão e ao isolamento.

Assim, para os que estão na faixa média dos 60 e 70 anos, a chamada terceira idade (DOUCHKIN, 2013), há o risco iminente, que uma parte, coagida por um projeto midiático que estigmatiza o idoso em função da idade, negue a própria idade que tem.

Para Mascaro (2004), a imagem que se faz da velhice deriva das experiências afetivas e intelectuais, provenientes das relações em família, no trabalho, com a mídia, a música, o cinema, os livros, as artes. Imagens que reproduzem esse estágio da vida, como um momento radiante, pujante e que carrega consigo a serenidade, a felicidade e a sabedoria ou como uma vida mal-humorada, infeliz, transitória, carente e submissa. Por isso, perceber a velhice é considerar fatores biológicos, psicológicos, sociais, econômicos, históricos e culturais (MASCARO, 2004).

O importante é que a sociedade desperte para as questões relativas à área de saúde e previdência social, pois são muitos os contrastes que requerem soluções práticas e ágeis. Porque envelhecer de forma apropriada, com qualidade de vida e autoestima, ainda é prerrogativa de poucos. Então, diante da elevação da expectativa de vida e da redução da taxa de natalidade, o resultado foi um deslocamento numérico crescente da população idosa brasileira e mundial, e o desafio neste momento é subsidiar as demandas desse grupo etário e heterogêneo (MASCARO, 2004).

O fato é que as intervenções midiáticas reduziram as questões da velhice e os aspectos relativos à longevidade a uma narrativa numérica. Condição que fragiliza uma melhor compreensão sobre as distintas fases que a cercam, definindo o ângulo de visão que a sociedade e cada um devem enxergar o envelhecimento e subtraindo, pois, toda a historicidade que envolve a velhice (CÔRTE, 2018). Percebe-se, com isso, que um dos nascedouros da intolerância em função da idade, decorre de uma difusão midiática, que inadvertidamente, patrocina um imaginário deformado de velhice, que segrega, que exclui e que silencia o idoso.

Por isso, é preciso observar o que está sendo difundido pelas mídias sobre a velhice. Desde o discurso que reproduz a discriminação em função da idade, as bases que subsidiam o conteúdo propagado, têm como fonte, as pesquisas geriátricas, que, por força da disciplina, concentram seus estudos na orbita biológica do ser, com isso, focalizam no enfraquecimento do corpo, logo, na primazia de doenças vinculadas a maiores gastos. Então, associar a velhice à doença, à vulnerabilidade e à decadência, sem considerar o fator heterogeneidade que compreende suas distintas fases, acaba por patrocinar um imaginário social que destoa do real (CÔRTE, 2018).

De acordo com Cortê (2018), destaca-se que, ser e estar mais velho, pode representar um constrangimento admitir. Pois o preconceito proveniente da idade, o idadismo, torna-se uma questão de saúde pública, por diversas razões. Dentre às quais, a que se refere ao entendimento depreciativo associado à velhice e políticas públicas. Haja vista que a criação de programas destinados a essa população, a depender da opinião pública formada, caso não esteja engajada com a causa da velhice, ou a considere um problema menor ou um fardo e um gasto que comprometa a economia, faz com que os políticos declinem da ideia de investirem em projetos dirigidos a esses grupos etários. Principalmente, quando os meios de comunicação divulgam que a escalada crescente desta população idosa tende a sobrecarregar o erário público com o custeio de saúde, que, para a Organização Mundial da Saúde – OMS, falta precisão técnica que ratifique tal declaração (CORTÊ, 2018).

Diante disso, observa-se que os aspectos vinculantes envolvidos, refletem na sociedade em forma de apatia acerca das questões relativas à velhice. Ao passo que no idoso, reverbera em forma de aceitação. Porque, de acordo com a professora e psicóloga social da USP, Ecléa Bosi (1994, p. 76):

> A burocracia impessoal, a justiça equidistante, são feitas para os pequenos: papéis complicados para preencher, horas na fila de um guichê errado e a aposentadoria vem tarde e precária. Antes do afastamento definitivo há um declínio lento, intermitente, acompanhado de dolorosa lucidez. Muitas vezes o idoso absorve a ideologia voraz do lucro e da eficácia e repete: "É assim mesmo que deve acontecer, a gente perde serventia, dá lugar aos moços... Para que serve um velho, só para dar trabalho..."

Então, de um lado, observa-se os danos que uma disseminação indevida pode causar à imagem de velhice e ao idoso. De outro, é possível compreender os meandros por onde se articulam, espontaneamente, cada passo, até que o idoso seja retirado do convívio em sociedade. A começar pelos perigos que rondam a chamada terceira idade, passando pelo processo que simboliza a longevidade, até alcançar a velhice profunda, que absorve os maiores impactos que o preconceito decorrente do idadismo é capaz de produzir sem pesar, conforme relata Debert (2012).

Diante disso, o que a sociedade espera que o idoso transmita em termos de imagem? Conforme pesquisa realizada pela filosofa Virpi Yläne (2018, p. 100), os estereótipos positivos correlatos à velhice, são: "os 'avós perfeitos' (um idoso gentil e amoroso com fortes ligações com a família); 'figuras joviais grisalhas' (alegres, alertas e aventureiros) e o 'conservador do tipo John Wayne' (patriota, religioso e nostálgico)". Já os estereótipos negativos, se organizam em quatro modalidades: "o 'desanimado' (deprimido, triste e sem esperança); o 'rabugento' (queixoso, mal-humorado e amargo); o 'recluso' (quieto, tímido e ingênuo) e por fim, o 'severamente doente ou deficiente' (débil, incompetente e de raciocínio lento)." (YLÄNE, 2018, p. 100). Com isso, Yläne (2018) notou, que no âmbito da propaganda, prevalece o aspecto positivo, exceto se a intenção da veiculação é o de trazer à lembrança, por exemplo, sensações como o da compaixão e do medo. Ainda assim, é a imagem de bastidores, dos vivem na miséria ou que se encontram na fase debilitada da velhice, que os perigos do idadismo rondam suas vítimas (DEBERT, 2012).

Para o médico Alexandre Kalache, citado por Côrte (2018), o perfil de terceira idade atual coincide com a imagem de um sujeito que alcança os 60 anos de idade e carrega consigo mais disposição, saúde, esclarecimento e a regalia de contar com um status financeiro desejável. Já, para J. Jay Olshansky, citado por Côrte (2018), o panorama que prevê um cenário em que a expectativa de vida tende a provocar uma acelerada elevação, recairá sobre a classe favorecida, porque as demais, seguirão no mesmo ritmo, mas colina abaixo. Por isso que para Simone de Beauvoir (1990) à velhice não é justificável revelar suas demandas, salvo no ambiente das classes mais abastadas. Porque "ficarão expostos e terão que conviver com o desafeto e a falta de respeito dos parentes e vizinhos", denuncia Guita Grin Debert (2012, p. 79). Todavia, abastados ou não, Debert alerta que é preciso ficar atento às armadilhas midiáticas que cercam a terceira idade, visto que:

> Uma nova linguagem pública empenhada em alocar o tempo dos aposentados faz-se presente na desconstrução das idades cronológicas como marcadores pertinentes de comportamentos e estilos de vida. Uma parafernália de receitas envolvendo técnicas de manutenção corporal, comidas saudáveis, medicamentos, bailes e outras formas de lazer é proposta, desestabilizando expectativas e imagens tradicionais associadas a homens e mulheres em estágios mais avançados da vida. É nesse contexto de reinvenção da velhice que a reprivatização do envelhecimento deve ser entendida. (DEBERT, 2018, p. 77)

E salienta a antropóloga (2012, p. 61) que:

> A terceira idade substitui a velhice; a aposentadoria ativa se opõe à aposentadoria; o asilo passa a ser chamado de centro residencial, o assistente

> social de animador social e a ajuda social ganha o nome de gerontologia. Os signos do envelhecimento são invertidos e assumem novas designações: "nova juventude", "idade do lazer". Da mesma forma, invertem-se os signos da aposentadoria, que deixa de ser um momento de descanso e recolhimento para tornar-se um período de atividade e lazer.

Eis a importância dos programas dirigidos aos grupos etários de mais idade acerca da valorização das distintas fases da velhice e da orientação ao idoso sobre seus direitos. Projetos a feição das universidades abertas para maturidade, que incentivam ao idoso procurar a "autoexpressão e a exploração de identidades de um modo que era exclusivo da juventude, abrem espaços para que uma experiência inovadora possa ser vivida coletivamente" (DEBERT, 2012, p. 15).

Diante disso, pode-se concluir que Debert (2012) expôs as duas faces de uma mesma moeda (terceira idade). De um lado, está a imagem superfaturada de velhice, largamente explorada pelas mídias em favor de um mercado de consumo, aqui, considerada "grife", a terceira idade. De outro, está o objetivo de assegurar às pessoas idosas atenções culturais e psicológicas, de modo a integrá-las ao convívio social, haja vista que muitas encontram-se à margem desta. Pois foi com tal perspectiva que despontaram os grupos de convivência e as universidades abertas para a terceira idade, como saída para resgatar esses grupos etários e, assim devolvê-los ao convívio social de modo gratificante, conforme descreve a autora (2012).

Enfim, a tradição preservou imaginários como, a velhice cronológica, que reúne num mesmo rol todos aqueles nascidos na mesma data, sem distingui-los em suas peculiaridades; a velhice funcional, que desdenha da capacidade funcional e cognitiva dos mais velhos; e a velhice marginal, na qual a sociedade e o indivíduo segregam tudo o que não for viçoso, fruto de um preconceito que censura a longevidade, que deriva das implicações de um processo de decrepitude em evolução. (CORTÊ, 2018). Já a modernidade, por sua vez, reservou um imaginário estereotipado, dedicado aos que ascendem à fase primária da velhice, reconhecido na roupagem adotada, que designa o acesso à terceira idade como o estágio da melhor idade, nomeado por Debert (2012) como a "invenção da terceira idade". Uma grife?

Em resumo, se os clichês clássicos subvalorizam a autoestima, a matriz atual sobrevaloriza e tal qual sua antecessora, segrega a velhice.

Entretanto, com requintes próprios de crueldade, descarta o miserável, ludibria o sujeito voluntarioso, intimida os menos engajados e condena à exclusão todo aquele que não apresentar as mínimas credenciais para participar do seleto clube dos bem-aventurados, que são escolhidos por uma estrutura de poder, que define os melhores lugares à mesa do bem-estar e qualidade de vida às classes mais abastadas, enquanto aos desafortunados, restam-lhes as sobras do banquete. Rigorosamente falando:

> Oprime-se o velho por intermédio de mecanismos institucionais visíveis (a burocracia da aposentadoria e dos asilos), por mecanismos psicológicos sutis e quase invisíveis (a tutelagem, a recusa do diálogo e da reciprocidade que forçam o velho a comportamentos repetitivos e monótonos, a tolerância de má fé que, na realidade, é banimento e discriminação), por mecanismos técnicos (as próteses e a precariedade existencial daqueles que não podem adquiri-las), por mecanismos científicos (as "pesquisas" que demonstram a incapacidade e a incompetência sociais do velho).
> Que é, pois, ser velho na sociedade capitalista? É sobreviver. (CHAUI, 1994, p. 18)

Como se não bastasse todo um leque de entraves que podem frustrar as várias projeções lançadas sobre a qualidade de vida para sujeitos longevos. Cada integrante da sociedade deveria perceber que seu futuro está em xeque; e boa parte têm vínculo pessoal e familiar com algum idoso. Como esclarecer tal conduta? É o círculo social dominante que dita aos grupos etários de mais idade suas normas; mas uma fração ativa da sociedade é conivente com isso. Nas relações em família, filhos e netos não se empenham para atenuar as angústias de seus ancestrais (BEAUVOIR, 1990).

Na prática, é uma barreira que tem nome e modus operandi para permanecer enraizada na sociedade, uma vez que é patrocinada por um imaginário caótico e apartado do real. E mesmo quando denunciados seus propósitos, subsiste, graças à apatia dos que não se reconhecem como futuros postulantes a ingressarem nos grupos de terceira idade e a pleitearem a longevidade como uma possibilidade factual. Para esses, a velhice é um panorama não avistado. Nem grife, nem descarte.

Então, são essas demandas que reclamam por um esforço interdisciplinar, que desabilite os mecanismos que articulam o imaginário social de velhice, revogando os decretos que coíbem as possibilidades que um imaginário mais sóbrio se estabeleça. Em última instância, cabe ainda aos meios de comunicação de massa e à propaganda de um modo geral, o juízo de optar pela conservação de um imaginário superado, ou de se posicionar em favor da constituição de uma ideia mais sóbria e honesta sobre a velhice e o processo de envelhecimento, ainda marcados pela rejeição.

OLHAR COMUNICACIONAL

Engin Akyurt por Pixabay. 2021

> Quando se fala de 'bela velhice', de 'velhice vigorosa', significa que o homem idoso encontrou seu equilíbrio moral e físico, e não que seu organismo, sua memória, suas capacidades de adaptação psicomotora sejam os de um homem jovem.
>
> (Simone de Beauvoir)

CAPÍTULO III COMUNICAÇÃO A SERVIÇO DA VELHICE

Para melhor expressar esse capítulo, parte-se da ideia que é a partir de um olhar comunicacional que pense a sociedade e reflita sobre a necessidade constante de divulgar e bem observar os direitos do idoso, denunciando os abusos que restringem a qualidade de vida dessas pessoas, que as conexões disto com as mídias e o consumo da imagem de velhice, no âmbito da "terceira idade" e suas demandas, sustentam este estudo.

Perspectiva de qualidade de vida no estágio longevo da existência

Da mesma forma que a estimativa de vida no Brasil para os próximos anos, projetada pelo Instituto Brasileiro de Geografia e Estatística (IBGE), em 2016, realçada por Castro e Hoff (2018), se aproxima da casa dos 75 anos, em média. Também as projeções apuradas pela OMS, de acordo com Côrte (2018), apontam que cerca de 80% da população de 60 anos ou mais, no planeta, em 2050, será composta por pessoas de baixa renda. Então, se a intenção é a melhoria na qualidade de vida na velhice: os desafios à frente serão ainda mais difíceis de serem superados, se se somar outras demandas que igualmente assolam escandalosamente o bem-estar dos idosos, que reclamam por soluções práticas e inadiáveis da parte da sociedade e do Estado, que a presente pesquisa traz à tona, agora, a começar pelo quadro 3 abaixo.

QUADRO 3 – ABUSOS SOFRIDOS POR ADULTOS NA FAIXA DE 60 ANOS OU MAIS

ÍNDICE	NATUREZA DO ABUSO EM ESCALA GLOBAL
(*)	16 % das pessoas (faixa de 60 anos ou mais) já foram submetidas a algum tipo de abuso.
11,6 %	Foram submetidas a abusos psicológicos;
6,8 %	Foram submetidas a abusos financeiros;
4,2 %	Foram submetidas a abusos por negligência;
2,6 %	Foram submetidas a abusos físicos; e
0,9 %	Foram submetidas a abusos sexuais.
---------	(*) algumas, submetidas a mais de um tipo de abuso.

Adaptado de OPAS/OMS, 2017.

NOTA: Destaca-se que a pesquisa acima se baseia em fontes fidedignas, disponibilizadas por 52 estudos em 28 países de regiões distintas, com ênfase para 12 países de baixa e média renda (OPAS/OMS, 2017).

Isto posto, como forma de aprofundar a reflexão acerca do quadro acima. Se delimitar o foco da pesquisa, por exemplo, no estado do Paraná. De acordo com Mariana Ohde (2017), pesquisas realizadas pelo Ipardes, indicam que a população idosa no estado, alcançará, em 2040, o percentual de 19,9% do total de habitantes no período, devendo chegar aos 12,2 milhões de pessoas. Isto é, cerca de 2,4 milhões de paranaenses estarão inscritos em alguma etapa da velhice, em 2040. Se delimitar ainda mais o foco da pesquisa, a capital paranaense, Curitiba, nas próximas décadas, possivelmente irá se tornar uma cidade com menos jovens e mais idosos; segundo projeções do Instituto Paranaense de Desenvolvimento Econômico e Social (Ipardes), em 2040, o número de pessoas acima dos 60 anos chegará aos 541 mil, contra os atuais 267 mil (OHDE, 2017).

Com isso, ao avaliar os abusos sofridos pelos idosos em escala global, exposto no quadro 3 acima como parâmetro. O gráfico 2 abaixo evidencia, conforme pesquisas realizadas entre 2011 e 2013, os tipos de violência cometidas contra idosos no Estado do Paraná.

GRÁFICO 2 – ABUSOS SOFRIDOS POR IDOSOS NO ESTADO DO PARANÁ

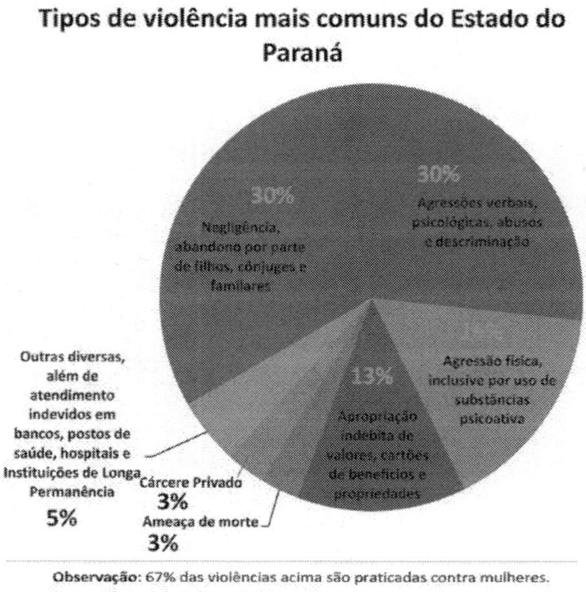

CEDI, 2021.

Como forma de enfrentamento a esses abusos, o estado do Paraná dispõe de um canal de comunicação exclusivo para denúncias sobre situações que coloquem o idoso em condições de vulnerabilidade, nominado Disque Idoso Paraná. (CEDI, 2021). Trata-se, portanto, de um serviço telefônico que cobre todo o território paranaense, disponível de forma gratuita e sigilosa, para prestar informações, orientações, receber denúncias, sugestões e elogios, diretamente no Disque Idoso Paraná, no número 0800-41-0001 ou através do e-mail disqueidoso@seds.pr.gov.br. Com isso, percebe-se a existência de dispositivos destinados ao combate aos abusos. Mas na hipótese de a sociedade e o idoso desconhecerem a amplitude de direitos a ele admitido, isso pode favorecer a manutenção de tais práticas abusivas, por assim perceber. Daí o mérito em tornar tangível o caminho que leva ao conhecimento sobre os direitos do idoso e as sanções cabíveis em caso de descumprimento da lei. Porque.

> No Brasil, o Sistema de Garantia dos Direitos da Pessoa Idosa é amparado por diversos documentos legais e planos de ação política. No plano nacional, além das garantias constitucionais, destacam-se a Política Nacional do Idoso, o Estatuto do idoso, além de inúmeros políticas e planos setoriais, tais como a Política Nacional de Saúde da Pessoa Idosa (2006). (CEDI, 2021)

Especificamente porque

> A Política Nacional do Idoso (Lei 8.842/1994) e o Estatuto do Idoso (Lei 10.741/2003) reafirmam a necessidade da construção de políticas Inter setoriais, capazes de contemplar as necessidades da pessoa idosa e prover seu bem-estar em plenitude, garantindo não somente o seu acesso às políticas, mas sobretudo favorecendo a participação ativa em seu contexto social.
> Muito além da meia-entrada, das vagas preferenciais, do atendimento prioritário e da passagem gratuita no ônibus, o Estatuto do Idoso prevê garantias e direitos fundamentais ainda pouco conhecidos dos cidadãos – tanto os diretamente beneficiados quanto os que devem trabalhar pelo cumprimento da lei. (CEDI, 2021)

Eis a importância de divulgar na integra e de forma costumeira os direitos do idoso, de um modo que isso se sobreponha à noção de que esses direitos se resumem à gratuidade no transporte e no atendimento preferencial ao idoso. Porque uma vez consciente de tais direitos, tanto o idoso quanto quem luta pelo seu bem-estar, estará apto a reivindicar a restituição de tais garantias, na exata medida como vem ocorrendo no exemplo a seguir:

> Para o coordenador do Disque Denúncia 181, capitão André Henrique Soares, a pandemia fez com os casos de violência contra idosos ficasse mais evidente, já que as pessoas estão mais no ambiente familiar. "Pelo anonimato, a população está confiando cada vez mais no serviço do 181 e adquirindo consciência de que a denúncia deve ser feita, até porque é lei, é dever de todos zelar pela dignidade do idoso", ressaltou. Na visão do capitão, é importante que vizinhos, familiares e amigos estejam sempre atentos para evitar esse tipo de crime. "Muitas vezes, o idoso não tem condições de fazer a denúncia, seja por questões físicas, ou por querer preservar a família, que é quem geralmente comete o crime", explica. (VIOLÊNCIA..., 2020, grifo nosso)

Para além disso, outras formas de abuso se mostram alarmantes e expressivo registrar suas performances e o modo como limitam o bem-estar e a autoestima do idoso em qualquer etapa da velhice. O grau de endividamento de boa parte das pessoas na faixa etária dos 60 anos ou mais, por exemplo, pois, de acordo com o Serasa Experian (2019), 900 mil novos idosos ficaram inadimplentes em 2019, e conforme explica o economista da Serasa Experian, Luiz Rabi:

> A concessão de crédito no Brasil depende principalmente do score de crédito, uma pontuação que avalia o comportamento financeiro destas pessoas. Os idosos aposentados costumam ter mais facilidade para conseguir empréstimos por conta da aposentadoria e do histórico de pagamentos, muito mais longo do que dos mais novos. A expectativa é que, com o Cadastro Positivo, as demais faixas também passem a ter mais acesso graças ao forte impacto que os novos dados terão na pontuação de crédito. (SERASA EXPERIAN, 2019, grifo nosso)

Todavia, as maiores causas de endividamento estão associadas às contas de água, luz e gás, que representam 34,30% das dívidas, seguidas pelas obrigações com bancos e cartões (27,80%), telefonia (10,70%), financeiras e leasing (9,00%), varejo (7,40%) e serviços (6,00%), que, na percepção dos economistas da Serasa Experian (2018), a crise econômica na vida dos brasileiros leva o idoso a buscar empréstimos, e o porquê disto?

> Diante da reversão da recessão em ritmo mais lento do que o esperado, um número maior de aposentados ou pensionistas com mais de 61 anos passou a ajudar o orçamento de suas famílias, ao usar empréstimos consignados. A consequente redução da renda, comprometida com esse tipo de dívida, leva o idoso a abrir mão da regularidade no pagamento de outras despesas fixas do mês – como as contas de luz, água e gás. (SERASA EXPERIAN, 2018, grifo nosso)

Daí, não por acaso, pode-se deduzir o porquê de os dilemas ligados aos abusos financeiros, ilustrados no gráfico 1, estarem entre os quatro maiores entraves que assolam a velhice, independente da etapa do vivido. Outro obstáculo não menos complexo de ser enfrentado, refere-se à questão do abandono, que provoca a solidão, desarticulando assim o bem-estar, sobretudo, do sujeito que alcança a longevidade. Atualmente, segundo a agência de notícias IBGE (2020), o fator envelhecimento fez com que mais famílias passassem a cuidar de familiares que estão na faixa dos 60 anos acima. Em 2016, representavam 3,7 milhões de cuidadores. Em 2019, esse número atingiu os 5,1 milhões. Além disso, a pesquisa revela que as principais reivindicações dos idosos, situam-se na urgência de que cuidadores os monitore ou façam companhia dentro do domicílio (83,4%); que ajudem nos afazeres pessoais (74,1%); e que conduzam ou que os acompanhem às atividades escolares, consultas médicas, exames, parques, praças, atividades sociais, culturais, esportivas ou religiosas (61,1%). Com isso, no intuito de superar obstáculos que provoquem, o abandono, o isolamento e a solidão, o gráfico 3 a seguir demonstra o conjunto de cuidados, que em média, são requeridos pelos idosos nos dias atuais:

GRÁFICO 3 – DEMANDAS POR CUIDADOS MAIS REQUISITADAS PELOS IDOSOS

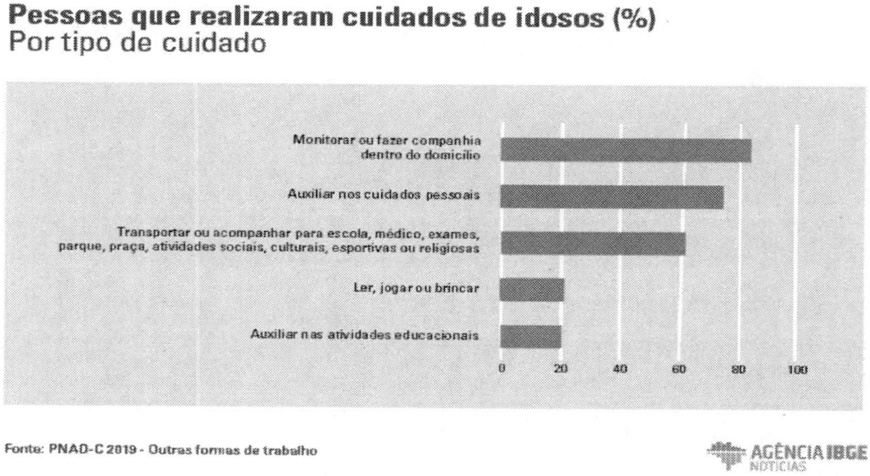

IBGE, 2020v

Nota-se que tais reivindicações visam a enfrentar cenários antes tidos como intransponíveis. Porque de acordo com a pesquisa realizada pelo Datafolha, em 2014, sobre os hábitos culturais dos paulistas, organizada por João Leiva (2014, 80-81), observou-se que o consumo e o interesse da faixa etária dos 60 anos acima por manifestações artísticas e culturais, diminuem demasiadamente, acima de tudo, se considerar a autonomia física, psicológica e o contar com acompanhantes.

Outro fator preocupante e que vai de encontro à qualidade de vida na velhice, refere-se ao idoso que precisa trabalhar. Pois conforme o que foi apurado no site do IBGE (2016), o último censo, em 2010, registrou que 67,7% dos adultos na faixa etária dos 60 anos acima, ativos no mercado de trabalho brasileiro, começaram a trabalhar aos 14 anos. A pesquisa revela ainda que, de 2005 a 2015, houve uma redução na proporção de idosos que recebiam aposentadoria, de 62,7%, para 53,8%, e na outra ponta elevou a participação de pessoas com 60 a 64 anos, entre os que ocupam postos de trabalho, de 47,6% para 52,3%. Ocorre, que para além da crise econômica que aflige boa parte dos brasileiros, os idosos não aposentados disputam espaços no mercado de trabalho com pessoas reconhecidamente mais jovens, o que leva a refletir se tal concorrência tende a gerar o preconceito da parte dos jovens em relação ao idoso que trabalha. Pois, de acordo com o gráfico 4 abaixo, há uma nítida disparidade entre gerações em jogo que pode desencadear o idadismo mútuo.

GRAFICO 4 – TAXA DE DESOCUPAÇÃO POR GRUPO ETÁRIO NO BRASIL

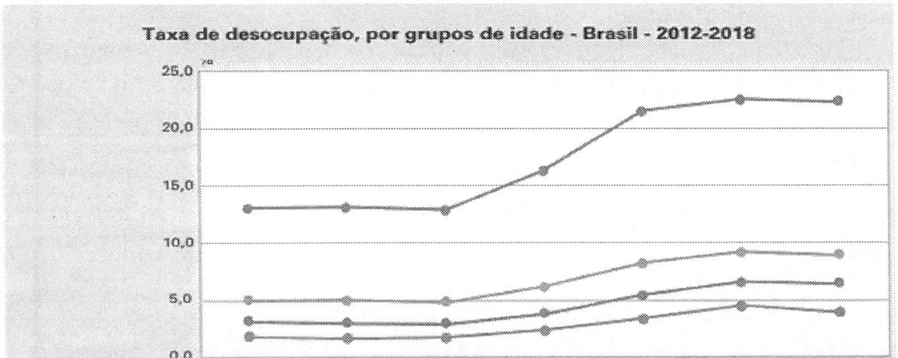

	2012	2013	2014	2015	2016	2017	2018
14 a 29 anos	13,2	13,2	13,0	16,3	21,6	22,6	22,3
30 a 49 anos	5,0	5,1	4,8	6,3	8,3	9,2	8,9
50 a 59 anos	3,2	3,0	3,0	3,8	5,5	6,6	6,4
60 anos ou mais	1,9	1,7	1,9	2,5	3,5	4,6	3,9

Fonte: IBGE, Pesquisa Nacional por Amostra de Domicilios Continua 2012-2018.
Nota: Dados consolidados de primeiras entrevistas.

IBGE, 2019, p. 33.

Enfim, conforme o que foi apresentado em termos de fatores críticos, capazes de interferir na qualidade de vida do sujeito longevo. Constata-se que para atenuar as inquietações que angustiam a velhice, a priori, quatro fatores se destacam como principais causas no comprometimento do bem-estar e da autoestima do idoso, que precisam ser combatidos para que a qualidade de vida no estágio longevo da velhice seja apreciável, são eles: abusos psicológicos (agressões verbais, discriminação); os abusos por negligência (descaso e abandono por parte dos familiares); os abusos por agressão física (incluso o uso de substâncias psicoativas); e os abusos de natureza financeira (apropriação indébita de valores, cartões de benefícios e propriedades), conforme ilustrados no gráfico 1, anteriormente.

Com isso, conclui-se que é mister a participação conjunta Estado/sociedade no interesse em fazer cumprir as premissas impostas pela legislação em vigor, que tratam das questões relacionadas aos direitos do idoso. Nesse sentido, as UAMs constituem um papel tático relevante na valorização da velhice e na orientação aos grupos etários de mais idade sobre seus direitos e o que fazer do tempo livre.

Tempo livre e o papel tático das UAMs

Afinal, o que fazemos do nosso tempo livre? Temos autonomia para administrá-lo e usufruir de tal beneficie de acordo com os nossos interesses? Ou somos levados, por imposição, a empregá-lo naquilo que não desejamos ou a renunciar ao seu uso?

Nessa trilha, a psicóloga Maria Helena Novaes (2008) considera que, no curso da história, os esforços da humanidade para mensurar o tempo, refletiram no avanço científico e tecnológico, de fato. Esclarece a psicóloga (2008), que na Grécia Antiga, dois termos eram empregados para caracterizar o fator tempo. Quanto ao primeiro, denominado Cronos, refere-se aos afazeres do cotidiano marcado pelo fatual, de valor quantitativo, cronológico e contínuo, que independe da ação humana, mensurável, próprio para o gerenciamento do tempo real (NOVAES, 2008). Já o segundo, Kairos, designa valor qualitativo ao fator tempo, aqui reconhecido por (oportunidade) que, por força das circunstâncias, é manipulável pela ação humana em função dos atrativos que oferece, mediante uma avaliação perceptiva dos ganhos e, portanto, é um processo edificado. O que faz com que cada sujeito possa avaliar e colocar na balança o peso que irá destinar a cada um desses tipos de tempo, como forma de investimento na própria vida (NOVAES, 2008).

Para Bergson e Einstein, respectivamente, citados por Novaes (2008, p. 44), "o tempo é uma invenção ou não é absolutamente nada" e "a distinção entre passado presente e futuro é apenas uma ilusão". E conforme admite Novaes:

> O presente está carregado do passado e grávido do futuro. Desse modo, o tempo reencontrado por cada um de nós é constituído por uma pluralidade de tempos. Tempos esses de concepções diferentes que, cada vez mais, deverão se articular seja com o tempo newtoniano, o absoluto,

> o matemático, o cronológico, o da duração criadora e demais. [E, portanto]. Viver muito tempo não significa necessariamente viver mais, ou melhor, assim à longevidade pode se dar um peso valorativo ou depreciativo. (2008, p. 44).

Soma-se a isso, a concepção de que a vida é breve, mas na realidade.

> O certo é que a vida que temos não é breve, fazemos com que assim seja; e que não somos pobres, e sim pródigos do tempo. Assim como grandes e reais riquezas que, ao chegarem a mãos de maus administradores, dissipam-se em um instante, o contrário ocorre com as curtas e limitadas, caindo nas mãos de bons administradores, pois crescem com o uso. Assim nosso tempo tem muita extensão se for bem utilizado. (SÊNECA, 2010, p. 10)

Portanto, pode-se dizer que o emprego do tempo livre simboliza, precisamente, o livre arbítrio que deve acompanhar as decisões de cada idoso, em especial, o sujeito longevo. Porque pressionado por imagens midiáticas que confere ao idoso um vigor inalcançável, é convencido a abdicar da sua condição de sossego, quietude e leveza, para investir numa realidade que não lhe compete se aventurar.

Para Novaes (2008), não é a imagem superfaturada da velhice que deve propor a inclusão social do idoso e, sim sua condição de finitude. Acrescenta a autora: ser velho é um direito, inclusive, de viver como bem entender, "em estado de euforia e de aleluia, de depressão e tristeza ou tranquilamente como uma contingência do ciclo biológico, 'sem se acostumar a tudo', como propõe Clarice Lispector" (NOVAES, 2008, p. 44-45). E por meio de um depoimento intrigante e ao mesmo tempo poético, Novaes exprime aquilo que para ela adquire um status de "tempo marginal":

> Ao perceber que o tempo engole e consome o próprio tempo levei um susto, pois minha alma tinha ficado pendurada nele. Hoje, busco não mais viver num ritmo alucinante, mas sim devagar, sem tumultos; nas brechas dos silêncios tenho a impressão de que o tempo para e me pertence, e por ser ele apaixonante e vital, busco despojar-me da rotina e da necessidade das horas; então consegui entender que esse tempo marginal sai o mais rico de todos e nunca é desperdício de tempo. (NOVAES, 2008, p. 45)

Diante disto, pode-se extrair que o fator tempo livre se incorpora aos demais dilemas que acompanham o dia a dia na velhice. Entretanto, possivelmente funciona de um modo distinto para os que ascendem à terceira idade, devido ao ritmo que adotam naquele estágio da vida. Já para os que estão na fase longeva, provavelmente optam por uma condição mais serena, de repouso e silêncio, que é próprio, desde que não seja por imposição ou por uma doença do imaginário, a depressão. E ao mesmo tempo, isso demonstra a heterogeneidade que envolve esses grupos etários e, portanto, delimita suas demandas tratando-as de forma única, haja vista que são distintas.

Para Novaes (2008), a questão da administração do tempo, decorre do fato de procurarmos intensificar de um ponto de vista benéfico aos nossos propósitos, que a forma mais reservada de lograr êxito na busca pelos objetivos traçados, é estabelecer compromisso com o requerido. Nesse sentido, a autora (2008) acredita que todas as pessoas possuem uma reserva de tempo livre ao longo do dia, subordinado ao relógio e caracterizado de modo qualitativo (kairos). "Mudar a concepção do tempo é defini-lo segundo nossas limitações: otimizar o valor dos tipos implica em um esforço pessoal, dependendo de cada pessoa, do papel profissional e do setting social." (NOVAES, 2008, p. 45). Assim, é preciso resolver os distúrbios, recuperar o tempo em função das causas significativas que determinaram o desperdício para então poder intensificá-lo. Edificar um novo tempo, significa, sobretudo, a autonomia, individual e intransferível, para deliberar o caminho da mudança e a sua utilidade (NOVAES, 2008).

Com isso, a reflexão que se impõe, remonta às instâncias de um imaginário social de velhice que inspire o sujeito idoso a escolher o melhor caminho a seguir, livre dos embaraços do preconceito em função da idade e da fobia de envelhecer. Porque o melhor "caminho é o caminho do pensamento." (HEIDEGGER, 2008, p. 11). Daí o interesse em fazer surgir um universo alternativo, pois precisamos "de um mundo imaginário para descobrir os traços do mundo real que supomos habitar (e que, talvez, em realidade não passe de outro mundo imaginário)" (FEYERABEND, 1977, p. 42-43), sobretudo, porque se admite que "o sentido só se dá no imaginário. O excedente é uma falta. Uma falta no que faz sentido." (SILVA, 2017, p. 11).

Sentido esse, fortalecido nos últimos anos, através da visibilidade que a velhice adquiriu, ao criar as associações de aposentados, organizadas em federações e confederações de âmbito nacional, que se converteram de maneira efetiva como autênticos interlocutores políticos na luta dos aposentados, observado com clareza pela antropóloga Guita Grin Debert (2012). Assim também foi com a criação de espaços pensados para reunir grupos de idosos, como é o caso dos *grupos de convivência de idosos* e as *escolas e universidades para a terceira idade*, que acentuaram significativamente tal visibilidade, ressalta a antropóloga (2012).

Para Debert (2012), o eixo central dessas filiações e programas para a terceira idade, proporciona um engajamento em função da idade cronológica, ao mesmo tempo em que oferece conteúdo informativo, que, coletado nestes ambientes, fornece dados significativos sobre a velhice, tanto para a área da gerontologia, quanto para os meios de comunicação. Portanto, é um ambiente propício para que a comunicação exerça um papel de mediadora no processo de integração do idoso no meio universitário, ressalta Tatiana Douchkin (2013), especialista em gestão da comunicação pela Escola de Comunicação e Artes da USP (ECA-USP).

Em relação à origem do termo *terceira idade*, Douchkin (2013) revela que o termo foi concebido em 1960, pelo médico francês Doutor J. A. Huet, para designar pessoas com 60 anos ou mais e simbolizar o estágio de uma aposentadoria regada à liberdade e qualidade de vida. Um estágio, que de acordo com a OMS, envolve um perfil etário compreendido na faixa dos 65 anos para os países classificados como desenvolvidos e acima e 60 anos para os países em desenvolvimento. Debert (2012) acrescenta que o termo terceira idade remete à maneira com a qual as pessoas de mais idade são classificadas ainda sem um viés negativo, ligado a um imaginário estereotipado e, portanto, não submetido à depreciação.

Muito difundida na França, historicamente, a expressão "terceira idade" inspirou o psicopedagogo Pierre Vellas a estabelecer a primeira universidade da terceira idade, em 1973, organizada na Universidade de Toulouse, em um espaço destinado aos idosos, com o propósito de desenvolver atividades conjuntas com os alunos mais jovens, no intuito de aguçar a ampliação do convívio social (DOUCHKIN, 2013).

UNIVERSIDADE DE TOULOUSE 1 CAPITOLE (FACHADA)

Annie Sargent, 2015.

No Brasil, o pioneirismo em programas e atividades de natureza similar à de Toulouse, surgiram na década de 1960, com os programas ofertados pelo Serviço Social do Comércio (Sesc), voltado para grupos etários de mais idade, com o propósito de reuni-los e promover práticas diversas de lazer. Mais tarde, na década de 1980, outras iniciativas seguiram na mesma esteira, como é o caso da Legião Brasileira de Assistência (LBA) e das universidades para a terceira idade – com destaque para a Pontifícia Universidade Católica de Campinas (Puccamp), que, assim como os demais programas, oferecia práticas artesanais, bailes, viagens, ginástica, aulas e palestras (DEBERT, 2012). Mas foi em 1990, por iniciativa da professora Ecléa Bosi e por disposição do governo do estado de São Paulo, que a USP acolheu a primeira UAM, orientada para tratar os aspectos alusivos à velhice, como destino e categoria social, defendidos por Bosi (DOUCHKIN, 2013). Certamente uma percepção inspirada no *Plano de Ação Mundial sobre o Envelhecimento*, na intenção de dar assistência e valorizar o idoso (DEBERT, 2012).

Em linhas gerais, a participação masculina nesses ambientes voltados para a integração social, assistência ao idoso e ao resgate da autoestima, dificilmente excede aos 20%. Da mesma forma, se mostram relutantes ou até indiferentes em participar das atividades ofertadas, ao passo em que as mulheres demonstram engajamento nessas práticas e, portanto, trata-se de um ponto crítico que precisa ser mais bem depurado (DEBERT, 2012).

Para Debert (2012), no que compete a um maior engajamento feminino nestes eventos. Uma ala considera que devido as mulheres idosas lidarem com dois fatores igualmente discriminatórios (ser mulher e ser idosa), numa sociedade em que se privilegia o aspecto reprodutivo e o papel materno em zelar pelas crianças. Questões como a do afastamento dos filhos adultos, a condição de viuvez, o desequilíbro estético corporal, informalidade profissional, a baixa remuneração, a solidão e a condição de dependência, refletem a realidade da mulher na velhice, que, de modo inverso ao homem, responde melhor aos desafios que este estágio da vida lhe impõe. Outros veem com otimismo a velhice feminina, pois ao aposentar-se, a mulher encara o processo de ruptura com o mercado de trabalho com serenidade, ao mesmo tempo em que a relação com os filhos lhe assegura maiores cuidados na velhice, condição, esta, nem sempre favorável ao pai no mesmo estágio da vida, classifica Debert (2012).

Segundo os organizadores, a relevância conferida aos programas ofertados aos idosos, está em priorizar uma discussão continua sobre alguns casos recorrentes ligados à velhice, para despertar uma maior conscientização sobre cada ponto crítico (DEBERT, 2012). Dentre os quais, quatro pontos se destacam:

QUADRO 4 – DILEMAS NA VELHICE

CRÍTICA SOCIAL	FATOS
Desrespeito	Forma discriminatória, com a qual o idoso é tratado por uma sociedade capitalista, que o enxerga como um perfil humano "improdutivo".
Desigualdade	Situação precária de pobreza, subemprego, subnutrição, que acometem boa parte da população idosa, as quais a sociedade brasileira meramente assiste.
Desapreço	Tudo o que remete ao novo, ao jovial, prospera na sociedade brasileira, agora, o velho, obsoleto, descarta-se.
Desinteresse	Ineficácia do Estado em responder às carências básicas da população idosa.

Adaptado de Debert, 2012, p. 148, grifo nosso.

Diante disso, primeiramente, nota-se que o "sentido" descrito por Silva (2017) é percebido por muitos idosos que se predispõem a se inscrever e participar das muitas atividades ofertadas por programas similares ao da UAM. Em seguida, ao reconhecerem no empreendimento ofertado a oportunidade de absorverem conhecimento, resgatarem a autoestima e praticarem a inter-relação, o uso deliberado do tempo livre qualitativo, evocado por Novaes (2008), serve como escudo, no intuito que o idoso possa se defender preventivamente dos muitos abusos que rondam a velhice em suas distintas fases.

Nessa direção, segundo a *Proposta de Ação da Universidade para a Terceira Idade*, organizada pela Puccamp, os resultados decorrentes da experiência vivida pelos idosos naquele espaço de interação, resgate social e conscientização de direitos devidos, revelam qualidades expressivas a respeito das pessoas que ascendem e/ou atravessam os diferentes estágios da velhice (DEBERT, 2012). Além disso, pesquisas recentes na área da gerontologia, depoimentos e constatações, servem de parâmetro para perceber tais aspectos positivos, conforme ilustram os quadros 5 e 6 a seguir.

QUADRO 5 – TRAÇOS SIGNIFICATIVOS DOS PARTICIPANTES DA UAM

PERFIL	CARACTERISTICAS
Detalhista	Vê na 3ª idade o tempo oportuno para uma análise crítica sobre o percurso do vivido.
Reflexivo	Com o aperfeiçoamento da sapiência, amplia sua capacidade de discernimento.
Criterioso	Compreende o elementar, como recurso para diferenciar o fútil, do indispensável.
Participativo	Assume que o valor da vida requer uma participação instantânea e um engajamento pessoal admirável, capaz de despertar a criatividade.
Experiente	Substitui a pressa pela sutileza; o potencial de reminiscência amplia; a redução das habilidades para investir em projetos inovadores é trocada pela experiência.
Solidário	A relação com o trabalho é trocada pela assistência à família e à comunidade.
Refinado	A atração e a sensualidade cedem lugar aos aspectos mais refinados de satisfação.
Afetivo	A ternura, a solidariedade, o toque afetivo, redimensiona o caráter sexual da relação.
Perseverante	Postura e predileção adquirem maior solidez.
Consciente	O envolvimento político e de cidadania se reverte em verdadeiro.
Otimista	A morte já não assombra. No lugar da potência física corporal, a robustez da alma.

Adaptado de Debert, 2012, p. 149-150, grifo nosso.

QUADRO 6 – RELATOS ENVOLVENDO PROGRAMAS PARA A 3ª IDADE

DEPOIMENTOS, TESTEMUNHOS E CONSTATAÇÕES
Sobre o ingresso de mulheres das camadas populares nos Grupos de Convivência da LBA: *é* "um marco em suas vidas, [...] divisor de águas que substitui o período de solidão e abandono, seguinte *à viuvez ou separação*, por um outro de novas amizades, festas, encontros e passeios" (MATTOS, 1990, citado por DEBERT, 2012, p. 151).
Sobre o ingresso de idosos nos programas ofertados pelo Sesc Nacional: "quando os idosos chegam [...], suas queixas são constantes em relação aos familiares e à sociedade discriminativa. Essas queixas revelam que já estavam separados da sociedade" (MAGALHAES, 1992, citado por DEBERT, 2012, p. 151).
Relatos de uma informante quanto a experiência vivida no grupo de convivência: "Isso aqui é que é vida" (MATTOS, 1990, citado por DEBERT, 2012, p. 151).
Depoimento sobre os ingressantes nos grupos de convivência do Núcleo de Estudos da Terceira Idade (Neti) da Universidade Federal de Santa Catarina (UFSC): "é comum encontrar-se idosos que, uma vez engajados, assumem atitudes positivas em relação à vida, aceitando de forma sadia os processos de mudança que vivenciam e que ocorreram muitas vezes de forma acelerada e até conflitiva" (GUEDES; VAHL, 1992, citado por DEBERT, 2012, p. 151, grifo nosso).

Adaptado de Debert, 2012, p. 150-157.

Com isso, fica patenteada a fragilidade de discursos que associam a velhice a fatores exclusivamente cronológicos. Assim como decidir por livre arbítrio filiar-se a programas a feição dos grupos de convivência, escolas ou universidades abertas à terceira idade, sintetiza o proveito de um investimento comunicacional numa imagem otimista de velhice, que encoraja o idoso a escolher o melhor caminho a seguir e a melhor forma de desperdiçar o tempo livre qualitativo que tenha, que faça sentido aplicá-lo em algo que valha a pena para ele investir. Percebe-se, aí, um dos pilares que sustentam os programas ligados à terceira idade, pois a "Universidade para a Terceira Idade cria o que se poderia chamar de uma 'cultura da terceira idade' como, de resto, é próprio de qualquer universidade, além de sua função instrumental, criar uma 'cultura estudantil'" (DEBERT, 2012, p. 159).

Para Debert (2012), o estímulo aos estudos é possivelmente uma das razões para que programas destinados à terceira idade, ano a ano, tenham inspirado cada vez mais adeptos a se inscreverem e participarem das atividades ofertadas por estas instituições. Somente no espaço do Sesc São Paulo, circulam em média, por mês, 50 mil idosos. Na Unati da UERJ, na fase inaugural do programa, cerca de duas mil pessoas pleitearam uma vaga.

Não obstante, percebe-se aí, um cenário em que a demanda por vagas é superior a quantidade de ofertas. Então, ao mesmo tempo em que a iniciativa gera expectativa nos que foram selecionados, instaura a frustração nos que ficaram de fora do processo de seleção. Assim, a chamada "oportunidade" de ali desperdiçarem seu tempo livre qualitativo, fica, a priori, comprometida, em suspenso, até que novas vagas sejam abertas. Mas a questão que está em jogo neste estágio do vivido, para além do ócio involuntário e da manutenção de uma baixa autoestima ou na iminência de tal, é o tempo quantitativo fixado por Novaes (2008), que por certo, é escasso.

Outra questão que inspira reflexão, refere-se aos programas de continuidade, uma vez que não se observa proposta similar nas bases dos programas dirigidos à terceira idade, que mantenham o egresso vinculado ao programa e engajado aos conceitos já difundidos, pelo que se evidencia nas citações. Logo, tanto o aspecto relacionado ao sistema de seleção quanto a questão dos programas de continuidade, remetem a uma fissura que precisa ser vedada, e pelo que se percebe, cabe ao Estado e à sociedade, em uma ação conjunta, estabelecerem meios de solucionar essas questões.

Por outro lado, em que pese a discreta atuação dos homens nos programas de interesse do idoso e sua relutância em participar das atividades, revelado por Debert (2012), e que a solidão, a pobreza e a apatia da sociedade e do Estado no trato da causa da velhice, despontem como variáveis dominantes no processo, flagrados no quadro 5. Apesar disso, de positivo, destaque-se o número crescente de interessados em participar de programas que divulguem uma cultura da terceira idade e de incentivo ao estudo, como forma de aprimorar conhecimento e de valorizar a autoestima. Além disso, a participação do idoso nos programas dirigidos à velhice, revela um perfil de alguém criterioso, experiente, participativo, consciente e otimista, detalhado no quadro 5.

Assim, fica demonstrado que o sujeito marcado pela designativa terceira idade tem reservas cognitivas que lhe permite atuar em diferentes áreas da sociedade, ainda que moderadamente, haja vista que se mostra suscetível à troca de saberes e ao intercâmbio cultural, conforme revela o quadro 6. Com isso, conclui-se que os meio de comunicação e os programas dirigidos à velhice, precisam reavivar no sujeito idoso a prática continuada do conhecimento e o estímulo à cultura, como exercício dessa prática. Pois é preciso oferecer-lhe condições de se manter integrado à sociedade e engajado a ideias que provoquem a busca pela qualidade de vida no estágio longevo da velhice, na mesma medida em que é preciso preservar sua autonomia e observar os direitos que lhes são devidos.

O valor da publicização de direitos no combate aos abusos

Considera-se que "o imaginário, enquanto comunhão, é sempre comunicação" (MAFFESOLI, 2001, p. 80) e que "toda comunicação é um deslocamento: da mensagem, do interlocutor, do enunciador, do imaginário coletivo" (SILVA, 2012, p. 46). Logo, admite-se que a comunicação e seus processos estão em fina sintonia com os aspectos ligados à constituição imaginária da sociedade e os reflexos disso, no decurso da história e da própria subsistência de cada integrante da sociedade, que precisam coexistir nesse espaço social e observar as leis que por convenção ali foram fixadas. Dentre as quais, a lei da globalização da aposentadoria e a normatização da PNI e do EI, no Brasil, para que sejam fixadas na memória da sociedade e do idoso.

Nos relatos das conquistas obtidas pelo idoso ao longo da história, além do feito valorizado de se alcançar a longevidade, o direito à aposentadoria, notadamente, simbolizou a primeira vitória do idoso nos países ocidentais capitalistas, tão logo se implantou o benefício e enquanto a população idosa se mostrou tímida sua evolução demográfica. Datada de 1881, um dos primeiros sinais na direção de estabelecer um sistema de aposentadoria similar aos padrões atuais, a aposentadoria, junto com um sistema de saúde e escolas públicas, foi instituída mediante um projeto de lei enviado ao parlamento prussiano, por iniciativa do então chanceler Otto von Bismarck, por temer uma revolta dos grupos de esquerda que surgiram no período, principalmente depois do Comuna de Paris em 1871 (PALACIOS, 2019).

De acordo com o jornalista Ariel Palacios (2019), a expressão aposentadoria é compreendida no meio hispânico, por jubilación, uma derivação do termo iubilare em latim, que quer dizer "gritar de alegria". Isto é, um júbilo, ter em vista as chances de um dia não mais precisar trabalhar e ainda dispor de aposentadoria. Ao passo que no idioma de língua portuguesa, o termo aposentar, carrega o sentido que deriva do latim ad que significa "para" e pausans "repousar".

No Brasil, a primeira iniciativa em termos de aposentadoria foi instituída em 1923, por intermédio de uma ação proposta pelo então deputado federal Eloy Chaves (SP), aprovada na Câmara e no Senado, no intuito de atender exclusivamente os ferroviários do setor privado que tivessem no mínimo 50 anos de idade e 30 anos de serviços prestados ao setor ferroviário. Iniciativa essa, motivada pela revolta dos ferroviários em resposta à greve organizada nas estradas de ferro (BRASIL, 2019). Conforme realça o jornalista Ricardo Westin do Portal Senado Notícias:

> Se o governo propusesse uma reforma da Previdência em meados da década de 1920, não haveria mobilizações, embates, impasses, polêmica. Pelo menos não na intensidade que se veem hoje. As mudanças só preocupariam os funcionários das estradas de ferro e os servidores de uma ou outra repartição pública. Esses eram os únicos que tinham a aposentadoria garantida por lei. (BRASIL, 2019)

Depois, de 1923 até 1930, as chamadas caixas de aposentadorias e pensões (CAPs), destinadas ao setor ferroviário, se expandiram para outros segmentos, como, o setor portuário, a navegação marítima e a aviação. Adiante, em 1933, veio a criação dos institutos de aposentadorias e pensões (IAPs), para atender toda uma categoria de profissionais (bancários, comerciários, industriários, com cobertura nacional). Mais tarde, em 1966, esse sistema foi substituído por um padrão unificado, nomeado Instituto Nacional da Previdência social (INPS), que, em 1990, passou a se chamar Instituto Nacional do Seguro Social (INSS) (BRASIL, 2019).

Contudo, foi a partir da promulgação da Carta Magna de 1988, no Brasil, que princípios basilares, como a observação da dignidade humana, exibiu nas entrelinhas a noção ampla e incondicional de respeito a todos, se revelando um marco na história da velhice. De igual valor, foram as ações que resultaram de iniciativas promovidas pela Assembleia Geral, convocada pela Organização das Nações Unidas (ONU), em 1970, para tratar de questões associadas à velhice. Evento, que, em 1982, resultou nos Princípios das Nações Unidas para o Idoso, formulado em 1991, e na Declaração de Toronto, elaborada pela OMS, em 2002 – sendo este último um importante aliado na questão relativa à melhoria na qualidade de vida para o sujeito idoso, envolvendo suas carências físicas e emocionais, na intenção de preservar sua autonomia (LIMA, 2019).

Com isso, a promoção dos direitos do idoso, surge como forma de protege-lo, embora a Constituição de 1988 já estabeleça no art. 1º o direito à cidadania e à dignidade da pessoa humana e no art. 3º a promoção do bem-estar de todos, livre de preconceito ou de discriminação em função da idade (BRASIL, 1994a). De modo mais específico, a Carta Magna de 1988 determina que:

> Art. 229. [...], os filhos maiores têm o dever de ajudar e amparar os pais na velhice, carência ou enfermidade. Art. 230. A família, a sociedade e o Estado têm o dever de amparar as pessoas idosas, assegurando sua participação na comunidade, defendendo sua dignidade e bem-estar e garantindo-lhes o direito à vida. § 1º Os programas de amparo aos idosos serão executados preferencialmente em seus lares. § 2º Aos maiores de sessenta e cinco anos é garantida a gratuidade dos transportes coletivos urbanos. (BRASIL, 1994a, p. 103-104)

Todavia, foi a partir das discussões na esfera internacional, movidas, em especial, pela visível elevação da expectativa de vida em nível global, que as atenções se voltaram para as projeções de qualidade vida para o sujeito idoso no estágio longevo da velhice (DEBERT, 2012). Com isso, as reflexões em torno do tema, sensibilizaram a comunidade internacional e o resultado disso foi a implantação de políticas públicas pautadas na garantia de direitos tal como, a globalização da aposentadoria, e no Brasil, a regulamentação da PNI e do EI, esclarece Debert (2012).

Então, para além do que está fixado na Carta Magna de 1988 em defesa do idoso, o quadro 7 e 8 a seguir procuram ampliar a compreensão de que o direito do idoso se reduz a gratuidade no transporte coletivo ou ao atendimento preferencial, conforme Tuchlinski (2019) capturou em pesquisa sobre o idoso desconhecer seus demais direitos assegurados na legislação que hoje vigora. Assim, aleatoriamente, o propósito é lançar luz sobre uma coleção de garantias significativas, contempladas na PNI e subsidiados seus efeitos no EI, para que de alguma forma, sirvam de atenuantes para compensar a histórica escassez de escudos preparados para salvaguardar uma imagem factual de velhice e o bem-estar daqueles que a experimentam, haja vista que foram dilemas largamente discutidos por Côrte (2018), Debert (2012) e Mascaro (2004).

QUADRO 7 – GARANTIAS CONTEMPLADAS NA PNI (LEI Nº 8.842/1994)

MATÉRIA	DISPOSITIVOS DA POLÍTICA NACIONAL DO IDOSO
Finalidade	Art. 1º - A política nacional do idoso tem por objetivo assegurar os direitos sociais do idoso, criando condições para promover sua autonomia, integração e participação efetiva na sociedade.
	Art. 2º - Considera-se idoso, para os efeitos desta Lei, a pessoa maior de sessenta anos de idade.
Princípios	*Art. 3° I - a família, a sociedade e o estado têm o dever de assegurar ao idoso todos os direitos da cidadania, garantindo sua participação na comunidade, defendendo sua dignidade, bem-estar e o direito à vida;*
	Art. 3º II – o processo de envelhecimento diz respeito à sociedade em geral, devendo ser objeto de conhecimento e informação para todos;
	Art. 3° III - o idoso não deve sofrer discriminação de qualquer natureza;
Diretrizes	Art. 4° II - participação do idoso, através de suas organizações representativas, na formulação, implementação e avaliação das políticas, planos, programas e projetos a serem desenvolvidos;
	Art. 4° III - priorização do atendimento ao idoso através de suas próprias famílias, em detrimento do atendimento asilar, à exceção dos idosos que não possuam condições que garantam sua própria sobrevivência;
	Art. 4° VIII - priorização do atendimento ao idoso em órgãos públicos e privados prestadores de serviços, quando desabrigados e sem família;

Ações de Governo	Art. 10° I – b) estimular a criação de incentivos e de alternativas de atendimento ao idoso, como centros de convivência, centros de cuidados diurnos, casas-lares, oficinas abrigadas de trabalho, atendimentos domiciliares e outros;
	Art. 10° II – a) garantir ao idoso a assistência à saúde, nos diversos níveis de atendimento do Sistema Único de Saúde;
	Art. 10° III - b) inserir nos currículos mínimos, nos diversos níveis do ensino formal, conteúdos voltados para o processo de envelhecimento, de forma a eliminar preconceitos e a produzir conhecimentos sobre o assunto;
	Art. 10° III - d) desenvolver programas educativos, especialmente nos meios de comunicação, a fim de informar a população sobre o processo de envelhecimento;
	Art. 10° III - f) apoiar a criação de universidade aberta para a terceira idade, como meio de universalizar o acesso às diferentes formas do saber;
	Art. 10° IV - a) garantir mecanismos que impeçam a discriminação do idoso quanto a sua participação, no mercado de trabalho, no setor público e privado;
	Art. 10° IV - b) priorizar o atendimento do idoso nos benefícios previdenciários;
	Art. 10° IV - c) criar e estimular a manutenção de programas de preparação para aposentadoria nos setores público e privado com antecedência mínima de dois anos antes do afastamento;
	Art. 10° V - a) destinar, nos programas habitacionais, unidades em regime de comodato ao idoso, na modalidade de casas-lares;
	Art. 10º V – b) incluir nos programas de assistência ao idoso, formas de melhoria de condições de habitabilidade e adaptação de moradia, considerando seu estado físico e sua independência de locomoção;
	Art. 10º V – c) elaborar critérios que garatam o acesso da pessoa idosa à habitação popular;
	Art. 10° V - d) diminuir barreiras arquitetônicas e urbanas;
	Art. 10° VI - a) promover e defender os direitos da pessoa idosa; b) zelar pela aplicação das normas sobre o idoso determinando ações para evitar abusos e lesões a seus direitos;
	Art. 10° VII - b) propiciar ao idoso o acesso aos locais e eventos culturais, mediante preços reduzidos, em âmbito nacional;
	Art. 10° § 1º - É assegurado ao idoso o direito de dispor de seus bens, proventos, pensões e benefícios, salvo nos casos de incapacidade judicialmente comprovada. § 2º - Nos casos de comprovada incapacidade do idoso para gerir seus bens, ser-lhe-á nomeado Curador especial em juízo.
	Art. 10° § 2º - nos casos de comprovada incapacidade do idoso para gerir seus bens, ser-lhe-á nomeado Curador especial em juízo.
	Art. 10° § 3º - Todo cidadão tem o dever de denunciar à autoridade competente qualquer forma de negligência ou desrespeito ao idoso.
ANEXO Benefícios Decreto 6.214 09/2007	Art. 1º O Benefício de Prestação Continuada previsto no art. 20 da Lei nº 8.742, de 7 de dezembro de 1993, é a garantia de um salário-mínimo mensal à pessoa com deficiência e ao idoso, com idade de sessenta e cinco anos ou mais, que comprovem não possuir meios para prover a própria manutenção e nem de tê-la provida por sua família.
ANEXO Benefício Decreto nº 5.130 07/2004	Sobre o direito ao transporte coletivo interestadual, modal rodoviário, ferroviário e aquaviário: Art. 3º Ao idoso com renda igual ou inferior a dois salários-mínimos serão reservadas duas vagas gratuitas em cada veículo [...] do serviço convencional de transporte interestadual de passageiros.

Adaptado de Brasil, 1994b, grifo nosso.

QUADRO 8 – GARANTIAS SUBSIDIADAS NO EI (LEI Nº 10.741/2013)

MATÉRIA	DISPOSITIVOS DO ESTATUTO DO IDOSO
Garantia obrigatória	*Art. 3.º É obrigação da família, da comunidade, da sociedade e do Poder Público assegurar ao idoso, com absoluta prioridade, a efetivação do direito à vida, à saúde, à alimentação, à educação, à cultura, ao esporte, ao lazer, ao trabalho, à cidadania, à liberdade, à dignidade, ao respeito e à convivência familiar e comunitária.*
Das prioridades	Parágrafo único. I - Atendimento preferencial imediato e individualizado junto aos órgãos públicos e privados prestadores de serviços à população;
	Parágrafo único. VIII - garantia de acesso à rede de serviços de saúde e de assistência social locais.
Das proteções	*Art. 4.º Nenhum idoso será objeto de qualquer tipo de negligência, discriminação, violência, crueldade ou opressão, e todo atentado aos seus direitos, por ação ou omissão, será punido na forma da lei. § 1.º É dever de todos prevenir a ameaça ou violação aos direitos do idoso.*
	Art. 6.º Todo cidadão tem o dever de comunicar à autoridade competente qualquer forma de violação a esta Lei que tenha testemunhado ou de que tenha conhecimento.
Direito à vida	Art. 8.º O envelhecimento é um direito personalíssimo e a sua proteção um direito social, nos termos desta Lei e da legislação vigente.
	Art. 9.º É obrigação do Estado, garantir à pessoa idosa a proteção à vida e à saúde, mediante efetivação de políticas sociais públicas que permitam um envelhecimento saudável e em condições de dignidade.
Direito à liberdade respeito e dignidade	*Art. 10. É obrigação do Estado e da sociedade, assegurar à pessoa idosa a liberdade, o respeito e a dignidade, como pessoa humana e sujeito de direitos civis, políticos, individuais e sociais, garantidos na Constituição e nas leis.*
Direito à saúde	Art. 15. § 2.º Incumbe ao Poder Público fornecer aos idosos, gratuitamente, medicamentos, especialmente os de uso continuado, assim como próteses, órteses e outros recursos relativos ao tratamento, habilitação ou reabilitação. § 3.º É vedada a discriminação do idoso nos planos de saúde pela cobrança de valores diferenciados em razão da idade.
	Art. 16. Ao idoso internado ou em observação é assegurado o direito a acompanhante, devendo o órgão de saúde proporcionar as condições adequadas para a sua permanência em tempo integral, segundo o critério médico.
	§ 1.º Para os efeitos desta Lei, considera-se violência contra o idoso qualquer ação ou omissão praticada em local público ou privado que lhe cause morte, dano ou sofrimento físico ou psicológico.
Da educação ao lazer	Art. 20. O idoso tem direito a educação, cultura, esporte, lazer, diversões, espetáculos, produtos e serviços que respeitem sua peculiar condição de idade. .
	§ 1.º Os cursos especiais para idosos incluirão conteúdo relativo às técnicas de comunicação, computação e demais avanços tecnológicos, para sua integração à vida moderna.
	Art. 23. A participação dos idosos em atividades culturais e de lazer será proporcionada mediante descontos de pelo menos 50% (cinquenta por cento) nos ingressos para eventos artísticos, culturais, esportivos e de lazer, bem como o acesso preferencial aos respectivos locais.
	Art. 24. Os meios de comunicação manterão espaços ou horários especiais voltados aos idosos, com finalidade informativa, educativa, artística e cultural, e ao público sobre o processo de envelhecimento.
Auxílio social	Art. 34. Aos idosos, a partir de 65 (sessenta e cinco) anos, que não possuam meios para prover sua subsistência, nem de tê-la provida por sua família, é assegurado o benefício mensal de 1 (um) salário-mínimo, nos termos da Lei Orgânica da Assistência Social – Loas

Da Habitação	Art. 37. O idoso tem direito a moradia digna, no seio da família natural ou substituta, ou desacompanhado de seus familiares, quando assim o desejar, ou, ainda, em instituição pública ou privada.
	Art. 38. Nos programas habitacionais, públicos ou subsidiados com recursos públicos, o idoso goza de prioridade na aquisição de imóvel para moradia própria, observado o seguinte: I – reserva de 3% (três por cento) das unidades residenciais para atendimento aos idosos; II – implantação de equipamentos urbanos comunitários voltados ao idoso; III – eliminação de barreiras arquitetônicas e urbanísticas, para garantia de acessibilidade ao idoso; IV – critérios de financiamento compatíveis com os rendimentos de aposentadoria e pensão.
Do Transporte	Art. 39. Aos maiores de 65 (sessenta e cinco) anos fica assegurada a gratuidade dos transportes coletivos públicos urbanos e semi-urbanos, exceto nos serviços seletivos e especiais, quando prestados paralelamente aos serviços regulares.
	§ 1o Para ter acesso à gratuidade, basta que o idoso apresente qualquer documento pessoal que faça prova de sua idade.
	§ 2o Nos veículos de transporte coletivo de que trata este artigo, serão reservados 10% (dez por cento) dos assentos para os idosos, devidamente identificados com a placa de reservado preferencialmente para idosos.
	Art. 40. No sistema de transporte coletivo interestadual observar-se-á, nos termos da legislação específica: I – a reserva de 2 (duas) vagas gratuitas por veículo para idosos com renda igual ou inferior a 2 (dois) salários-mínimos;
Medidas de proteção	Art. 43. As medidas de proteção ao idoso são aplicáveis sempre que os direitos reconhecidos nesta Lei forem ameaçados ou violados: I - por ação ou omissão da sociedade ou do Estado; II - por falta, omissão ou abuso da família, curador ou entidade de atendimento; III - em razão de sua condição pessoal.
Do acesso à justiça	Art. 71. É assegurada prioridade na tramitação dos processos e procedimentos e na execução dos atos e diligências judiciais em que figure como parte ou interveniente pessoa com idade igual ou superior a 60 (sessenta) anos, em qualquer instância.
Dos crimes em espécie	Art. 96. Discriminar pessoa idosa, impedindo ou dificultando seu acesso a operações bancárias, aos meios de transporte, ao direito de contratar ou por qualquer outro meio ou instrumento necessário ao exercício da cidadania, por motivo de idade: Pena - reclusão de 6 (seis) meses a 1 (um) ano e multa.
Dos crimes em espécie	Art. 99. Expor a perigo a integridade e a saúde, física ou psíquica, do idoso, submetendo-o a condições desumanas ou degradantes ou privando-o de alimentos e cuidados indispensáveis, quando obrigado a fazê-lo, ou sujeitando-o a trabalho excessivo ou inadequado: Pena - detenção de 2 (dois) meses a 1 (um) ano e multa. [...]. § 2.º Se resulta a morte: Pena - reclusão de 4 (quatro) a 12 (doze) anos.
Dos crimes em espécie	Art. 102. Apropriar-se de ou desviar bens, proventos, pensão ou qualquer outro rendimento do idoso, dando-lhes aplicação diversa da de sua finalidade: Pena - reclusão de 1 (um) a 4 (quatro) anos e multa.
Dos crimes em espécie	Art. 104. Reter o cartão magnético de conta bancária relativa a benefícios, proventos ou pensão do idoso, bem como qualquer outro documento com objetivo de assegurar recebimento ou ressarcimento de dívida: Pena - detenção de 6 (seis) meses a 2 (dois) anos e multa.

Adaptado de Brasil, 2003, p. 1-72, grifo nosso.

Dentre os tópicos grifados na PNI e no EI, lançou-se luz no art. 24 do EI, na intenção de saber se os meios de comunicação, efetivamente, mantêm espaços ou horários especiais voltados aos idosos? Porque, em relação à divulgação de direitos do idoso à sociedade e ao idoso, percebe-se que ainda falta efetividade comunicativa.

Daí, em que pese a significância do que está contido nos quadros 7 e 8. A julgar pelo que foi divulgado por Tuchlinski (2019) sobre as pessoas de um modo geral desconhecerem a maioria dos direitos legais conferidos ao idoso. Qual a eficácia de se reconhecer tais direitos e de se regulamentar políticas públicas destinadas aos grupos etários de mais idade, se essas prerrogativas passam à margem da percepção de boa parte daqueles para quem esses recursos certamente são mais valiosos?

Como ponto de partida para melhor corrigir tal contradição, recorreu-se a uma temporalidade histórica, que remonta às antigas civilizações e seus costumes acerca da imagem de velhice, para rememorar, que no passado, o silêncio involuntário e a condição marginal decretaram a imagem histórica de velhice.

Ao se lançar na contemporaneidade em busca de vestígios capazes de explicar o modo de ação de como se conserva estereotipado o imaginário social de velhice. Verificou-se o quanto se faz necessário um processo comunicativo que promova a serenidade com a qual se reconheça a velhice; em que a passagem do tempo registre as marcas de uma história vivida, e que abre novos momentos para que em tempo outras experiências sejam vividas. Sobretudo, porque persistem os muitos equívocos entre fatos científicos e crenças da opinião pública, que recaem sobre a temática da velhice, que terminam por reduzir o factual em ilusório e que carece de ser retificado e divulgado pelas mídias, com o objetivo de manter a população e o idoso mais bem informados sobre a idade da velhice, habilidades biológicas, psíquicas e sociais do sujeito idoso, assim detectado por Moragas (1997).

Ao versar sobre a temática da velhice, constatou-se que é preciso ter em conta a heterogeneidade que envolve essa categoria social. Pois do contrário, ao se investir na ideia de incorporar todas as demandas da velhice como se uma só fossem e, com isso, render-se às armadilhas midiáticas da desconstrução da idade, que servem aos interesses de um mercado de consumo que sobrevaloriza e direciona a atenção somente ao perfil produtivo e festivo (consumidor) e desqualifica e descarta o perfil desvalido ou debilitado de idoso, apontado por Debert (2012). Para começar, inibe a formação de laços entre os grupos etários de mais idade em torno de uma causa comum. Depois, intensifica o perigo da clivagem social e reaviva antigos estereótipos. E por último, potencializa a discriminação em função da idade (idadismo) e a fobia de envelhecer. Juntos, esses fatores respondem pela soma de abusos que mais incidem sobre a velhice hoje, os abusos psicológicos, financeiros, por negligência e por agressão física, conforme alerta o Conselho Estadual dos Direitos do Idoso, em 2020.

Então, compreendeu-se que o ganho de visibilidade que a temática da velhice adquiriu nas últimas décadas, encerrando o silêncio que havia em torno do tema, propiciou, no Brasil: a regulamentação da PNI e do EI, como saída para salvaguardar o bem-estar do idoso; a multiplicação de escolas abertas da maturidade, que se tornaram um núcleo estratégico na valorização da velhice e orientação ao idoso sobre seus direitos; e as associações de aposentados, que se mostraram os legítimos interlocutores políticos legais no interesse dos aposentados. Equivale a dizer, que estas são notadamente grandes conquistas obtidas em favor da velhice.

Percebeu-se, também, que para sedimentar o imaginário social de velhice com a fiel imagem tardia de velhice que a história desistiu de desvelar, uma das alternativas pode estar em insistir num plano estratégico de comunicação capaz de intensificar a disseminação dos direitos do idoso, como forma de subsidiar o EI no enfrentamento às arbitrariedades e outras questões que reduzem as possibilidades de o idoso viver a longevidade num estado de bem-estar e autoestima valorizada. Afinal, de acordo com Sampaio (2013), a propaganda tem como função elementar - desenvolver ações estruturadas, dentre as quais, a de mudar hábitos e criar imagens. Portanto, pode-se concluir, que este modo de comunicar tem competência para promover uma imagem reparada de velhice e dessa forma, nutrir o imaginário social de velhice de acordo com as reais virtudes e limitações que marcam as distintas fases percebidas na velhice. Daí a funcionalidade chave da comunicação na esfera do social ao cumprir a função que lhe é própria, a de publicizar entre outras coisas, os direitos do idoso e os meios de enfrentamento aos abusos por eles sofridos.

Neste caso, se para Menezes (1973a) a comunicação se posiciona no núcleo da evolução sociocultural humana, haja vista que a biografia humana ganha destaque, em especial, porque suas performances são comunicáveis. Neste caso, cabe aos meios de comunicação de massa, em sintonia com as instituições sociais criadas para valorizar e orientar o sujeito idoso, aos moldes das universidades abertas da maturidade, a incumbência de propagar somente a imagem factual de velhice bem como a de divulgar de modo compreensível e recorrente o leque de direitos atribuídos às pessoas nessa fase do vivido e o de assegurar visibilidade à temática em questão.

Em última instância, que sejam as atividades práticas sociais de ordem acadêmica, suas escritas e outras performances, o gatilho comunicacional capaz de divulgar de modo cristalino, irrestrito e presente os direitos do idoso e o de monitorar o grau de significância que o tema cumpre na memória do grupo etário chamado terceira idade, na ordem de suas prioridades, projetando com isso identificar certas nuances.

CAPÍTULO IV
COMPOSIÇÃO METODOLÓGICA

O objetivo deste capítulo é ressaltar a importância da regulamentação do Estatuto do Idoso para as pessoas com 60 anos ou mais e ilustrar a posição de destaque que o tema Direito do Idoso ocupou na memória do grupo terceira idade da turma 2019 da Universidade Aberta da Maturidade da UFPR. O traçado metodológico a seguir, inicia com uma investigação, resgatando a historicidade da UAM/UFPR e suas peculiaridades. Depois, discorre, brevemente, para efeito de registro, sobre as delimitações e justificativas de pesquisa, suas propriedades e instrumentos aplicados para colocar em prática a investigação, posto que o propósito estabelecido é dar visibilidade às questões críticas apuradas ao longo da pesquisa e os resultados colhidos, conferindo, por vezes, um caráter mais técnico à leitura.

O Caso da turma 2019 da UAM da UFPR

Tem-se observado nos últimos anos as produções jornalísticas dedicarem mais espaços a notícias sobre a elevação da expectativa de vida em nível global e sobre as projeções de qualidade de vida para sujeitos longevos. Com isso, a indústria do consumo passou a direcionar seus holofotes para um novo nicho de mercado, uma parcela que conquistou o apreço da mídia publicitária, o interesse das áreas do saber e também daqueles que regem as leis previdenciárias no país.

Não obstante, é o interesse dos oportunistas, os que tiram proveito sem pesar, de um público que talvez desconheça na integra seus direitos legais, o componente-chave por boa parte das arbitrariedades que afligem a velhice, uma categoria que estreia na terceira idade, se destaca na etapa longeva e subsiste na fase profunda, debilitada ou desvalida. Esta última, subsiste em qualquer uma das etapas da velhice em razão da pobreza.

Nos dias de hoje, é alto o índice de denúncias sobre abusos cometidos contra a pessoa idosa, mostrando a extensão dos riscos que cercam essas pessoas. Por isso, para enfrentar esses obstáculos, as instituições de apoio e valorização da velhice atuam como núcleo estratégico, no intuito de orientar o sujeito idoso acerca dos direitos que lhe são devidos por lei.

Nesse rol de instituições, está a UAM da UFPR, que dispõe de um programa talhado a pessoas de 60 anos ou mais, dispostas a consumir seu tempo livre em atividades dirigidas e pensadas para grupos etários nessa faixa de idade.

Isto posto, ao evocar a história da UAM da UFPR, constatou-se que a ideia fundamental do programa remonta ao início do ano de 2012. Para a coordenadora do programa na época, a professora Adelia Junglos Alves, o objetivo se concentra em propiciar um ambiente voltado à prática de construção de diálogo entre os participantes e a comunidade acadêmica, para promover a troca de saberes, ofertando atividades educativas e corporais, palestras e eventos, tendo por premissa, "resgatar o valor social do idoso" (BROPP, 2018b)

Conforme relatou o professor Zaki Akel Sobrinho, reitor da UFPR em 2012 e idealizador do projeto de extensão da UAM/UFPR, a ideia da Universidade Aberta da Maturidade surgiu em 2011. Assessorado, na época, por uma equipe liderada pela pró-reitora de Extensão e Cultura Elenice Matos Novak e pela professora Maria Emília von der Heyde, vários projetos foram estudados, até chegar a um modelo condizente com o perfil da UFPR e do público do estado (MEIRELLES, 2012).

Assim, com as primeiras inscrições de alunos, foi lançada na manhã do dia 28 de maio de 2012 o programa da Universidade aberta da Maturidade da UFPR, com a intenção de atender pessoas acima "de 55 anos e oferecer atividades diversas, como cursos e oficinas, inclusive, visitas coordenadas e palestras" (MEIRELLES, 2012).

No plano de atividades da época, consta a abordagem de temas relacionados ao Direito e Saúde do Idoso, Inclusão Digital, Atividades Corporais, Meio Ambiente, Gerontologia, com ênfase para o propósito de ofertar atividades a serem desenvolvidas e definidas pelas próprias turmas, de modo a atender aos interesses dos participantes (MEIRELLES, 2012).

Com isso e com o êxito de realizar a formatura dos 44 alunos da turma, com direito à beca, Zaki conclui: "Estamos aqui para celebrar a história de vocês, que constroem a nossa. Se teremos duas turmas ao invés de uma, é graças ao entusiasmo contagiante desta primeira turma" (FAVORITO, 2013).

De 2012 a 2018, a UAM da UFPR viabilizou a oportunidade para que cerca de 400 idosos tivessem acesso à uma nova forma de viver a velhice, valorizar a saúde, saber mais sobre seus direitos, se relacionar, dentre outros benefícios. Com isso, promoveu, com direito à beca, a formatura desses 400 senhores e senhoras, que representaram as sete turmas que concluíram as atividades propostas pelo programa, desde a sua inauguração (GONÇALVES, 2019b). E o resumo de todo o investimento realizado, desde 2012 até 2018, relativo ao histórico de transformações promovidas no programa e ao histórico de depoimentos dos participantes das turmas de 2012 até 2018, segue sistematizado nos quadros 9 e 10 a seguir, nessa ordem.

QUADRO 9 – HISTÓRICO DAS MUDANÇAS OCORRIDAS NO PROGRAMA

TURMA	MIN. Idade	MAIOR Idade	Nº Alunos	PROPOSTA DO PROGRAMA	FONTE
2012 2013	55	84 "Belinha"	44	[Atividades]: cursos e oficinas, visitas coordenadas e palestras. [Temas centrais]: *Direito e Saúde do Idoso*, Inclusão Digital, Atividades corporais, Meio *Ambiente, Gerontologia* e *ações a serem descritas, escolhidas pelas próprias turmas, de forma a observar os interesses dos participantes.* [Local]: Prédio Histórico da UFPR. Praça S. Andrade [Ações]: Não mais funcionará em espaço cedido. *Um espaço próprio* será destinado às próximas turmas, que serão *duas ao invés de uma para 2013.*	Meirelles (2012) Favorito (2013)
2013 2014	55		60	[Atividades]: educativas, em um espaço de exercício e construção de diálogos entre os participantes e a comunidade acadêmica. [Temas]: as mesmas de 2012-2013, *mais Arte e Cultura.* [*Atividades escolhidas pelos alunos*] visita guiada à cidade histórica da Lapa [Diretriz]: visa a qualidade de vida e o desenvolvimento sócio-cultural [*Duas turmas formadas*]	Meirelles (2013) Sessenta... (2014)
2014 2015	55		62	[Atividades]: cursos, oficinas, eventos e visitas. [Temas]: Os mesmos e também, *Empreendedorismo, Contexto da 3ª Idade.* [Apoio de]: professores, alunos da graduação e pós-graduação e servidores	Carrara (2015)
2015 2016	55		50	[Atividades]: as mesmas anteriores [Tema]: os mesmos. [Apoio]: os mesmos [Diretriz]: valorizar socialmente o idoso. [Objetivo]: contribuir para a promoção da qualidade de vida e do desenvolvimento cultural e social dos integrantes, num espaço de exercício e construção de diálogos entre os idosos e a comunidade acadêmica	Quarta... (2016)
2016 2017	55	73 Neide Casada com Adailton 76	Nada consta	[*Novas diretrizes* curriculares inseridas aos projetos de transformação]: oficina de filmes, sugestões nutricionais, farmácia caseira, prevenção de queda, visitas ao museu [Temas]: *Saúde Mental, Memória na terceira idade, Informática, Direito do idoso, Estatuto do Idoso.*	Universidade... (2017)

2017 2018	60	85 Olga 71 Ivete Casada com Gonçalo 78	57	[Atividades educativas]: palestras, eventos e atividades corporais [Oficina paralela]: vagas limitadas. Noções básicas de uso e segurança no manuseio do celular [Temas centrais]: *Inclusão Digital, Direito e Saúde do Idoso, Atividades Corporais, Meio Ambiente, Gerontologia, Arte e Cultura.* [Diretriz]: promoção da qualidade de vida e do desenvolvimento cultural e social. [Regulamento]: participantes que tiverem pelo menos 80% de frequência do total de atividades programadas no período de 08/2018 a 06/2019, receberão certificado de participação em projeto de extensão da UFPR.	Bropp (2018a) Bropp (2018b) França (2018a)
2018 2019	60	84 Oldemira 75 Pedro	51	[Vagas]: UAM recebe 80 novos alunos [Atividades]: expressão corporal e facial Projeto *Visitarte* (teatro de palhaços), aula de parasitologia em microscópio. [*Diretrizes tradicionais do programa*] [Temas]: *HIV, Construção de Histórias, Comunicação e Interação, Uso de Celular, Funções Cognitivas, Informática.* [Regulamento]: turma dividida em grupo [Ações]: Formatura estilo anos 50 – Projeto "Envelhecendo" ao som de "banho de lua" interpretada por Celly Campello	França (2018b) Gonçalves (2019a) Gonçalves (2019b)

Elaborado pelo autor.

Destaca-se no quadro 9, a iniciativa de permitir que atividades fossem escolhidas pelos participantes, como forma de privilegiar o interesse dos alunos, em 2012; e também, a ação de difundir o Estatuto do Idoso (EI), incluso nas diretrizes, em 2016.

QUADRO 10 – HISTÓRICO DE DEPOIMENTOS DAS TURMAS 2012-2018

ANO	DEPOIMENTOS DE COLABORADORES E PARTICIPANTES	FONTE
2012	*"Para docentes, será hora de repensar os currículos de graduação. Para os estudantes, momento de aprender com a maturidade e de vislumbrar novas área de atuação. Para os idosos, a oportunidade de desenvolvimento cultural e social, valorizando a qualidade de vida"* (Emília von der Heyde, coordenadora do projeto 2012) (In memorian).	Meirelles (2012)
2012	"Pudemos nos sentir como jovens estudantes no banco escolar, com entusiasmo, camaradagem e muito bom humor. Hoje nos sentimos membros da família UFPR" (Silvio Kuroda / Orador da turma 2012)	Favorito (2013)
2013	"Todas as aulas e palestras que tivemos foram importantes, sobretudo na área da saúde. Eu melhorei meus conhecimentos. O projeto ajuda a nos manter ativos e nunca cai na mesmice" (Vera Lúcia Bertól)	Sessenta... (2014)
2014	"Eu achei muito importante. Fiz novos amigos, novas relações, e essa socialização vale muito a pena", declara Irene Camilo	Carrara (2015)
2015	"Para os formandos a palavra gratidão era a única que podia expressar o sentimento de todos" (Mila – Emilia Heyde – coordenadora UAM)	Quarta... (2016)
2016	"Vimos como são feitas as filmagens, os nomes dos ângulos, o roteiro. E tivemos vários outros cursos, como recomendações nutricionais, farmácia caseira, saúde mental, prevenção de queda, memória na terceira idade e até sobre informática. *Também houve uma discussão sobre o Direito do Idoso, se o Estatuto está sendo aplicado ou não"* (Neide Gaio 73 anos)	Universidade... (2017)

2016	"Não podemos ficar só assistindo novela, temos que viver a vida e conviver com os outros também. Eu gosto muito da companhia de jovens, para reaprender a acompanhá-los e manter a nossa juventude" (Neide Gaio 73 anos)	Universidade... (2017)
2017	"Aprendizado, amizades feitas, histórias contadas, tristezas relatadas, risadas compartilhadas e muitas lições conhecidas. *Entendemos que ser idoso é merecer respeito, ter amor e reconhecimento por tudo o que fizemos e plantamos ao longo da nossa jornada, saber que ainda há tempo para aprender e ensinar. Hoje é dia de agradecer por tudo, abrimos uma janela para o mundo e rompemos o isolamento. Saber envelhecer é uma arte, a nossa arte"* (Olga Yurkevitch 85 anos – oradora da turma 2017)	França (2018a)
2017	"Fazemos parte de coral, aulas de natação e hidroginástica. *Aqui na UFPR conhecemos direitos que nós temos e não sabíamos*, com a orientação de profissionais" (Gonçalo Pereira Brito 78 anos)	França (2018a)
2018	Nilza Fagundes, de 67 anos, pretende aprender a usar o computador. "Não sei mexer ainda e não quero mais depender dos filhos. Estou animada para iniciar as aulas"	França (2018b)
2018	"Eu queria fazer algo porque estou em casa muito parado, minha filha encontrou o curso e resolvi me inscrever. Minha expectativa é conhecer pessoas e ter acesso a mais informações" (Pedro Rodrigues de Moraes, 75 anos)	França (2018b)
2018	*"Sempre gostei de estudar. Antes o idoso era visto como uma pessoa que tinha que ficar em casa.* Esse projeto é um avanço" (Lilian Fischer, 64 anos)	França (2018b)
2018	"Pessoas de todas as idades usam, não tem mais como não usar o celular" (Gelson Tesser, 63 anos)	Bropp (2018a)
2018	"Consegui superar um pouco isso e hoje considero o celular o melhor equipamento de fotografia que tenho. Apesar de não ter longo alcance nem zoom, a resolução e a qualidade da imagem são muito boas" (Lino Vahediek, 70 anos)	Bropp (2018a)
2019	*"A gente aprendeu muito, fez boas amizades, além de ter um novo incentivo pra vida da gente. Antes eu não conhecia os direitos dos idosos.* Uma experiência interessante foi quando fomos aprender no laboratório. Vimos um feto e um cadáver para estudos" (Nilza Fagundes Calegari, 68 anos)	Gonçalves (2019b)

Elaborado pelo autor.

Como nota adicional, de acordo com os quadros acima, pelo que se evidenciou: de 2012 a 2015, dos depoimentos registrados, o ganho que ficou manifesto teve direta relação com a autoestima. Resultado da socialização, das descobertas cotidianas e das práticas investidas na saúde do idoso. Quiçá em virtude de a diretriz proposta em 2013 centrar esforços na qualidade de vida e no desenvolvimento sociocultural dos grupos etários de mais idade. Destaca-se ainda que, em 2016, devido à ampliação das diretrizes curriculares do programa incluir, em especial, o tópico Estatuto do Idoso, como saída para difundir os direitos do idoso, constatou-se que a partir de 2016 em diante, vários depoimentos fizeram menção, direta ou não ao tema Direito do Idoso, como um ganho para além do que registraram as turmas anteriores. O que permitiu inferir que, com a inclusão do EI nas palestras e dinâmicas de grupo desenvolvidas no programa, em 2016, isto refletiu diretamente nos depoimentos efusivos dos participantes das turmas posteriores, naquele contexto.

Atualmente, a coordenadora que está a cargo da UAM, é a professora Taiuani Marquine Raymundo, docente do departamento de Terapia Ocupacional (TO), que assumiu a função em meados de 2018 em parceria com a vice-coordenadora, a professora Simone Benghi do departamento de patologia básica (PB). Ambas coordenam e fazem os contatos com os colaboradores do programa, que conta com o auxílio de bolsistas do TO da gestão da informação (GI)

Para Taiuani, a GI é um projeto que contribui largamente para o programa da UAM, pois o último mês de atividades, destinadas à inclusão digital para idosos, é essa área que subsidia esta iniciativa da UAM. Além disso, o programa conta também com o auxílio de técnicos e professores da UFPR. Dentre esses, professores da educação física, da psicologia, da patologia básica e outros.

Outro fator que tem contribuído de modo significativo com o projeto da UAM, é o setor de Sociais Aplicadas, que cede salas, auditório, equipamentos, além da própria área da GI, que fica no mesmo espaço e torna mais dinâmico o processo de criação das aulas e palestras dirigidas aos idosos. Hoje, a UAM administra uma turma com 80 alunos, e embora alguns desistam pelo caminho, na média, entre 50 e 60 pessoas, concluem o curso e se formam. Já as atividades, são ministradas às terças e quintas-feiras, das 14:00 às 17:00 horas, de julho do ano corrente a junho do ano seguinte. Em relação a faixa etária mínima e os critérios para que os interessados ingressem no programa, a idade mínima é 60 anos. Contudo, em relação aos demais critérios de corte, um deles está relacionado ao fator menor renda e outro, a coordenadora esclarece que:

> O principal critério é a pessoa que tenha menos atividade no dia a dia. Porque eles respondem a uma ficha de inscrição e lá eles preenchem as rotinas deles. Porque nosso principal critério é selecionar pessoas com rotina totalmente empobrecida, sem atividade nenhuma de lazer, daí dar uma atividade para essas pessoas. Pois as pessoas as vezes respondem que elas acordam, limpam a casa e a tarde ficam assistindo à TV e dormem às 7 horas da noite. (Taiuani Marquine Raymundo)

Quanto as atividades que são ofertadas, além dos temas Direito e Saúde do Idoso, Inclusão digital e as oficinas sobre o uso do celular e memória, os participantes contam com o projeto Visitarte. Trata-se de um projeto de palhaços, voltado à temática da velhice, que trabalham, em especial, com a questão da expressão dos sentimentos e das expressões faciais.

Sobre fatores motivacionais, a questão associada a saúde, tanto a do idoso quanto a de seus familiares, faz com que o participante desista do curso, e esses são relatos persistentes, afirma Taiuani. Agora, sobre os aspectos que encorajam o idoso a permanecer até o final do curso, a coordenadora revela que é o laço que se cria, que os mantêm engajados.

> Uma coisa que me marca muito na fala deles, é a importância que eles dão de estarem inseridos dentro de uma Universidade. Muitos deles falam que nunca acharam que iriam graduar os filhos e os netos que aqui estudaram. Mas eles, acharam que nunca iriam ter essa chance e merecê-la, de pisar na Universidade Federal do Paraná. (Taiuani Marquine Raymundo)

Por isso, em termos de panorama, a professora tem por expectativas, que o projeto da UAM ascenda a um estado de superintendência, dentro da UFPR. Tendo como modelo o que hoje é feito pela UNATI, que se organiza por módulos e tem cadernos de atividades ao longo do ano, onde os cursos são ofertados e o idoso pode se matricular na disciplina que melhor lhe convier. Visto que:

> a questão do envelhecimento é uma questão de política pública. A extensão está sendo imposta já dentro da universidade, e até 2021, a gente vai ter que trabalhar 10% de toda a carga horária, com cursos voltados para a extensão. Não tem como a gente fugir disso. Na maioria dos cursos o tema do envelhecimento é transversal. Está na terapia ocupacional, na psicologia, na medicina, no design. A gente precisa pensar nessa população, pois nós seremos esses idosos já, já. (Taiuani Marquine Raymundo)

Para a coordenadora, que está à frente do projeto da UAM há 4 anos, é uma realização pessoal poder contribuir com esses idosos que todo ano se matriculam na UAM. "Porque eu ouvi deles, 'que isso 'me tira da cama', 'que agora eu tenho amigos', que todos eles agora se encontram uma vez por mês para tomar café colonial. Porque é essa a realização que eu tenho dentro da Universidade e que eu preciso devolver para a comunidade tudo o que foi investido em mim" (Taiuani Marquine Raymundo). E acrescenta:

> A gente não imagina o quanto esse projeto transforma a vida dessas pessoas, e o quanto o idoso está à margem da sociedade. As pessoas não falam, mas ele está. É surreal. A gente pensa que o idoso tem muitos direitos. O idoso não sabe os direitos que tem. Ele não faz nem ideia. Não está posto para eles o que é o direito deles. O único direito que eles acham que tem, é o de se sentar num ônibus e não pagar passagem. Então, aqui eles descobrem o mundo. (Taiuani Marquine Raymundo)

Enfim, foi na esteira desses relatos que a investigação procurou avaliar como o tema Direito do Idoso, difundido pela UAM/UFPR, se destacou na lembrança do grupo terceira idade da turma 2019 em relação a outros temas que lá disputavam audiência?

Sobre as delimitações de pesquisa

Haja vista que o mote da pesquisa foi problematizar o tema direitos do idoso na memória do grupo etário terceira idade. O universo da pesquisa se encerrou em um estudo de caso dirigido aos participantes do programa da UAM/UFPR, que é pensado para reunir grupos de idosos a se envolverem em atividades práticas e sociais que visam contribuir para a promoção da qualidade de vida e o desenvolvimento sociocultural de pessoas que têm 60 anos ou mais.

Por isso, o recorte proposto tratou o tema Velhice acerca dos direitos do idoso e dos vários abusos que afrontam o bem-estar e a autoestima na velhice, discutidos no programa da UAM e dirigidos ao grupo participante da turma 2019, nomeado terceira idade, convencionado e compreendido na faixa média dos 60 e 70 anos os idosos jovens, listados assim por Maués, Paschoal, Jaluul, França e Jacob Filho (2010, p. 406).

Isto posto, se tomar por base que boa parte das pessoas desconhecem os direitos do idoso, inclusive o próprio, como revela Tuchlinski (2019), percebeu-se, nesse contexto, por proposição, uma falta de efetividade comunicacional implicada e como motivação de pesquisa, a necessidade de avaliar, na ordem das prioridades, o grau de significância que o tema Direito do Idoso cumpriu na memória da turma 2019 da UAM/UFPR, como objetivo geral da investigação. Em decorrência disso, a questão de pesquisa girou em torno de saber como o tema Direito do Idoso, difundido na UAM da UFPR, se destacou na memória do grupo terceira idade da turma 2019 em relação a outros temas lá discutidos que também concorriam por audiência? E com o plano de encontrar evidências que esclarecessem tal questão, foram traçadas as seguintes metas: descrever as características das atividades ofertadas pelo programa e transmitidas àquela turma; averiguar a relação daquele grupo, nomeado terceira idade, com o conteúdo recebido; e identificar similaridade entre os conceitos de interesse consumidos; além de verificar, na ordem das prioridades daquela turma, a posição de destaque que o tópico Direito do Idoso ocupou na memória daquele grupo chamado terceira idade pesquisado.

Neste caso, a hipótese lançada foi, que devido ao volume de temas ofertados no programa e às distintas demandas dos interessados e, não em razão de um domínio prévio do saber, o tema Direito do Idoso poderia não estar nas primeiras fileiras do centro das atenções dos participantes daquela turma. Por esse prisma, o impacto comunicacional das ações voltadas à difusão dos direitos do idoso, planejadas pela UAM, poderia não reter a devida atenção dos participantes sobre a importância do tema e por isso, permaneceria incógnito.

Por certo, de acordo com o edital nº 01/2019, relativo à abertura de vagas na UAM para a turma 2019, nas disposições finais, constavam as atividades consideradas centrais e que seriam abordadas durante o curso: Direitos do Idoso, Processo de Envelhecimento, Saúde do Idoso, Atividades Físicas, Atividades Expressivas e Corporais, Inclusão Digital, Treino Cognitivo (Oficina de Memória), Arte e Cultura.

Com isso, a despeito da ordem das posições dos temas centrais oferecidos. Notório, foi o volume de assuntos ofertados, que justificou apurar, dentre outros pontos, as demandas que levaram os participantes a se inscreverem na turma 2019 da UAM/UFPR.

Sobre as propriedades de pesquisa

Para testar a hipótese levantada, a estratégia foi recorrer a uma investigação de natureza elementar planejada, descritiva e explicativa, guiada pelo método hipotético-dedutivo, com abordagem qualitativa, apoiada em recursos bibliográficos e documentais e por um estudo de caso único, baseado em Robert K. Yin (2015).

Então, para dar conta das questões levantadas, o processo analítico planejado para atender às demandas impostas, seguiu um roteiro também analítico, dirigido para estudos de casos únicos, proposto por Robert Yin (2015). A partir desse roteiro, definiu-se que o agrupamento de perfis, a comparação de dados e uma padronização, escorada na triangulação entre pergunta de pesquisa, referencial teórico e múltiplas fontes de evidências, seriam os recursos estratégicos de escolha para elaborar a análise sugerida. E como suporte para recompor os dados compilados e decompostos durante a investigação, o uso da ferramenta Excel Professional seria o recurso aplicado para atender a essas demandas.

Assim, a estratégia analítica pensada, iniciou com uma padronização sintomática, apoiada nos objetivos traçados e nas hipóteses levantadas, e examinou, por intermédio de uma combinação padrão, a convergência e a qualidade dos dados obtidos no estudo de caso produzindo inferências explicativas sobre o que foi previamente definido no estudo.

Em relação aos métodos e instrumentos apropriados para darem suporte ao estudo de caso pretendido, foram aplicados em duas etapas na pesquisa. Na primeira, procurou-se entender o contexto e conhecer o perfil dos participantes envolvidos no caso, com o plano de lançar luz no objeto estudado e, com isso, descrever os elementos ali dispostos e como se relacionavam, para que em decorrência disso, novas questões fossem formuladas e desta forma, produzissem respostas que permitissem chegar a novas descobertas.

Sobre os instrumentos de levantamento e coleta de dados

"Em pesquisa qualitativa, os dados relevantes derivam de quatro atividades de campo: entrevistas, observações, coleta e exame (de materiais) e sentimentos." (YIN, 2016, p. 115). Neste aspecto, o estudo de caso proposto, assegurou suas bases apoiadas nesses quatro pilares acima mencionados. De antemão, foi realizada uma pesquisa documental nos acervos digitais da UAM, para compreender melhor o funcionamento do programa. Depois, foi aplicada a técnica de entrevista semiestruturada, com a coordenadora da UAM, e o conteúdo foi gravado em áudio para posterior transcrição, com o propósito de obter maiores detalhes acerca do programa, tais como: pilares que sustentam a competência da UAM, atividades ofertadas, critérios de seleção dos participantes, perspectivas, atmosfera contida e outros mais.

Mais à frente, tendo em vista que uma das metas foi descrever as qualidades das atividades práticas e sociais ofertadas pelo programa e transmitidas à turma 2019; e averiguar a relação do grupo terceira idade daquela turma com o conteúdo recebido. O expediente da observação de campo, teve como critério, acompanhar na integra a rotina diária das atividades aplicadas e o teor dos temas implicados em cada atividade sugeridas pelos professores aos participantes daquela, sem se envolver nas atividades, mas observando à distância e registrando nas notas de campo o ocorrido.

Posteriormente, o plano foi aplicar aos participantes inscritos no programa, a técnica de pesquisa de opinião, através de um questionário estruturado, contendo dados sociodemográficos dos respondentes, com questões fechadas e abertas, na intenção de descrever, comparar e classificar cada integrante da turma, de acordo com o perfil de cada um.

Por último, foi planejada e organizada uma entrevista focalizada com os participantes, na intenção de refinar a investigação e averiguar a relação do grupo terceira idade da turma com o conteúdo recebido; identificar similaridade entre os temas de interesse consumidos por aquele grupo; e verificar, na ordem das preferências, a posição de destaque que o tópico Direito do Idoso ocupou na memória do grupo terceira idade da turma 2019. No momento, com os trabalhos de pesquisa já encerrados, é possível compartilhar os resultados e a síntese da análise que foi produzida ao término da investigação e as considerações a que se chegou. Destaca-se ainda, que o estudo, na íntegra, está publicado nos acervos da Biblioteca da Universidade Tuiuti do Paraná – UTP (M198)

DIREITOS DO IDOSO

Daniel Nebreda. Por Pixabay, 2021

> Surge uma pergunta sempre presente: o que significa ter mais de 60, 70 ou mesmo 80 ou 90 anos do ponto de vista da alma?
>
> (Maria Cristina Reis Amendoeira)

CAPÍTULO V
OS DIREITOS DO IDOSO NA MEMÓRIA DA TURMA UAM-2019

Sobre os resultados e análise de dados

Inicialmente, de acordo com a lista de aprovados para a turma 2019 da UAM/UFPR, com o resultado publicado no dia 16/07/2019 e com as anotações de campo, se obteve o número de desistências e o de novos matriculados e seus respectivos nomes para efeito de preenchimento do Termo de Consentimento Livre e Esclarecido. Com isso, constatou-se o seguinte cenário, estampado abaixo, para fins de registros de campo:

QUADRO 11 – INDICE DE EVASÕES DO PROGRAMA 2019 POR GÊNERO

AÇÕES REALIZADAS	GÊNERO MASCULINO	% M	GÊNERO FEMININO	% F	TOTAL TURMA	TOTAL HOMENS	TOTAL MULHERES
Inscritos	25	-	65	-	90	28%	72%
Participantes	9	36%	27	42%	36	25%	75%
Desistentes	16	64%	38	58%	54	30%	70%

Elaborado pelo autor.

De antemão, se obteve, a partir dos relatos da coordenação e dos participantes inscritos na turma 2019 da UAM/UFPR, que as causas mais prováveis, relacionadas à desistência dos interessados em participar do programa, decorrem, sobretudo, por questões de saúde, expectativa frustrada, compromissos agendados na mesma data e em razão da localização, a despeito da quantidade média de 50 ou 60 alunos que habitualmente se destacam concluindo o curso e fazendo parte da lista de formandos.

Em relação ao quadro 11 acima, pode-se constatar que o número de participantes homens representa 25% do total de inscritos. Isso denota o cenário apontado por Debert (2012), em que o índice de mulheres inscritas no programa supera em larga escala o percentual de homens e dificilmente a participação dos homens excede aos 20% dos inscritos.

Quanto ao primeiro objetivo de pesquisa, com a aplicação da técnica de entrevista semiestruturada ao entrevistar a coordenadora da UAM e com a técnica de observação de campo, constatou-se que:

- As atividades são ministradas por voluntários, profissionais da área da educação física, psicologia, patologia básica, informática, gestão da informática, terapia ocupacional, professores e alunos estagiários dos cursos e por iniciativas externas, com atividades dirigidas à autoestima;
- As atividades são: direitos do idoso; saúde (prevenção, promoção, proteção); inclusão digital; oficina de memória, uso de celular; atividades físicas; de expressão e comunicação; desconstrução de texto, de cena;
- Em relação às atividades ofertadas sobre os direitos do idoso, colaboram com palestras, a OAB, com a comissão dos direitos da pessoa idosa, e a secretaria da pessoa idosa do Estado do Paraná;
- O tempo de duração do curso: 12 meses, com atividades às terças-feiras e às quintas-feiras, dás 14:00 às 17:00, com intervalo de 20 a 30 min; e
- O principal objetivo do programa ao propor uma soma de atividades dirigidas aos grupos etários de mais idade é promover a socialização, num esforço de resgatar a condição social do idoso e difundir seus direitos.

Para atender ao segundo objetivo de pesquisa e subsidiar em paralelo ao terceiro, foram desenvolvidos os seguintes padrões iniciais: RCO – Relação do grupo com o conteúdo oferecido; SCP – Similaridade entre os conceitos de interesse procurados; PDI – Posição que o tema Direito do Idoso ocupa na memória do grupo intitulado terceira idade da turma 2019 no início do curso; ODI – Oportunidades e desafios imaginados no programa; e AFI – Atitudes frente às imposições acerca das atividades e conteúdo que, após compilados, decompostos e recompostos os dados, as respostas da primeira etapa sobre o objetivo 2, foram analisadas de acordo com os seguintes critérios:

- Lançar luz no grupo etário terceira idade e registrar os demais;

- Agrupar, conforme o perfil fixado (faixa etária e escolaridade), com a intenção de detectar padrões ou divisões (respostas detratoras, promotoras ou neutras) que gerem percepções;
- Analisar segundo um valor positivo, negativo ou imparcial; e
- Analisar segundo diferentes critérios, comparar os dados de modo a gerar maior precisão à pesquisa, entre faixa etária e escolaridade

Deste modo, os primeiros resultados que emergiram da pesquisa de opinião, apontaram que: 31 pessoas da turma 2019 estão inseridas na faixa média dos 60 e 70 anos e, portanto, compreendem o grupo etário denominado, terceira idade. Desses, 12 estão inseridos na faixa dos 60 e 64 anos, 13 na faixa dos 65 e 69 anos e 6 na faixa dos 70 e 74 anos, de um total de 36 participantes. Além disso, 14 participantes inscritos tiveram acesso ao programa da UAM através da sua rede de contatos, 12 através de seus familiares, 3 através de propagandas e 2 por iniciativa própria, e abaixo, nas tabelas 1 e 2, estão ilustrados os perfis com maiores detalhes.

TABELA 1 – PERFIL GERAL DA TURMA 2019 POR CARACTERÍSTICAS

	TERCEIRA IDADE	[60 – 74] ANOS	
Estado Civil	Grau de ensino	Ocupação	Domicílio em que reside
5 são solteiro 18 são casado 5 são viúvos 3 são divorciado	6 nível básico 11 nível médio 14 nível superior	28 estão aposentados 2 trabalham 29 estão inativos	14 em casa com a família 10 em casa sozinha 10 em casa de parentes

Elaborado pelo autor.

TABELA 2 – PERFIL GERAL DA TURMA 2019 POR HÁBITOS

	TERCEIRA	IDADE	[60 – 74]	ANOS	
ATIVIDADE FÍSICA	LEITURA	PASSEIOS	VISITAS	REDES	HOBBIE
dos 31 (25 praticam)	dos 31 (25 leem)	dos 31 (28 frequentam)	dos 31 (27 visitam)	dos 31 (25 acessam)	dos 31 (18 praticam)
Caminhada [16] Academia [7] Hidroginástica [4] Arte corporal/dança [3]	Livros [24] Jornais [7] Revistas [7]	Cinema [16] Teatro [9] Parques [15] Shopping [13] Viagem [22]	Amigo [15] Filho/neto [14] Parente [16] Vizinho [5]	WhatsApp [19] Facebook [8] Instagram [6]	Trabalho manual [5] Cinéfilo [3] Esportes radicais [2] Internet [1]

Elaborado pelo autor.

Mais adiante, para atender ao terceiro objetivo planejado, foram desenvolvidos os seguintes padrões finais: REV – Relação do grupo com o estágio da vida que atravessam; DET – Desafios enfrentados na terceira idade; AFP – Atitudes frente aos problemas do dia a dia na terceira idade; SCC – Similaridade entre os conceitos de interesse consumidos; RCR – Relação do grupo com o conteúdo recebido; PFP – Opinião sobre a performance do programa da UAM/UFPR, em proveito das próximas turmas; PDF – Posição que o tema Direito do Idoso ocupa na memória do grupo intitulado terceira idade da turma 2019 ao final do curso.

Com as mesmas condições com que foram desenvolvidos os padrões iniciais. Na padronização final, depois de compilados, decompostos e recompostos os dados, as respostas da etapa relacionada ao terceiro objetivo, foram analisadas de acordo com os seguintes critérios:

- Dirigido apenas ao grupo etário intitulado terceira idade, selecionado a participar da entrevista focal;
- Agrupar conforme o perfil fixado (faixa etária e escolaridade), no intuito de detectar padrões ou divisões (respostas detratoras, promotoras ou neutras), que gerem percepções;
- Analisar segundo um valor positivo, negativo ou imparcial
- Analisar o efeito das variáveis (independente x dependente);
- Analisar segundo diferentes critérios. Comparar dados de modo a gerar maior precisão à pesquisa (faixa etária e escolaridade); e
- Analisar através de um entrecruzamento de dados as diferentes fontes de evidências, no intuito de promover maior rigor investigativo, conforme demostrado mais à frente na imagem 3.

Destaca-se, que para a fase final de pesquisa, dos 36 participantes da pesquisa de opinião, sete daqueles, não se enquadraram na faixa etária média classificada como Terceira idade (compreendida na faixa média dos 60 e 70 anos); três declinaram da ideia de participarem e outros sete, uns não foram localizados e os demais desistiram dos encontros no início de 2020 em decorrência da pandemia e, por isso, não foi possível contatá-los. Não obstante, a entrevista focal foi realizada com 19 participantes, o que representou, aproximadamente, setenta por cento do grupo etário Terceira idade que participou da primeira fase da pesquisa (pesquisa de opinião).

Assim, com um agrupamento de dados por faixa etária e escolaridade analisados de acordo com os diferentes critérios estipulados, através de um entrecruzamento de dados, foram avaliadas as fontes de evidências aplicadas (documentais, entrevista semiestruturada, observação de campo, pesquisa de opinião e entrevista focal), que, através de uma triangulação dos dados apurados, foi possível reproduzir a convergência de evidências demonstradas neste estudo de caso, ilustrado e explicado mais à frente.

Em relação ao padrão que procurou saber a relação do grupo com o conteúdo ofertado (RCO), em termos de nível de ensino e faixa etária, a tabela 3, renomeada, ilustra o status da turma na primeira fase de pesquisa.

TABELA 3 – RELAÇÃO COM O CONTEÚDO OFERTADO

	1º Grau			2º Grau			3º Grau			
RCO	60 64	65 69	70 74	60 64	65 69	70 74	60 64	65 69	70 74	RCO
Conhecimento	1	1		1	1	1	1	2		8
Socialização								1		1
Ocupação	1						1	2		4
Interação						1		1		2
Realização				1						1
Conhecimento e socialização						1	1			2
Conhecimento e ocupação				1			1			2
Conhecimento e interação					2		1			3
Socialização e ocupação								1		1
Socialização e interação					1					1
Interação e ocupação						1				1
Conhecimento socialização, ocupação	1		1							2
Conhecimento socialização, interação			1					1		2
Conhecimento socialização, realização							1			1
SUBTOTAL	3	1	2	3	4	4	6	8		
TOTAL		6			11			14		31

Elaborado pelo autor.

Sobre a incidência do fator nível de ensino na RCO, no que compete ao perfil com nível superior: 8 participantes relataram a busca por conhecimento, 3 por socialização, 4 por ocupação e 3 por interação, nesta ordem. Para os integrantes com ensino médio, 7 relataram a busca por conhecimento, 5 por interação, 2 por ocupação e 1 por socialização, nesta ordem. Para os integrantes da turma com nível fundamental de ensino, 5 relataram a busca por conhecimento, 3 por ocupação, 1 por socialização e 1 por interação, nesta ordem. Com isso, percebeu-se que a procura por conhecimento revelou o perfil da turma neste aspecto e o que motivou boa parte das inscrições no programa. Quanto à incidência do fator faixa etária nesse quesito, a busca por conhecimento foi citada por 9 pessoas da faixa dos 60 e 64 anos; 7 pessoas da faixa dos 65 e 69 anos; e 4 pessoas da faixa dos 70 e 74 anos.

Ademais, a busca por socialização, ocupação e interação, motivaram o interesse de 28 respondentes pelo programa. Isto é, são várias demandas e todas competindo com a busca por conhecimento, observado no topo da lista. Por conta disso, apurou-se nas respostas do questionário I, que a fuga da estagnação, da solidão e a necessidade de integração social e de estar ativo de alguma maneira, despertou o interesse de aproximadamente 11 respondentes dos 31 possíveis. Declarações como: "Pela necessidade de não parar no tempo, ou seja, ficar só em casa"; "Tratar o sedentarismo e a letargia"; "Ficava sozinha em casa"; "Me manter ocupada e ativa, conhecer pessoas"; citado pelos respondentes 03, 06, 09, e 31 respectivamente, sintetizou o perfil desses respondentes, que, segundo critérios de seleção do programa da UAM, têm prioridade de vagas tais demandas, haja vista que o foco do programa é a socialização do indivíduo.

Em relação ao padrão que procurou saber a relação do grupo com o conteúdo recebido (RCE), em termos de nível de ensino e faixa etária, a tabela 10, renomeada, ilustra o status da turma na fase final de pesquisa.

TABELA 10 – RELAÇÃO COM O CONTEÚDO RECEBIDO

TEMPO LIVRE	1º Grau			2º Grau			3º Grau			
DESTINADO À:	60 64	65 69	70 74	60 64	65 69	70 74	60 64	65 69	70 74	RCR
Lazer				1	2		2	1		6
Interação		1		1	1		4	5		12
Direitos	1				1		2	2		6
Socialização	1			1	1		2	3		8
Cultura			1		1		2	2		6
Conhecimento		1			1		1	3		6
Atividades físicas					1			2		3
Atividades reflexivas	1	1			1		3	3		9
Saúde física/ mental				1	1	1	1	1		5
Metodologia da UAM					1			2		3
Grupo de apoio UAM					1			2		3
Ocupação					1			2		3
Autoestima	1	1			1			1		4
Inclusão digital					1		1	1		3
Tema terceira idade				1	1		1	1		4
Projetos sociais					1		1	1		3
Expressão					1		1	1		3
Políticas Públicas	1				1		1	1		4
Sobre preconceito					1		1	1		3
Sobre empatia					1		1	1		3
Redes sociais					1		1	1		3
Resgate social					1			2		3
Variedades			1		1			1		3
SUBTOTAL	5	4	2	5	24	1	25	40		106
TOTAL		11								

Elaborado pelo autor.

Sobre a tabela acima, pode-se notar que 23 tópicos concorreram por audiência. Desses, a procura pela troca de experiências, por atividades que despertem reflexões e a busca por socialização, nessa ordem, revelaram o interesse dos participantes da turma 2019, respondentes do questionário II na entrevista focal, em investir seu tempo livre nesses tópicos.

Em relação ao padrão que procurou saber a similaridade entre os conceitos de interesse procurados (SCP), em termos de nível de ensino e faixa etária, a tabela abaixo foi renomeada para melhor ilustrar o status da turma na primeira fase de pesquisa.

TABELA 4 – CONCEITOS DE INTERESSES PROCURADOS

SCP	1° Grau 60 64	1° Grau 65 69	1° Grau 70 74	2° Grau 60 64	2° Grau 65 69	2° Grau 70 74	3° Grau 60 64	3° Grau 65 69	3° Grau 70 74	SCP
Saúde e curiosidades			1		1		1	1		4
Aprendizado geral	2			2	2	3	1	7		17
Direito e saúde					1		1			2
Apreender saberes		1	1				1			3
Saúde e direito	1									1
Saúde do idoso				1						1
Refletir e apreender				1			2			3
SUBTOTAL	3	1	2	4	4	3	6	8		31
TOTAL		6			11			14		

Elaborado pelo autor.

Sobre a SCP, das respostas extraídas na primeira etapa de pesquisa: dos 31 participantes do grupo denominado terceira idade da turma 2019 da UAM, 22 apresentaram declarações como: "Todos são interessantes, sempre aprendemos alguma coisa"; e "Até o momento todos os temas foram interessantes", citadas respectivamente pelos respondentes 31 e 34. Diante disso, pôde-se deduzir, que 22 integrantes do grupo avistaram no conteúdo ofertado a oportunidade clara de ocupar o tempo livre, onde o importante é a experiência absorvida. Entretanto, além da similaridade que havia entre àqueles que procuraram explorar a experiência de consumir os temas ofertados no programa sem distingui-los em seus níveis de relevância: outros avistaram a chance de absorver conteúdo específico: por exemplo: "Direitos e deveres do idoso, ervas medicinais; Alzheimer"; e "memória, saúde, direitos", mencionado pelos respondentes 3 e 9, nesta ordem, em relação às suas demandas pessoais para além dos demais temas.

Em relação ao padrão que procurou saber a similaridade entre os conceitos de interesse consumidos (SCC), em termos de nível de ensino e faixa etária, a tabela abaixo foi renomeada para melhor ilustrar o status da turma na fase final de pesquisa.

TABELA 9 – CONCEITOS DE INTERESSES CONSUMIDOS

TEMAS CAPTURADOS	1º Grau			2º Grau			3º Grau			SCC
	60 64	65 69	70 74	60 64	65 69	70 74	60 64	65 69	70 74	
Inclusão digital							1	1		2
Terceira idade							1			1
Direitos do idoso	1	1		1						3
Isolamento social								1		1
Saúde								2		2
Interação com jovens	1									1
Velhice						1				1
Campanhas educativas					1					1
Está assistido			1				4	2		7
SUBTOTAL	2	1	1	1	1	1	6	6		
TOTAL		4			3			12		19

Elaborado pelo autor.

Sobre o quesito SCC acima, ao serem questionados os entrevistados, se havia algo sobre a temática da terceira idade que gostariam de saber e não sabem ou sabem pouco. Destaque-se a dificuldade em lidar com a informática; a necessidade de utilizar de forma autônoma o computador e o celular na intenção de participar de cursos que gosta, de salvar arquivos, de acessar os materiais que precisa e fazer backup do celular. É o caso, por exemplo, dentre outros, do entrevistado 28, que argumentou que é preciso "ter segurança e autonomia na área de tecnologia. Pois os jovens estão muito na frente, e mesmo que tenham paciência para ensinar, não conseguem dimensionar a nossa incapacidade de as vezes não conseguir mudar a simples senha do Gmail". Com isso, observou-se que algumas demandas são de ordem cognitiva, mas superdimensionadas, a ponto de o entrevistado classificá-la como uma incapacidade pessoal.

Já em relação ao padrão que procurou saber a posição que o tema Direito do Idoso ocupou ao final do curso (PDF), em termos de nível de ensino e faixa etária, a tabela abaixo ilustra o status da turma na fase final de pesquisa acerca da posição que o tema Direito do Idoso ocupou na memória daqueles entrevistados na fase final do curso, em 2021.

TABELA 11 – CONHECIMENTO SOBRE OS DIREITOS DO IDOSO

DIREITOS	1º Grau			2º Grau			3º Grau			PNI
RECONHECIDOS	60 64	65 69	70 74	60 64	65 69	70 74	60 64	65 69	70 74	EI
Noções sobre o tema (exemplos básicos)	1	1		1	1	1	4	4		13
Visão equivocada ou não exemplificado	1		1	1	1		1	1		7
Gratuidade no transporte público	1	1		1	2	1	1	2		**9**
Atendimento prioritário preferencial	1				1		4	2		**8**
Vagas preferenciais em estacionamento					1		3	2		**6**
Descontos diversos						1	2	1		**4**
Direito à Saúde e ao atendimento às unidades públicas							2			**2**
Proteção ao idoso							1	1		**2**
Direito à socialização		1						1		**2**
Respeito ao idoso	1	1								**2**
Direito à vida		1								**1**
Direito à dignidade		1								**1**
Direito ao lazer		1								**1**
Direito à UAM							1			**1**
Direito à vacinação							1			**1**
Direito à gratuidade no transporte interestadual							1			**1**
TOTAL	**3**	**6**		**1**	**4**	**2**	**16**	**9**		**41**

Elaborado pelo autor.

Em alusão aos dados acima, ao serem indagados os entrevistados sobre quais eram os direitos garantidos por lei às pessoas com 60 anos ou mais que tinham lembrança e a quanto tempo tinham ciência desses benefícios, apurou-se que: 16 respostas, inclusas às não exemplificadas e equivocadas, apresentaram noções básicas sobre os direitos assegurados no EI, tais como: atendimento prioritário e preferencial; gratuidade no transporte público, descontos e vagas preferenciais em estacionamento. Todavia, dois entrevistados expressaram uma visão intermediária sobre direito do idoso, para além do que foi acima citado e um outro demonstrou uma concepção atualizada sobre tais saberes e sobre a efetividade da lei.

Com o plano de identificar os diferentes níveis de compreensão que os entrevistados concentravam acerca dos direitos do idoso, da PNI e do EI. Os critérios adotados para designar se as respostas apresentavam qualidades singelas sobre o assunto; ou se acomodavam um conhecimento intermediário empenhado em aprimorar saberes sobre a legislação a respeito; ou ainda, se o nível de compreensão revelou traços mais sólidos sobre o assunto e riquezas de detalhes que expressassem conhecimento, foi a saída para qualificar as classes: básica, intermediária e atualizada e assim, verificar o nível de conhecimento apreendido sobre a temática dos direitos do idoso, tendo ainda como parâmetro as seguintes respostas:

- Visão básica não exemplificada – "Uma parte já sabia e detalhes fiquei sabendo numa palestra da UAM" (Entrevistado nº 5, 62 anos, ensino superior); "Sei, mas no momento não lembro ..." (Entrevistado nº 13, 68 anos, ensino fundamental);
- Visão básica – "Preferência em filas, estacionamentos, gratuidade em alguns serviços públicos, um percentual de desconto no imposto de renda, muito bem atendidas nas unidades de saúde, no momento é o que estou lembrando" (Entrevistado nº 19, 65 anos, ensino superior), por apresentar uma descrição clássica sobre o tema;
- Visão básica com traços de desinformação – "Respeito ao idoso, direito de viajar de avião e pegar ônibus sem pagar" (Entrevistado nº 9, 61 anos, ensino fundamental). Obs.: Estatuto do Idoso não prevê, ainda iguais benefícios para viagens aéreas, Art. 39, fonte Brasil (2013);
- Noção intermediária - "Direito a Vida. Respeito. Dignidade. Lazer. Transporte. Conquistas para se sentir um membro positivo na sociedade. *Sei que melhorarmos muito, mais ainda precisa ter mais esclarecimento para todos os níveis sociais*" (Entrevistado nº 25, 65 anos, ensino fundamental, grifos nossos). Fez menção aos direitos acessados no EI, Art. 8º, 9º, 10º e 39, de acordo com a fonte Brasil (2013);
- Visão atualizada – "Mantenho o estatuto para tirar dúvidas, tenho conhecimento desde que me tornei uma pessoa com mais de 60 anos" (entrevistado nº 31, 68 anos, ensino superior) e exemplifica: "Acho que no Brasil existem muitas leis e normas que não são respeitadas, por exemplo a prioridade em processos judiciais", Art. 71, (ver p. 61).

Diante disso, observou-se que as respostas de natureza básica fizeram menção aos Artigos 3º, 10, 15, 23, 39 e 40 do EI, involuntariamente. As de caráter intermediário, mencionaram os Artigos 8º, 9º, 10, 15, 20, 22, 39 e 41, sem nominá-los, mas cientes de seus propósitos. E as respostas com traços de uma compreensão maior da lei, trouxe à tona o Art. 71 do EI, demonstrando conhecimento sobre o assunto ao criticar sua efetividade.

Sobre a convergência de evidências demonstradas no estudo

IMAGEM 3 – TRIANGULAÇÃO DOS DADOS APURADOS

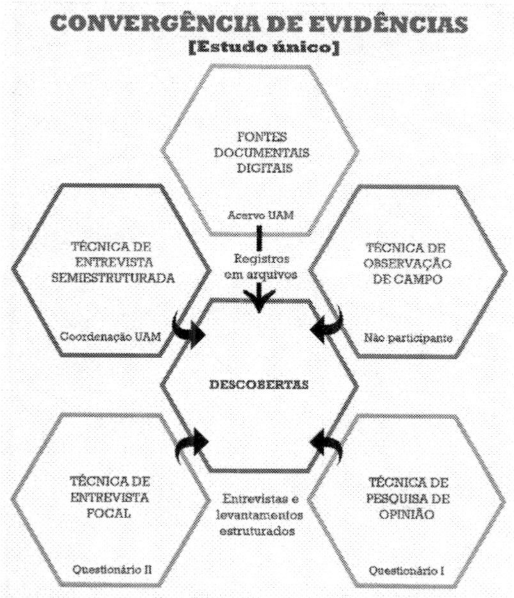

Elaborado pelo autor Adaptada de Robert Yin, 2015, p. 125 .

A partir da triangulação dos dados apurados das múltiplas fontes de evidências escolhidas, constatou-se nas fontes documentais digitais do acervo da UAM, de onde se resgatou a história da UAM: que o programa é talhado a pessoas de 60 anos ou mais, dispostas a consumir o tempo livre em atividades pensadas para essa faixa etária; que o programa tem por premissa resgatar o valor social do idoso, oferecendo atividades voltadas à difusão de direitos, por exemplo; e que devido a inserção do EI na grade temática de atividades, em 2016, a nova diretriz passou a investir mais na divulgação do tema Direito do Idoso do que em anos anteriores.

Depois, do banco de dados da entrevista semiestruturada, com os dados compilados e decompostos, soube-se que diferentes áreas do saber como: educação física, psicologia, patologia básica, terapia ocupacional, por exemplo, desenvolvem atividades para os participantes. Além disso, a socialização é o foco principal do programa e um dos motivos pela alta procura por vagas na UAM/UFPR.

Quanto ao perfil do idoso, os temas que alguns gostaram, outros não. Como o critério base do programa é selecionar pessoas com rotina totalmente empobrecida, o objetivo principal do programa é resgatar o valor social do idoso. Para isso, as aulas discutem o direito do idoso, temas relacionados à saúde, inclusão digital, atividades físicas, entretenimento, lazer e outros mais. Destaca-se aí, a colaboração da OAB e da secretaria da pessoa idosa do Estado do Paraná nas discussões sobre direitos. Assim, se de um lado, a difusão do tema Direito do Idoso provém de fontes especializadas, que geram público, de outro, a variedade de temas dividiu a audiência.

Em referência aos contratempos manifestados pelos idosos, o fator locomoção foi um deles, mas a infraestrutura compensa o investimento. Outro fator, foi o desempenho cognitivo, pois o ambiente é marcado pela heterogeneidade e por uma metodologia aplicada sem distinção e, no entanto, o ambiente é monitorado com intervenções individuais de apoio.

Se havia resistências acerca da localização, os laços que o ambiente promove são determinantes para a permanência do idoso. A participação como ouvintes em palestras despertou o entusiasmo e a reflexão. Se alguns buscaram a inclusão digital, outros desdenharam e outros queriam é saber sobre seus direitos.

A Terapia Ocupacional assumiu a turma por dois meses, a psicologia depois. E foi o entusiasmo de todos, que fez com que os participantes se engajassem nas propostas do programa. Visto que "o idoso não sabe os direitos que tem. Ele nem faz ideia. Não está posto para eles o que é o direito deles [...]. Então, aqui, eles descobrem o mundo. Eles descobrem que podem fazer uma viagem daqui à Paranaguá e ficar o dia inteiro [...]" (Taiuani Marquine Raymundo – coordenadora da UAM).

Em seguida, do banco de dados da observação de campo, apurou-se que o ambiente favorece à prática do saber, a infraestrutura subsidia o programa, os profissionais e auxiliares são voluntariosos e vocacionados para o propósito da UAM. Muito embora o fator evasão seja uma constante e por razões diversas, merecendo um estudo específico sobre essa questão citada, a demanda por vagas é maior que a oferta, devido ao número limitado de voluntários e da estrutura geral da UAM para dar conta de ampliar o número de vagas e atender a demanda.

Dos noventa inscritos, quarenta e sete participaram das atividades, mas alternaram presença devido ao módulo de interesse. A maioria preferia atividades recreativas, culturais e sobre os direitos do idoso, mas participaram das discussões e das dinâmicas de grupo ativamente. Em torno de vinte participantes, regularmente chegavam com antecedência, e em torno de trinta e nove eram assíduos frequentadores do curso.

Devido ao entusiasmo em sala, o fator dispersão foi uma marca da turma que o professor percebeu e recuperou a atenção. Assim, foram organizadas dinâmicas temáticas que suscitaram a solidariedade, a empatia, a luta contra o preconceito e o engajamento em torno de tais princípios, como pano de fundo para despertar no idoso, reflexões que o inspire a fazer parte daquela ideia e promovê-la adiante.

Além disso, outras dinâmicas foram organizadas em torno dos direitos do idoso, sobretudo, no combate aos abusos. Outras, no campo da psicologia e da psicanálise, além de palestras temáticas sobre saúde, como a que foi organizada sobre a AIDS, como exemplo, que recebeu muita audiência e engajamento da turma.

Das atividades em grupo, uma que assegurou boa audiência da turma 2019, foi promovida pelo Grupo Visitarte, que articulou ações práticas, a partir das técnicas do palhaço, como receita para fomentar o hábito do humor e auxiliar no combate à depressão. Além disso, das atividades sugeridas pelos participantes, os passeios à pontos culturais, museus, teatros e cidades próximas e históricas, ganharam a adesão de muitos participantes. Por fim, dos participantes assíduos, 36 se dispuseram a participar da pesquisa de opinião, respondendo ao questionário I da pesquisa.

Em quarto lugar, do banco de dados da pesquisa de opinião (questionário I), depois de compilados, decompostos e recompostos os dados, evidenciou-se que, primeiramente, 31 participantes estão inseridos no perfil etário denominado terceira idade, sendo 22 mulheres e 9 homens, com idades que variam entre 60 e 71 anos. Depois, fatores como, conhecimento, socialização, ocupação e interação, motivaram a inscrição na turma 2019 da UAM. A saber, dos 31 citados, 22 avistaram no conteúdo ofertado, a oportunidade clara de ocupar o tempo livre com atividades que geram experiência. Todavia, para os demais, o enfoque foi direcionado às atividades temáticas voltadas aos cuidados com a saúde e direitos do idoso e temas que possam ser absorvidos como saberes. Ainda assim, no início do curso, observou-se que o tema Direito do Idoso só ganhou destaque quando esteve atrelado ao tema Saúde. Juntos, esses temas foram citados por 3 integrantes da turma.

Por fim, do banco de dados da entrevista focalizada (questionário II), depois de compilados, decompostos e recompostos os dados, pôde-se evidenciar, que dos 31 respondentes do questionário I, inseridos na faixa média dos 60 e 70 anos, excluídas as respostas incompletas e os desistentes: dezenove entrevistados responderam ao questionário II na pesquisa. Desses remanescentes do grupo terceira idade da turma 2019, doze acreditam que a confiança é a saída para enfrentarem os obstáculos e dez incluem a experiência como modo de viver a terceira idade.

Novamente, para doze entrevistados, fatores associados à saúde física e cognitiva, descaso e medo do abandono, desarticulam o sossego desses cidadãos, e reflete a realidade apontada pelos institutos de pesquisas sobre negligência, abusos financeiros e psicológicos, como os grandes entraves na fase da velhice.

Neste sentido, ao serem comparadas às evidências que surgiram do questionário I, no início das atividades do curso, o tema Direito do Idoso teve pouco destaque entre os participantes respondentes naquele estágio da pesquisa (três interessados, mas vinculado ao tema Saúde). Desta vez, curiosamente, ao término do curso, 6 respostas demonstraram o interesse de os entrevistados aprofundarem conhecimento sobre o tema Direitos do Idoso, que, em boa medida, foi discutido em sala, com dinâmicas realizadas e palestras proferidas. Porém, da ótica de alguns entrevistados, seria interessante um entendimento mais preciso sobre o tema.

Da mesma forma, constatou-se que o tema Direito do Idoso despertou mais a atenção dos respondentes que estão na faixa etária dos 60 e 69 anos e que possuem ensino fundamental e médio. Para os respondentes que possuem ensino superior, os holofotes se voltaram para a inclusão digital e questões relativas à saúde.

Entretanto, nesta fase final da pesquisa, pôde-se verificar, através da tabela 10, que 23 temas emergiram e concorreram pela audiência dos participantes da turma 2019. Já as práticas que se destacaram na memória dos entrevistados foram: a troca de experiência, as atividades que despertam reflexões e a busca por socialização. Nesse aspecto reflexivo, a temática dos direitos do idoso foi mencionada por (seis) entrevistados que estão na faixa etária entre os 60 e 69 anos.

Enfim, em linhas gerais, para turma 2019, é preciso que o programa mantenha o foco em tirar o idoso da solidão, mantenha a metodologia com inovações, invista em atividades presenciais e online e também na divulgação maior da UAM. Agora, quanto a posição que o tema Direito do Idoso ocupou na memória da turma 2019, a tabela 11 mostrou que 16 dos 19 entrevistados revelaram uma visão restrita acerca do tema.

Com isso, amparado nas fontes documentais dos acervos da UAM/UFPR, na entrevista semiestruturada com a coordenadora do programa e nas verificações registradas nas observações de campo. Pode-se afirmar, que o programa investiu na difusão dos direitos do idoso com base no Estatuto do Idoso e para isso, ainda contou com o apoio da OAB (comissão dos direitos da pessoa idosa) e da secretaria da pessoa idosa do Estado do Paraná, como receita para divulgar, por intermédio de fontes especializadas, os direitos conferidos ao idoso que vigoram na legislação.

Nesse aspecto, a proposta comunicacional do programa da UAM se conecta àquilo que Menezes (1973b) classifica a comunicação como o ato de pôr em comum, de gerar um processo social elementar e de promover interação. Ou ainda, que "todo conhecimento humano se converte em experiência transmissível (comunicação) e em saber aplicável (numa 'práxis')." (MENEZES, 1973a, p. 11). Portanto, percebe-se que esse saber aplicável, para o idoso e para sociedade, é estar em fina sintonia com os direitos prescritos no Estatuto do Idoso, sua aplicabilidade e sua efetividade. Assim, se o tema Direito do Idoso foi discutido no programa, por que, então, dezesseis dos dezenove entrevistados expressaram uma visão restrita sobre o assunto, a ponto de alguns desconhecerem seus direitos, não lembrarem ou citarem noções triviais?

De antemão, pode-se descartar que a pouca audiência obtida pelo tema Direito Idoso decorreu da evidência hipoteticamente concorrente levantada, de que um domínio prévio do saber desprestigiou o tema em questão. Justamente, porque 16 dos 19 entrevistados demonstraram imprecisão nas respostas ao serem convidados a destacar quais eram os direitos do idoso que tinham lembrança. Alguns, apontaram exemplos clássicos, outros, noções equivocadas e outros não souberam responder.

Outro aspecto considerado relevante apontar, foi a possibilidade hipotética que o fator desempenho cognitivo tenha sido a variável responsável ou aliada para que o tema Direito do Idoso, de alguma forma, não tenha obtido a audiência esperada. Notadamente, embora o fator cognitivo tenha um papel significativo na memorização de um determinado tema e no aprendizado deste. Para o pesquisador em gerontologia social, Ricardo Moragas (1997, p. 28), sobre mitos e fatos: "a redução imediata da memória é remediada pelo ganho da memória remota. A inteligência tanto pode reduzir, quanto se elevar, desde que possa exercitá-la".

Outro fator que se impõe, pode estar ligado a heterogeneidade, pois, na turma 2019, há pessoas com 60 e com 71 anos de idade, algumas com ensino fundamental, outras com ensino superior e todas com suas próprias demandas. Como contraponto a isso, a priori, nos casos em que função cognitiva incidiu sobre a compreensão de uma determinada atividade e/ou conceito proposto em sala de aula, a coordenadora da UAM relatou que, ao perceber alguma dificuldade do participante, o professor procura ajudá-lo. Além disso, em relação aos 16 entrevistados que demonstraram uma visão restrita sobre o tema Direitos do Idoso, ao final do curso, dos dez entrevistados que possuem nível superior, oito demonstraram os mesmos sintomas acerca de uma visão modesta sobre os direitos do idosos.

Nas mesmas fontes onde se procurou respostas para a questão levantada, descobriu-se, ainda, que o enfoque principal do programa está em resgatar o valor social idoso articulando atividades dirigidas às pessoas com rotina amplamente empobrecida e de maneira complementar as demais atividades temáticas. Além disso, constatou-se, que devido ao leque de atividades temáticas ofertadas no programa, para além das demandas pessoais que cada um dos participantes da turma perseguia, o fator identidade com algum tema sugerido também teve impacto. Somado a isso, setor como: terapia ocupacional, psicologia, gestão da informação, administraram atividades assumindo a turma por determinado período, sendo que as atividades físicas, corporais e outras, paralelas, concorriam por fora, oferecendo conteúdo recreativo e informativo, destinados ao bem-estar e ao preenchimento do tempo livre, como forma de ocupação.

Acrescenta-se que, das observações de campo anotadas, verificou-se que as atividades recreativas e culturais, palestras e dinâmicas, também sobre direitos, assegurou a preferência da turma 2019. No entanto, em sala de aula, em decorrência do ambiente, o entusiasmo tomou conta da turma e o fator dispersão, por vezes, aflorou. Mas, constatou-se, pelas respostas advindas da pesquisa de opinião e da entrevista focal com os dezenove participantes remanescentes da turma 2019, que ficou demonstrado, que para esses entrevistados, os assuntos vinculados à saúde física e cognitiva, curiosidades, inclusão digital e lazer, cercaram a atenção dos participantes.

Constatou-se, também, que para muitos entrevistados, o desrespeito e o preconceito para com o idoso e o iminente abandono, desarticulam seu sossego. Então, como a função do programa é devolver ao idoso a confiança e promover formas de experiências de vida que resultem no seu bem-estar. Percebeu-se, com isso, que as atividades citadas preencheram tais necessidades emergenciais do idoso. Portanto, frente às evidências percebidas, pôde-se inferir que em razão da variedade de atividades temáticas que foram tratadas durante o programa, aliadas as diferentes demandas requeridas pelos integrantes da turma 2019, cada um com suas próprias exigências, esses fatores, anteriormente apresentados como hipótese de pesquisa, contribuíram sobremaneira para que o tema Direito do Idoso tivesse um desempenho discreto na memória de dezesseis dos dezenove entrevistados, respondentes do questionário II. Entretanto, acrescenta-se a isso, que devido às alternativas disponíveis, diferentes áreas do conhecimento do Campus da UFPR, por determinados períodos, assumiram as atividades do programa, ministrando assuntos específicos daquela área. Ocorre, que módulos independentes, como o da Educação Física, que organizou atividades físicas e corporais para os integrantes da turma 2019; e outros, com atividades de caráter recreativo e informativo, ofertados em separado, atuaram nos mesmos horários das atividades da UAM. Assim, tais fatores, de modo similar, por dedução, incidiram na performance discreta que o tema Direito do Idoso obteve em termos de audiência. Por isso, além da concorrência entre os temas que disputavam a audiência do público em foco, havia ainda a questão dos horários conflitantes, que reduziram a audiência.

Quanto ao fator dispersão, muito embora, por vezes, manifestou-se em sala de aula, as atividades temáticas difundidas foram ministradas sem maiores problemas e mobilizam os participantes a debaterem sobre o assunto. Logo, pôde-se inferir, que afora os dois fatores inicialmente apresentados hipoteticamente (variedade de atividades ofertadas e as distintas demandas de cada participante), os módulos independentes e o conflito de horários com as atividades específicas do programa, reunidos, esses quatro fatores impactaram nos resultados, a ponto de 16 dos 19 entrevistados revelarem uma visão modesta sobre o tema Direitos do Idoso, ao final. De um lado, porque a variedade de atividades recebidas tende a dividir a atenção do público investigado, incidindo negativamente na memorização do assunto. De outro, porque temas que despertam curiosidade, fomentam experiências ou fazem parte de um repertório de demandas previamente definidas, como um exemplo, a valorização da autoestima, pois, são temas priorizados em função da expectativa criada em torno de uma experiência por ser realizada e/ou de uma confiança por ser conquistada. Assim, em virtude da gama de atividades temáticas ofertadas pela UAM a distintas demandas, o propósito de resgatar o valor social do idoso, gera percepções, que permitem inferir, que essa meta, foi obtida. Mas, para que os direitos do idoso se tornem seus escudos, o modo de comunicar precisa impactar na memória dos participantes do programa.

Considerações sobre o estudo em evidência

Com a meta estipulada para atender ao primeiro objetivo fixado em pesquisa: das fontes documentais, da entrevista semiestruturada e das observações e registros de campo, constatou-se que o foco principal das ações da UAM está no resgate do valor social do idoso, ao promover atividades dirigidas à autoestima, saúde e direitos do idoso, inclusão digital e outros temas afins.

Depois, para atender ao segundo objetivo, averiguou-se, através da pesquisa de opinião (início do curso): que a busca por conhecimento despertou o interesse de 20 respondentes dos 31 possíveis, para se inscreverem no programa; e a pretensão por socializar-se, empatada com a expectativa de encontrar alguma ocupação, despertou o interesse de 10 respondentes. Ao passo que na fase final de pesquisa (2021) descobriu-se, através da entrevista focal, que a procura por experiências, atividades que geram reflexões e promovem socialização, definiram a efetiva relação que a turma 2019 teve com o conteúdo que recebeu, porque para muitos socializar-se foi a meta estipulada.

Na mesma trilha, com o mesmo dispositivo, constatou-se que a similaridade entre os conceitos de interesse procurados (início do curso), a maioria, 22 respondentes, avistaram interesse no conjunto de temas ofertados, sem revelar preferência por algum tema específico. Passagem que permitiu concluir, que esses 22 identificaram na diretriz ofertada a oportunidade de ocupar o tempo livre, onde o mais importante é a experiência absorvida. Ao passo que na reta final de pesquisa (2021) a entrevista focal investigou quais temas os entrevistados gostariam de saber mais a respeito. Então, os mais citados foram: Direito do Idoso, para três entrevistados e Saúde do Idoso e Inclusão Digital, para dois entrevistados, cada um. Cenário que trouxe à tona a evidência de que, para alguns, os direitos do idoso ainda não estavam memorizados, embora o tema tenha sido discutido em sala. Entretanto, permitiu concluir, que para esses, o interesse em aprofundar conhecimento sobre os direitos do idoso, a despeito do encerramento das atividades do curso, demonstra com isso, que o tema compreende.

Mais à frente, a meta desenvolvida para atender ao terceiro objetivo pensado para o estudo, através da pesquisa de opinião se obteve a posição que o tema Direito do Idoso ocupou na memória do grupo denominado terceira idade da turma 2019 no início do curso. Diante isso, constatou-se, que isoladamente, o tema não ganhou destaque, pelas respostas obtidas, exceto, quando esteve atrelado ao tema Saúde do idoso, garantindo assim, audiência de três respondentes dos 31 possíveis. Desse modo, pôde-se inferir, que no início das atividades propostas pelo programa da UAM, o objetivo dos participantes estava em ocupar o tempo livre, sem lançar luz em algum tema específico naquele início de curso.

Contudo, ao término do curso, através da entrevista focalizada via WhatsApp com os respondentes da turma 2019, constatou-se, que 16 entrevistados dos 19 possíveis apresentaram uma vaga lembrança sobre direitos do idoso, citando exemplos triviais ou equivocados sobre direitos. Outros dois expressaram uma visão intermediária, e disseram precisar de mais esclarecimento sobre o tema, e outro demonstrou possuir uma compreensão atualizada sobre a questão. Nesse sentido, vale destacar, que fatores como faixa etária ou nível de ensino não incidiram no rendimento obtido pelo tema Direito do Idoso na memória dos 16 entrevistados, conforme averiguado. Em outras palavras, a maioria da turma desconhece o real teor do Estatuto do Idoso e dos direitos previstos naquele dispositivo, sua aplicabilidade e efetividade, ainda que tenham participado de atividades referentes ao tema, em 2019, na UAM. Portanto, a despeito de hipóteses não detectadas, pôde-se concluir, que em função das proposições lançadas em pesquisa e outras que surgiram no decurso da investigação: o investimento comunicacional para difundir o tema Direito do Idoso não impactou na memória desses 16 entrevistados da turma 2019 como de fato poderia.

Não obstante a isso, a descoberta que revelou a modesta visão que a maioria dos entrevistados apresentou sobre os direitos do idoso. Com efeito, demonstrou a posição que a temática ocupou na memória dos dezenove entrevistados em relação a outros assuntos que foram discutidos no programa, em 2019, e juntos, concorreriam pela audiência daquele público nomeado, terceira idade.

Vale destacar, que a partir da aplicação da técnica de convergência de evidências (YIN, 2015), ao articular a triangulação dos dados, observou-se que além das descobertas já citadas, o tema Direito do Idoso foi tratado em sala de aula, através de palestras e discussões, e com assessoria de fontes práticas tal e qual a da comissão dos direitos do idoso (OAB) e da secretaria da pessoa idosa do Estado do Paraná.

De modo que a hipótese lançada no início da investigação, confirmou os indícios de que a variedade de atividades temáticas ofertadas no programa, em 2019, e as diferentes demandas de cada participante inscrito na turma daquele ano, contribuíram para que a concorrência entre os temas provocasse uma disputa pela audiência daquele público. Contudo, observou-se, na prática, que os módulos independentes de atividades ofertadas atuaram nos mesmos horários das atividades do programa da UAM, como é o caso das atividades físicas e corporais e/ou recreativas. Esses fatores, de modo similar, incidiram na performance discreta que o tema Direito do Idoso obteve, em termos de audiência, na memória daquele público. Pois além da concorrência entre os temas indicados, o interesse por outras práticas e nos mesmos horários de uma ação reflexiva no programa da UAM, como exemplo, podem desviar audiências da ação.

Diante disso, pôde-se concluir, que a variedade de atividades recebidas dividiu a atenção do público investigado, incidindo na discreta memorização do tema Direito do Idoso. Sobretudo, porque despertam curiosidade, fomentam experiências ou estão inseridas na relação de demandas previamente definidas pelos interessados, a saber: o regate da autoestima. Conclui-se com isso, que priorizar tais temas em detrimento de outros, tem relação direta com a expectativa criada em torno de uma experiência por ser realizada e/ou de uma confiança por ser reconquistada, independentemente da faixa etária em questão, mas certamente dessa, que requer um estudo mais apurado sobre. Afinal, discutir a temática da velhice é avançar estudos sobre os mais variados enfoques que cobrem o processo de envelhecimento e as questões que assolam a velhice. Nesse aspecto, a presente pesquisa se aplicou em lançar luz sobre os direitos do idoso e suas beneficies para os grupos etários de mais idade, no caso, o da terceira idade da turma 2019 da UAM.

Depois, o referencial teórico desenhado para fundamentar o estudo, tratou, dentro do possível, vários ângulos atinentes à temática da velhice tal e qual: a imagem estereotipada de velhice; o preconceito em função da idade; o medo de envelhecer; a doença do imaginário (depressão); os mitos e fatos que cercam a real concepção de velhice; o ócio versus tempo livre; os abusos de toda ordem; entre outros. Afinal, são questões que em algum momento se conectam aos direitos do idoso e por extensão ao Estatuto do Idoso, aqui, referenciado em detalhes seus artigos, como estímulo para que o leitor acesse na integra o material oficial. Sobretudo, para que reconheça no EI, seu mérito, e faça do instrumento uma cartilha de bolso.

Posto isso, conclui-se, que efetivamente a idade da velhice inicia aos 60 anos. Que a pessoa idosa é limitada em suas habilidades, frágil, com baixo nível cognitivo e se revela um sujeito reservado e isolado. Consequências de uma condição histórica de vida desprovida de bem-estar ou em decorrência de incidentes físicos ou psíquicos ou motivados pelo descaso, pelo abandono, pela exclusão, que promovem a solidão, o silêncio, o exílio.

Eis aí a necessidade de um processo comunicativo que promova a serenidade com a qual se reconheça a velhice, em que a passagem do tempo registre as marcas de uma história vivida e que abre novas oportunidades para que em tempo outras experiências sejam vividas. Precisamente, no intuito de evitar que equívocos entre fatos científicos e crenças da opinião pública, recaiam sobre a temática da velhice, reduzindo o factual em ilusório, conforme observa Moragas (1997).

Assim, a funcionalidade-chave da comunicação na esfera do social é cumprir uma função que lhe é própria, a de publicizar, dentre outras finalidades, os direitos do idoso e os meios de enfrentamento aos abusos por eles sofridos. Por isso a urgência de um olhar comunicacional que divulgue de maneira clara, irrestrita e habitual os direitos do idosos e que pense formas de disseminar a imagem de velhice que favoreçam uma ideia mais sóbria e honesta dessa etapa da vida. Porque uma imagem distorcida só resiste enquanto permanecer discreta sua face na órbita do real, por assim compreender a lógica de alguns estudos sobre o imaginário (SILVA, 2017).

Logo, das lições apreendidas, ao contrário do que prescrevem as crenças da opinião pública: fatos científicos revelam que não há uma idade cronológica, mas sim, históricos de vida que variam de indivíduo para indivíduo. Que o idoso possui muitas habilidades; que envelhecer não é doença e nem por isso limita o indivíduo em suas aptidões; que a questão cognitiva, tanto pode ampliar, quanto reduzir, desde que se habitue a praticá-la; e que o isolamento social, na maioria das vezes, é decorrente da exclusão social e não de um livre arbítrio do idoso, em conformidade com o que prescreve Moragas (1997).

Enfim, são lições aprendidas, a partir do referencial teórico proposto e da investigação em si, que remetem a novas generalizações teóricas, indicando que é preciso avançar pesquisa e problematizar, a saber: os direitos associados à saúde do idoso, no domínio daquilo que Debert (2018, p. 77) chamou de a "reinvenção da velhice" e com a qual "a re-privatização do envelhecimento deve ser entendida"; e que se avalia o quanto os direitos estão sendo observados e como ocorrem os abusos.

Em conclusão, muitos são os enfoques que cobrem a temática da velhice. Lançar luz sobre o tema Direito do Idoso foi o propósito do estudo e dissertar sobre a efetividade comunicacional em divulgar tais direitos foi a busca por autoconhecimento.

Viver muito tempo não significa necessariamente viver mais, ou melhor, assim à longevidade pode se dar um peso valorativo ou depreciativo.

(Maria Helena Novaes)

REFERÊNCIAS

ALCÂNTARA, Alexandre de Oliveira; CAMARANO, Ana Amélia; GIACOMIN, Karla Cristina (org.). *Política nacional do idoso*: velhas e novas questões. Rio de Janeiro: Ipea, 2016. Disponível em: https://www.ipea.gov.br/portal/index.php?option=com_content&view =article&id=28693. Acesso em: 19 mar. 2020.

ANDRADE, Cândido Teobaldo de Souza. *Para entender relações públicas*. 2. ed. São Paulo: Biblos, 1965. 215 p.

BEAUVOIR, Simone de. *A velhice*. Rio de Janeiro: Nova Fronteira, 1990.

BOSI, Ecléa. *Memória e sociedade*: lembranças dos velhos. 3. ed. São Paulo: Companhia das Letras, 1994. 484 p.

BRAGA, José Luiz. A prática da pesquisa em comunicação: abordagem metodológica como tomada de decisões. *E-Compós*. Brasília, v. 14, n. 1, jan./abr. 2010.

BRAGA, José Luiz. Comunicação, disciplina indiciária. *MATRIZes*, v. 1, n. 2, p. 73-88, abr. 2008.

BRAGA, José Luiz. Para começar um projeto de pesquisa. *Comunicação & Educação*, São Paulo, v. 10, n. 3, p. 288-296, set./dez. 2005.

BRASIL. *Constituição da República Federativa do Brasil*: promulgada em 05 de outubro de 1988. 9. ed., atual. São Paulo: Saraiva, 1994a.

BRASIL. *Lei nº 8.842, de 4 de janeiro 1994*. Dispõe sobre a política nacional do idoso, cria o Conselho Nacional do Idoso e dá outras providências. Brasília, DF: Ministério da Casa Civil, 1994b. Disponivel em: https://www.planalto.gov.br/ccivil_03/leis/l8842.htm. Acesso em: 27 abr. 2021.

BRASIL. Ministério da Saúde. *Estatuto do Idoso*. 3. ed. Brasília, DF: Ministério da Saúde, 2013. 70 p. Disponível em: http://bvsms.saude.gov.br/bvs/publicacoes/estatuto_idoso_3edicao.pdf. Acesso em: 22 mar. 2020.

BRASIL. Agência Senado. *Primeira lei da previdência, de 1923, permitia aposentadoria aos 50 anos*. 3 jun. 2019. Por: Ricardo Westin. Disponível em: http://twixar.me/BDjm. Acesso em: 25 jul. 2020.

BRIGITTE. [*Imaginário social de velhice*]. ArtTower. Por Pixabay. Grátis para uso comercial. 1920x1371. Clássico. Disponível em: https://pixabay.com/pt/illustrations/autom%c3%b3vel-carro-cl%c3%a1ssico-oficina-4285116/ Acesso em: 08/08/2021.

BROPP, Camille. *Pessoas com mais de 50 anos aprendem a lidar com celular em projeto de extensão de Terapia Ocupacional.* Portal UFPR. 3 jan. 2018a. Disponível em: https://www.ufpr.br/portalufpr/noticias/pessoas-com-mais-de-50-anos-aprendem-a-lidar-com-celular-em-projeto-de-extensao-de-terapia-ocupacional/. Acesso em: 14 mar. 2020.

BROPP, Camille. *Voltado a maiores de 60 anos, projeto Universidade Aberta da Maturidade recebe inscrições até 20/5.* Portal UFPR. 7 maio 2018a. Curitiba, PR. Disponível em: https://www.ufpr.br/portalufpr/noticias/voltado-a-maiores-de-60-anos-projeto-universidade-aberta-da-maturidade-recebe-inscricoes-ate-20-5/. Acesso em: 14 ago. 2019.

CARRARA, Jaqueline. *Universidade Aberta da Maturidade forma terceira turma.* 16 jun. 2015. Disponível em: https://www.ufpr.br/portalufpr/noticias/universidade-aberta-da-maturidade-forma-terceira-turma/. Acesso em: 12 ago. 2020.

CARRASCOZA, João Anzanello. *Estratégias criativas da publicidade – Consumo e narrativa publicitária.* São Paulo: Letras e Cores, 2014.

CARRASCOZA, João Anzanello. O consumo e o discurso niilista da publicidade. *Revista Interamericana de Comunicação Midiática,* Santa Maria, v. 16, n. 32, p. 49-61, set. 2017.

CASTRO, Gisela G. S.; HOFF, Tânia. Por um Natal solidário: a velhice tematizada em duas campanhas publicitárias internacionais. In: ______. *Comunicação, consumo e envelhecimento no contemporâneo*: reflexões multidisciplinares. Porto Alegre: Sulina, 2018. p. 55-74.

CEDI – Conselho Estadual dos Direitos do Idoso. *O idoso no Paraná.* Disponível em: http://www.cedi.pr.gov.br/Pagina/O-Idoso-no-Parana. Acesso em: 27 abr. 2021.

CHAUI, Marilena de Souza. Apresentação: Os trabalhos da memória. In: BOSI, Ecléa. *Memória e sociedade*: lembranças de velhos. 3. ed. São Paulo: Companhia das Letras, 1994. p. 17-32.

CÍCERO, M. Tullius. *De Senectute.* Tradução: José E. Scheid. Canoas: Ed. ULBRA, 1999.

CÔRTE, Beltrina. Na era da leveza, 'o tempo é liberdade e a idade é constrangimento'. In: ______. *Comunicação, consumo e envelhecimento no contemporâneo*: reflexões multidisciplinares. Porto Alegre: Sulina, 2018. p. 31-54.

CRESWELL, John W. *Projeto de Pesquisa*: Métodos qualitativos, quantitativos e misto / John W. Creswell; tradução Magda Lopes; consultoria, supervisão e revista técnica desta edição Dirceu da Silva. – 3 ed. – Porto Alegre: Artmed, 2010. 296 p.

DEBERT, Guita Grin. *A reinvenção da velhice*: socialização e processos de reprivatização do envelhecimento. São Paulo: Edusp, 2012.

DEBERT, Guita Grin. A reprivatização do envelhecimento nas imagens da mídia. In: ______. *Comunicação, consumo e envelhecimento no contemporâneo*: reflexões multidisciplinares. Porto Alegre: Sulina, 2018. p. 75-94.

DOUCHKIN, Tatiana. Programa Universidade Aberta à Terceira Idade da Universidade de São Paulo: Aspectos comunicacionais. *Comunicação & Educação*, ano 18, nº 2, 2013. Disponível em: https://www.revistas.usp.br/comueduc/article/view/68332/78615. Acesso em: 14 out. 2020.

ENGIN_AKYURT, [*Olhar comunicacional*]. Por Pixabay. Grátis para uso comercial. 1920x1280. Disponível em: https://pixabay.com/pt/photos/m%c3%a1quina-fotografia-lente-velho-2728828/ Acesso em: 08/08/2021.

FAVORITO, Celsina. *Primeira turma da UAM se forma com direito à beca*. 21 jun. 2013. Disponível em: https://www.ufpr.br/portalufpr/noticias/primeira-turma-da-uam-se-forma-com-direito-a-beca/. Acesso em: 2 ago. 2019.

FEYERABEND, Paul. *Contra o método*. Tradução: Octanny S. da Mota, Leonidas Hegenberg. Rio de Janeiro: F. Alves, 1977. 488 p.

FRANÇA, Aline Fernandes. *Universidade Aberta da Maturidade conclui atividades da sexta turma*. 14 jun. 2018a. Disponível em: https://www.ufpr.br/portalufpr/noticias/universidade-aberta-da-maturidade-conclui-atividades-da-sexta-turma/. Acesso em: 14.06.2019.

FRANÇA, Aline Fernandes. *Universidade Aberta da Maturidade inicia atividades da sétima turma*. 21 ago. 2018b. Disponível em: https://www.ufpr.br/portalufpr/noticias/universidade-aberta-da-maturidade-inicia-atividades-da-setima-turma/. Acesso em: 21 ago. 2020.

GONÇALVES, Bruna Bertoldi. *Idosos da Universidade Aberta da Maturidade participam de aula de parasitologia no Centro Politécnico*. 16 maio 2019a. Disponível em: https://www.ufpr.br/portalufpr/noticias/idosos-da-universidade-aberta-da-maturidade-participam-de-aula-de-parasitologia-no-centro-politecnico/. Acesso em: 12 out. 2019.

GONÇALVES, Bruna Bertoldi. *Universidade Aberta da Maturidade encerra sétima turma em Curitiba com cerimônia no Campus Jardim Botânico*. 17 jun. 2019b. Disponível em: https://www.ufpr.br/portalufpr/noticias/universidade-aberta-da-maturidade-encerra-atividades-da-setima-turma-em-curitiba-com-cerimonia-no-campus-jardim-botanico/. Acesso em: 21 nov. 2020.

HABERMAS, Jürgen. *Mudança estrutural da esfera pública*: investigações sobre uma categoria da sociedade burguesa. São Paulo: Editora Unesp, 2014. 568 p.

HEIDEGGER, Martin. *Ensaios e conferências*. Tradução: Emmanuel Carneiro Leão, Gilvan Fogel, Marcia Sá Cavalcante Schuback. 5. ed. Petrópolis: Vozes; Bragança Paulista: Ed. Universitária São Francisco, 2008. 269 p.

IBGE – Instituto Brasileiro de Geografia e Estatística. *SIS 2016*: 67,7% dos idosos ocupados começaram a trabalhar com até 14. 2 dez. 2016. Disponível em: https://censo2010.ibge.gov.br/noticias-censo.html?busca=1&id=1&idnoticia=3326&t=sis-2016-67-7-idosos-ocupados-comecaram-trabalhar-14-anos&view=noticia. Acesso em: 19 set. 2020.

IBGE – Instituto Brasileiro de Geografia e Estatística. *Indicadores da população brasileira em 2017*. 26 abr. 2018. Disponível em: https://agenciadenoticias.ibge.gov.br/agencia-noticias/2012-agencia-de-noticias/noticias/20980-numero-de-idosos-cresce-18-em-5-anos-e-ultrapassa-30-milhoes-em-2017. Acesso em: 23 mar. 2020.

IBGE – Instituto Brasileiro de Geografia e Estatística. *Síntese de indicadores sociais*: uma análise das condições de vida da população brasileira. Rio de Janeiro: IBGE, 2019. 130 p. Disponível em: https://biblioteca.ibge.gov.br/visualizacao/livros/liv101678.pdf. Acesso em: 19 set. 2020.

IBGE – Instituto Brasileiro de Geografia e Estatística. *Com envelhecimento, cresce número de familiares que cuidam de idosos no país*. 4 jun. 2020. Disponível em: https://agenciadenoticias.ibge.gov.br/agencia-noticias/2012-agencia-de-noticias/noticias/27878-com-envelhecimento-cresce-numero-de-familiares-que-cuidam-de-idosos-no-pais. Acesso em: 18 set. 2020.

IVAN Z. [*Ócio e Lazer*]. Ivan z. Por Pixabay. Grátis para uso comercial. 1920x1280. Passatempo. Disponível em: https://pixabay.com/pt/photos/homens-velhos-jogar-domin%c3%b3s-5926938/ Acesso em: 08/08/2021.

LEIVA, João (org.). *Cultura SP*: hábitos culturais dos paulistas. São Paulo: Tuva, 2014. Disponível em: http://www.pesquisasp.com.br/downloads/livro_cultura_em_sp.pdf. Acesso em: 15 ago. 2020. 189 p.

LIMA, Lorenna. *Breve histórico dos direitos do idoso no Brasil e no mundo*. 2019. Disponível em: https://jus.com.br/artigos/71311/breve-historico-dos-direitos-dos-idosos-no-brasil-e-no-mundo. Acesso em: 28 ago. 2020.

MAFFESOLI, Michel. O imaginário é uma realidade. Entrevista. *Revista Famecos: mídia, cultura e tecnologia*, Porto Alegre, v. 1, n. 15, p. 74-82, ago. 2001.MASCARO, Sonia de Amorim. *O que é velhice*. São Paulo: Brasiliense, 2004. (Coleção Primeiros Passos).

MAUÉS, Cristiane Ribeiro; PASCHOAL, Sérgio Márcio Pacheco; JALUUL, Omar; FRANÇA, Cristina Claro; JACOB FILHO, Wilson. Avaliação da qualidade de vida: comparação entre idosos jovens e muito idosos. *Revista da Sociedade Brasileira de Clínica Médica*, v. 8, nº 5, p. 405-410, set./out. 2010. Disponível em: http://www.sbcm.org.br/revistas/RBCM/RBCM-2010-05.pdf. Acesso em: 21 jul. 2020.

MEIRELLES, Simone. *UFPR abre inscrições para o projeto Universidade Aberta da Maturidade*. 23 abr. 2013. Disponível em: https://www.ufpr.br/

portalufpr/noticias/ufpr-abre-inscricoes-para-o-projeto-universidade--aberta-da-maturidade/. Acesso em: 10 ago. 2019.

MEIRELLES, Simone. *Universidade Aberta da Maturidade já tem primeiros inscritos.* 28 maio 2012. Disponível em: https://www.ufpr.br/portalufpr/noticias/universidade-aberta-da-maturidade-ja-tem-primeiros-inscritos/. Acesso em: 8 ago. 2019.

MENEZES, Eduardo Diatay B. de. Introdução. In: ______. *Fundamentos científicos da comunicação.* Petrópolis: Vozes, 1973a. p. 7-16.

MENEZES, Eduardo Diatay B. de. Fundamentos sociológicos da comunicação. In: ______. *Fundamentos científicos da comunicação.* Petrópolis: Vozes, 1973b. p. 145-201.

MORAGAS, Ricardo Moragas. *Gerontologia social*: envelhecimento e qualidade de vida. São Paulo: Paulinas, 1997.

NEBREDA, Daniel. [*Direitos do Idoso*]. Daniel Nebreda. Por Pixabay. 1920x1280. Sorriso. Disponível em: https://pixabay.com/pt/photos/pessoas-feliz-riso-gargalhadas-2326123/ Acesso em: 08/08/2021.

NOVAES, Maria Helena. *Paradoxos contemporâneos.* Rio de Janeiro: E-papers, 2008. 154 p.

OHDE, Mariana. População de idosos em Curitiba vai dobrar até 2040. *Paraná Portal*, 7 jul. 2017. Disponível em: https://paranaportal.uol.com.br/cidades/curitiba-rmc-litoral/populacao-idosos-curitiba-dobra-ate-2040/ Acesso: 15.08.2020.

OPAS/OMS – Organização Pan-americana da Saúde/Organização Mundial da Saúde. *No Dia Internacional da Pessoa Idosa, OPAS chama atenção para envelhecimento saudável.* 1° out. 2017. Disponível em: http://twixar.me/r4jm. Acesso: 22 mar. 2020.

PALACIOS, Ariel. Da Alemanha ao Chile: a história da aposentadoria em diferentes países. Época, 8 jun. 2019. Disponível em: https://epoca.globo.com/mundo/da-alemanha-ao-chile-historia-da-aposentadoria-em-diferentes-paises-23792224#:~:text=O%20atual%20sistema%20de%20aposentadoria,%25%20a%2090%25%20dos%20sal%C3%A1rios. Acesso: 20 dez. 2020.

PY, Ligia. Significações da velhice e a busca de sentido para a finitude: uma perspectiva psicossocial. In: ______. *Comunicação, consumo e envelhecimento no contemporâneo*: reflexões multidisciplinares. Porto Alegre: Sulina, 2018. p. 131-138.

QUARTA turma se forma na Universidade Aberta da Maturidade. 20 jun. 2016. Disponível em: https://www.ufpr.br/portalufpr/noticias/73068/. Acesso em: 14 ago. 2020.

SAMPAIO, Rafael. *Propaganda de A a Z*: como usar a propaganda para construir marcas e empresas de sucesso. 4. ed. Rio de Janeiro: Elsevier, 2013. 303 p.

SANTAELLA, Lucia. *Comunicação e pesquisa*: projetos para mestrado e doutorado. São Paulo: Hacker Editores, 2001. 216 p.

SARGENT, Annie. *Most Beautiful Places in Toulouse, Episode 72*. Podcast, France, 2015. Disponível em: https://joinusinfrance.com/episode/most-beautiful-places-in-toulouse-southwest-france/. Acesso em: 17 out. 2020.

SÊNECA, Lúcio Aneu. *Da brevidade da vida*. Tradução: Natã de Oliveira. Brasília: Ícone Gráfica e Editora, 2010. 72 p.

SERASA EXPERIAN. *Idosos estão muito mais inadimplentes com contas de água, luz e gás do que o restante da população, revela Serasa*. 2018. Disponível em: https://www.serasaexperian.com.br/sala-de-imprensa/idosos-estao-muito-mais-inadimplentes-com-contas-de-agua-luz-e-gas-do-que-o-restante-da-populacao-revela-serasa. Acesso em: 18 set. 2020.

SERASA EXPERIAN. *900 mil novos idosos ficaram inadimplentes em um ano, diz Serasa Experian*. 2019. Disponível em: https://www.serasaexperian.com.br/sala-de-imprensa/900-mil-novos-idosos-ficaram-inadimplentes-em-um-ano-diz-serasa-experian. Acesso em: 18 set. 2020.

SESSENTA alunos da turma 2013/2014 participam do encerramento do "Universidade Aberta da Maturidade". 5 jun. 2014. Disponível em: https://www.ufpr.br/portalufpr/noticias/sessenta-alunos-da-turma-20132014-participam-do-encerramento-do-projeto-universidade-aberta-da-maturidade/. Acesso em: 10 ago. 2019.

SILVA, Juremir Machado da. *As tecnologias do imaginário*. 3. ed. Porto Alegre: Sulina, 2012.SILVA, Juremir Machado da. *Diferença e descobrimento*: o que é o imaginário? (a hipótese do excedente de significação). Porto Alegre: Sulina, 2017. 175 p.

SILVA, Juremir Machado da. *O que pesquisar quer dizer*: como fazer textos acadêmicos sem medo da ABNT e da CAPES. 4. ed. Porto Alegre: Sulinas, 2019. 111 p.

TAN, Vinson. [*Capa*]. Vinsky. 2002. Por Pixabay. Grátis para uso comercial. 1920x1079. Outono. Disponível em: https://pixabay.com/pt/illustrations/outono-ponte-antigo-vintage-4897237/ Acesso em: 08/08/2021.

THANE, Pat. A velhice no passado e no presente: considerações sobre a história do envelhecimento. In: ______. *Comunicação, consumo e envelhecimento no contemporâneo*: reflexões multidisciplinares. Porto Alegre: Sulina, 2018. p. 15-30.

TUCHLINSKI, Camila. Conheça direitos dos idosos que você não imaginava que existiam. *Estadão*, 11 fev. 2019. Disponível em: https://emais.estadao.com.br/noticias/comportamento,conheca-direitos-dos-idosos-que-voce-nao-imaginava-que-existia,70002716306. Acesso em: 26 abr. 2021.

UNIVERSIDADE Aberta da Maturidade encerra sua quinta turma com muita festa. 23 jun. 2017. Disponível em: https://www.ufpr.br/portalufpr/noticias/universidade-aberta-da-maturidade-forma-sua-5a-turma-com-muita-festa/. Acesso em: 14 ago. 2019.

VINICIUSEMC2. [*Qualidade de vida*]. Viniciusemc2. Por Pixabay. Grátis para uso comercial. 1920x1280. Senhor Feliz. Disponível em: https://pixabay.com/pt/photos/vov%c3%b3-vov%c3%b4-feliz-idoso-senhor-2657142/ Acesso em: 08/08/2021.

VIOLÊNCIA contra idosos aumenta 24% em Curitiba durante período de pandemia. *Tribuna do Paraná*, 27 jul. 2020. Disponível em: https://www.tribunapr.com.br/noticias/curitiba-regiao/violencia-contra-idosos-aumenta-24-em-curitiba-durante-periodo-de-pandemia/. Acesso em: 18 set. 2020.

YIN, Robert K. *Estudo de caso*: planejamento e métodos. Tradução: Cristhian Matheus Herrera. 5. ed. Porto Alegre: Bookman, 2015. 290 p.

YIN, Robert K. *Pesquisa qualitativa do início ao fim*. Tradução: Daniel Bueno. Porto Alegre: Penso, 2016. 313 p.

YLÄNE, Virpi. Representações dos velhos e da velhice na propaganda do século XXI. In: ______. *Comunicação, consumo e envelhecimento no contemporâneo*: reflexões multidisciplinares. Porto Alegre: Sulinas, 2018. p. 95-114.

pólen soft 80 gr/m2
tipologia garamond
impresso na primavera de 2021

À

Feiga, esposa, companheira de todas as horas

Doris e Simone, filhas muito queridas

Alan e Dan, netos brilhantes

Yacov, genro amigo

Introdução

A questão da determinação dos custos dos produtos e serviços, os esforços para reduzi-los e a consequente tomada de decisão empresarial que torne a empresa mais competitiva, há décadas vêm desafiando executivos e acadêmicos. O tema, contudo, continua em constante evolução demandando novas técnicas de gestão que exigem o correspondente aperfeiçoamento dos sistemas de custeio.

A proposta do presente livro é apresentar não somente a forma tradicional de calcular os custos que surgiu nos primórdios do século passado, as técnicas que se seguiram, e principalmente as técnicas contemporâneas que vêm buscando conhecer com precisão o que cada produto/serviço consome dos recursos indiretos que existem como suporte às operações de manufatura e de serviços. O livro apresenta as principais formas de custeio surgidas desde o advento da revolução industrial até os dias atuais sempre tendo em mente que o custo, e em última análise o preço, é fundamental estratégia competitiva.

Assim, esse esforço de custeio, ou seja, de apropriação/alocação dos custos/despesas indiretas aos produtos/serviços, passa por rateios baseados em volume da contabilidade tradicional de custos por absorção, pelo custeio direto, margem de contribuição, pelo custeio baseado em atividades (ABC/ABM), pelo custeio baseado em atividades orientado ao tempo (TDABC), pela teoria das restrições, pela contabilidade lean (presente nas empresas que praticam a manufatura lean ou lean office), pelo custeio meta, custeio do ciclo de vida, custeio kaizen, e pela RCA - Contabilidade do Consumo de Recursos.

Os gerentes reclamam que usam o custo para tomada de decisões em ações como preço, lucratividade do produto ou de terceirização. Assim, nem sempre as companhias podem precificar um produto com base no custo (custo mais lucro). Cada vez mais o preço é fixado pelo que o cliente deseja pagar (custo baseado em valor), estando subordinado, todavia, ao que o mercado estabelece, ou seja, o cliente deseja pagar o preço definido pelas leis do mercado desde que seja igual ou inferior ao preço baseado no valor criado. Isso não invalida a necessidade de se conhecerem os custos dos produtos ou dos serviços. Mesmo porque se o mercado dita o preço, importante conhecer o custo-meta limitador das operações, acima do qual o negócio da empresa naquele mercado estará em sérios apuros.

Os capítulos do livro estão assim estruturados:

No primeiro capítulo a contabilidade tradicional de custos é visitada; incluindo o custeio por absorção, o custeio variável, o conceito de margem de contribuição, a análise custo-volume-lucro, custos de oportunidade, custos conjuntos, orçamentos, custos padrão e alocação de custos dos departamentos de serviços.

O segundo capítulo apresenta a era do custeio baseado em atividades ABC/ABM com início no final dos anos 80 e que se estendeu fortemente pelos anos 90. Considerações são feitas com relação aos centros de custos por atividades, direcionadores de custos, e aplicações do custeio ABC em organizações de manufatura e de serviços.

O terceiro capítulo apresenta o custeio baseado em atividades orientado ao tempo (TDABC), que foi criado por Kaplan e Anderson, em 2004, para melhorar a abordagem de baixo para cima e eliminar alguns dos problemas no modelo ABC. Aplicações práticas do TDABC são apresentadas através de três aplicações e dois estudos de casos.

O quarto capítulo descreve a teoria das restrições (TOC) e a forma como ela trata a contabilidade de custos, a denominada contabilidade de ganhos. Considerações são ainda feitas com relação ao método tambor-pulmão--corda e ao processo de raciocínio com apresentação das cinco árvores, que envolve uma aplicação rigorosa da lógica causa e efeito para responder as três questões: <u>O que Mudar</u>? <u>Para o que Mudar</u>? <u>Como Fazer Para Mudar</u>?

O quinto capítulo descreve as empresas <u>lean</u> como contraponto às empresas de produção em massa. Aborda a manufatura <u>lean</u> com os princípios do pensamento lean e os sete desperdícios a serem eliminados. Aborda, ainda, o lean accounting (contabilidade lean) onde são apresentados, demonstração simples de L&P Lean, os relatórios do fluxo de valor, a tomada de decisão no fluxo de valor, as medições de desempenho: Box Scorecard, o custeio de feições e características, e a implementação da técnica.

O sexto capítulo descreve técnicas que ganharam força com o surgimento do custeio meta; marcando a era dos custos voltados para o mercado ao invés de voltados para a engenharia. Nesse capítulo ainda são abordadas técnicas como a análise de valor, o custeio kaizen, o custeio do ciclo de vida e a Contabilidade do Consumo de Recursos. (RCA).

O sétimo capítulo aborda a questão do preço baseado no custo mais lucro, com o preço baseado no valor criado para o cliente. Mostra a formação de preços desde as estratégias de marketing, aos métodos para precificar, até o uso do markup, e, ainda, analisa a determinação do preço de transferência.

As exposições apresentadas no decorrer dos capítulos são ilustradas por aplicações/estudo de casos. Resumos e diversas questões para análise e discussão são propostas ao final de cada um dos sete capítulos.

Sumário

Capítulo I

Custeio Tradicional

Custeio Tradicional por Absorção (do início do século até os anos quarenta) e Custeio Variável (dos anos quarenta aos anos oitenta)

Cronologicamente eles reinaram efusivamente nos períodos acima, muito embora, vigorem até hoje em muitas empresas.

Termos e classificações utilizadas em Custos

Segundo Garrison (2001) a contabilidade gerencial é um inestimável conjunto de ferramentas que auxiliam a gerência no cumprimento de suas atribuições, que compreendem o planejamento, a direção/motivação e o controle. Como está diretamente associada às necessidades dos gerentes e não às do público externo, ela é diferente da contabilidade financeira. A contabilidade gerencial está voltada para o futuro, dá menos importância à precisão, enfatiza os segmentos da organização, não é limitada pelos princípios contábeis geralmente aceitos, e nem é obrigatória.

A classificação dos custos em variáveis ou fixos depende de se alterar ou permanecer o mesmo em relação ao nível de atividade ou negócio. Assim, enquanto que os custos variáveis se alteram diretamente com o volume da operação, os custos fixos permanecem constantes, independente do volume produzido. Comissões de vendas é um exemplo de despesa indireta variável, e o custo do aluguel de uma fábrica é considerado fixo, pois ele ocorrerá independente da quantidade de produtos aí fabricados. Interessante observar que enquanto os custos variáveis aumentam ou diminuem com a quantidade produzida, o custo variável unitário se mantém inalterado. Da mesma forma, enquanto os custos fixos permanecem iguais independentes de aumento ou diminuição na quantidade produzida, o custo fixo unitário variará aumentando ou diminuindo. Alguns custos são denominados de mistos, pois têm um componente fixo e um componente variável. É o que ocorre, por exemplo, muitas vezes com os vendedores que recebem um salário (parcela fixa) mais uma comissão sobre as vendas (esta, a parcela variável).

Custos diretos são os custos identificados facilmente a um produto ou serviço. Custos indiretos, por outro lado, representam os demais custos que não podem ser facilmente associados a um produto ou serviço. No que se referem aos produtos/serviços, usualmente o material direto (componente tangível) e a mão de obra direta - MOD (a parcela correspondente às horas utilizadas na execução tangível do bem/serviço) são considerados diretos, enquanto os demais custos são classificados como indiretos. Alguns custos indiretos se aplicados a somente um produto/serviço são alocados diretamente aos mesmos como se diretos fossem. Por outro lado, a mão de obra direta representando uma obrigação a ser prestada mensalmente pela empresa, por força de legislações trabalhistas de muitos países, é por alguns autores, tratada como indireta. Então, na verdade, a parcela de mão de obra aplicada diretamente na confecção do produto/serviço é a que deveria ser considerada como um custo direto, enquanto que a parte remanescente teria o tratamento de custo indireto. A mão de obra direta, segundo Garrison (2001) também é chamada de mão de obra de toque, pois os empregados da produção naturalmente tocam no produto durante o processo de fabricação.

Custos irrecuperáveis (<u>sunk costs</u>) são custos incorridos no passado. São custos não relevantes para decisões no presente porque eles não se alteram quando essas decisões são tomadas.

Custos de oportunidade são valores ou benefícios a que se renunciam quando uma alternativa ou decisão é selecionada em detrimento de outra. Quando um empreendedor decide investir em um negócio, os emolumentos financeiros que ele perceberia, caso aplicasse essa quantia no mercado financeiro, correspondem ao valor que ele renunciaria pela decisão tomada de investir no referido negócio.

Custos controláveis são aqueles que podem ser influenciados pela gerência, que por outro lado não pode administrar os custos não controláveis.

Um supervisor de produção pode controlar os custos de mão de obra e de materiais de sua área de trabalho, contudo, não tem como controlar, por exemplo, os custos do seguro de suas instalações, que está afeto ao especialista de seguros e/ou o gerente da fábrica.

Custos do produto são os representados pelos custos do material direto, da mão de obra direta e dos custos indiretos de fabricação, no caso de bens fabricados. Representam, pois, todos os custos envolvidos na compra e na fabricação de um produto – são também conhecidos como custos inventariáveis.

Custos do período, sob o ponto de vista contábil, denominados de despesas, são constituídos por todos os custos não incluídos nos custos dos produtos. São conhecidos como despesas de vendas, gerais e administrativas utilizadas na comercialização dos produtos, e constituídas de despesas de vendas, de propaganda, de promoção, etc. Sob o ponto de vista gerencial nada impede que as despesas de vendas, gerais e administrativas tenham o mesmo tratamento dado aos custos indiretos de fabricação.

Segundo Atkinson et al (2000), recursos flexíveis são os que são adquiridos quando necessários; seus custos variam com a atividade de produção; os exemplos incluem, ainda, materiais indiretos e energia elétrica para operar as máquinas. Custos discricionários são os resultantes de decisões estratégicas e táticas dos gerentes; os exemplos incluem propaganda, publicidade e pesquisa e desenvolvimento. Recursos comprometidos são os que se tornam disponíveis antes de sua demanda ser precisamente conhecida; não podem ser reduzidos se a demanda for menor que o planejado. Segundo Garrison (2001), basicamente existem duas diferenças entre custos fixos discricionários e custos fixos comprometidos. Primeiro, o horizonte de planejamento de um custo discricionário fixo é razoavelmente de curto prazo, em geral, de apenas um ano - os custos fixos comprometidos, ao contrário, têm um horizonte de planejamento que compreende muitos anos. Segundo, os custos fixos discricionários podem ser cortados por curtos períodos, com prejuízo mínimo para as metas de longo-prazo da organização.

Dependendo do tipo de produção, se por encomenda ou de forma seriada, existem dois tipos principais de sistemas de custeio de produtos, largamente utilizados na identificação dos custos: custeio por ordem de produção e custeio por processo.

O sistema de custeio por ordem de produção se aplica a empresas que produzem produtos individuais ou lotes de produtos sob encomendas, como estaleiro naval, firmas de impressão, firmas de construção, fábricas de móveis, hospitais, etc. Nessas empresas, uma ordem de produção é um produto individual/lote para o qual a companhia precisa de informações de custo. A apropriação dos custos dos materiais diretos e da mão de obra direta é feita respectivamente, pelos formulários de requisição de materiais e pelas folhas de controle de tempo. Os custos indiretos de fabricação são apropriados às ordens através da utilização de uma taxa predeterminada de custo indireto, fixada antes do início do período, pela divisão do custo indireto de fabricação estimado no período pela quantidade estimada do critério de alocação a ser consumido no período. Os critérios de alocação são, normalmente, horas de máquina, horas de mão de obra direta, valores de mão de obra direta. Como essas taxas são estimadas, após a apuração da taxa real torna-se necessário o procedimento de ajustes para mais ou para menos, dependendo do caso. Quando os itens que compõem a ordem de produção são acabados e vendidos, a firma pode comparar o custo da ordem de produção com a receita gerada e obter a medida correspondente do lucro bruto.

O sistema de custeio por processo se aplica a empresas que produzem grandes quantidades de itens idênticos, de forma seriada, como fabricantes de bebidas, de produtos químicos, montadoras de automóveis, etc. Os custos são, então, acumulados para cada operação, e o custo unitário dos itens é determinado pela divisão dos custos de operações de produção pela quantidade de itens idênticos produzidos. Para tanto, na determinação dos custos unitários de um departamento é preciso determinar a produção em termos de unidades equivalentes. Utilizando-se o método da média ponderada, as unidades equivalentes de um período são a soma das unidades transferidas do departamento no período com as unidades equivalentes do estoque de produtos semiacabados no final do período. Nesse sistema de custeio, não é necessário associar os custos a itens específicos produzidos, já que todos os itens são idênticos. Basta, pois, atribuir a cada item tão somente o seu custo unitário médio de produção. O custeio por processo difere de o custeio por ordem de produção pelo fato dos custos serem acumulados por departamento ao invés de pôr ordem de produção, e de o relatório de produção substituir a folha de registro de custos.

Por outro lado, quando se pensa em critérios de alocação de custos, o custeio variável e o custeio por absorção surgem como os métodos alternativos de custeio. No custeio variável somente os custos de fabricação que variam com a produção são considerados custos do produto. Incluem materiais diretos, mão de obra direta e custo indireto variável. O custo indireto fixo é tratado como custo do período e deduzido das receitas à medida que ocorrem, assim como as despesas de vendas, despesas gerais e despesas administrativas. O custeio por absorção, por seu turno, considera o custo indireto fixo como um custo do produto, juntamente com os demais: materiais diretos, mão de obra direta e custo indireto variável. Em termos práticos, o custeio variável não pode ser utilizado externamente, para fins de relatório financeiro ou de imposto de renda. Podem, contudo, serem utilizados internamente para fins gerenciais.

A contabilidade tradicional por absorção ao esbarrar com a problemática do custeio das despesas indiretas o fez de uma forma simplista que é o rateio função de um fator volumétrico que melhor poderia correlacionar o comportamento das despesas indiretas com os respectivos produtos. Assim, entre outros critérios, o fator utilizado no rateio poderia ser o valor da mão de obra, ou o material direto, ou as horas gastas para a confecção do produto.

1.1 O Custeio por Absorção e a Distorção nos Rateios Volumétricos

Como comentado, essa forma de custear todas as despesas que impactam nos produtos e serviços (tanto as fabris quanto as demais também) é conhecido como método do custeio por absorção. Esse paradigma que dominou as primeiras décadas do século passado até os anos quarenta (muito embora ainda utilizado nos dias atuais por muitas empresas) caracterizou-se pelos custos baseados em padrões voltados para a engenharia. A dificuldade na determinação dos custos/despesas indiretas era resolvida através de rateios baseado em algum fator volumétrico conforme será ilustrado no exemplo que segue, na fictícia companhia Gama S. A.

A Gama S. A. fabrica três produtos (A, B e C) com as seguintes características:

Custos Indiretos de Fabricação: R$2.500.000 por mês e com as seguintes informações complementares:

Quantidades: Produto A é de 1.000u, produto B é de 2.000u e produto C é de 3.000u.

Custos Diretos de Produção: Mão de Obra Direta no valor de R$ 200/u para o produto A; R$150/u para B; e R$250/u para C. Matériasprimas no valor de R$400/u para o produto A; R$750/u para B; e R$450/u para C.

Preços de Venda: R$1.500/u para o produto A; R$1.800/u para B; e R$1.600/u para C.

Horas de Mão de Obra Direta: 30hs/u para A; 40hs/u para B; e 30hs/u para C.

Deseja-se saber o lucro de cada produto.

Inicialmente será utilizado o critério de **horas de mão de obra direta** (h de MOD) para o rateio das despesas indiretas. Assim no primeiro quadro da tabela 1.1, que se segue, chega-se a um total de 200.000 h e que corresponde à taxa de R$12,50 / h MOD. Aplicando esse valor a cada produto no segundo quadro dessa tabela chega-se aos custos indiretos rateados para cada um dos produtos, segundo o critério de rateio escolhido de MOD). Somando-se aos custos diretos fornecidos (MOD e material direto de cada produto) chega-se aos custos totais unitários e que subtraído dos preços unitários de venda fornecidos darão os lucros de cada produto, por unidade (respectivamente R$525, R$400 e R$525 para os produtos A, B e C). O produto mais lucrativo, no caso, é o produto A, bem como o produto C, conforme as informações contidas na tabela 1.1. Este mesmo raciocínio será, em seguida, repetido com uma única alteração no critério para o rateio das despesas indiretas, justamente o valor da **mão de obra direta**. Os dois quadros seguintes da tabela 1.2 mostram isso, e os resultados dos lucros unitários de cada produto são, então, aí apresentados.

A análise das tabelas 1.1 e 1.2 mostra que enquanto na primeira o produto menos lucrativo é o B, na segunda tabela este é o produto mais lucrativo. Enfim, os critérios de rateio volumétrico aplicados conduzem a resultados arbitrários, ao sabor dos direcionadores considerados, ficando a empresa sem saber exatamente quais são seus produtos mais lucrativos ou eventualmente quais os que dão prejuízos. Além disso, ao utilizar um critério volumétrico, a empresa estará utilizando um bom direcionador de seus custos apenas no que se refere às despesas que variam proporcionalmente com a quantidade que está sendo produzida. Sabe-se que embora muitas das despesas indiretas se referissem às atividades que variam proporcionalmente com a operação, outras exigem que não possuem essa relação de proporcionalidade. A utilização indiscriminada dos critérios de rateios volumétricos a todas as despesas conduzirá inevitavelmente a resultados distorcidos como bem mostram as tabelas 1.1 e 1.2.

Produto	Horas de Máquina/Unidade	Quantidade Fabricada	Total de Horas de MOD
A	30h/u	1.000u	30.000h
B	40h/u	2.000u	80.000h
C	30h/u	3.000u	90.000h
			200.000h

$$\frac{\text{Custos Indireto Totais}}{\text{No. Horas de Máquina}} = \frac{\text{R\$2.500.000}}{\text{200.000 de Máquina}} = \text{R\$12,50 / hMáquina}$$

Produto	Custo Direto R$/u	Custo Indireto hMáquina x R$/hMáquina/u	Custo Total R$/u	Preço de Venda R$/u	Lucro R$/u
A	600	12,50 x 30 = 375	975	1.500	525
B	900	12,50 x 40 = 500	1.400	1.800	400
C	700	12,50 x 30 = 375	1.075	1.600	525

Tabela 1.1 – Apropriação por horas de Máquina

Produto	Valor de MOD por unidade	Quantidade Fabricada	Valor Total de MOD
A	200	1.000u	R$ 200.000
B	150	2.000u	R$ 300.000
C	250	3.000u	R$ 750.000
			R$ 1.250.000

$$\frac{\text{Custos Indireto Totais}}{\text{Valor Total de MOD}} = \frac{\text{R\$2.500.000}}{\text{R\$1.250.000}} = 2{,}00$$

Produto	Custo Direto R$/u	Custo Indireto R$/u	Custo Total R$/u	Preço de Venda R$/u	Lucro R$/u
A	600	2,00 x 200 = 400	1.000	1.500	500
B	900	2,00 x 150 = 300	1.200	1.800	600
C	700	2,00 x 250 = 500	1.200	1.600	400

Tabela 1.2 – Apropriação pelo valor da MOD

1.2 O Custeio Variável

Conforme comentado, no custeio variável somente os custos de fabricação que variam com a produção são considerados custos do produto. Incluem materiais diretos, mão de obra direta e custo indireto variável. Esse é o paradigma que se estendeu dos anos quarenta aos anos oitenta, muito embora ainda utilizado nos dias atuais em muitas empresas. Introduziu-se aí a distinção entre custos fixos e variáveis levando à análise do custo-volume-lucro e ao custeio variável/direto, em contraposição ao custeio por absorção.

Reportando-se ao exemplo ilustrado anteriormente da companhia Gama pode-se perceber o benefício que se obtém. Aos dados, já informados, serão adicionados, em complemento, os valores dos custos indiretos variáveis por unidade de cada produto (produto A com R$120/u, produto B com R$130/u e produto C com R$40/u) chegando-se, então, aos valores da tabela mostrada a seguir.

Produto	Quantidade Produzida	Custo Indireto Variável por Unidade	Custo Indireto Variável Total
A	1.000 u	R$120/u	R$120.000
B	2.000 u	R$130/u	R$260.000
C	3.000 u	R$ 40/u	R$120.000
			R$500.000

Como se pode ver nessa tabela, os custos variáveis aplicados aos produtos perfazem um total de R$500.000,00/mês. Deduz-se, então, que o custo fixo da Gama é de $2.000.000,00/mês (considerando-se os dados informados no item 1.1). Sobre esse valor, então, dever-se-á aplicar os rateios segundo os dois critérios vistos nas tabelas 1.1 e 1.2 anteriores. As tabelas 1.3 e 1.4 apresentam os valores obtidos seguindo-se os mesmos critérios de cálculos feitos anteriormente.

Produto	Horas de Máquina/Unidade	Quantidade Produzida	Total de Horas de MOD
A	30h/u	1.000u	30.000h
B	40h/u	2.000u	80.000h
C	30h/u	3.000u	90.000h
			200.000h

$$\frac{\text{Custos Indireto Totais}}{\text{No. Horas de Máquina}} = \frac{\text{R\$2.000.000}}{\text{200.000 de Máquina}} = \text{R\$10,00 / hMáquina}$$

Produto	Custo Direto R$/u	Custo Indireto Variável R$/u	Custo Indireto Fixo* R$ /u	Custo Total R$/u	Preço de Venda R$/u	Lucro R$/u
A	600	120	10,00 x 30 = 300	1.020	1.500	480
B	900	130	10,00 x 40 = 400	1.430	1.800	370
C	700	40	10,00 x 30 = 300	1.040	1.600	560

* Obtido por rateio segundo o critério de horas de MOD

Tabela 1.3 – Apropriação por horas de Máquina

Produto	Valor de MOD por unidade	Quantidade Fabricada	Valor Total de MOD
A	200	1.000u	R$ 200.000
B	150	2.000u	R$ 300.000
C	250	3.000u	R$ 750.000
			R$ 1.250.000

$$\frac{\text{Custos Indireto Totais}}{\text{Valor Total de MOD}} = \frac{R\$2.000.000}{R\$1.250.000} = 1,60$$

Produto	Custo Direto R$/u	Custo Indireto Variável R$/u	Custo Indireto Fixo * R$/u	Custo Total R$/u	Preço de Venda R$/u	Lucro R$/u
A	600	120	1,60 x 200 = 320	1.040	1.500	460
B	900	130	1,60 x 150 = 240	1.270	1.800	530
C	700	40	1,60 x 250 = 400	1.140	1.600	460

* Obtido por rateio segundo o critério de valor de MOD

Tabela 1.4 – Apropriação pelo valor da MOD

A seguir será colocado na tabela 1.5 o resumo das quatro soluções de lucro para o exercício que foi proposto e desenvolvido no exemplo ilustrado para a Cia. Gama:

Produto	Lucro segundo o critério da tabela 1.1	Lucro segundo o critério da tabela 1.2	Lucro segundo o critério da tabela 1.3	Lucro segundo o critério da tabela 1.4
A	525	500	480	460
C	400	600	370	530
C	525	400	560	460

Tabela 1.5 – Resultados pelos critérios de rateio adotado

Fonte: Martins, E. Contabilidade de Custos, Atlas, 1987

Essa tabela mostra que a forma tradicional de apropriar os custos indiretos aos diversos produtos, se foi admissível no passado longínquo onde os custos diretos eram elevados e representavam a quase totalidade dos custos, hoje estão em desuso e em franca obsolescência. Essa metodologia até pode conduzir a empresa a um colapso, pois, os resultados dos custos finais dos produtos assim obtidos estão longe de representar o verdadeiro valor do custo.

E, mesmo que se tente utilizar um critério de rateio volumétrico melhor, ainda assim, os resultados seriam imprecisos. No exemplo apresentado, ao sabor dos critérios de rateio utilizados, os resultados mudam o que leva à irremediável condenação da prática do rateio único baseado em volume.

Muito embora o paradigma do custeio variável/direto, com a separação dos custos indiretos em variáveis e fixos seja mais significativo do que o anterior, mesmo assim os resultados ficam longe do que as necessidades dos dias atuais exigem.

Surge, então, nesse mesmo paradigma o conceito de margem de contribuição que sob essa ótica passa a ser tomada como aproximação da lucratividade, a menos dos custos indiretos (normalmente os fixos) que não puderam ser distribuídos aos produtos. Assim, ela representa a diferença entre o preço de venda e os custos variáveis (os diretos e os indiretos aplicados) e eventualmente algum custo fixo identificado diretamente ao respectivo produto. Considera-se no todo, que os custos fixos não distribuídos são aqueles necessários para operacionalizar os produtos da empresa, e a tomada de decisão se dá através das respectivas margens de contribuição. Claro está que se trata de uma inestimável ferramenta, porém, longe ainda de representar a realidade dos fatos, ou seja, a verdadeira lucratividade de cada produto.

1.3 Margem de Contribuição

É representada pela diferença entre o preço de venda e os custos/despesas variáveis referentes às unidades vendidas.

A arbitrariedade dos resultados obtidos, conforme comentado na tabela anterior referentes ao exemplo da companhia Gama, nos leva a desejar apresentar os resultados agora, sem aplicar a alocação dos custos fixos. Eles são, então, apresentados na tabela 1.6 que mostra que não existem aí, valores arbitrários, pois, os números que representam os custos variáveis, onde se incluem os custos diretos, são calculados com boa precisão. A margem de contribuição mostra um caminho a ser seguido muito embora ainda não se tenha, com ela, a obtenção dos lucros finais de cada produto. Assim, no exemplo dessa tabela, o produto C é o de maior margem; e caso a empresa focasse seus esforços nesse produto poderia aumentar seus resultados desde que o aumento nos custos fixos, correspondentes a esse esforço, fosse inferior ao aumento nos resultados assim obtidos.

Produto	Custo Direto R$/u	Custo Indireto Variável R$/u	Custo Variável Total R$/u	Preço de Venda R$/u	Margem de Contribuição R$/u
A	600	100	700	1.500	800
B	900	110	1.010	1.800	790
C	700	20	720	1.600	880

Tabela 1.6 – Margem de Contribuição

Então, os produtos de maior margem de contribuição supostamente são os mais rentáveis partindo-se do pressuposto que os custos fixos aí estão para dar suporte ao *mix* de produtos. A margem de contribuição sem dúvida apresenta somente valores precisos que incidem em cada produto afastando os erros de apropriações incorretas devidas aos rateios arbitrários dos custos fixos. Contudo, embora represente um passo em direção à descoberta dos produtos mais rentáveis não considera, por outro lado, os custos fixos, que segundo esse conceito deixam de ser apropriados aos produtos. Portanto, representa uma vantagem em relação ao paradigma inicial, mas ainda não representa a solução final tão perseguida e procurada. Nos casos em que os custos fixos respondem por um percentual significativo dos custos totais, essa técnica se enfraquece, bem como quando a análise considera um horizonte de tempo de longo prazo onde obviamente os custos fixos podem sofrer variações.

Veja-se, agora, como se apresentam os resultados por essas duas sistemáticas de custeio (por absorção e variável), no exemplo ilustrado da companhia Gama S. A.

Resultado pelo Custeio por Absorção

A tabela 1.7, que segue, apresenta o resultado da operação da Cia. Gama pela sistemática do custeio por absorção. Apenas como referência foi utilizado um dos quatro resultados a que se chegou, conforme tabela 1.5, justamente os valores correspondentes ao critério da tabela 1.1 que apresentou os custos totais de R$975 para A, R$1.400 para B e R$1.075 para C; e os preços de venda de R$1.500 para A, R$1.800 para B e R$1.600 para C.

	A (1.000 u) R$/u	B (2.000 u) R$/u	C (3.000 u) R$/u	Total R$/u
Vendas Menos Custo dos Produtos Vendidos	1.500.000 (975.000)	3.600.000 (2.800.000)	4.800.000 (3.200.000)	9.900.000 (7.000.000)
Lucro	525.000	800.000	1.575. 000	2.900.000

Tabela 1.7 – Resultado pelo Custeio por Absorção

Resultado pelo Custeio Variável

A tabela 1.8 mostra, para os mesmos dados relatados anteriormente (tomando-se como referência o critério/dados da tabela 1.1), o resultado pelo custeio variável/direto. Como pode ser observada a lucratividade final é a mesma por ambos os métodos de custeio sendo que, contudo, no custeio variável o custo fixo considerado no critério/dados da tabela 1.1 é de R$2.500.000 e seu valor não é rateado pelos produtos aparecendo como um valor fixo no total, quando da apuração da lucratividade total.

	A (1.000 u) R$/u	B (2.000 u) R$/u	C (3.000 u) R$/u	Total R$/u
Vendas	1.500.000	3.600.000	4.800.000	9.900.000
Menos: Custo Variável dos Produtos Vendidos	(600.000)	(1.800.000)	(2.100.000)	(4.500.000)
Igual: Margem de Contribuição	900.000	1.800.000	2.700.000	5.400.000
Menos: Custos Fixos				(2.500.000)
Lucro				2.900.000

Tabela 1.8 – Resultado pelo Custeio Variável

1.3.1 Ilustração de uma aplicação do Conceito de Margem de Contribuição

Considere-se o exemplo de uma empresa do ramo industrial envolvida com a operação de uma linha de produção mensurada em toneladas de um único produto, e cujas informações são as que seguem:

Capacidade disponível dessa produção	500.000 t/ano
Capacidade utilizada	350.000 t/ano
Custos fixos de produção	R$20.000.000,00/ano
Custos variáveis de produção	R$55,00/t
Despesas fixas	R$8.000.000,00/ano
Despesas variáveis	R$10,00/t
Preço de venda	R$150,00/t

Esses dados permitem dizer que a firma opera com o seguinte resultado:

Vendas: 350.000t * R$150,00/t		R$52.500.000
Menos: Custo dos produtos vendidos		
Fixos	R$20.000.000	
Variáveis: 350.000t * R$55/t	R$19.250.000	R$39.250.000
Lucro Bruto	R$13.250.000	
Menos: Despesas		
Fixas	R$8.000.000	
Variáveis: 350.000 t * R$10/t	R$3.500.000	R$11.500.000
Lucro Líquido	**R$1.750.000**	

Portanto, a empresa trabalha com um resultado anual de R$1.750.000,00 sendo que sua operação se restringe ao mercado interno do país. No esforço de melhorar o desempenho com a utilização da capacidade ociosa, ela decidiu oferecer seu produto ao mercado externo. Surgiu, então, uma oportunidade de venda ao exterior de 100.000t, porém, o preço teria de ser de R$100,00/t inferior, pois, ao preço praticado no mercado interno que é de R$150,00/t. Que decisão deveria a empresa tomar? Aceitar ou recusar?

Para essa tomada de decisão utiliza-se, então, o conceito da margem de contribuição. Já que no mercado interno os custos/despesas fixos já foram considerados integralmente e a empresa ainda assim auferiu resultado positivo, a análise a ser feita deve considerar tão somente os custos e despesas variáveis que incidirão no novo pedido. Desta forma, os cálculos se apresentam conforme o que segue.

Preço de Venda (pedido para o mercado externo)		R$100,00/t
Menos:		
Custo variável	R$55,00/t	
Despesa variável	R$10,00/t	R$65,00/t
Margem de Contribuição		**R$35,00/t**

Parcela adicional de lucratividade: R$35,00/t * 100.000t = R$3.500.000,00

A empresa deve, pois, aprovar a venda ao exterior.

1.3.2 Aplicação do Conceito de Margem de Contribuição quando houver limitações na capacidade produtiva

Pode ocorrer, mais usualmente do que se imagina nas empresas, limitações em um ou mais fatores de produção ocasionando restrições ao sistema como um todo. Isso se deve, entre outras causas, às mudanças no *mix* dos produtos como consequência de variações na demanda do mercado, de aquisições, de trocas de equipamentos, etc.

O conceito de margem de contribuição passa então a ser de valia para a determinação da composição do *mix* de produtos que trará a máxima rentabilidade; dado que existem na realidade, em alguma parte do sistema, recursos escassos.

Seja um novo exemplo, apresentado a seguir, com o intuito de demonstrar que a aplicação do conceito de margem de contribuição é de importância real na tomada de decisão.

Considere-se, pois, uma empresa fabricante de quatro modelos diferentes de produtos. Os dados de custos variáveis unitários totais (mão de obra direta, material direto e variável indireto) são os seguintes:

Produto	Custo Variável Total R$/u
X	1.400
Y	900
Z	2.500
W	800

A contribuição marginal unitária de cada produto será obtida então a partir dos preços de vendas fornecidos e dos totais de custos variáveis aplicados em cada um dos produtos conforme quadro:

Produto	Custo Variável Total R$/u	Preço de Venda R$/u	Margem de Contribuição R$/u
X	1.400	1.700	300
Y	900	1.500	600
Z	2.500	3.000	500
W	800	1.500	700

Observa-se, pois, que o produto W é aparentemente o de maior margem e supostamente, então, o mais rentável. Informações adicionais de horas-máquina e de demanda prevista para cada produto permite que se determine o total de hora-máquina demandada conforme mostra o próximo quadro. Outro dado informado é que existe uma limitação no número de horas-máquina que é de 88.800h. No quadro que segue, a partir das informações de horas-máquinas requeridas por produto e da respectiva demanda prevista para o período considerado, chega-se ao número total de hora-máquina necessário, e que é de 97.700h. Configura-se aí uma limitação na capacidade produtiva de justamente 8.900h.

Produto	Horas-máquina Necessárias hs/u	Demanda Prevista u	Total de Horas-máquina h
X	4,50	3.000	13.500
Y	12,00	2.500	30.000
Z	8,50	3.200	27.200
W	15,00	1.800	27.000
			97.700

Buscar-se-á, então, a decisão a tomar que passa pela análise dos produtos de maior rentabilidade o que é feito através da análise de suas respectivas margens de contribuição. Procurar-se-á, pois, buscar a solução que otimize o recurso limitado. Assim, em ordem decrescente de rentabilidade serão utilizadas as horas disponíveis na produção desses produtos. E ao final, deverá restar uma parte da demanda que não poderá ser atendida e que deverá corresponder ao(s) produto(s) de menor rentabilidade.

Contudo, a análise das margens de contribuição, no quadro que se segue, mostra que o produto X, supostamente o de menor margem, necessita de apenas 4,5 horas de máquina para a confecção de uma unidade, enquanto que os outros produtos necessitam de uma quantidade substancialmente maior. Então a análise válida será, pois, a que leva em consideração as margens de contribuição por hora-máquina, valores esses que serão calculados no quadro a seguir apresentado.

Produto	Margem de Contribuição R$/u	Horas-máquina Necessárias hs/u	Margem de Contribuição por hora-máquina R$/hu
X	300	4,50	66,67
Y	600	12,00	50,00
Z	500	8,50	58,82
W	700	15,00	46,67

Observa-se então que o produto mais rentável é, na realidade, o produto X e o menos rentável o produto W. Conclui-se então que com as horas disponíveis poderão ser fabricados os produtos X, Z e Y em sua totalidade, e parte do produto W (este o menos rentável). A quantidade que deixará de ser produzida do produto W será:

$$97.700 - 88.800 = 8.900 \quad \Longrightarrow \quad 8.900 \div 15,00 = 594u$$

O resultado projetado e que é o de máxima contribuição marginal é apresentado no quadro a seguir.

Produto	Quantidade u	Margem de Contribuição R$/u	Margem de Contribuição Total R$/u
X	3.000	300	900.000,00
Y	2.500	600	1.500.000,00
Z	3.200	500	1.600.000,00
W	1.206	700	844.200,00

Esse tipo de análise, quando surge limitação na capacidade produtiva e onde a aplicação da análise baseada na margem de contribuição apresenta a solução ótima em termos de rentabilidade, é um dos alicerces da contabilidade de ganhos da teoria das restrições desenvolvida por Goldratt (1991), e que será apresentado no capítulo IV desse livro.

1.4 Margem de Contribuição e Preços de Venda

O conceito de margem de contribuição pode também se mostrar útil nos casos de simulações relacionadas à determinação da quantidade produtiva e do preço de venda com a finalidade de se buscar a maior lucratividade empresarial para determinada situação.

Considerando-se que no período de análise, a situação dos custos fixos se mantém inalterada (curto prazo), o preço de venda estabelecido pode ser mandatório na determinação da demanda prevista para o mercado. Em consequência disso, a análise das margens de contribuição oferece a opção de maior rentabilidade, conforme se pode observar no exemplo que se segue:

Seja a Companhia Beta que fez uma pesquisa de mercado para um de seus produtos e obteve as seguintes informações: se o produto for colocado a R$100,00 por unidade, provavelmente serão vendidas 5.000 u por mês; se for colocado a R$80,00 / u, provavelmente conseguirão vender 8.000 u por mês. Qual a melhor alternativa?

a. Outro dado do problema é de que os custos/despesas variáveis perfazem o total de $60,00/u.

Simulação 1: 5.000 u a R$100,00/ u
Margem de Contribuição = R$100,00 - R$60,00 = R$40,00/ u
Margem de Contribuição Total = 5.000 u x R$40,00/ u = R$200.000,00

Simulação2: 8.000 u a R$80,00/ u

Margem de Contribuição = R$80,00 - R$60,00 = R$20,00/ u
Margem de Contribuição Total = 8.000 u x R$20,00/ u = R$160.000,00
Nesse caso então, a simulação 1 é a melhor.

b. Suponha-se agora, que os custos/despesas variáveis perfazem o total de $40,00/u.

Simulação 1: 5.000 u a R$100,00/ u
Margem de Contribuição = R$100,00 - R$40,00 = R$60,00/ u
Margem de Contribuição Total = 5.000 u x R$60,00/ u = R$300.000,00

Simulação 2: 8.000 u a R$80,00/ u
Margem de Contribuição = R$80,00 - R$40,00 = R$40,00/ u
Margem de Contribuição Total = 8.000 u x R$40,00/ u = R$320.000,00
Nesse caso então, a simulação 2 é a melhor opção.

1.5 Margem de Contribuição e Taxa de Retorno (ROI) na Avaliação do Desempenho de Empresas

O método do retorno do investimento (ROI - return on investment), largamente utilizado pelas empresas americanas desde o século passado, é a relação entre o lucro e o investimento gerador desse lucro. Quando se pretende analisar os produtos individualmente com relação às respectivas taxas de retorno de investimento, o conceito de margem de contribuição também se mostra útil, conforme exemplo apresentado a seguir.

Considere-se uma empresa que produz os produtos X, Y e Z e cujos dados de custos são

Custos de Fabricação:
Custos Variáveis: X = R$2.000 / u; Y = R$3.000 / u; Z = R$2.500 / u;
Custos Fixos:
-Identificados com os produtos: X=R$300.000/mês Y=R$200.000/mês; Y=R$150.000/mês;
- Não identificados, comuns a todos os produtos: R$800.000 / mês;

Despesas de Venda:
Variáveis: 10% do Preço de Venda
Fixos: R$150.000 / mês (comuns) a todos os produtos

Despesas Gerais e Administrativas:
Fixas: R$300.000 / mês (comuns)

Preços de Venda: X = R$3.200 / u; Y = R$4.500 / u; Z = R$3.500 / u;

Demanda Média Mensal: 1.000 u para o produto X; 1.200 u para Y; e 800 u para Z;

No quadro que segue (Investimentos) é apresentado para o período considerado o investimento em ativos da empresa em termos de disponibilidades correntes, estoques disponíveis, os valores a receber e o imobilizado líquido. Para cada um desses itens procurou-se classificar o que seria factível de ser identificado diretamente com cada produto, sendo colocado na coluna de comum os que se aplicavam de forma geral a todos os produtos.

Investimentos

Investimentos (Ativos)	Identificado com Produto X (R$)	Identificado com Produto Y (R$)	Identificado com Produto Z (R$)	Comum aos três produtos (R$)	Total (R$)
Disponibilidades				180.000	180.000
Estoques	250.000	1.000.000	900.000	300.000	2.450.000
Valor a Receber (líquido)	400.000	500.000	600.000	100.000	1.600.000
Imobilizado (líquido)	500.000	1.000.000	200.000	2.000.000	3.700.000
Total	1.150.000	2. 500.000	1.700.000	2.580.000	7.930.000

No primeiro quadro que se segue (Resultados) é apresentado o demonstrativo onde os custos e despesas são, sempre que possível, identificados por produtos, e cujos resultados são traduzidos pelas margens de contribuição assim obtidas. Os custos/despesas fixos não passíveis de serem identificados com os produtos obtidos são então computados na coluna do total.

No segundo quadro (Análise do Retorno sobre o Investimento) a taxa de retorno do investimento total é calculada. São apresentados, ainda, cálculos parciais de retorno de cada produto onde as margens de contribuição dos produtos, respectivos, procuram representar a lucratividade de cada um deles.

Resultados

	X R$	Y R$	Z R$	Total R$
Receita Total	3.200.000	5.400.000	2.800.000	11.400.000
(-) Desp. Variáveis	(320.000)	(540.000)	(280.000)	(1.140.000)
(-) Custo Variável	(2.000.000)	(3.600.000)	(2.000.000)	(7.600.000)
1ª Marg. de Contribuiç.	880.000	1.260.000	520.000	2.660.000
(-)Custos Fixos Identif	(300.000)	(200.000)	(150.000)	(650.000)
2ª Marg. de Contribuiç.	580.000	1.060.000	370.000	2.010.000
(-) Custos Fixos Com.				(800.000)
(-) Desp. Venda Com.				(150.000)
(-) Desp. Adm. Com.				(300.000)
Lucro				760.000

Análise do Retorno sobre o Investimento

	X R$	Y R$	Z R$	Total R$
2ª Marg. de Contribuição	580.000	1.060.000	370.000	2.010.000
Investimentos Identificados	1.150.000	2.500.000	1.700.000	5.350.000
Taxa de Retorno Identific.	50,4%	42,4%	21,8%	37,6%
Lucro				760.000
Investimento Total				7.930.000
Taxa de Retorno sobre o Investimento Total				9,6%

Claro está que a margem de contribuição não é o substituto ideal do lucro principalmente se os custos fixos comuns representam uma parcela ponderável do total dos custos. Porém, o custeio variável (direto), como um novo paradigma, veio preencher falhas observadas, já nos meados do século passado, no custeio por absorção com seus distorcidos rateios volumétricos.

Críticas igualmente podem ser consignadas com relação ao método do retorno de investimento como índice de aferição do desempenho empresarial. Vantagens existem e até o fato de ser muito utilizado pelas empresas americanas há várias décadas. Os mesmos americanos passaram também a criticar seu uso, do momento que se observou que a ênfase no ROI acarretava a tendência de serem evitados novos investimentos. Isso porque os esforços de manter lucros em curto prazo inibiam investimentos em instalações e em equipamentos, além de restringir os investimentos em pesquisa e desenvolvimento de alta tecnologia.

1.6 Custos de Oportunidade

O raciocínio que se faz na tomada de decisão é o de comparar alternativas de decisão quando se levam em consideração por um lado os custos e por outro, as receitas incrementais. Aqueles custos que podem ser evitados são sempre custos incrementais e que por isso são relevantes na tomada de decisão. Os custos irrecuperáveis (já incorridos no passado) nunca são incrementais e, portanto, não são relevantes na tomada de decisão.

Os custos de oportunidade são, pois, os benefícios que se abre mão pela escolha de uma alternativa de decisão em detrimento de outra.

Seja o exemplo de uma empresa que fabrica produtos, sendo de 6% ao ano o custo de oportunidade em termos reais, e o valor do investimento do imobilizado é de R$10.000.000,00. Considerando-se que no primeiro ano a empresa apresenta um lucro de R$1.000.000,00 o verdadeiro valor dessa lucratividade deveria levar em conta o custo de oportunidade, no caso de R$600.000,00 (6% de R$10.000.000,00, ou seja, possivelmente o retorno do investimento de aplicações financeiras). Então, ao optar pela decisão de investir na empresa abriu-se mão da alternativa representada pelo custo de oportunidade. Na realidade, ele não figura nos registros contábeis da organização, porém, precisa ser considerado em qualquer tomada de decisão.

Garrinson e Noreen (2001) quando explicam que custo de oportunidade é a vantagem potencial que se abre mão quando uma alternativa é escolhida em vez de outra, ilustram com os seguintes exemplos:

1. Enquanto estuda na faculdade, John tem um emprego de meio expediente que lhe paga $100 por semana. Ele gostaria de passar uma

semana na praia, durante as férias de primavera, e seu patrão concordou em lhe dar folga, mas sem vencimentos. Os R$100 de salário perdidos seriam o custo de oportunidade de passar a semana na praia.

2. Peter, empregado de uma empresa que lhe paga salário de $25,000 por ano, está pensando em deixar o emprego e voltar para a escola. Como isso exige que ele desista do salário, a remuneração de que ele abre mão seria o custo de oportunidade de procurar educação complementar.

1.7 Análise Custo-Volume-Lucro

A análise custo-volume-lucro (CVL), segundo Jiambalvo (2002), pode ser realizada assim que os custos fixos e variáveis tenham sido determinados. Basicamente, uma análise de CVL é qualquer análise que explore as relações entre custos, volumes ou níveis de atividade e lucro. Para se proceder a essa análise, parte-se da equação fundamental que é:

$$\text{Lucro} = \text{Receita total} - \text{Custo total}$$

1.7.1 Ponto de Equilíbrio (PE)

Corresponde à quantidade produzida/volume de operações para a qual a receita iguala o custo total. É, pois, o ponto onde o lucro líquido iguala zero, podendo ser expresso em unidades físicas ou monetárias.

O modelo do ponto de equilíbrio tem por objetivo determinar o nível de produção/serviço em termos de quantidade e/ou de valor que se traduz pelo equilíbrio entre a totalidade dos custos e das receitas. Para um nível abaixo desse ponto, a empresa estará operando na zona de prejuízo e acima dele, na zona de lucro. Nesse ponto, o nível de operação é tal que absorve a totalidade dos custos/despesas fixas, e acima dele somente incidem os custos/despesas variáveis.

Como pode ser observado na figura 1.1, no ponto de equilíbrio a receita total iguala os custos totais, então se pode escrever:

$$R_{total} = C_{total}$$

A análise do ponto de equilíbrio corresponde ao nível de serviço (quantidade de unidade/valor) em que os custos dos serviços igualam a receita total obtida.

Supondo que a quantidade de serviços seja $\underline{x}$ e o preço unitário $\underline{p}$, então a receita total é $\underline{xp}$. Se os custos fixos são $\underline{a}$, e o custo variável por unidade de serviço $\underline{b}$, então os custos totais serão $\underline{a + bx}$. A expressão algébrica da condição de equilíbrio (custos totais iguais às receitas totais) será então:

$$xp = a + bx$$

O PE sendo então aquela quantidade ou valor em que custos e receitas são iguais, pode ser determinado como:

$$x = a/(p - b)$$

Enquanto $\underline{p}$ for maior do que $\underline{b}$ (ou seja, o preço é maior do que o custo unitário variável), de modo que, pelo menos, alguns elementos dos custos estão sendo cobertos, então, com cada unidade de serviço adicional, a empresa dará um passo em direção ao seu PE. Isso levará à venda de um certo número de unidades de serviço para recuperar os custos fixos. Além desse número, cada unidade adicional de serviço vendida gerará um excedente de receita sobre o custo. A Figura 1.1 fornece uma ilustração gráfica da condição de ponto de equilíbrio.

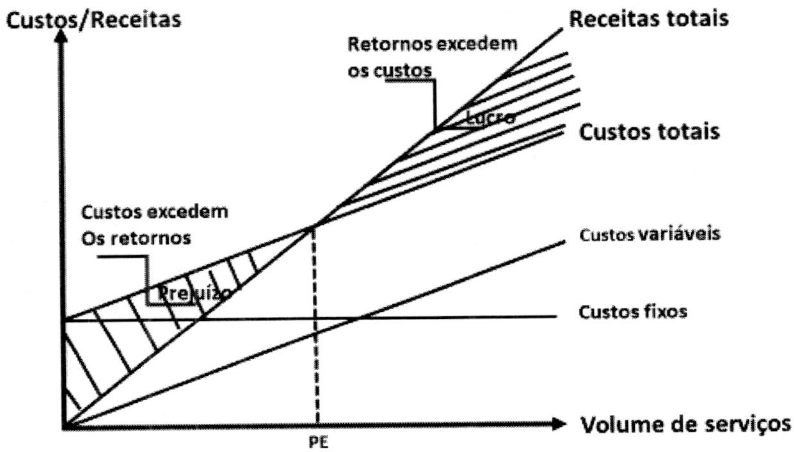

Figura 1.1 – Ponto de Equilíbrio

Aplicação 1: Considere-se que a empresa XTD produz somente um produto em um pacote com um preço de venda R$1.500,00 por unidade, sendo que o custo variável é de R$1.000,00 por unidade. Considerando que o custo fixo anual é de R$300.000,00, quantos produtos a empresa XTD deverá produzir para atingir o ponto de equilíbrio (PE)?

Custo fixo total = R$300.000,00; Preço de venda unitário = R$1.500,00; Custo variável unitário = R$1.000,00.

Contribuição unitária = preço da unidade de venda - preço-unidade variável = R$1.500,00 – R$1.000,00 = R$500,00.

Portanto, PE (unidades) = 300.000 / 500 = 600 produtos anuais. Ou seja, um número mínimo de 600 operações deveria ser feito para que a empresa atinja seu ponto de equilíbrio. O valor que corresponde ao ponto de equilíbrio será:

PE (valor) = 600 un. * R$1.500,00 = R$900.000,00

Muitas organizações vendem uma combinação de produtos ou serviços diferentes. O mix de vendas é a proporção de diferentes produtos ou serviços que uma organização vende.

A quase totalidade das empresas opera com um ou mais produtos ou serviços. Até poderia ser possível identificar os custos específicos associados a cada produto ou serviço e, assim, calcular a PE de cada serviço. No entanto, ainda haveria um núcleo de custos fixos, como por exemplo, o aluguel dos imóveis e os custos salariais da alta administração, que não podem ser alocados ao serviço individual.

Para se determinar o PE, para toda a empresa, torna-se necessário:

- Combinar todos os custos fixos em um único centro de custos.
- Obter um substituto para a contribuição por unidade que é usada para calcular o PE para um único produto ou serviço.

Não seria viável usar uma contribuição média por unidade nas empresas que produzem produtos ou serviços que são muito diferentes um do outro.

O cálculo de uma contribuição média ponderada por unidade é demorado, de modo que um substituto seria útil. Uma organização de multiprodutos/serviços, pode calcular seu ponto de equilíbrio usando a seguinte fórmula:

$$\text{Ponto de Equilíbrio (PE)} = \frac{\text{Total de custo / despesas fixas}}{\text{Preço de venda médio ponderado - Custo/Despesas variáveis médio ponderado}}$$

Assim:

O preço de venda médio ponderado é elaborado da seguinte forma:

Preço de venda do produto/serviço A × percentual de vendas do produto/serviço A + preço de venda do produto/serviço B × percentual de venda do produto/serviço B + preço de venda do produto/serviço C × porcentagem de vendas do produto/serviço C + ... e,

Os Custos/despesas variáveis médios ponderados, por seu turno, são calculados da seguinte forma:

Custos/despesas variáveis do produto/serviço A × percentagem de vendas do produto/serviço A + custos/despesas variáveis de produto/serviço B × despesas variáveis do produto/serviço B + custos/despesas variáveis do produto/serviço C × porcentagem de vendas do produto/serviço C + ...(CHOUDHARY et al, 2013).

Quando os custos/despesas variáveis médias ponderadas por unidade são subtraídas do preço de venda médio ponderado por unidade, obtém-se a margem de contribuição média ponderada por unidade. Portanto, a fórmula acima também pode ser escrita da seguinte maneira:

$$\text{Ponto de Equilíbrio (PE)} = \frac{\text{Total de custo / despesas fixas}}{\text{Margem de contribuição média ponderada por unidade}}$$

A análise do ponto de equilíbrio mostra o percentual pelo qual o preço e as receitas precisam ser aumentadas em cada centro de custo final (ou os custos devam ser reduzidos em cada centro de custo intermediário) para restaurar o PE da empresa, por cada queda percentual de receita em um centro de custo de receitas lucrativas

1.7.2 Vantagens do Gráfico do Ponto de Equilíbrio

1. Ele serve como uma ferramenta útil de planejamento e controle.

2. É uma ferramenta útil para estudar a viabilidade de aquisição de equipamento.

3. Ajuda a explicar as relações entre o volume, os preços e os custos. Também é útil para preços, controle de custos e outras decisões financeiras.

4. As implicações práticas são estimativas do lucro nos diferentes níveis de atividade, determinando o volume de negócios para o lucro desejado.

5. A principal vantagem da análise do ponto de equilíbrio é que explica a relação entre custo, volume de produção e retornos. Isso pode ser ampliado para mostrar como as mudanças nos custos fixos, nas relações de custos variáveis, nos preços das commodities ou nas receitas, afetarão os níveis de lucratividade e PE.

6. A análise do ponto de equilíbrio é muito útil quando usada com orçamentos parciais ou técnicas de orçamentação de capital.

7. O principal benefício da análise do equilíbrio é que indica a menor quantidade de atividade comercial necessária para evitar perdas.

1.7.3 Limitações da análise do PE

1. É mais adequado para a análise de um produto por vez.

2. Pode ser difícil classificar um custo como totalmente variável ou totalmente fixo.

3. Pode haver uma tendência para continuar a usar a análise de equilíbrio após as funções de custo e renda terem mudado (CHOUDHARY et al, 2013).

Algumas observações até costumam ser registradas, como o comportamento retilíneo das receitas e das despesas conforme retratado no gráfico do ponto de nivelamento. Outras considerações também são feitas no que tange aos custos fixos e variáveis - se por um lado o custo fixo não é tão constante assim, o custo variável pode em certas situações não variar proporcionalmente ao volume.

Novamente na questão de quando existem vários produtos, Horngren (1985) sugere que se os administradores escolherem uma combinação de vendas, ela pode ser expressa num gráfico de ponto de equilíbrio admitindo-se receitas e custos médios para uma determinada combinação. Exemplifica com o caso de uma empresa com dois produtos, com margem de contribuição unitária de $1 para o produto A e de $2 para o produto B, e em que os custos fixos são de $100,000.

O ponto de equilíbrio seria de 100.000 unidades para o produto A ou de 50.000 unidades para o produto B, caso se tratasse de apenas um produto. Seja a seguinte combinação planejada: três unidades do produto A e uma unidade do produto B. A margem de contribuição de cada pacote de produtos seria de 3x$1 mais 1x$2, ou seja, 5$. A margem de contribuição média por unidade de produto passaria a ser, então, de 5$ /4 unidades de cada pacote, ou seja, $1.25.

O ponto de equilíbrio, na hipótese de se manter a mesma combinação, seria, pois, $100,000 / $1,25 = 80.000 unidades (sendo 60.000 unidades de A e 20.000 de B).

Hansen et al. (2001) coloca, ainda, as seguintes considerações com relação à análise do CVL e do ponto de equilíbrio.

1. A análise supõe a função linear da receita e do custo.

2. A análise supõe que o preço, o total de custos fixos e os custos variáveis da unidade podem ser precisamente identificados e permanecem constantes ao longo de um intervalo relevante.

3. A análise supõe que o que é produzido é vendido.

4. Para a análise de produtos múltiplos, supõe-se que a combinação de vendas seja conhecida.

5. Supõe-se que os preços de venda e os custos sejam conhecidos com certeza.

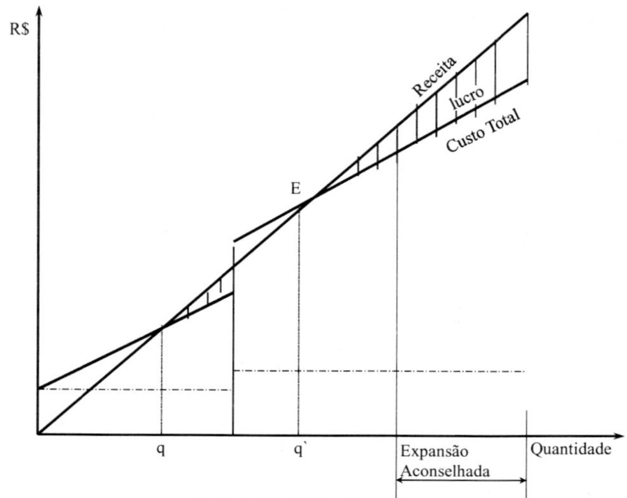

Ponto de Equilíbrio - Expansão

Figura 1.2

A figura 1.2 mostra um gráfico onde se analisa uma expansão nas instalações. Assim, o ponto de equilíbrio q foi determinado para a instalação inicial conforme procedimento já descrito. Após a expansão houve aumento nos custos fixos e o novo ponto de equilíbrio passa a ser q`. A partir daí entra-se novamente na zona de lucro, porém, a lucratividade inicial é menor do que a lucratividade máxima com a instalação original sem expansão. Portanto, a expansão somente é aconselhada para o volume de produção para o qual a lucratividade iguala a lucratividade máxima obtida na instalação original.

1.8 Ponto de Equilíbrio Contábil, Econômico e Financeiro

1.8.1 Ponto de Equilíbrio Contábil

Seja ainda a empresa do exemplo anterior em que
Preço de Venda = R$0,60/ u
Custos Variáveis = R$0,50/ u
Custos Fixos = R$6.000,00 por ano
então,

$$\text{Ponto de Equilíbrio Contábil} = \frac{\text{R\$6.000/ ano}}{(\text{R\$0,60/ u - R\$0,50/ u})} =$$

= 60.000 u/ano ou R$36.000,00/ano de Vendas

A fórmula do ponto de equilíbrio tal como deduzido anteriormente, e que é o ponto onde o lucro é igual a zero, representa, pois, o ponto de equilíbrio contábil.

1.8.2 Ponto de Equilíbrio Econômico

Supondo que a empresa tenha tido um patrimônio líquido no início do ano de R$20.000,00 e colocado a render a um mínimo de 10% ao ano tem-se um lucro líquido anual desejado de R$2.000,00.

Nesse caso, então, ao custo fixo deverá ser adicionado R$2.000,00, pois no caso, o equilíbrio de receitas e despesas só se dará no ponto de lucro igual a R$2.000,000 e não no do lucro igual a zero, como no caso clássico já apresentado.

$$\text{Ponto de Equilíbrio Econômico} = \frac{\text{R\$6.000,00 + R\$2.000,00}}{(\text{R\$0,60/ u - R\$0,50/ u})} =$$

= 80.000 u/ano ou R$48.000,00/ano de Vendas

1.8.3 Ponto de Equilíbrio Financeiro

Supondo, por outro lado, que exista uma depreciação de R$1.000,00, e como não representa desembolso de caixa, tudo se passa como se os desembolsos fixos fossem de apenas R$5.000,00.

$$\text{Ponto de Equilíbrio Financeiro} = \frac{\text{R\$5.000,00}}{(\text{R\$0,60/ u} - \text{R\$0,50/ u})} =$$

50.000 u/ano ou R$30.000,00/ano de Vendas

1.9 Custos Conjuntos: Alocação

Custo conjunto é o custo de um único processo que gera diversos produtos simultaneamente. Produtos conjuntos são, pois, dois ou mais produtos produzidos simultaneamente até o ponto de separação. O ponto de separação é o ponto no qual os produtos conjuntos se tornam separados e identificáveis.

Segundo Horngren et al. (2000) produto é qualquer output que tem valor de venda positivo (ou que permita à organização evitar a ocorrência de custos). Os coprodutos têm valor de venda relativamente alto e não são separadamente identificáveis como produtos isolados até o ponto de separação. Quando um processo gerador de dois ou mais produtos origina um único produto de valor de venda relativamente alto, este produto é denominado de produto principal. O subproduto tem baixo valor de venda, em comparação com o valor do coproduto. A classificação dos produtos como principais, coprodutos, subprodutos ou sucata pode mudar com o tempo. Os produtos individuais podem mudar de subproduto para coproduto, quando o seu preço de mercado se desloca consideravelmente em uma direção. A sucata tem valor de venda mínimo. Exemplificando, no caso de serrarias, o insumo comum é uma tora que é convertida em vários formatos de madeira.

Para fim de elaboração de demonstrações financeiras, o custo do insumo comum precisa ser alocado aos produtos conjuntos. Jiambalvo (2002) cita o seguinte exemplo explicativo: Suponha-se que uma serraria gaste $600 para adquirir uma tora de carvalho e $20 para serrá-la em duas qualidades de madeira. O processo resulta em uma tábua de qualidade A de 500 cm que é vendida a R$1,00/cm e uma tábua de qualidade B de 500 cm que é vendida $0,50/cm. Como o custo conjunto de $620 deveria ser alocado aos produtos conjuntos?

Uma das abordagens é a de alocar o custo com base na quantidade física de produção. Como o processo de produção resulta em quantidades iguais, aloca-se igualmente a cada uma das tábuas resultando que tanto a tábua A quanto a tábua B receberão um custo de $310. Isso poderia fazer com que os gerentes julgassem que a tábua B é não lucrativa, pois, ela apresenta uma perda de ($250 - $320 = $70), uma vez que é de $250 o valor de venda da madeira tipo B. Trata-se, contudo, de uma lógica equivocada, pois, se a empresa deixasse de vender a tábua B perderia $250 de faturamento. Em suma, os produtos conjuntos são relevantes na tomada de decisão de todos, e irrelevantes na tomada de decisão de cada um de per si.

Outra forma de alocação, talvez um pouco melhor, é que utiliza o método das receitas relativas. O método mostra que o custo conjunto alocado depende das receitas relativas dos produtos no ponto de separação.

$$\text{Custo do conjunto alocado ao produto A} = \frac{\text{Receita de A}}{(\text{Receita de A} + \text{Receita de B})} \times \text{Custo Conjunto}$$

$$\text{Custo do conjunto alocado ao produto B} = \frac{\text{Receita de B}}{(\text{Receita de A} + \text{Receita de B})} \times \text{Custo Conjunto}$$

Considerando os dados do exemplo de Jiambalvo, a tábua de qualidade A receberia uma alocação de $413,33 = [$620 x ($500 / $750)]. A tábua de qualidade B receberia uma alocação de $206,67 = [$620 x ($250 / $750)].

Nota: Conforme explanado, a questão que até hoje perdura nos produtos conjuntos é a alocação dos custos conjuntos aos produtos, uma vez que esses custos são indivisíveis, não sendo identificados a nenhum dos produtos que emergem no ponto de separação. O conhecimento na área cresce com o trabalho de Tsai (1996), e posteriormente com o de Tseng e Lai (2007) que analisa e compara os resultados a partir dos métodos propostos pelo custeio tradicional, custeio ABC, e custeio ABC com programação linear.

1.10. Orçamentos para Planejamento e Controle

O orçamento geral é um documento abrangente de planejamento, que normalmente inclui os orçamentos de vendas, produção, compras de material direto, mão de obra direta, custos indiretos de fabricação, despesas de vendas e administrativas, aquisições de bens de capital e o orçamento de caixa, assim como uma demonstração de resultado orçada e um balanço patrimonial orçado. Esses orçamentos são altamente inter-relacionados, de maneira que os valores apresentados em um orçamento são dependentes dos valores de um ou diversos outros orçamentos.

Segundo Jiambalvo (2002) os orçamentos são úteis no processo de planejamento porque fomentam a comunicação e a coordenação. Os orçamentos também são importantes no processo de controle porque fornecem um padrão para avaliação de desempenho. Os desvios significativos (variações) ocorrem porque o orçamento pode ter sido mal elaborado, e/ou as condições sobre as quais o orçamento se baseia podem ter se alterado, e/ou os gerentes podem ter realizado trabalhos particularmente bons ou ruins.

Na avaliação de desempenho, os orçamentos flexíveis devem ser usados porque eles apresentam os valores dos custos variáveis ajustados para o nível real da produção. A comparação do desempenho real com um orçamento estático não é muito útil, porque se a produção real for diferente daquela indicada no orçamento estático, presume-se que os custos variáveis também serão diferentes.

Jiambalvo (2002) comenta, ainda, que o fato dos orçamentos serem usados tanto para planejamento como para avaliação de desempenho apresenta uma dificuldade, pois, os gerentes que participam da elaboração de seus próprios orçamentos podem tender a subestimar as receitas orçadas e superestimar as despesas orçadas. Isso resulta em orçamentos fáceis de serem atingidos, e com folgas. No entanto, esse problema pode ser minimizado nas empresas que encorajam uma comunicação aberta entre os funcionários de todos os níveis. Nesses tipos de empresas, os gerentes vão sentir uma menor necessidade de incluir folgas nos orçamentos porque eles sabem que seu desempenho será avaliado de forma justa.

O comitê de orçamento é composto de membros da alta administração incluindo o *controller*. As abordagens de elaboração podem ser de cima para baixo (imposto). Ou de baixo para cima (participativo) - este, o mais recomendável.

Conforme Atkinson et al.(2000), orçamento autoritário (abordagem de cima para baixo) é aquele que um superior conta para um subordinado como será o orçamento. Orçamento participativo (baixo para cima) é o método de orçamento no qual, superiores e subordinados, em conjunto, preparam o orçamento. Ele envolve em sua elaboração, um processo de tomada de decisão conjunta, no qual todas as partes concordam em estabelecer as metas orçamentárias. Orçamento consultivo é o processo orçamentário em que se solicita a um subordinado que discuta ideias sobre o orçamento, mas nenhuma tomada de decisão comum acontece. Em vez disso, o superior solicita as ideias dos subordinados, mas determina sozinho o orçamento final. Para muitas empresas grandes em que a participação completa é impraticável, a consultiva é a norma. Por outro lado *pseudoparticipação* é uma variante da forma consultiva de orçamento, em que um subordinado acredita que terá influência no processo orçamentário, mas de fato não causa nenhum efeito.

Orçamento base zero é usado principalmente em empresas governamentais - em cada ano, as receitas e despesas precisam ser justificadas. Ainda segundo Atkinson et al (2000) orçamento base zero requer que os proponentes das despesas discricionárias justifiquem cada despesa, continuamente. Para cada período de planejamento, o ponto de partida para cada linha de item orçado é zero. O orçamento base zero surgiu, em parte, para combater os orçamentos incrementais indiscriminados, já que, essa abordagem pode requerer muito pouco raciocínio e pode resultar em má alocação de recursos.

O gerenciamento por exceção é uma abordagem que concentra a investigação nos itens que apresentam variações significativas em relação aos valores orçados.

O orçamento geral é, pois, constituído de uma documentação abrangente de planejamento que reúne uma série de orçamentos individuais. Usualmente ele engloba os orçamentos de vendas, produção, materiais diretos, mão de obra direta, custos indiretos de fabricação, despesas de vendas e administrativas, aquisições de bens de capital, orçamento de caixa, demonstração de resultado orçada, e um balanço patrimonial orçado.

Em empresas de comércio, o orçamento de produção é substituído por um orçamento de compras de mercadorias - o formato é idêntico ao orçamento de materiais diretos em uma empresa de manufatura. Em empresas de serviços com fins lucrativos, o orçamento de vendas é também o orçamento de produção - como estoques de produtos acabados não existem, os serviços produzidos serão idênticos aos serviços vendidos.

A figura 1.3 a seguir mostra as relações entre os vários orçamentos que compõem o orçamento geral.

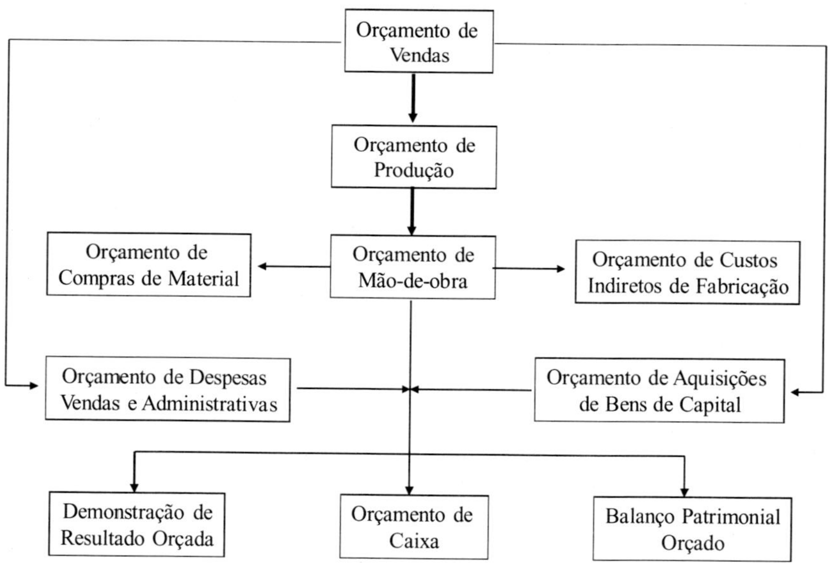

Figura 1.3 Relação entre os vários Orçamentos que compõem o Orçamento Geral

Fonte: Jiambalvo, J. (2001)

1.11 Custos-Padrão

Segundo Atkinson (2000), os sistemas de contabilidade de custo são necessários, frequentemente, não apenas para medir os custos reais incorridos pela empresa no período passado, mas, também, para projetar ou estimar como serão os custos no futuro. Os custos padrão são, pois, parâmetros baseados em referências (padrões) projetados para definir:

1. A quantidade de recursos da atividade que devem ser consumidos por produto ou outra unidade de produção.

2. O preço desses recursos. É possível estimar custos para diferentes níveis de produção e atividades com base em padrões estabelecidos para quantidades e preços.

A maior parte das empresas que utiliza alguma forma de custo-padrão o aplica para comparar com o custo real, na determinação das variações entre eles. Os custos-padrão são usados para:

1. Estimar os custos dos produtos - isso é feito através da utilização de padrões para materiais diretos, de mão de obra direta e de recursos de apoio requeridos pelos produtos. Isso dá à empresa, as condições para a fixação do preço de venda para os pedidos dos clientes e de poder avaliar a lucratividade do produto.

2. Orçar custos e despesas - algumas empresas usam as estimativas de custo para planejar os gastos para o próximo período.

3. Controlar custos em relação aos padrões - os custos-padrão são comparados com os custos reais na expectativa de que esses últimos se aproximem deles. As diferenças entre os custos padrão e real são tratadas como variâncias de custo, que podem ser causadas por variações de quantidade e de preço. A variação total de mão de obra pode ser dividida em variação de preço e de eficiência. A variação total dos custos indiretos de fabricação pode ser dividida em variação de volume e variação de custos indiretos controláveis. Uma vez que a investigação das variações é dispendiosa, os gerentes normalmente só investigam variações excepcionais. Estas são representadas pelas variações significativas em valor absoluto ou em percentual, em rela-

ção ao custo real ou ao custo-padrão.

Os custos-padrão são determinados de várias maneiras. A quantidade padrão de materiais pode ser obtida através de estudos de engenharia. As listas de preços dos fornecedores podem ser usadas para determinar o preço padrão dos materiais. Estudos de tempos e movimentos podem ser usados para determinar a quantidade padrão de horas de mão de obra.

A maioria dos especialistas recomenda padrões que representam procedimentos operacionais eficientes e atingíveis. Garrison (2001) faz o seguinte questionamento e análise: Devem os padrões ser sempre alcançáveis? Apenas de vez em quando? Ou devem ser tão apertados que na verdade se transformam em um sonho impossível? As opiniões dos gerentes variam, mas os padrões tendem a recair em uma de duas categorias – padrões ideais ou padrões práticos.

Padrões ideais, segundo Garrison (2001), são aqueles que só podem ser alcançados dentro das melhores circunstâncias. Não admitem falhas do equipamento ou outras interrupções no trabalho, além de exigir nível de empenho que somente podem ser atingidos pelos empregados mais qualificados e eficientes, trabalhando com empenho máximo todo o tempo. Poucas empresas utilizam padrões ideais. A maioria dos gerentes acredita que padrões ideais tendem a desestimular os empregados, mesmos os mais aplicados.

Os padrões práticos são definidos como aqueles que são apertados, mas factíveis de serem alcançados. Eles consideram o tempo de paralisação normal das máquinas e períodos de descanso dos empregados, e podem ser alcançados mediante um empenho razoável, embora altamente eficiente, considerando-se um trabalhador médio. As variações em relação a um padrão são muito úteis para a administração, visto que representam desvios das condições normais de operação e sinalizam a necessidade de atenção.

1.12 Alocação de Custos dos Departamentos de Serviços

Os sistemas de contabilidade de custos atribuem despesas operacionais a produtos através de um procedimento constituído de dois estágios. Primeiro, as despesas são atribuídas aos departamentos de produção e então, num segundo estágio, as despesas dos departamentos de produção são atribuídas aos produtos. As fábricas normalmente estão organizadas em departamentos de produção que convertem as matérias-primas em produtos acabados, e em departamentos de serviços que executam atividades de apoio à produção. Em uma fábrica de móveis, por exemplo, os departamentos de montagem e acabamento são os departamentos de produção, enquanto que a manutenção, a limpeza, os recursos humanos, a cafeteira, a contabilidade de custos e os geradores de energia são os departamentos de serviços.

Objeto de custo é tudo aquilo para o qual se deseja a medição isolada de custos. Os sistemas de custeio das organizações possuem múltiplos objetos de custo (departamentos, produtos, serviços e clientes), significando que muitos custos são alocados e realocados diversas vezes, antes de se tornarem custos indiretos de um determinado objeto de custo. Centro de custo é um agrupamento de acumulação de itens individuais de custo usualmente representado por seções ou departamentos.

Inicialmente são feitas identificações individuais dos custos dos departamentos de produção e de serviços, seguida pela alocação dos custos dos departamentos de serviços aos departamentos de produção, através de uma base de alocação.

São três os métodos de alocação de custos dos departamentos de serviços para os departamentos de produção: alocação direta, alocação de distribuição passoa passo (sequencial), e alocação recíproca.

O método de alocação direta é aquele que faz alocação ignorando as interdependências entre os departamentos de serviços. O método de alocação passo a passo reconhece as interdependências entre os departamentos de serviços e aloca os custos de um departamento de serviços a outro, de cada vez, em ordem sequencial. O método de alocação recíproca determina a alocação simultaneamente, dos custos dos departamentos de serviços, reconhecendo a reciprocidade entre pares de departamentos de serviços.

Entre os problemas observados nas alocações de custos, na prática, citam-se o fato de que os custos alocados podem não ser controláveis pelo gerente que recebe a alocação; das alocações poderem ser arbitrárias; das alocações dos custos fixos parecerem variáveis; das alocações poderem ser feitas usando poucos centros de custo; das alocações poderem ser feitas usando apenas bases de alocação relacionadas ao volume.

Os custos variáveis devem ser alocados de acordo com as atividades que provocam sua ocorrência. Os custos fixos devem ser alocados por meio de quantias gerais predeterminadas, de acordo com as necessidades do período de pico ou com a necessidade média de longo prazo dos departamentos usuários. Devem-se sempre alocar os custos orçados, e não os custos reais, para evitar a transferência de qualquer ineficiência entre os departamentos.

As alocações de segundo estágio requerem a identificação de direcionadores de custos apropriados para cada departamento de produção, e a atribuição dos custos dos departamentos de produção aos serviços e aos produtos, enquanto eles são executados nesses departamentos.

Baseado em Young (2007) apresenta-se a seguir um relatório de custo total consolidado para um hospital, conforme mostrado na Figura 1.3, que exemplifica uma alocação de custos departamentais:

O departamento de radiologia, por exemplo, (custos diretos de RS3.500.000,00, com custos do centro de serviços alocados de R$ 1.376.642,00 e custos totais de R$4.876.642,00) conduz a uma ampla variedade de procedimentos: raios-X do tórax, raios-X dos membros, tomografias, ressonância magnética, entre outros. Cada procedimento requer algum tempo do técnico, e alguns procedimentos requerem suprimentos, como um meio de contraste.

Esses são todos os custos diretos do departamento de radiologia, e estão contidos no valor de R$3.500.000,00. Eles também são custos diretos dos procedimentos. Ou seja, é relativamente fácil usar cálculo de tempo para determinar a parcela do custo que caberia a cada determinado procedimento que resulte do tempo do técnico, filmes, mídia de contraste e outros suprimentos. Mas, e com relação ao supervisor no departamento que não trabalha nos procedimentos? Ou o pessoal de agendamento do departamento? Ou qualquer outra pessoa do departamento que não trabalha diretamente em procedimentos?

Esses são todos os custos do Centro de Serviços que incidem no departamento de radiologia - eles podem ser inequivocamente associados ao departamento, mas são indiretos em relação a um determinado procedimento. E, no entanto, se desejar conhecer o custo total de um procedimento específico, dever-se-á encontrar uma maneira de adicionar uma parte desses custos ao procedimento específico. E, em seguida, existem os R$1.376.642,00 nos custos do centro de serviço que foram alocados ao departamento de radiologia durante o estágio 1. Eles são indiretos em relação ao departamento e a qualquer procedimento, mas também deve-se encontrar uma maneira de anexar uma parcela desses custos a cada procedimento.

Os centros de custos de serviços são alocados aos centros produtivos. Assim, o centro de serviço Depreciação de prédio (R$2.400.000,00) é rateado aos demais centros de serviços e centros produtivos, sendo o direcionador, metro quadrado. Em seguida o centro de serviço Manutenção de prédio (R$1.900.000,00 + R$210.000,00, esta última a parcela de rateio do centro anterior, acarretando um total de R$2.110.000,00) é rateado aos demais centros de serviços e centros produtivos, sendo o direcionador, horas. Em seguida, o centro de serviço Serviços de limpeza (R$600.000,00 + R$190.000,00 + R$119.110,00, essas duas últimas parcelas dos rateios dos centros de serviço anteriores, acarretando um total de R$909.110,00) é rateado aos demais centros de serviços e produtivos, sendo o direcionador, metro quadrado. Finalmente, o centro de serviço Administração & Geral (R$2.600.000,00 + R$31.000,00 + R$316.500,00 + R$134.710,00, essas três últimas, parcelas dos rateios dos centros de serviço anteriores, acarretando um total de R$3.363.210,00) é rateado aos centros produtivos, sendo o direcionador, salário em R$ (YOUNG, 2007).

Após essas alocações obtêm-se os custos de cada centro produtivo sendo ainda necessário alocá-los pelos diversos tipos de produtos (procedimentos) de cada centro produtivo.

	Custos Diretos	Custos Alocados	Custos a serem Alocados	Alocações: Depreciação (Metro Quadrado)	Manutenção (Horas)	Limpeza (Metro Quadrado)	Administração (Salário R$)	Custo Total
	1	2=4+5+6+7	3=1+2	4	5	6	7	8=1+2
Centros de Serviços								
Depreciação de prédio	R$ 2.400.000	0	R$ 2.400.000					
Manutenção de prédio	1.900.000	210.000	2.110.000	210.000				
Serviços de limpeza	600.000	309.110	909.110	190.000	119.110			
Admin & Geral	2.600.000	763.210	3.363.210	312.000	316.500	134.710		
Centros produtivos								
Radiologia	3.500.000	1.376.642		280.000	295.400	128.600	672.642	4.876.642
Laboratório	4.000.000	1.577.628		320.000	345.090	139.000	773.538	5.577.628
Unidade de diálise	2.500.000	847.860		100.000	232.100	44.910	470.850	3.347.860
Cuidados para internados	14.000.000	1.919.446		700.000	316.500	331.200	571.746	15.919.446
Departamento ambulatorial	4.500.000	1.778.424		288.000	485.300	130.690	874.434	6.278.424
Custo total	36.000.000			2.400.000	2.110.000	909.110	3.363.210	36.000.000

Valores em Reais

Figura 1.3 Relatório de Custo Consolidado

Fonte: Young (2007)

Conclusão

O custeio direto, com o conceito de margem de contribuição e suas aplicações como mostrado no capítulo, bem como a análise custo-volume-lucro, representou, sem dúvida, um aperfeiçoamento em relação às incertezas provocadas pelos rateios volumétricos da contabilidade tradicional de custos.

Essa nova prática que se seguiu ao das apropriações baseadas em volume introduziu a distinção entre custos fixos e variáveis, que levou à análise custo-volume-lucro e ao custeio direto.

Muito embora a margem de contribuição não seja um substituto ideal do lucro, principalmente se os custos fixos representam uma ponderável parcela do total dos custos, coloca o gerenciamento de custos numa situação claramente mais vantajosa que a do primeiro paradigma representada pelo custeio tradicional por absorção.

O capítulo faz ainda comentários com relação a custos conjuntos: alocação, orçamentos para planejamento e controle, custos-padrão e alocação de custos dos departamentos de serviços.

A partir dos anos noventa, as novas tecnologias aplicadas nas operações, o crescimento percentual das despesas indiretas, a imperiosa necessidade de competição, entre outras, e no afã de preencher lacunas ainda sentidas no gerenciamento de custos, novas técnicas foram trazidas à cena. Entre essas se sobressaem o custeio/gerenciamento baseado em atividades (ABC/ ABM), o custeio baseado em atividades orientado pelo tempo (TDABC), a teoria das restrições, o custeio meta, o custeio *kaizen*, o custeio do ciclo de vida, a análise de valor, RCA (Contabilidade do Consumo de Recursos, e o custeio do fluxo de valor (*lean accounting*), são os temas que serão desenvolvidos nos próximos capítulos desse livro, pois se tratam de técnicas contemporâneas que darão suporte às exigências competitivas demandadas pela atualidade, quando o tema é a gestão estratégica de custos.

Questões para Análise e Discussão

1. O que é custo fixo, custo variável e custo semivariável? Exemplifique.

2. O que é custo direto e custo indireto? Exemplifique.

3. O custo direto também é um custo variável? Exemplifique.

4. O custo indireto é tipicamente um custo fixo? Exemplifique.

5. Quais os componentes do custo de um produto?

6. Que vantagens trouxeram o custeio direto sobre o custeio por absorção (onde os custos indiretos são rateados segundo um critério volumétrico)?

7. Qual o objetivo da análise custo-volume-lucro?

8. Que considerações baseiam a análise custo-volume-lucro?

9. Como determinar o ponto de equilíbrio no caso de vários produtos?

10. A Companhia "Chapas Poderosas" fabrica velocípedes. O presidente da empresa, Rick Gonçalo, gostaria de incluir uma série de medidas não monetárias no orçamento anual, relacionadas com os fatores que afetam o sucesso da empresa. Na opinião de Rick, isso levará o corpo gerencial a focalizar em importantes fatores de sucesso da empresa. No final do ano, os montantes orçados poderão ser comparados com os valores reais para determinar se as metas foram atingidas.

Pergunta-se:

Sugira quatro medidas não monetárias que Rick Gonçalo pode incluir no orçamento anual da Companhia "Chapas Poderosas".

11. Seja o seguinte demonstrativo de uma empresa:

Receita Líquida	R$1.000.000,00
Menos: despesas inclusive	
R$500.000,00 de despesas fixas	R$1.100.000,00
Prejuízo líquido	R$ (100.000,00)

Acredita a empresa que com um acréscimo de R$300.000,00 nos gastos com propaganda haverá um aumento nas vendas. Então,
Pede-se:

1. Com que montante das vendas a empresa atingirá o ponto de equilíbrio?

2. Que montante das vendas proporcionará um lucro líquido de

R$40.000,00?

1. A Cia. Beta apresenta os seguintes dados orçamentários correspondentes ao próximo ano:

Vendas	R$5.000.000,00
Custos Fixos	R$1.000.000,00
Custos Variáveis	R$3.000.000,00

Pede-se:

Calcule o ponto de equilíbrio em valor e o lucro esperado em cada um dos desvios dos dados orçados (Cada caso é independente do outro):

a. Aumento de 10% na margem de contribuição total mantendo inalterado custos e preços unitários;

b. Redução de 10% na margem de contribuição total mantendo inalterado custos e preços unitários;

c. Aumento de 5% nos custos fixos;

d. Redução de 5% nos custos fixos;

e. Aumento de 7% no volume de vendas;

f. Redução de 7% no volume de vendas;

g. Aumento de 5% nos custos fixos e aumento de 10% no volume de vendas;

h. Aumento de 10% nos custos fixos e redução de 5% nos custos variáveis.

Capítulo II

Custeio Baseado em Atividades ABC/ABM

2.1 Considerações Gerais sobre o Custeio Baseado em Atividades

O CAM-1 (1991) - The Consortium for Advanced Manufacturing-International – definiu o custeio baseado em atividades (Activity-Based Costing – ABC) como um método que reconhece o relacionamento causal dos direcionadores de custos para custear as atividades através da mensuração do custo e do desempenho do processo relativos às atividades e aos objetos dos custos. Os custos são atribuídos às atividades baseados no uso dos recursos, depois atribuídos aos objetos dos custos, tais como produtos ou serviços, baseados no uso das atividades.

O custeio ABC difere do enfoque do custeio tradicional, pela forma como os custos são acumulados. O sistema tradicional utiliza um modelo de acumulação de dois estágios. Primeiro, os custos são acumulados por função ou departamento e depois rateados pelos produtos através de um simples fator volumétrico de medição. O ABC tem como foco os recursos e as atividades como geradores de custos, enquanto que o custeio tradicional focaliza os produtos como geradores de custos.

Holmen (1995) enumera seis hipóteses que ancoram o sistema de custeio ABC. A primeira é de que atividades consomem recursos, e recursos adquiridos criam custos. A segunda, de que produtos ou clientes consomem atividades. Uma terceira suposição com relação ao ABC é, quais modelos de ABC consomem ao invés de gastarem. Essa consideração é deveras importante e possivelmente mais que todas. Para que os custos reduzam, é necessária uma mudança nos gastos. O ABC, entretanto, não mede o gasto e sim o consumo. No curto prazo, uma mudança na atividade irá ter pequeno ou nenhum impacto no consumo dos recursos. No longo prazo, entretanto, ajustes poderão ser feitos para trazerem os gastos em alinhamento com o consumo.

Roberto Kaplan em entrevista para King (1991) dá as seguintes explicações com relação a consumo e gasto:

> "O modo correto de expressar esse fenômeno é dizer que no longo prazo gastos nos recursos tenderão a seguir seu uso/ consumo. Se alguém deseja saber como estará o gasto no futuro deveria observar como está o consumo hoje e modelá-lo para o futuro. Não se pode mudar o gasto no curto prazo, mas eventualmente, se o gerenciamento atuar, os gastos irão se alinhar com o uso".

Kaplan et al. (1998) dizem, ainda, que o sistema ABC mede o custo dos recursos usados (ou, alternativamente, os custos dos recursos das atividades realizadas) para produtos individuais, serviços e clientes. A diferença entre os recursos supridos e os recursos realmente usados representa a capacidade de recursos não utilizados para o período, traduzido pela seguinte equação fundamental:

Custo dos Recursos Supridos	=	Custo dos Recursos Usados	+	Custo da Capacidade Supridos não Utilizada

A quarta suposição, relacionada muito de perto com as duas outras, é de que existem numerosas causas para o consumo dos *recursos*. Uma outra consideração implícita na quarta suposição é de que uma grande quantidade de atividades pode ser identificada e medida. Essas atividades servem de ligação entre o custo dos recursos e o custo dos objetos. Essas ligações ativam a utilização de múltiplos centros de custos ao invés de um único centro de custos – refletindo uma relação de causa e efeito.

O custeio tradicional tem utilizado algumas medições de atividades para ratear os custos aos produtos. Com frequência o fator usado tem sido horas de mão de obra direta. O maior avanço do ABC foi reconhecer que, em adição ao uso de muitas medições de atividades, essas medições poderiam ser organizadas numa hierarquia que Cooper (1990) apresentou como:

- Atividades em nível de unidades, que ocorrem cada vez que uma unidade é produzida.

- Atividades em nível de lote, que ocorrem cada vez que um lote de mercadorias é produzido.

- Atividades em nível de produto (projeto), que ocorrem como suporte no projeto de produção de cada diferente tipo de produto.

- Atividades em nível de facilidades, que ocorrem com as facilidades que dão suporte a um processo geral de fabricação.

A quinta suposição do ABC é que os centros de acumulação dos custos em atividades são homogêneos, o que significa que em cada centro de custos de atividades só existem atividades de cada um dos quatro níveis que acabaram de ser apresentados.

A sexta e última suposição do ABC é de que todos os custos em cada centro de atividades funcionam como se variáveis fossem (mantendo proporcionalidade com a respectiva atividade). Quando esta consideração é acoplada com a anterior da homogeneidade dos centros de atividades torna-se aparente que somente os custos considerados *fixos*, no sentido tradicional do termo, seriam os correspondentes às atividades em nível de facilidades. É interessante consignar a observação de Kaplan et al. (1998) que dizem textualmente "alguns clamam, incorretamente, que o custeio ABC assume que quase todos os custos de uma empresa são variáveis". Isso, contudo, não invalida essa sexta consideração onde os custos acumulados em cada centro de atividade são homogêneos apresentando despesas de um dos quatro níveis da hierarquia de Cooper, e mantendo uma proporcionalidade com essas atividades mensuradas através de compreensíveis relações de causa e efeito ditadas por direcionadores de custos de base causal.

Holmen (1995) encerra sua análise dizendo que a maior implicação dessas seis considerações é a de que o ABC pretende principalmente ser utilizado como uma ferramenta de longo prazo. No curto prazo, os gastos são relativamente não modificáveis. Somente no longo prazo é que usos/

consumos e gastos são trazidos a um alinhamento. Usando o ABC, uma técnica padrão para *uso/consumo,* para prever custos de curto prazo, irá fazer vista grossa ao fato de que custos são decisões de gastos.

2.2 Por que custeio baseado em atividades?

Considera-se como preço ideal, aquele que cobrindo os custos de produção e de comercialização do produto ou serviço, e contendo ainda o percentual de lucro esperado, permite que a empresa se mantenha competitiva no mercado. Como no cenário atual o preço representa o que o mercado deseja pagar pelo produto ou serviço chega-se à situação que também nesses casos é importante conhecer o custo alvo/meta que mantém a empresa competitiva em seu mercado.

No passado quando os custos indiretos representavam um valor pequeno, em relação aos demais custos, os rateios simplistas pregados pela contabilidade tradicional eram considerados suficientes. Hoje novas formas de produção de bens e serviços surgiram graças ao avanço da tecnologia e do gerenciamento; além também de que nessa nova conjuntura, a diversificação dos produtos e serviços também se apresenta cada vez mais elevada. Em consequência disso, os custos/despesas indiretas passaram a assumir um valor crescente em relação aos demais custos, e a dificuldade de distribuí-los aos objetos dos custos inviabilizou a forma tradicional de custeio.

Segundo Miller e Vollmann (1985), considerando os dados que eles apuraram na indústria americana, a taxa de custos indiretos alcançava um valor médio de 35% dos custos de produção – existem, contudo, casos de valores de 70% dos custos. Como na atualidade os negócios estão paulatinamente trocando pessoas por máquinas, em algumas companhias de alta tecnologia a mão de obra direta pode representar não mais que 5% dos custos.

Não levando em conta uma apuração de custos por essa sistemática, muitas empresas permanecem num cenário de negócios onde seus custos não espelham a precisão demandada. Em consequência disso, alguns produtos estão subcusteados, talvez mesmo trazendo prejuízos sem que a empresa disso perceba, enquanto que outros, supercusteados, estão carregando outros produtos menos rentáveis, quando ao contrário poderiam ser mais competitivos.

Algumas críticas são colocadas com relação ao fato de que por muitas dezenas de anos a sistemática de custeio não ter evoluído, muito embora o surgimento no período, de diversas técnicas, com destaque para a tecnologia de informação. Alguns críticos mesmo atribuem parcela ponderável do status atual, ao fato desse custeio sempre ter sido, nas empresas, da responsabilidade exclusiva do contador de custos. Este, de seu escritório, muitas vezes bastante afastado de onde se fabricam os bens, e sem conhecer os meandros dos processos produtivos ou de que forma os recursos indiretos são absorvidos pelos meios de produção, executa seu trabalho através de cálculos convencionais. O fato, contudo, é que antes de ser considerada uma metodologia que exige conhecimentos e práticas contábeis, na realidade o custeio baseado em atividades é uma inestimável ferramenta de administração gerencial. Assim não só daqui para frente, considerando o ambiente em que as companhias interagem, não mais se poderão custear os produtos à distância e, principalmente, sem conhecer perfeitamente o que acontece no chão de fábrica, ou seja, de como na realidade se processa o consumo dos recursos de produção. Ou o contador e o engenheiro de produção, em uma saudável parceria, participam dessa missão com a sinergia necessária, ou o contador terá de ser treinado na administração da produção e passar a efetivamente exercitar suas atividades no chão de fábrica, ou ainda, ter-se-á que providenciar a metamorfose de transformar o engenheiro de produção no responsável pela apuração dos custos de produção. O fato inconteste é a dos administradores das empresas não poderem abrir mão da realidade dos custos dos produtos e serviços.

Surge então o ABC como o novo paradigma que procura as respostas que os dois paradigmas anteriores não mais conseguem (custeio tradicional por absorção e variável).

2.3 Os Benefícios e as Restrições do Custeio Baseado em Atividades

O custeio baseado em atividades estará em condições de apresentar resultados mais precisos, sempre que:

- A organização utilizar grande quantidade de recursos indiretos em seu processo de produção; e

- A organização tenha significativa diversificação em produtos, processos de produção, e clientes.

Um dos benefícios obtidos com o ABC é o de permitir uma melhoria nas decisões gerenciais, pois se deixa de ter produtos subcusteados ou supercusteados permitindo-se a transparência exigida na tomada da decisão empresarial, que busca em última análise, otimizar a rentabilidade do negócio.

O ABC permite ainda, que se tomem ações para o melhoramento contínuo das atividades de redução dos custos/despesas indiretas. No sistema tradicional a ênfase na redução de custos se concentra tão somente nos custos diretos, os desperdícios existentes nas despesas indiretas ficam ocultos, dificultando sua análise. No ABC, contudo, em sendo uma sistemática que permite a determinação dos custos das atividades que incidem nos produtos traz, pois, as condições de se permitir a análise desses custos indiretos. O ABC facilita, ainda, a determinação dos custos relevantes.

O ABC em sua forma mais detalhada pode não ser aplicável na prática, em virtude de exigir um número excessivo de informações gerenciais que podem inviabilizar sua aplicação. O custo da coleta e manipulação detalhada teria que justificar o seu benefício. Numa fábrica pode-se detectar mais de cem atividades que contribuem para o custo indireto - caso se pense numa apuração exata de todas essas atividades, o ABC seria impraticável. As estimativas realizadas tornam o ABC factível e o consagra como poderosa ferramenta de decisão gerencial. A lei dos 20-80 de Pareto exerce importante papel nesse mister. O ABC, como uma estimativa mais precisa dos custos verdadeiros, se preocupa com a determinação de um *bom* resultado final. No caso, a busca pelo ótimo (onde todas as atividades mesmo que representem valores insignificantes seriam custeadas com exatidão) mais uma vez é a grande inimiga do *bom*. Buscando alta precisão na mensuração dos 20% de atividades que representam 80% de valor, e considerando para as demais o equilíbrio de custos-benefícios, na medição das despesas das atividades, é suficiente para se alcançar um resultado apreciável.

Segundo Cooper e Kaplan (1991), as companhias que instalam o ABC usam três métodos para estimar os custos que ocorrem na execução das atividades. O método mais simples agrega os gastos em todos os recursos destinados àquela atividade particular, tais como *setup* (preparação de máquinas) ou emissão de ordens de compras, e divide esse dispêndio total pelo número de vezes que a atividade foi realizada (número de *setups*, número de ordens de compras).

Esse cálculo produz uma unidade de custo para a atividade (custo por *setup*, ou por ordem de compras) que é então alocado aos produtos baseado no número de vezes que a atividade foi realizada para esses produtos específicos. Essa aproximação é a mais simples e de implementação menos dispendiosa, requerendo apenas a medida do número de vezes que uma atividade foi realizada. Tal estimativa assume que cada ocorrência de atividade consome a mesma quantidade de recursos (ou seja, todos os *setups* e ordens de compras, no caso, requerem a mesma quantidade de recursos). Embora menos preciso que os outros dois métodos, são utilizados quando produtos requerem recursos semelhantes em valor para a referida atividade e sempre levando em conta que o direcionador de custos além de apresentar base causal deveria ser fácil de medir.

O segundo método utiliza a duração dos direcionadores de custos, isto é, o tempo requerido para a realização de cada atividade, na alocação das despesas indiretas aos produtos, como por exemplo, o tempo em horas ou minutos na execução do *setup*. É mais preciso que o anterior, porém mais dispendioso. Os benefícios de uma maior precisão na medição das atividades consumidas deverão ser balanceados com um custo mais elevado na coleta dos dados.

O terceiro, o mais preciso dos métodos, consiste em medir diretamente os recursos consumidos em cada ocorrência da atividade. Pode-se, por exemplo, medir todos os recursos usados para uma determinada modificação de engenharia ou para um trabalho específico de manutenção. A duração dos direcionadores assume que as despesas são proporcionais ao tempo total que a atividade é executada. Direcionadores de carga direta medem os recursos usados cada vez que a atividade é executada. Um produto que seja particularmente difícil de ser fabricado pode exigir a presença de supervisores especiais e pessoal de controle de qualidade quando as máquinas estão sendo preparadas e as primeiras peças sendo produzidas. Usualmente requer um sistema de ordens de produção nos quais, materiais, recursos de computação e tempo de empregados podem ser medidos cada vez que a atividade é realizada. Esse tipo de informação é mais dispendioso de se coletar, porém é mais preciso, especialmente em situações em que grande quantidade de recursos é necessária para a atividade, e produtos diferem consideravelmente nas demandas que colocam naquela atividade.

2.4 Exemplo ilustrando Comparação entre o Custeio ABC e o Custeio Tradicional

Inicialmente é interessante a leitura do exemplo da fábrica de canetas esferográficas Escrita (Cogan 1994), adaptado de Cooper (1991):

"A Escrita é uma empresa que fabrica e comercializa canetas esferográficas em vários modelos - é uma das principais companhias desse mercado e possui um objetivo claro para todos na organização, que é de ser a empresa líder em canetas esferográficas no mercado.

Um problema que há muito vinha preocupando a empresa se relacionava a como administrar os custos de seus produtos, considerando que possuem manufaturados de produção elevada (as canetas de linha, de produção padronizada), e manufaturados de baixa produção (canetas verde, vermelha, perfumadas, etc., enfim, canetas de produção especial).

Pode-se entender melhor essa problemática quando se compara a *Escrita* com uma fábrica hipotética que expede apenas um produto simples, canetas esferográficas azuis. Para simplificar o raciocínio, considere-se que ambas as fábricas sejam do mesmo tamanho e possuem os mesmos equipamentos. Todos os anos a fábrica I (fábrica hipotética) produz 500.000 unidades de somente um produto, canetas azuis. A fábrica II (Escrita), como um fabricante de linha completa, também produz canetas azuis, mas somente 50.000 por ano. A Fábrica da Escrita também produz uma variedade de produtos similares: 40.000 canetas pretas, 15.000 canetas vermelhas, 2.500

canetas verdes, 250 canetas perfumadas, e assim sucessivamente. Em um ano qualquer, a Escrita produz até 500 variedades de produtos com volumes variando entre 100 e 50.000 unidades. Isso corresponde a uma produção anual igual às 500.000 canetas da fábrica hipotética.

Apesar das semelhanças nos produtos produzidos pelas duas fábricas e também em sua produção anual total, uma pessoa que visitasse as duas empresas notaria diferenças bem marcantes. Com sua maior diversificação e complexidade de operações, a fábrica da Escrita requer uma estrutura de suporte maior: mais pessoas para programar as máquinas; efetuar preparações (*setups*); inspecionar itens; comprar, receber e movimentar materiais; montar, apressar e embarcar encomendas; retrabalhar itens defeituosos; projetar e implementar pedidos de modificação de engenharia; negociar com fornecedores; programar o recebimento de materiais e componentes; atualizar e planejar um sistema mais amplo de informação computadorizada; e manusear o grande número de pedidos de clientes individuais. A Escrita, também, irá operar com níveis consideravelmente maiores de tempo ocioso, horas extra, inventários, retrabalhos, e refugos.

A necessidade de mais recursos de manufatura e a maior complexidade de produção da fábrica Escrita geram distorções nos custos de produção quando se aplica o sistema tradicional de custeio. Devido ao fato do número de itens produzidos e vendidos pelas duas fábricas serem idênticos, ambas as empresas possuem aproximadamente o mesmo total de horas de mão de obra direta, horas de máquina e material direto. Contudo, como as despesas indiretas de fabricação da Escrita são bem mais elevadas que na fábrica hipotética, essas despesas não podem ser explicadas pelo total de mão de obra direta trabalhada ou pelo número de horas de máquina utilizada, ou pelo total de material direto comprado, apesar de que o sistema tradicional de custeio utilize tais direcionadores de custos baseado nos volumes, para apropriar despesas indiretas aos produtos.

Muito embora a Escrita use horas de mão de obra direta, horas de máquina, material direto comprado, ou qualquer combinação dessas despesas para apropriar despesas indiretas aos produtos, o sistema de custeio tradicional irá alocar às canetas azuis, que representam 10% da produção da planta, cerca de 10% das despesas totais da fábrica. De forma semelhante, canetas perfumadas, que representam tão somente 0,05% da produção da *Escrita*, receberá um rateio de aproximadamente 0,05% das despesas gerais de fabricação. De fato, se a produção padrão por unidade de horas de mão de obra direta, horas de máquina, e quantidades de materiais diretos são as mesmas para as canetas azuis como para as canetas perfumadas, os dois tipos de canetas irão ter custos idênticos aos custos reportados - apesar de que as canetas perfumadas, que são encomendadas, fabricadas, embaladas e embarcadas em volumes muito menores e requerem projeto especial e mais recursos de manuseio, consomem muito mais custos indiretos por unidade".

Observa-se aí a distorção provocada pelo custeio tradicional, mormente nesse caso em que existem produtos padronizados (fabricados em grandes quantidades) e produtos especiais (fabricados em pequenas quantidades), e principalmente se os tempos de operação são semelhantes como na presente descrição. Os custos indiretos por unidade, no caso dos produtos especiais não são repassados a esses como deveriam, e sim acumulados com todos os demais e rateados pelo critério volumétrico escolhido. Invariavelmente isso fará com que os produtos padronizados sejam supercusteados enquanto que os *especiais*, em consequência, fiquem subcusteados. Isso pode conduzir ao raciocínio errôneo de que esses produtos são os mais rentáveis já que seus preços de mercado são mais elevados o que faria com que a firma persistisse na manufatura desses *especiais* em detrimento dos outros, o que pode conduzir a amargos resultados. Os produtos padronizados, assim supercusteados, têm sua margem de manobra competitiva restringida inibindo-a a um aumento na fatia de mercado via redução do preço de venda.

Considere-se em complemento ao caso da *Escrita,* o exemplo seguinte apresentado por Cooper (1988). Através das figuras 2.1, 2.2, 2.3 e 2.4 será apresentado um exemplo de uma companhia que fabrica quatro produtos P1, P2, P3 e P4. Todos são produzidos no mesmo equipamento e através de processos similares. Os produtos diferem em tamanho (pequeno e grande) ou em volume (baixo e alto).

CUSTEIO TRADICIONAL

Prod.	Tam.	Vol.	Q/ano	h/MOD	CIF Total	CIF Unit.
P1	P	B	10	5	$ 225.55	$ 22.55
P2	P	A	100	50	2,255.30	22.55
P3	G	B	10	15	676.65	67.66
P4	G	A	100	150	6,766.50	67.66

Apropriação dos CIF

Total $9,924

$$\text{Taxa de Aplicação} = \frac{\text{CIF}}{220} = \frac{9{,}924}{220} = \$\,45.11\,/\text{hMOD}$$

Fonte: Cooper R. "Journal of Cost Management", Summer 1988

Figura 2.1`

A figura 2.1 sumariza as características de cada produto. Os quatro consomem material, mão de obra direta, horas de máquina, setup, manuseio de material, e custos administrativos para cada produto. Os custos indiretos reportados são de \$9,924 ao ano. A apropriação dos custos indiretos de fabricação (CIF) pelo método tradicional, utilizando como fator de rateio as horas de mão de obra direta, mostra que os custos dos produtos de alto volume são iguais aos de baixo volume. E que os custos dos produtos de tamanho grande são três vezes superiores aos custos dos produtos de tamanho pequeno. A razão é fácil de ser entendida em virtude da proporção das horas de MOD (mão de obra direta) no exemplo dado. Na realidade, os resultados obtidos mostram claramente que a falha ocorrida é devida à escolha de uma base de alocação simples - e que foi no caso, as horas de MOD. Observa-se que os totais anuais de horas de MOD foram respectivamente de 5, 50, 15 e 150, que divididos pelas respectivas quantidades anuais nos informam que as horas de MOD por unidade de cada produto é de 0,5 para os produtos P1 e P2, e de 1,5 para os produtos P3 e P4. Portanto essa metodologia mostra que os valores de custo indireto unitário para os produtos P1 e P2 são iguais (consequência do rateio baseado no mesmo valor unitário de MOD). Ao contrário, a lógica indica que deveriam ser diferentes, pois, o produto P1 foi produzido em pequena quantidade (possivelmente um produto especial que demanda mais despesas indiretas por unidade) enquanto que o produto P2 foi produzido em grande quantidade (dez vezes mais que P1 e possivelmente um produto padronizado cuja manufatura se faz com muita frequência e que, portanto, deveria absorver uma menor parcela de custo indireto por unidade, que o outro).

CUSTEIO SISTEMA ABC

Prod	$MAT	hMOD	h/MAQ	no.PREP.	no.ORD.	no.MAN.	no.PRODUTOS
P1	60	5	5	1	1	1	1
P2	600	50	50	3	3	3	1
P3	180	15	15	1	1	1	1
P4	1,800	150	150	3	3	3	1
	2,640	220	220	8	8	8	4

Apropriação dos "CIF"

9,924 →	$ 264 +$2,200 +$3,300 / 220(hMOD)	$ 960 + $1,000+ $ 200 / 8(no.PREP)	$2,000 / 4(no.PRODUTOS)
	$ 26.20/hMOD	$ 270/PREPAR.	$ 500/PROD.

Fonte: Cooper R. "Journal of Cost Management", Summer 1988

Figura 2.2`

No sistema de custeio baseado em atividades, o custo de um produto é a soma dos custos de todas as atividades necessárias para a fabricação e entrega do produto. Na figura 2.2, sete centros de atividades são requeridos: os três primeiros com os valores de $264; $2,200; e $3,300 representam centros de acumulação de custos em atividades e correspondem a custos indiretos para dar suporte à produção. Esses centros de atividades aí referidos acumulam despesas em nível de unidades e o direcionador de custos que será utilizado para distribuí-las aos produtos é justamente as horas de MOD que já haviam sido utilizadas como o fator de rateio na metodologia tradicional, mas que para esse caso representa um direcionador de base causal. Os outros três centros de atividades são constituídos pelas despesas de *setup* das máquinas com o valor de $960; pelas despesas de emissão das ordens para a fabricação das peças com o valor de $1,000; e pelas despesas de manuseio/transporte dos componentes/produtos para as máquinas com o valor de $200. Essas atividades não são relacionadas diretamente ao volume produzido e se enquadram no nível de lote segundo a hierarquia de Cooper. Assim, os *setups* podem ser custeados dividindo os custos relativos aos *setups*, pelo número de *setups*. O número de *setups* referido representa um dos direcionadores de custos usados.

Igualmente, o número de emissões de ordens e o número de manuseios de materiais foram os direcionadores de custos escolhidos para os outros dois centros de atividades. O sétimo centro de atividades é representado pelas despesas de projeto e administração dos quatro produtos. Essas despesas representam um investimento inicial que deverá ser amortizado pela vida útil dos quatro produtos correspondendo ao valor anual de $2,000. Como, no caso, representam despesas despendidas igualmente para os quatro produtos; o direcionador escolhido é o número de produtos cabendo o valor de $500 para cada um deles.

CUSTEIO TRADICIONAL

					CIF	
Prod.	**Tam.**	**Vol.**	**Q/ano**	**h/MOD**	**Total**	**Unit.**
P1	P	B	10	5	$ 225,55	$ 22,55
P2	P	A	100	50	2.225,50	22,55
P3	G	B	10	15	676,65	67,66
P4	G	A	100	150	6.766,50	67,66

CUSTEIO SISTEMA ABC

				CIF	
Prod.	**hMOD**	**nº PREP**	**nº Produtos**	**Total**	**Unit.**
P1	5x26.20= $ 131	1x270=$270	1x500=$500	$ 901	$ 90,10
P2	50x26.20=$1,310	3x270=$810	1x500=$500	$2,620	$ 26,20
P3	15x26.20=$ 393	1x270=$270	1x500=$500	$1,163	$116,30
P4	150x26.20=$3,930	3x270=$810	1x500=$500	$5,240	$ 52,40

Fonte: Cooper R. "Journal of Cost Management", Summer 1988

Figura 2.3

A figura 2.3 mostra a forma como o sistema ABC determina seus valores e os resultados agora obtidos $90.10; $26.30; $116.30; e $52.40 podem então ser comparados com os valores obtidos no sistema tradicional, cujos valores a figura 2.3, em sua parte superior, repete. Os produtos P1 e P3 apresentam realmente valores bem superiores aos produtos P2 e P4 como a lógica indicava.

Ao se observar a figura 2.4 a comparação entre o tradicional e o ABC fica mais transparente, os produtos P1 e P3 estão fortemente subcusteados e o ABC se apresenta com 300% e 72 %, respectivamente, acima do resultado apresentado no tradicional. O produto P2 está somente 16% acima e o produto P4 está supercusteado, com um resultado no ABC 23% inferior ao obtido no tradicional - esse produto é que está suportando a variação dos demais.

TRADICIONAL x ABC

Produto	CIF Total		Quantidade por Lote	CIF Unitário		%de Variação
	Tradicional	ABC		Tradicional	ABC	
P1	225.55	901	10	22.55	90.10	+300%
P2	2,255.50	2,620	100	22.55	26.20	+ 16%
P3	676.65	1,163	10	67.66	116.30	+ 72%
P4	6,766.50	5,240	100	67.66	52.40	- 23%
	9,924	9,924				

Figura 2.4

2.5 Prioridades nas Distribuições das Despesas

A primeira ação a tomar quando se procura distribuir as despesas é verificar se existem custos dedicados integralmente às atividades ou produtos - nesse caso a despesa em sua totalidade é distribuída por alocação direta.

Quando não se puder enquadrar na alocação direta, a segunda ação se volta para uma alocação com base causal. É onde aparece a figura do direcionador de custos (*cost driver*) que deve ter base causal e ser fácil de medir (significando também um baixo valor de obtenção). Não ocorrendo as duas situações anteriores, a terceira ação é a técnica do enquadramento baseado em volume. No custeio tradicional, 100% dos custos indiretos são alocados a objetos segundo um critério de volume. Nos projetos bem-sucedidos de ABC, a porcentagem dos custos indiretos alocados com base no volume está na faixa de 5% a 10%.

No que se refere aos custos com alocação de base causal alguns problemas existem que podem dificultar a escolha do melhor direcionador de custos. Isto é, pode ocorrer de se ter escolhido direcionadores de alto relacionamento causal que, entretanto, apresentam-se com alta dificuldade de medição, baixa disponibilidade de dados e, ainda, alta dificuldade de ser quantificável. Por outro lado, certos direcionadores podem ter sido escolhidos por apresentarem facilidades de medição, disponibilidade de dados, serem quantificáveis, e, no entanto, podem apresentar uma baixa relação com as causas básicas.

2.6 Configuração Esquemática do Modelo ABC

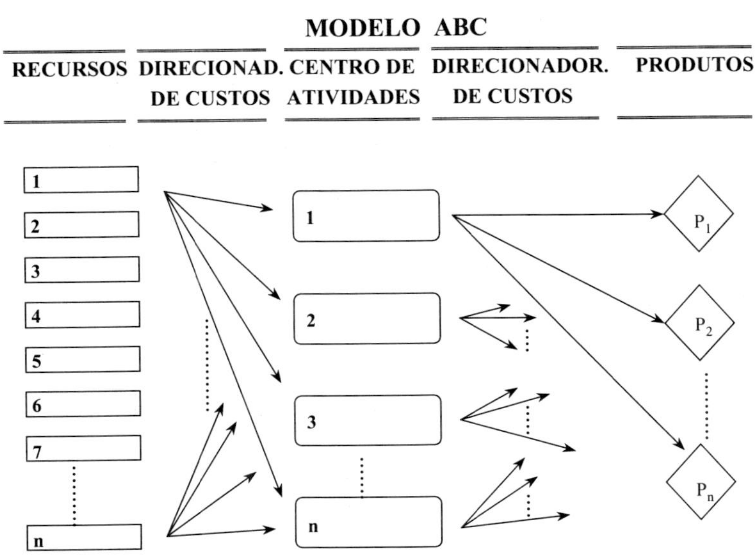

Figura 2.5

Conforme já explanado e agora mostrado no diagrama esquemático da figura 2.5, um modelo ABC é basicamente constituído de recursos, de centros de atividades e de objetos dos custos (produtos/serviços). Os recursos, por seu turno, são representados pelas despesas que impactam no dia a dia da empresa. Esses recursos são acumulados em centros de atividades e desses, distribuídos aos componentes/produtos/serviços que são os objetos dos custos. Os centros de atividades consomem recursos enquanto que os objetos dos custos consomem atividades. O critério de distribuição/alocação dos recursos é feito através de direcionadores de custos - os de primeiro estágio estabelecem a forma como os recursos são acumulados nos centros de atividades e os direcionadores de segundo estágio dirigem a alocação/distribuição dos centros de atividades aos objetos dos custos.

Os recursos conforme mostrados nos modelos ABC são representados pelas despesas acumuladas nos centros de custos existentes na empresa. As dificuldades na realidade encontrada nos modelos ABC ficam por conta da determinação dos centros de atividades e dos direcionadores de custos.

2.7 Centros de Atividades

Conforme se pode observar no esquema da figura 2.5 transferir as despesas da coluna Recursos para a de Produtos é uma tarefa insana. Essas despesas/recursos representam despesas aglutinadas em centros de custos da contabilidade tradicional que por sua vez reportam os custos de forma funcional/vertical. Esses centros de custos apresentam as despesas de forma heterogênea não seguindo a recomendação da hierarquia de Cooper. Torna-se necessária a reorganização dos custos componentes dos diversos centros de custos da contabilidade tradicional e listados na coluna Recursos para a coluna Centros de Atividades onde custos homogêneos são rearrumados. Esses Centros de Atividades têm a ver com os processos que cortam os departamentos funcionais da empresa como se custos horizontais fossem ao invés dos verticais/funcionais reportados pela visão convencional.

A contabilidade tradicional de custos apresenta as despesas de forma funcional informando, por exemplo, os totais de salários, gastos de telefones, suprimentos, etc., de cada departamento. Percebe-se, pois, quão difícil se torna conhecer quanto de cada uma dessas despesas deve ser atribuída a cada componente/produto/serviço. Além disso, e considerando-se que exista uma série de tarefas/atividades/subprocessos/processos realizados pelo pessoal de cada departamento, como se poderia reduzir os custos departamentais se só se tem os totais departamentais de tais despesas. Ao contrário, o ABC é a forma de custeio que permite que se calculem os custos de cada atividade que compõe os processos interdepartamentais. Enquanto que apropriar totais de despesas funcionais para produtos/serviços é uma tarefa incômoda e difícil, o mesmo não se pode dizer com relação às despesas reportadas horizontalmente por processos/subprocessos/atividades. As despesas de um processo se referem a um conjunto de tarefas com início, meio e fim, que corresponde a um grupo completo de atividades realizadas e que, portanto, mais facilmente pode ser apropriado aos produtos ou serviços que consomem essas atividades.

Igual conveniência pode-se observar quando se custeia por processos, no caso de se desejar reduzir custos. O Gerenciamento Baseado em Atividades (*Activity-Based Management* - ABM) mostra claramente as atividades onde estão concentrados os maiores custos. Através da utilização do conceito de poucos que representam muito, de Pareto, e associando-se a outras técnicas como análise de valor, qualidade total, just-in-time, etc. consegue-se obter reduções nos custos das atividades/tarefas.

O custeio ABC considera a necessidade de se ter os custos dos processos - dessa forma os seguintes casos podem ocorrer quando se deseja implantar o ABC/ABM na empresa:

I. <u>A empresa já está organizada por processos</u> - Nesse caso ela já possui os custos das atividades que compõe cada processo o que simplifica os cálculos necessários.

II. <u>A empresa ainda não está organizada por processo</u> - Esse é o caso de grande parte de empresas. Se a organização não está voltada para processos e possui seus recursos expressos tão somente na forma clássica das despesas acumuladas em centros de custos departamentais, ela também poderá usufruir da modelagem ABC de duas dimensões usando o seguinte expediente:

- Entrevista com os gerentes das áreas funcionais a fim de colher informações com relação aos processos/subprocessos/conjunto de atividades que são realizadas em sua área.

- Associar os valores dos centros de custos departamentais aos custos das atividades dos processos, dessa forma mapeada, usando para tal, direcionadores de custos de primeiro estágio.

- Uma vez obtida a transferência de todos os custos verticais/funcionais em custos horizontais/processos, a obtenção dos centros de atividades torna-se uma tarefa mais evidente facilitando sobremodo a escolha dos direcionadores de custos de segundo estágio.

As figuras 2.6 e 2.7, que se seguem, ilustram a correlação existente entre os processos e os centros de atividades.

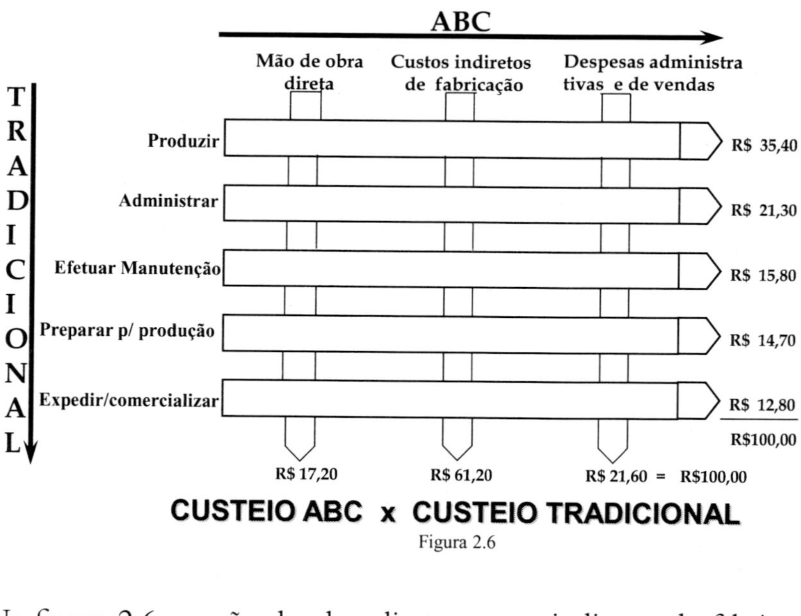

Figura 2.6

Na figura 2.6 se mão de obra direta, custos indiretos de fabricação e despesas administrativas de vendas são as despesas reportadas pela contabilidade tradicional, produzir, administrar, efetuar manutenção, preparar para a produção, expedir/comercializar são os centros de atividades. Os centros de atividades correspondem às atividades/conjunto de atividades/processos executadas na firma. Normalmente é expresso utilizando-se como primeiro termo o verbo no infinitivo. Para se chegar a eles deve-se procurar responder às perguntas como quais são as principais atividades realizadas na área/empresa?

Para acumular as despesas nos centros de atividades são utilizados direcionadores de primeiro estágio. Assim ao se aplicar direcionadores de custos às despesas de mão de obra, custos indiretos de fabricação e despesas administrativas de vendas, na figura 2.6, quebram-se os valores totais reportados pelo custeio tradicional nas parcelas que vão compor os processos de produzir, administrar, efetuar manutenção, etc.

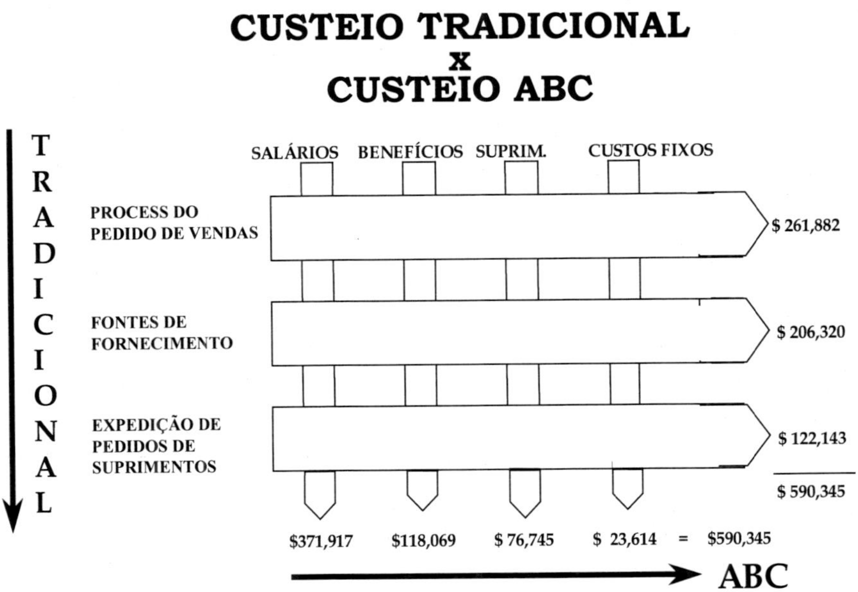

Figura 2.7

A figura 2.7, por seu turno, mostra um departamento de materiais de uma empresa onde são reportadas as despesas funcionais/verticais de salários, benefícios, suprimentos e custos fixos. Procuram-se, junto à direção da área, saber quais são as principais atividades/conjunto de atividades exercidas pelo setor de trabalho. A resposta vem através dos três principais trabalhos exercidos na área: processo do pedido de vendas, fontes de fornecimento e expedição de pedidos de suprimentos. O total de cada despesa, tomando--se o salário como exemplo, é distribuído pelas três atividades/processos, baseados num direcionador de base causal; e assim, sucessivamente chega-se aos valores reportados horizontalmente para cada processo. Se a intenção é a redução de custos pode-se prioritariamente procurar a redução das atividades que apresentam os maiores valores. Essa redução se faz através da utilização de técnicas que determinam as causas dos problemas, uma vez que os custos são, antes, um sintoma, que propriamente a causa. Ao se acoplar o ABC com técnicas que atuam na análise e determinação das causas dos problemas como racionalizações de organização e método, análise de valor, just-in-time, qualidade total, etc., pode-se dizer que está sendo empregado aí o gerenciamento baseado em atividades (ABM).

Usando o ABC para melhorar o negócio é conhecido, pois, como gerenciamento baseado em atividades (ABM). Este dirige seus esforços no sentido de adaptar as estratégias do negócio para satisfazer as pressões competitivas, como também para melhorar as operações do negócio. ABM e ABC foram feitos um para o outro. Enquanto o ABC fornece a informação, o ABM usa essa informação para as várias análises que objetivam o melhoramento contínuo da produção.

O modelo ABC apresenta duas partes que desempenham importantes papéis no ABM. A primeira parte é a visão do custo de adjudicação. Ele reflete a necessidade de se arrogar os custos dos recursos às atividades e em seguida os custos das atividades aos objetos dos custos (produtos e serviços), a fim de se analisar as decisões críticas. Tais decisões incluem preço, origem do produto, decisões de projeto do produto, e as prioridades para os esforços de melhorias.

A segunda parte do modelo ABC é a visão do processo que reflete a necessidade de uma nova característica de informação sobre o desempenho da atividade. Essa informação mostra o que causa o trabalho (direcionador de custo) e quão bom é isso feito. Permite identificar oportunidades de melhoramento e meios para esse melhoramento. O ABM objetiva, pois, alcançar dois alvos, ambos comuns a qualquer companhia: o primeiro é o de melhorar o valor recebido pelos clientes e o segundo, o de melhorar o lucro em consequência de se prover tal valor. Esses alvos são alcançados procurando-se focalizar nas atividades.

2.8 O Sistema ABC em Serviços

Assim como outras técnicas, também o ABC focalizou inicialmente as atividades fabris. Contudo, essa metodologia se aplica perfeitamente aos setores de serviços e hoje muitas empresas das áreas bancárias, de seguro, hospitais, financeiras em geral, etc. aplicam o ABC. A competitividade também exige que essas empresas conheçam seus custos com adequada precisão; como tais empresas não contêm, de forma geral, material direto como ocorre com os produtos fabris, a incidência das despesas indiretas é ainda maior do que nas firmas manufatureiras.

Na realidade não só as empresas de serviço como também as empresas industriais apresentam dois tipos característicos de serviços. Um deles se relaciona ao atendimento *on-line* com o cliente externo; e que é o atendimento direto a eles: o serviço de interface com o cliente. O outro é representado pelos trabalhos de apoio interno das empresas; os serviços off line.

O entendimento de que as áreas de suporte das empresas do setor serviço, a chamada indústria de serviços funciona como se fosse uma fábrica limpa, onde as máquinas são representadas pelas mesas dos funcionários e os materiais, pelos documentos que se movimentam pelas mesas, nos permite vislumbrar formas de aplicação de técnicas e metodologias de trabalho no campo da gestão da qualidade e da produtividade em geral, e obviamente o custeio ABC também aí se aplica.

2.9 Despesas de Vendas, Gerais e Administrativas

Como é conhecido existem outras despesas que se agregam aos custos fabris para a obtenção do preço de vendas. Essas despesas não fabris são as despesas de VG&A; Vendas, Gerais e Administrativas (como por exemplo, as despesas administrativas de vendas, depósito de produtos acabados, embalagem/expedição, promoção/propaganda, fretes e despesas de administração).

Na atualidade, em função dos altos investimentos em vendas, armazenagem, propaganda e outras despesas, não raro esses custos podem alcançar cinquenta por cento ou mais dos custos fabris das companhias. No setor de alta tecnologia, inclusive, podem beirar o patamar de 100% dos custos fabris.

No passado, as despesas fabris preponderavam sobre as demais, a fábrica era o ponto central de todos os investimentos; a evolução da estratégia do product out para o market in, contudo, distribuiu de maneira mais equilibrada os gastos da organização. Assim, igualmente ao que ainda ocorre com os custos indiretos de fabricação, tradicionalmente as empresas também rateiam as despesas de VG&A pelas diversas linhas de produtos utilizando sistemáticas simplistas, como a da percentagem sobre as vendas. Se as despesas de VG&A representam 10% do total das vendas da empresa, esse é o percentual de VG&A a ser aplicado a cada produto. Essa prática também pode conduzir a distorções nos custos finais; alguns produtos tenderiam a receber uma contribuição de despesas VG&A maior do que deveria, mascarando seus resultados, superestimando, pois, tais despesas, enquanto que outros produtos teriam a parcela que lhes cabe dessas despesas, subestimadas.

2.10 Distorções nos custos dos materiais

Quando ocorre dos custos dos materiais variarem sensivelmente entre as diversas linhas de produtos da empresa, a simples aplicação do rateio tradicional das despesas de VG&A, como o da percentagem das vendas ou o do custo das vendas pode criar sérias distorções entre os produtos. Uma aproximação que poderia ser sugerida seria a de se usar um fator de conversão que procurasse atenuar o impacto nos produtos com elevada parcela de custo de material. Esses, obviamente tendem a absorver mais despesas indiretas que os outros, distorcendo, pois, os resultados finais.

Um fator de conversão a ser aplicado, por exemplo, seria o de alocar os custos de VG&A a cada linha de produto, baseado na mão de obra direta fabril e nos custos indiretos de cada linha. Embora a utilização desse fator de conversão usualmente signifique um aperfeiçoamento com relação ao método da percentagem das vendas, mesmo assim podem ocorrer distorções, razão pela qual deveria ser usado com cautela. Se uma companhia tem certas linhas de produtos com alta percentagem de componentes acabados, comprados de fornecedores, essas linhas terão custos de conversão muito baixos. Seus custos de VG&A serão então subestimados e sua lucratividade inflacionada.

Se a aplicação de um fator de conversão não conseguir evitar a distorção da percepção da lucratividade, uma opção melhor seria a de desenvolver um método refinado de alocação (baseado em atividades) que fornecesse medidas precisas dos custos de VG&A incorridos por cada linha de produto da companhia. Dudick (1987) apresenta a seguir dois exemplos onde um tipo específico de distorção poderá ser evitado, desde que se utilizem custos de informação de VG&A mais exatos:

Exemplo de distorções nas linhas de produtos

Sentindo-se ameaçado pela intensa competição doméstica e estrangeira, o gerente sênior de uma companhia de produtos elétricos decidiu revisar seus custos fabris e não fabris. Como parte dessa revisão, ele verificou de que maneira estavam os contadores de sua companhia calculando as despesas de VG&A para cada linha dos maiores produtos da corporação.

Até então, o staff contábil da empresa estava usando o método das percentagens de vendas para cada uma das divisões de fabricação. Alguns gerentes de divisão estavam insatisfeitos com esse resultado, entre eles o vice-presidente da divisão de televisão. Ele reclamava que a carga de VG&A em sua divisão estava inflacionada porque sua linha de produto usava produtos acabados de alto custo, basicamente, tubos de imagem e gabinetes.

O problema surgiu porque esses componentes tinham uma alta percentagem de conteúdo de material no preço de venda. Isso inflacionou a alocação do VG&A em sua divisão, em comparação com outras divisões onde o conteúdo de material era muito menor, em termos de percentagem das vendas. Com o método tradicional de percentagem das vendas, a linha de produtos televisão apresentou uma perda de 3,9% Sua participação de VG&A na corporação era de 24% durante aquele período. Para obter uma medida mais precisa do desempenho de lucros e perdas de cada linha, um especialista de marketing e outro dos serviços de fabricação desenvolveram uma forma de alocação mais precisa do VG&A, baseada em atividades.

No que se referia às despesas de vendas observou-se que cerca de 90% consistia em despesas de folha de pagamento. Após o especialista ter identificado que linhas de produtos eram manuseadas pelo pessoal de vendas, os custos anuais da folha de pagamento para cada linha de produto pode então ser calculada. O restante das despesas, 10% dos custos, foi alocado na mesma base obtida para os 90% anteriores.

No que se referia às despesas do depósito concluiu-se que elas poderiam ser distribuídas a cada linha de produto baseando-se no número de estantes utilizadas para estocar cada produto. Percentuais de utilização de espaço foram então calculados por linha de produto.

Quanto às despesas de propaganda, elas continuaram sendo alocadas na base tradicional das percentagens de vendas porque as campanhas de propaganda eram usualmente promovidas pela corporação para sua linha completa de produtos como um todo. A alocação de custos promocionais também não representava maiores problemas, pois, foram sempre carregados em cada linha individual de produtos.

O especialista de serviços de apoio à fabricação, por seu turno, recomendou que o departamento de compras da corporação distribuísse essas despesas conforme o total de material realmente usado por cada linha de produto. Anteriormente, o departamento corporativo de compras já havia consolidado a compra de materiais de grande volume usados em todas as linhas de produtos.

Ele recomendou ainda, que o departamento de recursos humanos carregue cada linha de produto de acordo com sua participação percentual no número total de empregados. Sugeriu finalmente que os custos de contabilidade corporativa e de processamento de dados fossem atribuídos às várias linhas de produtos de acordo com as seguintes bases:

- Os custos da folha de pagamento deveriam ser distribuídos de acordo com o número de empregados de cada divisão.

- Os custos de faturamento dos clientes deveriam ser alocados de acordo com o número de faturas ou linhas de faturas de cada divisão.

- Os relatórios de vendas preparados pela corporação deveriam ser alocados considerando-se a mesma proporção usada para distribuir as despesas indiretas do escritório de vendas para cada linha de produto.

- As despesas de auditorias internas deveriam ser distribuídas para cada linha de produto, multiplicando-se o número de dias gastos pelo auditor em cada divisão, pela taxa diária de pagamento do auditor.

O especialista de serviços de apoio fabril sugeriu ainda, que os custos corporativos de controle de qualidade fossem divididos de acordo com o número de funcionários do Controle de Qualidade em cada divisão.

Outros serviços corporativos que não pudessem ser facilmente carregados para cada linha de produto deveriam ser alocados dividindo-se esses custos pelo número de linhas de produtos. Cada linha absorveria um valor igual de custos, no pressuposto de que aqueles serviços estavam igualmente disponíveis para serem utilizados por todas as divisões, a qualquer tempo.

A alta gerência implementou as recomendações dos especialistas. O impacto do novo método nos resultados dos lucros, de cada linha de produto da companhia, mudou os resultados até então obtidos. Esses valores confirmaram o que o vice-presidente responsável pela divisão de televisão há muito suspeitava: o desempenho financeiro de sua divisão havia sido deprimida com o antigo método de alocação dos custos de VG&A. O método que utiliza os conceitos do ABC reduziu sua percentagem de participação nas despesas de VG&A da corporação, de 24% para 17.2% e a perda de sua divisão cujos relatórios apontavam como sendo de 3,9%, caiu para 1,4%. O novo método também conduziu a quase o dobro no lucro de outra divisão, a de raio-catodo, cujo lucro reportado que era de 5,4% foi alterado para 9,1%. Não é necessário dizer que houve divisões que passaram a mostrar valores inferiores aos que costumavam ser reportados pelos relatórios periódicos.

Exemplo de distorções no segmento de mercado

O sistema de contabilidade de custos de uma companhia também pode falhar na apuração correta dos custos de VG&A de vendas, quando se tratar de negócios com diferentes segmentos de mercados.

Um fabricante de cabos de força, interruptores, soquetes, e outros acessórios elétricos, vende a três segmentos: fabricantes de equipamentos originais (OEM), varejistas (mercado de reposição), e distribuidores. No passado, a companhia não havia feito esforços para analisar seus custos VG&A por segmento de mercado; simplesmente considerava uma percentagem nivelada de VG&A para todas as vendas. O controller da companhia finalmente reconheceu a necessidade de alocar os custos VG&A baseados nos custos reais de venda a cada mercado. Um custo de informação de VG&A mais refinado passou a dar à alta administração um melhor retrato da verdadeira lucratividade dos diferentes segmentos de mercado.

O controller requisitou gerentes em diferentes departamentos para efetuar os cálculos de propaganda, almoxarifado, vendas, e outros custos não fabris para os três segmentos de mercado. Os custos de almoxarifado, por exemplo, foram atribuídos de acordo com o volume utilizado para cada nicho de mercado.

As horas gastas pela força de vendas no campo foram também desmembradas e alocadas aos diferentes segmentos de mercado. O novo método para alocação do VG&A revelou substanciais disparidades em termos de custos, entre os três segmentos de mercado, na maioria das categorias de despesas; disparidades essas não causadas por diferenças nos tipos de produtos elétricos vendidos em cada mercado, e sim na forma imprópria como as despesas de VG&A estavam sendo distribuídas.

Frete, embalagem, e custos de almoxarifado, por exemplo, eram muito mais baixos para o mercado OEM do que para os outros dois mercados. A razão, o controller acabou percebendo, era que os OEMs tipicamente fazem pedidos em grande volume. Embalagem e custos de frete para o mercado de reposição eram mais altos, porque os pedidos colocados pelas lojas de ferragens e outras do varejo eram, usualmente, de volumes pequenos e bem mais variados. O custo de vendas ao mercado OEM era também menor porque o pessoal de vendas da companhia não tinha que procurar pelas contas OEM tão frequentemente quanto os dois outros dois mercados. O que a alta administração aprendeu era que o mercado OEM era mais lucrativo do que na realidade supunham.

2.11 Exemplo de aplicação do ABC nas organizações bancárias

As organizações bancárias que também convivem em um mercado competitivo necessitam conhecer os custos de seus inúmeros produtos. As receitas desses produtos são constituídas pelo spread bancário que é representada pela diferença da taxa de juros cobrada aos tomadores de crédito e a taxa de juros paga aos depositantes pelos bancos; e também, pelas tarifas cobradas nos seus diversos produtos.

Como recomendado nos modelos clássicos do ABC também um banco poderá listar os diversos recursos impactados no período (por pessoa física, por exemplo); recursos esses que reúnem todas as atividades que representam as despesas gastas pela organização. A seguir, esses recursos deverão ser reorganizados em centros de atividades que representam os processos/conjunto de atividades que impactam a empresa. Uma vez acumulados nos centros de atividades serão distribuídos aos diversos produtos (através de direcionadores de custos de base causal) determinando-se assim seus custos tal como ocorre com as empresas manufatureiras.

Considere-se, como simplificação, que a etapa de reunião das atividades nos diversos recursos funcionais/verticais já foi realizada. E também que esses recursos foram através de direcionadores de primeiro estágio, agrupados em centros de atividades, e que alguns desses centros de atividades são:

- Prover Serviço ATM (***A****utomatic* ***T****eller* ***M****achine*)
- Emitir talões de cheques

- Executar estratégias de Marketing/atividades de Vendas
- Preparar e enviar extratos de contas
- Processar transações Visa
- Emitir extratos Visa
- Abrir/Fechar Contas
- Fazer processamento computadorizado

O que se deseja agora é distribuir esses valores para os produtos, e como ilustração considere-se a existência de apenas quatro produtos:

- Conta Corrente
- Cartão Visa
- Empréstimos Pessoais
- Depósitos

Os direcionadores de custos de base causal, obtidos através de análise dos processos respectivos na empresa, foram os seguintes:

Centros de Atividades Direcionadores de Custos
Prover Serviço ATM....................................Transações ATM
Emitir talões de cheques...............................Talões emitidos
Executar estratégias de marketing/atividades
de Vendas..Contas abertas
Preparar extratos de contas e enviar.............Extratos emitidos
Processar transações Visa .... Transações Visa
Emitir extratos Visa ....Extratos Visa emitidos
Abrir/Fechar Contas ....Contas abertas e fechadas
Fazer processamento computadorizado..... Transações computadorizadas

Com os valores dos centros de atividades e as quantidades mensuradas dos direcionadores, fácil se torna a distribuição aos produtos. Como, nesse exemplo, nem todos os produtos consomem despesas registradas nesses centros de atividades, a seguir é mostrado com um x onde elas ocorrem.

Atividades	Conta Corrente	Cartão Visa	Empréstimos pessoais	Depósitos
Prover serviço ATM	X	X		X
Emitir talões de cheques	X			
Executar estratégias de marketing	X	X	X	X
Preparar e enviar extratos	X	X	X	X
Processar transações Visa	X	X	X	
Emitir extratos Visa		X		
Abrir/fechar contas	X	X	X	X
Fazer processamento computadorizado	X	X	X	X

2.12 Custos da qualidade: Modelo ABC para Custos da Qualidade

O texto que segue mostra a aplicação de um modelo ABC para um trabalho simulado de determinação dos custos da qualidade utilizando-se da sistemática clássica PAFF (Prevenção, Avaliação, Falhas Internas e Falhas Externas) de Feigenbaum (1974).

A Importância de se conhecer os custos da qualidade

Pesquisas, artigos e mesmo publicações na área da qualidade, em todo o mundo, descrevem as falhas que se observa nos processos da qualidade de muitas empresas, no que se refere à obtenção de resultados significativos. Muito embora benefícios sejam apregoados em prosa e verso, nem sempre os balanços financeiros dessas empresas mostram na linha correspondente à lucratividade, tais ganhos.

Como associar diretamente as vantagens da qualidade com os resultados da organização, refletidos pelo lucro em seus balanços. Contudo, se qualidade é um diferencial que traz benefícios para o empreendimento através de clientes encantados, com funcionários satisfeitos/motivados/ com poder de decisão, em consequência, os produtos e serviços deveriam ser produzidos com custos menores o que deveria trazer ganhos financeiros às empresas. Essa redução de custos se daria pela eliminação de atividades que não agregam valor e da redução de falhas/desperdícios oriundos da má qualidade.

Torna-se necessário, pois, adicionar ao processo da qualidade disseminado pelas organizações, a dimensão financeira. Um artigo do "Wall Street Journal" (Fuchsberg, 1992), a respeito dos resultados obtidos com os programas de qualidade nas empresas, comenta sobre uma pesquisa realizada em 584 companhias dos Estados Unidos, Canadá, Alemanha e Japão. Diz enfaticamente "apesar da abundância de conversa e de muita ação, muitas companhias americanas estão errando na implementação de seus esforços de melhoria da qualidade. Grande parte dos planos simplesmente é muito amorfa para gerar melhores produtos e serviços. As companhias estão tentando fazer tudo tão rapidamente e, no entanto, estão obtendo resultados muito modestos...».

Possivelmente a causa dessa questão se prende à dificuldade de se avaliar os diversos programas de qualidade, avaliação essa que teria de ter uma forma de vincular os resultados da qualidade diretamente com a lucratividade da empresa; uma vez que ninguém discute melhoria na qualidade, visando a ausência de deficiências, teria de ter uma contrapartida no aumento da lucratividade empresarial.

Crosby (1990) defende que a única forma de se medir qualidade é pelo preço da não conformidade, não por índices. Assim, uma organização que esteja implementando a qualidade total poderá, através do levantamento periódico dos custos da má qualidade, avaliar se o processo da qualidade na empresa está trazendo reais benefícios. Assim que esses custos forem reduzidos poder-se-á dizer que os desperdícios e as atividades que não agregam valor serão menores, e, assim, os clientes ficarão mais satisfeitos; além de que tais reduções nos custos impactarão diretamente os resultados financeiros da empresa.

Os custos da «má qualidade» comumente confundidos também com a expressão «custos da qualidade» na realidade incluem duas partes muito diferentes: i) investimentos feitos para tornar os produtos e serviços mais vendáveis; e ii) desperdícios devidos às deficiências. A importância dos custos da qualidade já era mencionada tempos atrás quando Juran (1951) pregava que os custos evitáveis da qualidade significavam o "ouro na mina". Contudo, a determinação dos custos da qualidade/má qualidade mostrava-se difícil de ser obtida; Juran (1992) ponderava, «...Esses custos são enormes, mas seus valores não são conhecidos com precisão. Na maior parte das empresas, o sistema contábil provê somente uma minoria de informações necessárias para se quantificar esse custo da má qualidade. É preciso muito tempo e esforço para se estender o sistema contábil de forma que dê plena cobertura. A maior parte das empresas concluiu que esse esforço não compensa seu custo...».

Contudo, nos tempos atuais, com o custeio ABC, essa sistemática melhorou, e Juran (1993) aponta que o ABC, entre outras vantagens, representa também um valor motivacional para os programas da qualidade. Segundo ele a proporção de executivos da função financeira, que não tinham «comprado» o TQM ou que desconfiavam dos esforços da qualidade total e de seus orçamentos, considerando-os como perda de dinheiro/pobre retorno de investimento, etc., está começando a pensar de forma diferente agora. E por que isso? Simplesmente porque o ABC provê à função financeira, uma ferramenta que contribui ao TQM e à organização, pois, aponta para economias reais em custos tangíveis e em redução de ciclo, para importantes processos voltados para os clientes.

Construção de um Modelo ABC para Custos da Qualidade

O modelo ora sendo apresentado se inspirou no trabalho desenvolvido por Hermont e Madeira (1994) que utilizou a classificação de Feigenbaum de custos de prevenção, avaliação e falhas (internas e externas), sendo aqui apresentado através de uma ilustração numérica simulada.

O modelo de custeio ABC, conforme diagrama esquemático da figura 2.8 é constituído de seis despesas (<u>mão de obra indireta</u>, <u>laboratório</u>, <u>mão de</u>

obra direta, equipamento, material, e peças de reposição) e quatro centros de atividades (Prevenção, Avaliação, Falhas Internas, *e* Falhas externas).

O diagrama esquemático da figura 2.8 ilustra uma aplicação numérica do modelo em referência, onde são fornecidos os valores dos diversos recursos (R$900,00; R$300,00; R$250,00; R$150,00; R$150,00 e R$500,00). Todos os demais valores foram calculados até se chegar aos valores dos custos dos produtos.

Os diversos tipos de recursos que impactam o modelo PAFF (Prevenção - Avaliação- Falhas) de Feigenbaum são:

Entre os custos relacionados às atividades de *prevenção da qualidade* pode--se citar:

- Planejamento da Qualidade - representado pelos recursos associados ao tempo gasto no planejamento da qualidade.

- Controle do Processo - representado pelos recursos despendidos no estudo e análise de processos de manufatura com o propósito de estabelecer meios de controle do processo.

- Treinamento de Funcionários - representado pelos recursos associados ao desenvolvimento e implementação de cursos/seminários visando a capacitação dos funcionários no uso de técnicas de controle de qualidade.

- Qualificação de Fornecedores - representado pelos recursos despendidos no processo de qualificar os fornecedores.

Sistema ABC

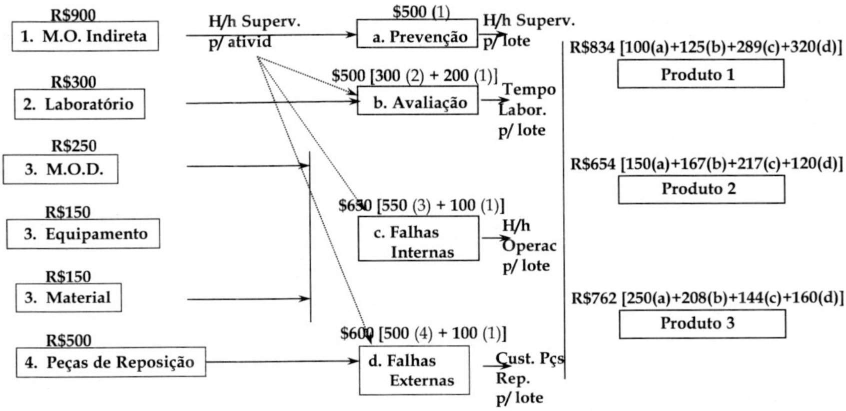

Figura 2.8

Entre os custos relacionados às atividades de *avaliação da qualidade* pode-se citar:

- Testes de Matéria-Prima - representado pelos recursos associados com mão de obra, materiais consumidos nos testes, e manutenção/ depreciação/tempo de operação de equipamentos de testes para as matérias-primas.

- Testes de Produtos em Processo - representado pelos recursos gastos com mão de obra, materiais consumidos nos testes, técnicas estatísticas, e a manutenção/ depreciação/tempo de equipamentos de testes para avaliar o desempenho técnico dos produtos em processo.

- Inspeção do Trabalho - representado pelos recursos despendidos nas avaliações feitas, pela mão de obra direta em seu próprio trabalho; e pela mão de obra indireta que tem a função de inspeção/auditoria.

- Testes do Produto Acabado - representado pelos recursos gastos com mão de obra, materiais consumidos, técnicas estatísticas, e a manutenção/depreciação/tempo de operação dos equipamentos de testes utilizados na avaliação do produto acabado.

Entre os custos relacionados às atividades de *falhas internas* pode-se citar:

- Retrabalhos - representado pela parcela de mão de obra, materiais e equipamentos (tempo de operação, manutenção e operação) para a correção da má qualidade detectada internamente na empresa.

- Refugos - representado pelos recursos associados ao produto de má qualidade (no estágio em que estiver) e para o qual não se aplica a hipótese anterior do retrabalho – necessitando, pois, ser descartado. E no caso, fato detectado internamente na própria empresa.

Entre os custos relacionados às atividades de **falhas externas** pode-se citar:

- Garantia - representado pelos gastos despendidos para atender o consumidor dentro do prazo de garantia.

- Os retrabalhos e refugos da forma como definidos anteriormente, desde que detectados externamente à empresa.

- Outras despesas como o frete do produto (no caso do mesmo ter de ser consertado na fábrica) e as despesas intangíveis correspondentes à insatisfação do cliente com um produto de má qualidade ainda no período de garantia. Essa última pode se referir ainda à perda do cliente em referência, bem como de potenciais clientes que foram alertados pelo cliente insatisfeito.

O diagrama da figura 2.8 num esforço de simplificação procurou listar algumas dessas despesas mais relevantes, sem perda, contudo, da sua concepção técnica como modelo ABC para a determinação dos custos da qualidade que incidem nos produtos.

Os valores apresentados no citado diagrama esquemático podem ser facilmente deduzidos através das tabelas a seguir apresentadas:

Tabela 2.1 - Acumulação dos Recursos nos Centros de Atividades

	MOI	Laboratór.	MOD	Equipam.	Material	Peças/Rep.	Total
Prevenção	R$500	-	-	-	-	-	R$500
Avaliação	R$200	R$300	-	-	-	-	R$500
F. Interna	R$100	-	R$250	R$150	R$150	-	R$650
F. Externa	R$100	-	-	-	-	R$500	R$600
Total	R$900	R$300	R$250	R$150	R$150	R$500	R$2.250

O recurso mão de obra indireta tem impacto nos quatro centros de atividades, e o direcionador de custos de primeiro estágio aí utilizado foi a proporcionalidade em relação às horas de supervisão para cada uma das quatro atividades, conforme os cálculos apresentados na tabela 2.1. Assim, chegou-se aos valores de R$500,00; R$200,00; R$100,00; e R$100,00; respectivamente para Prevenção, Avaliação, Falhas Internas, e Falhas Externas.

O recurso *laboratório* se aplica por alocação direta ao centro de atividades *Avaliação*. Os recursos mão de obra direta, equipamento, e material, por seu turno são alocados diretamente no centro de atividades *Falha Interna*. E o recurso peças de reposição se aplica também por alocação direta ao centro de atividades Falhas Externas.

Tabela 2.2 - Distribuição dos Recursos dos Centros de Atividades para os Produtos

Atividade	Prevenção	Avaliação	F. Internas	F. Externas	Custo do lote
Direcionadores, de Custos	H/h de Supervisão	Tempo de Laboratório	H/h Operacional	Peças de Reposição	
Produto A	20 (R$100)	30 (R$125)	200 (R$289)	160 (R$320)	834
Produto B	30 (R$150)	40 (R$167)	150 (R$217)	60 (R$120)	654
Produto C	50 (R$250)	50 (R$208)	100 (R$144)	80 (R$160)	762
Total	100 (R$500)	120 (R$500)	450 (R$650)	300 (R$600)	2.250

As despesas acumuladas no centro de atividades Prevenção são então distribuídas pelos três produtos segundo um direcionador de custos de segundo estágio que considera as horas de supervisão gastas em cada um dos produtos. Assim chegou-se aos valores de R$100,00; R$150,00; e R$250,00; respectivamente para os produtos P_1, P_2 e P_3, conforme pode ser constatado na tabela 2.2.

As despesas acumuladas no centro de atividades Avaliação são então distribuídas pelos três produtos, segundo um direcionador de custos de segundo estágio que considera os tempos de laboratório gastos em cada um dos produtos. Assim, chegou-se aos valores de R$125,00; R$167,00; e R$208,00; respectivamente para os produtos P_1, P_2 e P_3, conforme ainda a tabela 2.2.

As despesas acumuladas no centro de atividades Falhas Internas são então distribuídas pelos três produtos, segundo um direcionador de custos de segundo estágio que considera as horas operacionais gastas na recuperação de cada um dos produtos. Assim, chegou-se aos valores de R$289,00; R$217,00; e R$144,00; respectivamente para os produtos P_1, P_2 e P_3, conforme tabela 2.2.

As despesas acumuladas no centro de atividades Falhas Externas são então distribuídas pelos três produtos, segundo um direcionador de custos de segundo estágio que considera os gastos com peças de reposição consumidas por cada um dos produtos. Assim chegou-se aos valores de R$320,00; R$120,00; e R$160,00; respectivamente para os produtos $\underline{P}_1$, $\underline{P}_2$ e $\underline{P}_3$, conforme também pode ser visto na tabela 2.2.

No diagrama da figura 2.8 observa-se que o custo total de $\underline{P}_1$ é de R$834,00 (100+125+289+320); o de $\underline{P}_2$ é de R$654,00; e o de $\underline{P}_3$ é de R$762,00. Com isso, a partir dos recursos impactados obteve-se, através o presente modelo ABC, os custos totais da qualidade que incidem em cada um dos três produtos, para o período considerado. Para se obter os custos unitários da qualidade de cada produto torna-se necessário considerar o volume de produção de cada um desses produtos no mesmo período considerado.

2.13 Aplicação: ABC em uma Clínica de Diálise Renal

O presente exemplo adapta um trabalho de West e West (1998) onde foram analisados os resultados de aplicação do custeio ABC a dois tratamentos alternativos em uma clínica de diálise renal.

Clínica de diálise analisada

Trata-se de uma clínica cuja receita líquida é de R$1.368.732,00, em receita bruta de R$ 9.714.000,00. Dois são os produtos aí desenvolvidos: Hemodiálise (HD) que exige que os pacientes visitem uma clínica de diálise três vezes por semana, onde recebem tratamentos usando equipamento dialisador. E, alternativamente, a Diálise Peritoneal (PD) que permite aos pacientes administrar seus próprios tratamentos diariamente em casa. O HD usa equipamentos intensivos, tratamentos na clínica que consomem mais recursos da clínica do que PD. Os pacientes que usam PD selecionam uma clínica para monitorar seu status e ajudar a solicitar os suprimentos necessários para esse tratamento. Segue-se uma análise comparativa dos custos utilizando a metodologia tradicional da Relação Custo-Receita e em seguida pelo custeio ABC.

Essa clínica atende aproximadamente 102 pacientes com HD e 62 pacientes com PD. As receitas associadas a HD e PD foram de R$6.006.000,00 e R$3.708.000,00, respectivamente. O número de tratamentos de HD e de PD são respectivamente, de 14.300 e 20.600.

São cinco as categorias de despesas que aí incidem: Suprimentos padrão (drogas e seringas), Suprimentos episódicos (para tratar infecções, monitorar o estado de saúde ou gerenciar problemas especiais), Despesas gerais (ocupação e administração), Equipamento durável (depreciação e manutenção), e Serviços de enfermagem (enfermeira registrada, enfermeira prática licenciada, administração de enfermagem e técnicos de máquinas de diálise).

A tabela 1 apresenta os custos agregados alocados por tipo de produto, HD e PD, usando a Relação Custo-Receita. A informação relativa ao custo do tratamento é estimada nos departamentos ao aplicar a Relação Custo-Receita (custos indiretos + encargos totais) às receitas de tratamento. A Relação Custo-Receita incentiva a busca de tipos de tratamento altamente reembolsados e estratégias de maximização de receita. Três são os pressupostos ao aplicar a Relação Custo-Receita: (i) os custos indiretos compreendem um centro de custos único, (ii) as taxas de reembolso refletem a intensidade do tratamento, e (iii) cada tipo de tratamento consome custos indiretos na mesma proporção. Controlar os custos é menos importante usando a Relação Custo-Receita desde que as receitas totais excedam os custos totais porque cada procedimento e atividade são percebidos como lucrativos.

Tabela 1 - Análise de Lucratividade Usando a Relação Custo-Receita			
Demonstrativo de Resultados	**Total**	**HD**	**PD**
Receitas:			
Número de pacientes	164	102	62
Número de tratamentos	34.900	14.300	20.600
Total de receitas	R$ 9.714.000,00	R$ 6.006.000,00	R$ 3.708.000,00
Custos de serviços analisados			
Suprimentos padrão (1)	R$ 1.994.700,00	R$ 1.537.857,00	R$ 456.843,00
Suprimentos episódicos (1)	R$ 932.115,00	R$ 296.040,00	R$ 636.075,00
Custos de serviços não analisados			
Despesas gerais (2)	R$ 2.357.475,00		
Equipamento (2)	R$ 411.138,00	R$ 3.350.137,00	R$ 2.068.316,00
Serviços de enfermagem (2)	R$ 2.649.840,00		
Total de custos dos serviços	R$ 8.345.268,00	R$ 5.184.034,00	R$ 3.161.234,00
Resultado líquido	R$ 1.368.732,00	R$ 821.966,00	R$ 546.766,00
Lucro do Nível de Tratamento Usando a Relação Custo-Receita		**HD**	PD
Receita média por tratamento		R$ 420,00	R$ 180,00
Custo médio por tratamento		R$ 362,52	R$ 153,46
Lucro (Prejuízo) por tratamento		R$ 57,48	R$ 26,54

(1) Suprimentos foram identificados com cada tipo de tratamento

(2) Despesas gerais, equipamento e serviços de enfermagem foram alocados entre HD e PD conforme a metodologia Relação Custo-Rreceita, e computado como segue:

Taxa Relação Custo-Receita: (R$2.357.475,00 + R$411.138,00 + R$2.649.840,00)/R$9.714.000,00 (receitas) = 55,78%

Custos HD: R$6.006.000,00 (receitas HD) * 55,78 = R$3.350.147,00 (arredondado)

Custos PD: R$3.708.000,00 (receitas PD) * 55,78% = R$2.068.322,00 (arredondado)

Valores em números e moedas, apenas, ilustrativos

Fonte: West e West (1998)

A tabela 1 ilustra o impacto do uso da Relação Custo-Receita no desempenho financeiro percebido. Os custos indiretos foram alocados para os procedimentos HD e PD. A taxa de alocação da Relação Custo-Receita é 55,78% (com arredondamento), é calculada dividindo os custos indiretos (não analisados) R$5.418.453,00 (despesas gerais, equipamentos e serviços de enfermagem) pela receita total de R$9.714.000.000. Os custos indiretos são então alocados para HD e PD com base nas receitas relativas geradas pelos dois tipos de tratamento. Com a Relação Custo-Receita, por definição, ambos os tipos de tratamento são lucrativos porque a clínica é lucrativa.

Mas os tratamentos de HD parecem ser mais do que duas vezes mais lucrativos (HD =R$57,48 e PD = R$26,54). Quando a taxa de alocação da Relação Custo-Receita é aplicada às receitas de HD, R$ 3.350.137,00 (R$6.006.000,00 * 55,78%) do custo indireto total é atribuído a HD. Os custos indiretos remanescentes, de R$2.068.316,00, são alocados para PD usando a mesma taxa de Relação Custo-Receita (R$3.708.000,00 * 55,78%).

Essas diferenças na rentabilidade do tratamento podem ter várias implicações operacionais. Por exemplo: (i) os médicos poderiam prescrever HD em vez de PD com base em ganhos percebidos; (ii) a equipe de clínicas pode criticar a PD como menos lucrativa do que HD; e (3) os gerentes podem desconfiar ainda mais do seu método de custeio existente. Quando os gerentes reconhecem que a identificação específica de suprimentos fornece informações melhores do que o total de custos agregados, eles também podem reconhecer que a Relação Custo-Receita pode não refletir verdadeiramente como os tratamentos alternativos consomem os outros recursos de uma instalação. Assim, o ABC foi procurado para aumentar a precisão do cálculo de custos.

Implementando o custeio ABC

O objetivo do ABC é obter estimativas mais precisas, do que a análise tradicional dos custos consumidos no fornecimento do tratamento. Essencialmente o custeio ABC assume que uma organização incorre em custos para adquirir os recursos necessários para o fornecimento de seus produtos ou serviços. Um dos desafios ao aplicar o ABC é a identificação dos direcionadores de custos apropriados. As tabelas 2 e 3 mostram essa aplicação.

No caso, os serviços de enfermagem e os equipamentos duráveis são agregados e não são submetidos a uma análise ABC. A equipe da clínica, no entanto, acreditava que o atual sistema de custeio da Relação Custo-Receita atribuía os custos de HD e PD de maneira incorreta. Em vez disso, com base em sua experiência e julgamento, a equipe indicou que HD e PD consumiram esses recursos em um relacionamento de 85:15, respectivamente, ou seja, a estimativa do tempo de enfermagem gasto em HD e PD seria de 85% e 15%, repectivamente. Para o recurso equipamento foi usado o mesmo direcionador do recurso serviços de enfermagem.

Tabela 2 - Análise de Lucratividade Usando o Custeio ABC			
Demonstrativo de Resultados	**Total**	**HD**	**PD**
Receitas:			
Número de pacientes	164	102	62
Número de tratamentos	34.900	14.300	20.600
Total de receitas	R$ 9.714.000,00	R$ 6.006.000,00	R$ 3.708.000,00
Custos de serviços analisados			
Suprimentos padrão (1)	R$ 1.994.700,00	R$ 1.537.857,00	R$ 456.843,00
Suprimentos episódicos (1)	R$ 932.115,00	R$ 296.040,00	R$ 636.075,00
Despesas gerais (2)	R$ 2.357.475,00	R$ 1.399.876,00	R$ 957.599,00
Custos de serviços não analisados			
Equipamento (3)	R$ 411.138,00	R$ 349.467,00	R$ 61.671,00
Serviços de enfermagem (3)	R$ 2.649.840,00	R$ 2.252.364,00	R$ 397.476,00
Total de custos dos serviços	R$ 8.345.268,00	R$ 5.835.604,00	R$ 2.509.664,00
Resultado líquido	R$ 1.368.732,00	R$ 170.396,00	R$ 1.198.336,00
Lucro do Nível de Tratamento Usando Relação Custo-Receita		**HD**	PD
Receita média por tratamento		R$ 420,00	R$ 180,00
Custo médio por tratamento		R$ 408,08	R$ 121,83
Lucro (Prejuízo) por tratamento		R$ 11,92	R$ 58,17
(1) Suprimentos foram identificados com cada tipo de tratamento			
(2) Despesas gerais foram alocadas entre HD e PD pela metodologia ABC, conforme mostrado na tabela 3			
(3) Equipamento e serviços de enfermagem foram alocados baseados na estimativa do tempo de enfermagem usados na clínica:			
Custos HD: R$2.649.840,00 * 85% (estimativa de tempo de enfermagem gasto em HD) = R$2.252.364,00			
Custos PD: R$2.649.840,00 * 15% (estimativa de tempo de enfermagem gasto em PD) = R$397.476,00			
Valores em números e moedas, apenas, ilustrativos			

Fonte: West e West (1998)

Os custos indiretos classificados como despesas gerais, conforme tabela 3, são decompostos em quatro conjuntos de custos separados com os direcionadores de custos apropriados para cada conjunto. Esses conjuntos são: <u>Custos de facilidades</u> (aluguel e depreciação) sendo o direcionador utilizado, <u>metro quadrado</u>; <u>Equipes administrativas e de suporte</u> (incluindo benefícios) sendo o direcionador utilizado, <u>número de pacientes</u>; <u>Sistema de comunicação e registros médicos</u> sendo o direcionador utilizado, <u>número de tratamentos (comunicação e registros médicos)</u>; <u>Utilidades</u> sendo o direcionador <u>consumo estimado em kilowatt</u>.

Tabela 3 - Análise das Despesas Gerais pelo ABC			
Categorias de centros de custos das despesas gerais	**Total**	**HD**	**PD**
Custos de facilidades (aluguel, depreciação)(1)	R$ 699.678,00	R$ 440.845,00	R$ 258.833,00
Equipes administrativas e de suporte (incluindo benefícios)	R$ 1.064.046,00	R$ 661.785,00	R$ 402.261,00
Sistemas de comunicação e registros médicos	R$ 471.657,00	R$ 193.467,00	R$ 278.190,00
Utilidades	R$ 122.094,00	R$ 103.779,00	R$ 18.315,00
Despesas gerais	R$ 2.357.475,00	R$ 1.399.876,00	R$ 957.599,00
Direcionadores de custos (correspondentes aos centros de custos):	**Total**	**HD**	**PD**
Metro quadrado (custos de facilidades)	2.787	1.756	1.031
Número de pacientes (salários administrativos e suporte)	164	102	62
Número de tratamentos (comunicação e registros médicos)	34.900	14.300	20.600
Consumo estimado kilowatt (utilidades)	662.700	563.295	99.405

(1) Exemplo de alocação de custos de facilidade usando o ABC:
Custos HD: R$699.678,00 * (1.756 M2 / 2.787 M2 total) = R$440.844,00 (arredondado)
Custos PD: R$699.678,00 * (1.031 M2 / 2.787 M2 total) = R$258.833,00 (arredondado)
Valores em números e moedas, apenas, ilustrativos

Fonte: West e West (1998)

Três premissas são feitas no desenvolvimento de informações de custo de tratamento sob o ABC. Primeiro, os suprimentos efetivamente são atribuídos a tratamentos individuais. Em consonância com muitos programas de gerenciamento de inventário nos hospitais, a clínica se concentrou em como os suprimentos estavam sendo usados no fornecimento do tratamento. Em segundo lugar, uma análise ABC das despesas gerais proporciona uma melhor compreensão do consumo de recursos do que uma alocação típica da Relação Custo-Receita com base nas receitas relativas. Em terceiro lugar, as estimativas da equipe de clínicas sobre o consumo de recursos de serviços de enfermagem e equipamentos duráveis são mais precisas do que a alocação da Relação Custo-Receita.

Com base nessas premissas, a demonstração de resultados revisada mostrada na Tabela 2 indica que HD é significativamente mais dispendioso do que PD, e a lucratividade do HD (R$11,92) é cerca de um quinto da lucratividade do PD (R$58,17), oposta ao relatado pela metodologia da Relação Custo-Receita.

Conclusão

A era do custeio baseado em atividades ABC/ABM com início no final dos anos 80 se estendeu fortemente pelos anos 90. O custeio ABC surgiu com a proposta de melhorar a questão dos rateios volumétricos distorcidos da contabilidade de custos tradicional. Introduz o conceito de centro de acumulação de custos por atividades que se contrapõem aos centros de custos funcionais/verticais da contabilidade tradicional. Outro conceito importante é representado pelos direcionadores de custos que distribuem os custos dos materiais para os centros de atividades e desses para os produtos/serviços/objetos de custos procurando a base causal dentro de uma relação de custo-benefício. As atividades são organizadas, segundo a hierarquia de Cooper, em quatro níveis: unidades, lote, produto e facilidades. Busca uma melhor distribuição dos custos/despesas indiretas, quando comparado com a contabilidade tradicional, na tentativa de corrigir os produtos super e subcusteados. Os mesmos fundamentos adotados no custeio ABC aplicados na distribuição dos custos indiretos fabris também são utilizados nas despesas de vendas, gerais e administrativas. O capítulo mostra, ainda, alguns modelos de aplicação do custeio ABC também em organizações de serviço como em Bancos, Hospitais, além de um modelo de ABC para os custos da qualidade.

Questões para Análise e Discussão

1. Comente: "Custo é um sintoma , não a causa dos problemas".
2. Comente: "Com o aumento da tecnologia mais custos são indiretos".
3. Comente: "Os métodos tradicionais de alocação de custos funcionam quando existem....
   - poucos produtos/serviços, e eles são muito similares;
   - custos indiretos baixos;
   - processos homogêneos de produção/conversão;
   - clientes, demanda de clientes, e canais de marketing
   - homogêneos;
   - vendas, distribuição e custos administrativos, baixos,
   - margens muito altas;

Você conhece alguma companhia assim?"

4. Qual a diferença ente ABC e ABM?
5. Como o ABM atua na redução dos custos dos processos?
6. De Despesas Funcionais para Atividades

O Departamento de Garantia de Qualidade de uma empresa apresenta os seguintes gastos relatados pela Contabilidade Tradicional:

Salários	R$610.000,00	
Suprimentos	R$ 62.000,00	
Sistemas de Informação	R$ 30.000,00	(quadro 1)
Ocupação	R$ 60.000,00	
Depreciação	R$ 70.000,00	
Viagens	R$ 20.000,00	
	R$852.000,00	

Utilizando o Custeio ABC, esses gastos foram direcionados a suas atividades conforme abaixo:

Inspeção de Recebimento	R$334.800,00	
Inspeção Final	R$344.800,00	(quadro 2)
Pesquisa de Novos Fornecedores	R$172.400,00	
	R$852.000,00	

Determinar que direcionadores de custos podem ter sido utilizados para salários, suprimentos, sistemas de informação, ocupação, depreciação e viagens. Apresente também os cálculos que levaram do quadro 1 para o quadro 2.

Obs.: Assuma os dados que julgar necessário para a solução desse problema

7. Custeio ABC x Custeio Tradicional na Manufatura Celular

Baseado no modelo esquemático da figura 2.8 calcule os custos indiretos totais dos produtos P_1, e P_2, usando as metodologias ABC e Tradicional.

O exemplo se restringe a duas células de produção, duas máquinas (uma em cada célula), dois produtos (um em cada célula) e dois lotes (um para cada produto). Os valores dos recursos estão assinalados no próprio diagrama em (000's de reais) e referem-se a valores correspondentes a períodos mensais de apuração. Demais informações conforme discriminação abaixo:

a) Células: 02 $\Rightarrow C_1$ e C_2

b) Máquinas: 02

$\Rightarrow$ 01 na Célula C_1 (M_1) $\Rightarrow$ 01 na Célula C_2 (M_2)

c) Produtos: 02

$\Rightarrow P_1$ na Célula C_1 $\Rightarrow P_2$ na Célula C_2

d) Lotes: 02

$\Rightarrow$ 01 na Célula C_1 -> L_1(P_1 Þ C_1) 01 na Célula C_2 -> L_2 ($P_2 \Rightarrow C_2$)

e) Quantidade (por lote):

$\Rightarrow Q_1$ = 20.000 un. $\Rightarrow Q_2$ = 15.000 un.

f) Número de lotes (previsto):

$\Rightarrow N_1 = 50$ $\Rightarrow N_2 = 50$

g) Horas de máquina por lote:

$\Rightarrow H_1 = 155$ $\Rightarrow H_2 = 145$

h) Área de máquina:

$\Rightarrow A_1 = 55\%$ $\Rightarrow A_2 = 45\%$

i) Recurso 1: Máquinas & suas ferramentas dedicadas (depreciação mensal) = 22.

$\Rightarrow M_1 = 16$ $\Rightarrow M_2 = 6$

j) Recursos 2 e 3:

O direcionador de custos escolhido é o do custo das máquinas.

k) Recursos 4 e 5:

O direcionador de custos escolhido é o da área ocupada pelas máquinas

$\Rightarrow M_1 = 55\%$ $\Rightarrow M_2 = 45\%$

l) Recurso 6 = 10 (7 Þ C_1 e 3 Þ C_2)

m) Recurso 7 = 10 (7 $\Rightarrow C_1$ e 3 $\Rightarrow C_2$)
n) Recurso 8 = 25 (15 $\Rightarrow C_1$ e 10 $\Rightarrow C_2$)
o) Recurso 9 = 15 (8 $\Rightarrow C_1$ e 7 $\Rightarrow C_2$)
p) Recurso 10 = 15 (9 $\Rightarrow C_1$ e 6 $\Rightarrow C_2$)
q) Recurso 11 = 5 (3 $\Rightarrow C_1$ e 2 $\Rightarrow C_2$)
r) Recurso 12: Ferramentas e dispositivos de cada peça/produto = 1000

$\Rightarrow P_1 = 608$ $\quad \Rightarrow P_2 = 39$

$\Rightarrow P_1 = 152$ $\quad \Rightarrow P_2 = 48$

Diagrama Esquemático do Custeio "ABC"

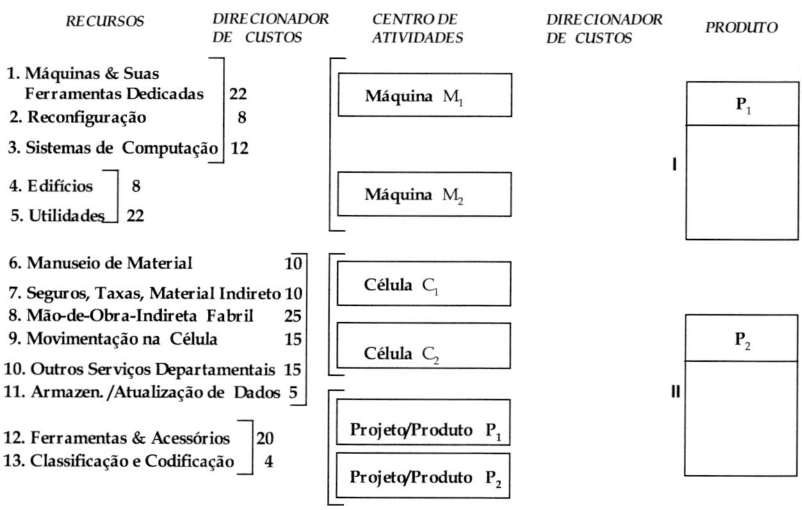

Figura 2.8

8. Custeio ABC para as Despesas de Marketing

Com as informações apresentadas nos quadros das figuras 2.9, 2.10 e 2.11, calcule a lucratividade por linha de produto (figura 2.11) para os produtos A, B e C. A figura 2.9 apresenta algumas informações pertinentes aos produtos. Essas informações são suficientes para a escolha dos direcionadores de custos para distribuir as despesas indiretas (apresentadas na figura 2.10) aos produtos.

CUSTEIO BASEADO EM ATIVIDADES PARA AS DESPESAS DE MARKETING

PRODUTO	A	B	C
Preço de venda	R$10,00	R$ 8,00	R$12,00
Custo unitário fabril	R$ 8,00	R$ 5,00	R$11,00
Quantidade de unidades vendidas e embarcadas	50.000	30.000	20.000
Peso Médio das Unidades vendidas	2,0 kg	3,0 kg	4,0 kg
Número de pedidos de clientes	100	200	200

Figura 2.9

Activity-Based Costing for Marketing: Lewis, R. J.; *Management Accounting*, November, 1991

CUSTOS INDIRETOS TOTAIS

CENTRO DE CUSTOS POR ATIVIDADES	DIRECIONADOR DE CUSTOS	VOLUME TOTAL	CUSTO P/ ATIVIDADE	
			TOTAL	TAXA UNIT.
Vendas			$49.000	
Propaganda			$40.000	
Armazenagem			$27.000	
Seleção, empacotam. embarque do pedido			$20.000	
Despesas gerais de de escritório			$10.000	

Figura 2.10

Activity-Based Costing for Marketing: Lewis, R. J.; *Management Accounting*, November, 1991

LUCRATIVIDADE POR LINHA DE PRODUTO

	Total da Companhia	Linha de Produto A	B	C	Base de alocação
Vendas	R$	R$	R$	R$	
Custos das Vend.					
Margem Bruta	R$	R$	R$	R$	
➘Menos: Despesas					
Vendas	R$	R$	R$	R$	
Propaganda					
Armazenagem					
Empac. e embar.					
Gerais de escrit.					
Despesas totais	R$	R$	R$	R$	
Lucros(Perdas) Operacionais	R$ 64.000	R$ 33.000	R$ 47.000	R$(16.000)	

Figura 2.11

Activity-Based Costing for Marketing: Lewis, R. J.; *Management Accounting*, November, 1991

9. Impacto Comportamental do ABC

Independente se as práticas tradicionais de custeio são boas ou más, todos na organização são familiares com elas. Um único sistema é utilizado para orçamentos, relatórios de despesas departamentais, avaliação de desempenho gerencial, assim como, relatórios para os bancos e acionistas. O mesmo sistema contábil é utilizado para a determinação dos custos dos produtos, medição da lucratividade das linhas de produção e canais de distribuição.

Já o ABC é uma nova forma de ver o negócio, uma visão de processos que atravessa as linhas departamentais. Ele oferece resposta diferente, no que se refere a custos. O ABC não focaliza o orçamento ou o desempenho de departamentos funcionais individuais, razão pela qual pode haver resistências por parte dos gerentes que se sentem bem confortáveis com o sistema anterior. De algum modo eles podem se sentir ameaçados se o ABC estiver sendo introduzido. Da mesma forma, a ênfase do ABC nas atividades que agregam valor pode, por exemplo, ameaçar o gerente de movimentação de material ou de inspeção, pois se trata de duas funções consideradas como não agregadoras de valor. Cada um, no caso de através o ABC aparecer prejuízos/perdas em seu trabalho irá quase que naturalmente, questionar essa nova sistemática. Por outro lado, aqueles que recomendam sua aplicação, talvez por se sentirem prejudicados com as práticas atuais, são seus fortes defensores.

Um time de projeto de implementação facilmente se entusiasma com o trabalho que está desenvolvendo, representando, pois, dentro da organização, forte defensor da nova prática. Contudo, uma nova sistemática é basicamente uma mudança nas normas vigentes e as pessoas usualmente resistem a tais mudanças.

Mudança é uma ameaça, principalmente para aqueles diretamente impactados com a novidade. Algumas funções na empresa poderão se sentir ameaçadas com a sistemática ABC principalmente aquelas que trabalham com linhas de produtos que pela sistemática corrente são rentáveis e que à luz do ABC tem sua lucratividade comprometida. Também aqueles que na empresa exercem atividades que não agregam valor nem para os clientes, nem para o negócio, como estoques, movimentações, inspeções/revisões, etc. podem também se sentir ameaçados.

O ABC, como nova forma de ver o negócio, trará consigo à medida que as mudanças forem sendo feitas, vencedores e perdedores. A organização como um todo será a grande vencedora.

Comente:

a. Para uma implementação bem-sucedida da nova sistemática, que estratégias você utilizaria para prevenir barreiras/problemas que podem ocorrer na implementação.

b. Que passos você sugere como um plano de ação de implementação do ABC na empresa.

Capítulo III

Custeio Baseado em Atividades Orientado ao Tempo (TDABC)

3.1 Generalidades

Custeio Baseado em Atividades orientado ao Tempo (TDABC) é uma abordagem de baixo para cima que envolve o cálculo do custo unitário de fornecimento de capacidade (taxa de custo de capacidade) e estimativa do tempo gasto no desempenho de uma atividade.

Conhecer e ter uma boa compreensão do custo para administrar um negócio ou prestar serviços em qualquer empresa ou instituição é essencial, independentemente do negócio ser ou não para fins lucrativos. O método tradicional de cálculo de custos baseado em volume ou de baixo custo é útil, mas não fornece aos proprietários de empresas ou gerenciamento institucional, informações suficientes, ou, em alguns casos, necessárias para entender melhor a eficiência e a rentabilidade do negócio. Além disso, subvenções cruzadas de custo do produto, entre os resultados organizacionais de alto volume e de baixa complexidade e os resultados organizacionais de baixo volume e de alta complexidade, podem acontecer com os métodos tradicionais de cálculo de custos baseados em volume (TSE e GONG, 2009).

O Custeio Baseado em Atividades (ABC), por seu turno, é, também, uma abordagem de baixo para cima que dá aos proprietários de empresas, ou ao gerenciamento institucional, informações sobre atividades necessárias para produzir um produto ou prover um serviço, e sobre a utilização de recursos. As informações irão ajudá-los a gerenciar melhor os recursos e possivelmente maximizar os lucros. No entanto, demonstrou-se que não é sustentável continuar a atualizar o modelo ABC para a maioria das empresas ou instituições. Por um lado, a ABC não captura a complexidade e a variação de algumas atividades (uma estimativa única para cada atividade), portanto, não é tão útil para indústrias que realizam atividades complexas. Por outro lado, o levantamento anual e entrevista de funcionários são muito consumidores de tempo e os esforços para manter essa quantidade de dados no modelo são enormes. Além disso, o modelo ABC ignora a capacidade ociosa ou não utilizada.

O Custeio Baseado em Atividades orientado ao Tempo (TDABC) foi desenvolvido e publicado por Kaplan e Anderson em 2004 para melhorar a abordagem de baixo para cima e eliminar alguns dos problemas no modelo ABC. São apenas necessários dois parâmetros para TDABC: (i) a taxa de custo de capacidade para o departamento, (ii) o uso de capacidade (principalmente tempo gasto) por cada transação processada no departamento (KAPLAN e ANDERSON, 2007). O TDABC elimina a primeira etapa de alocação de recursos (despesas de recursos alocadas para atividades) no modelo ABC, ao invés disso, atribui despesas de recursos diretamente aos objetos de custo usando equações de tempo. Ao utilizar equações de tempo com direcionadores de tempos múltiplos, o TDABC pode modelar atividades e processos complexos (por exemplo, mesmo produtos com diferentes tipos de produtos ou clientes diferentes, etc.). Além disso, o TDABC reconhece a capacidade ociosa ou não utilizada e pode fornecer informações de custo mais precisas. Múltiplos estudos empíricos têm sido realizados para avaliar o TDABC nas indústrias de manufatura e de serviços.

Como comentado, o TDABC apenas requer que sejam estimados dois parâmetros de fácil obtenção na empresa: o custo, por unidade de tempo, do fornecimento de recursos de uma dada atividade e os tempos consumidos para executar determinado procedimento dessa mesma atividade.

Os parâmetros são calculados mediante a seguinte fórmula:

$$\text{custo da capacidade por unidade de tempo} = \frac{\text{custo da capacidade}}{\text{capacidade prática}}$$

Com relação ao primeiro parâmetro, percebe-se que os custos da capacidade representam os recursos utilizados para realizar as atividades. Aí encontram-se os custos salariais dos trabalhadores que desempenham essa atividade, os custos de equipamentos e tecnologias utilizadas, o custo do espaço utilizado e outros gastos incorridos.

Já o denominador da fração é uma estimativa do tempo que os trabalhadores efetivamente despendem nas suas atividades laborais com os recursos disponíveis num determinado centro de custo. Não se trata da quantidade teórica de tempo disponível para dada atividade, mas, sim, da quantidade de tempo estritamente dedicada a realizá-la. É também possível considerar-se a quantidade de horas disponíveis para efetivo trabalho, em termos de maquinaria ou equipamento técnico.

Para se alcançar essas quantidades, Kaplan e Anderson (2004) sugerem o uso de uma percentagem da capacidade teórica. Segundo os mesmos autores, a regra é considerar uma percentagem de 80% a 85% da totalidade da capacidade teórica. Mais concretamente, os gestores devem atribuir uma percentagem de 80% para pessoas, dando assim 20% dos seus tempos para pausas, chegadas e partidas, comunicações e formações (Kaplan e Anderson, 2004). No entanto, quando se consideram máquinas, apenas 15% para paradas e manutenção são suficientes (KAPLAN E ANDERSON, 2004). Outra alternativa para a determinação da capacidade prática é a revisão dos níveis passados de atividade e a identificação, porventura, do mês com mais trabalho. (BARROS, R. S.; SIMÕES, A. M. D. 2014).

Ainda no que tange ao segundo parâmetro, a ideia geral é a determinação do tempo que demora a efetuar uma unidade de cada tipo de atividade. Esses períodos de tempo são assim determinados por observação direta, questionando diretamente os funcionários e as equipes de gestão, ou analisando os dados históricos de que a organização dispõe. Nesse campo quando se interrogam funcionários ou as equipes de gestão, a questão não deve pender para a percentagem de tempo que certa atividade toma, mas, sim, quanto tempo demora a completar uma unidade de uma certa atividade, Mas esse sistema não requer que todos os tempos sejam reduzidos a uma média. O próprio modelo permite, em essência, que as estimativas de tempo variem consoantes às especificações das atividades (KAPLAN E ANDERSON, 2007).

Em ambos os parâmetros, a precisão não é um fator crítico, pois o TDABC requer rigor, mas não um elevado grau de precisão. Apenas será necessária uma aproximação com algum rigor da realidade. Se a estimativa da capacidade prática estiver grosseiramente errada, o processo de execução do sistema irá revelar esses erros com o passar do tempo (BARROS, R. S.; SIMÕES, A. M. D. 2014).

3.2 Modelo Conceitual

Conforme mencionado no capítulo anterior, o modelo ABC apresenta dois estágios de alocação de custos (Figura 1). Na primeira etapa, os custos de recursos são alocados para cada atividade identificada para um recurso particular. Na segunda etapa, os custos da atividade são alocados aos objetos de custo final (TSE e GONG, 2009).

Eles explicaram o modelo fornecendo um exemplo, onde os recursos incluem salários e benefícios, depreciação, energia e suprimentos de operação. As atividades incluíram administração, montagem e controle de qualidade. Os objetos de custo final foram as linhas de produtos/serviços consistindo em Padrão, Luxo e Premium. Vários direcionadores são identificados para alocar custos de recursos para atividades e alocar os custos de atividades para linhas de produtos.

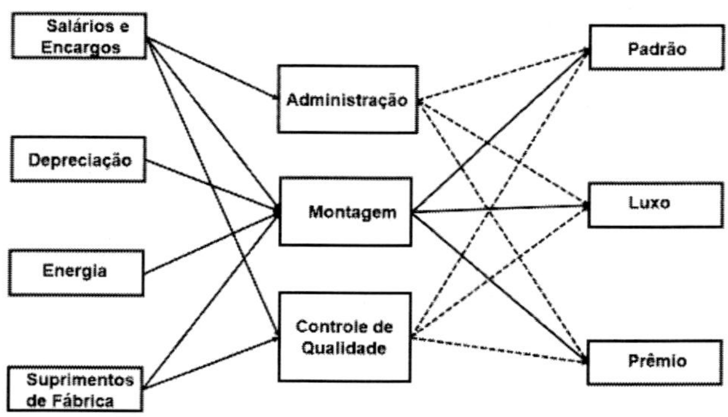

Figura 1: Modelo de Custeio Baseado em Atividades - ABC. Adaptado de Tse e Gong (2009)

Figura 1: Modelo de Custeio Baseado em Atividade. Fonte: Tse e Gong (2009)

No caso do modelo TDABC, os custos de recursos são alocados aos objetos de custo final (linha de produtos) calculando o custo de recursos por hora e coletando estimativas de tempo para produzir cada linha de produtos (Figura 2). Os custos dos recursos não são alocados diretamente às atividades.

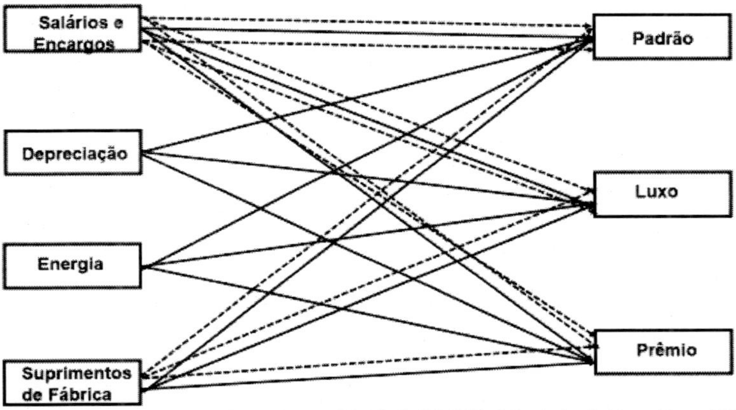

Figura 2: Modelo de Custeio Baseado em Atividade-TDABC. Adaptado de Tse e Gong (2009)

3.3 Equações de Tempo

Conforme Kaplan e Anderson (2004), nem todos os pedidos são iguais e exigem a mesma quantidade de tempo para processar. O mesmo se pode dizer quando se lida com reclamações de clientes, realizar verificações de crédito ou qualquer outro processo transacional. Na realidade as empresas geralmente podem prever os direcionadores que causam que algumas transações sejam mais simples ou mais complexas para serem processadas. Como exemplo, considere-se uma atividade para empacotar um produto químico para embarque. Se for um item padrão em um pacote compatível, a operação poderá levar apenas 0,5 minutos para prepará-lo para envio. Se o item requerer um pacote especial, será necessário um adicional de 6.5 minutos. E se o item for enviado por via aérea, será necessário adicionar mais 0,2 minutos para colocá-lo em uma bolsa de plástico. Em vez de definir uma atividade separada para cada combinação possível de características de frete ou usar um direcionador de duração para cada combinação de transporte possível, a abordagem baseada no tempo seria de estimar a demanda de recursos através de uma equação simples:

Exemplo: Tempo de embalagem = 0,5 + 6,5 (se for necessário um manuseio especial) + 0,2 (se o transporte por via aérea), (KAPLAN e ANDERSON, 2004).

Os dados para o manuseio especial, o método de embarque e todas as outras características de envio geralmente estão no sistema ERP da empresa, onde o pedido foi inserido. A maioria dos sistemas ERP modernos fornece aos usuários ferramentas para exportar esses dados para pacotes de *softwares* analíticos. Os dados específicos do pedido permitem que as demandas específicas de tempo para qualquer ordem dada sejam calculadas rapidamente com um algoritmo simples que teste a existência de cada característica que afeta o tempo de embalagem. A abordagem baseada no tempo geralmente opera com menos equações do que o número de atividades usadas em qualquer sistema ABC tradicional existente, ao mesmo tempo que, permite maior variedade e complexidade em pedidos, produtos e clientes e, portanto, trazendo mais precisão. Os modelos ABC orientados por tempo são geralmente semelhantes para fábricas e empresas dentro de uma indústria porque os processos que eles usam são semelhantes.

Ainda, segundo Kaplan e Anderson (2004), os gerentes podem facilmente atualizar seu modelo TDABC para refletir as mudanças nas suas condições de operação. Por exemplo, eles podem saber que o departamento de clientes executa mais do que as três atividades especificadas no modelo ABC tradicional. Eles não precisam voltar a entrevistar o pessoal do departamento. Eles simplesmente estimam os tempos de unidade necessários para cada nova atividade identificada.

Como já foi observado, se os gerentes sabem que todos os pedidos dos clientes ou todas as verificações de crédito não levam a mesma quantidade de tempo, eles podem incorporar facilmente o efeito de pedidos complexos versus simples, ao estimar o tempo unitário incremental necessário quando uma transação complexa deva ser tratada. Exemplificam uma empresa onde o algoritmo para o tempo de Atendimento ao Cliente acrescenta três minutos para encomendas especiais, outros três minutos se for necessário um memorando de crédito, diminui a estimativa se o pedido acontecer através de uma conexão EDI, e acrescenta ou subtrai por características conhecidas específicas do cliente. Dessa forma, o modelo evolui perfeitamente à medida que os gerentes aprendem mais sobre variedade e complexidade adicionais em seus processos, pedidos, fornecedores e clientes. Os gerentes também podem facilmente atualizar as taxas de direcionador de custo de atividade.

Os gerentes usam as estimativas de tempo unitário para instuições estratégicas, não para monitorar e controlar o desempenho de funcionários e equipamentos individuais. Para a visão estratégica, uma estimativa aproximada, geralmente dentro de 10%, deve ser adequada. As imprecisões brutas nas estimativas do tempo unitário serão eventualmente reveladas em excedentes inesperados ou na falta de recursos comprometidos (KAPLAN e ANDERSON, 2004) .

Seja o seguinte exemplo de uma equação de tempo = 3 +2 * LE +1 + 4 (Se NOVO) + 1(Se CONF) + 1 (Se COTA) + 4 (SE) + 2 (Se CONF),

Onde:

LE = # de linhas de encomenda
NOVO = indica se é um cliente novo
CONF = indica se é uma reserva confirmada
COTA= indica se é uma reserva já com cotação
SE = indica se é um produto sem estoque
CONF = indica se é uma cotação confirmada

Enquanto que no ABC cada variação é tratada como uma atividade diferente, no TDABC, por seu turno, uma simples equação é capaz de refletir as diversas variações. A implicação disso é que o tamanho do novo modelo apenas aumenta linearmente com a complexidade, ao passo que no ABC aumenta exponencialmente (KAPLAN E ANDERSON, 2007).

As equações de tempo matematicamente podem ser expressas da seguinte forma:

$$\text{Tempo de processo} = (\beta_0 + \beta_1 X_1 + \beta_2 X_2 + \beta_3 X_3 + \ldots\ldots + \beta_i X_i)$$

Onde β_0 é o tempo mínimo requerido ou o padrão para desempenhar uma atividade, βi é o tempo estimado para a atividade incremental i e, Xi é a quantidade da atividade incremental i.

Como se pode ver, em linhas gerais, estimar uma equação de tempo não é mais do que descrever a atividade básica e todas as grandes variações em volta da mesma, identificando os direcionadores dessas variações e os tempos estimados para essas atividades básicas e para cada variante (Kaplan e Anderson, 2007). Em suma, o que essas equações de tempo fazem é conceber para cada objeto de custeio uma conta de atividades que especifica os diversos tipos de atividades necessários à sua execução (BALAKRISHNAN *et al.*, 2012).

Já as variáveis (Xi) segundo os autores Everaert e Bruggeman (2007) devem configurar um *mix* entre variáveis contínuas, discretas e indicativas. Exemplificando, uma variável contínua é a quantidade em gramas de um produto, uma variável discreta é o número de linhas da encomenda do cliente e, por fim, uma variável indicativa é a assunção do valor da unidade de um dado termo caso se verifique determinada condição. Essa última tipologia de variáveis serve, essencialmente, como garantia que não é adicionado mais tempo ao processo, a não ser que, dada característica se verifique.

3.3.1 Atualização do modelo

Os sistemas TDABC são no geral mais fáceis de manter. E aqui dois fatores podem originar essa necessidade de alteração. Primeiro, modificações aos preços dos recursos fornecidos que afetam o custo por unidade de tempo da capacidade de uma dada atividade. Já, o segundo fator, diz respeito a ganhos ou perdas de eficiência no tratamento das atividades. Exemplificando essa última alteração, considere uma dada transação que anteriormente demorava vinte minutos, pode, por um ganho de eficiência, passar a demorar apenas doze minutos. Nesse caso, basta ir à parcela da equação e fazer essa alteração. Como pode ser entendido, a abordagem TDABC é simples de modificar e não requer que se recalcule e reveja todo o modelo quando são feitas alterações. (KAPLAN E ANDERSON, 2004, 2007).

3.4 Aplicações do TDABC: Exemplos e Casos

3.4.1 ABC x TDABC: Exemplo de Kaplan e Anderson (2007)

Saraiva Júnior, A. F. (2010) relata exemplo apresentado por Kaplan e Anderson (2007) para ilustrar as diferenças conceituais entre o TDABC e o ABC tradicional.

Em uma determinada empresa, o departamento de serviços ao cliente apresenta despesas operacionais de $ 567,000.00 por trimestre que incluem gastos com pessoal de serviço ao cliente, com supervisores, com tecnologia da informação, com telecomunicações e com ocupação. Os gestores necessitam calcular os custos que cada usuário (cliente) do departamento representa para a empresa. Primeiramente, as atividades que o departamento realiza são mapeadas, e são:

A. Processar pedidos dos clientes;
B. Lidar com dúvidas e queixas dos clientes;
C. Analisar créditos dos clientes.

Para custear as atividades pela ótica do ABC tradicional (1º estágio), é solicitado que os empregados estimem a porcentagem do tempo que eles dedicam às três atividades. Assim, os empregados fazem estimativas tomando como base um horizonte de três a seis meses, e os seguintes percentuais são obtidos: 70% para a atividade A, 10% para a atividade B, e 20% para a atividade C. Dessa forma, as despesas operacionais são alocadas para cada atividade através das porcentagens de tempo. Além disso, são coletadas informações sobre a carga de trabalho de cada atividade durante o semestre, o que trouxe 49.000 pedidos de clientes, 1.400 dúvidas de clientes e 2.500 análises de crédito. De forma a simplificar a análise, considera-se que cada transação executada em cada atividade no departamento consome o mesmo tempo.

Em seguida, são calculadas as taxas de direcionadores de custos das atividades pela visão do ABC tradicional obtendo os valores expressos no quadro que segue:

Atividade	Tempo consumido (%)	Custo atribuído	Quantidade de direcionadores de custo	Taxa do Direcionador de custo
A. Processar pedidos dos clientes	70%	$ 396,.900	49.000	$ 8.10 por pedido
B. Lidar com dúvidas e queixas dos clientes	10%	$ 56,700	1.400	$40.50 por ocorrência
C. Analisar créditos dos clientes	20%	$ 113,400	2.500	$45.36 por análise de crédito
TOTAL	100%	$ 567,000	-	-

Taxas do direcionador de custos calculados pela lógica do ABC tradicional. Fonte: Kaplan e Anderson (2007)

Considerando-se o ABC tradicional, as taxas de direcionadores de custos seriam utilizadas para distribuir as despesas do departamento para cada cliente com base no número de pedidos, de dúvidas/queixas, ou de análises de crédito referentes a cada um deles.

Por outro lado, no TDABC, o 1º estágio de alocação de custos, conforme adotado no ABC, é ignorado, eliminando a necessidade de se alocar os custos do departamento entre as várias atividades por ele executadas. Dessa forma, o TDABC evita o trabalho dispendioso, demorado e subjetivo de pesquisa de atividades do ABC tradicional. Para tanto, usa equações de tempo que, de maneira direta e automática, distribuem recursos de custo das atividades executadas e as transações processadas. Antes disso, a (i) taxa do custo da capacidade para o departamento e o (ii) uso da capacidade por cada transação processada no departamento, são estimados.

O numerador da expressão que calcula o custo da capacidade por unidade de tempo é igual ao custo total da capacidade fornecida pelo departamento, ou seja, $ 567,000.00 por trimestre. O denominador da expressão é obtido através do estudo da capacidade de trabalho real dos empregados do departamento. O departamento possui 28 empregados de linha de frente (executores do serviço) que trabalham, em média, 20 dias por mês (60 dias por trimestre) e que são remunerados com base em 7,5 horas de trabalho por dia. Dessa forma cada empregado está presente no departamento por cerca de 450 horas ou 27.000 minutos por trimestre. No entanto, nem todo o tempo remunerado é aproveitado em trabalho produtivo, pois os empregados do departamento passam, aproximadamente, 75 minutos por dia em intervalos, em treinamentos e em formação profissional. Portanto, a capacidade prática de cada empregado é de cerca de 22.500 minutos por trimestre (375 minutos por dia * 60 dias de trabalho por trimestre) e do departamento como um todo é de 630.000 minutos por trimestre. De posse dessas informações, a taxa do custo da capacidade para o departamento resulta em:

$$\text{Taxa de custo de capacidade} = \frac{\$567{,}000}{630{,}000} = \$0.90 \text{ por minuto}$$

A partir da estimação dos tempos médios unitários de execução de cada atividade, o parâmetro segundo do TDABC é calculado. Os tempos estimados são: 8 minutos para processar pedidos dos clientes, 44 minutos para lidar com dúvidas e queixas dos clientes e 50 minutos para analisar créditos dos clientes. A partir da multiplicação desses tempos pela taxa por minuto são calculadas as taxas dos direcionadores de custos das atividades executadas no departamento de serviços ao cliente pela lógica do TDABC. O quadro a seguir apresenta os valores obtidos:

Atividade	Direcionador de custo do TDABC	
	Unidade de tempo (minutos)	Taxa ($0.90 por minuto)
A. Processar pedidos dos clientes	8	$ 7.20
B. Lidar com dúvidas e queixas dos clientes	44	$ 39.60
C. Analisar créditos dos clientes	50	$ 45.00

Taxas do direcionador de custos calculados pela lógica do TDABC Fonte: Kaplan e Anderson (2007)

Pode-se notar que as taxas dos direcionadores de custo do TDABC são um pouco mais baixas do que as estimadas pelo modelo ABC tradicional. Para encontrar as razões das diferenças, alguns procedimentos são realizados. Primeiramente, o tempo total de serviço executado pela ótica do TDABC é obtido pelo uso da seguinte equação de tempo:

Tempo de serviço aos clientes (minutos)
= 8 * nº de pedidos processados
+ 44 * nº de dúvidas dos clientes
+ 50 * nº de análises de crédito dos clientes

Dessa forma, pode-se calcular tanto o custo total da capacidade efetivamente utilizada para executar as atividades, como também o custo total da capacidade ociosa, como mostra o quadro seguinte:

Atividade	Unidade de tempo (minutos)	Quantidade	Total de minutos	Custo total
A. Processar pedidos dos clientes	8	49.000	392.000	$ 352,800
B. Lidar com dúvidas e queixas dos clientes	44	1.400	61.600	$ 55,440
C. Analisar créditos dos clientes	50	2.500	125.000	$ 112,500
Capacidade utilizada	-	-	578.600	$ 520,740
Capacidade não utilizada (8,2%)	-	-	51.400	$ 46,260
TOTAL	-	-	630.000	$ 567,000

Cálculo dos custos das atividades, da capacidade utilizada e da capacidade ociosa Fonte: Kaplan e Anderson (2007)

Analisando o último quadro pode-se observar que apenas 92% da capacidade prática dos recursos fornecidos (578.600 dividido por 630.000) durante o trimestre são usadas em trabalho produtivo. Como consequência, apenas 92% das despesas (gastos) totais de $567,000 são atribuídas aos clientes durante esse período. Dessa forma, conclui-se que o sistema ABC tradicional superestima os custos de execução das atividades, pois, suas pesquisas sobre distribuição do esforço (de empregados, por exemplo) abrangem tanto os custos de capacidade dos recursos utilizados, como também os custos dos recursos não utilizados. Por sua vez, o TDABC, ao especificar as unidades de tempo para a execução de cada atividade, proporciona informações mais válidas à organização na medida em que possibilita a visualização dos custos e do consumo de recursos (tempo) das atividades, da capacidade efetivamente utilizada e da capacidade ociosa do período.

3.4.2 Custo do Paciente

Adaptado de Kaplan e Porter (2011) mostra-se, a seguir, um exemplo de aplicação do TDABC para a determinação do custo de um paciente em uma visita ambulatorial a uma clínica.

Considere o paciente David, que faz uma visita ambulatorial a uma clínica. Para estimar o total de cuidado do paciente, primeiro identificam-se os processos que ele sofre e os recursos utilizados em cada processo. Assume-se que esse paciente usa um processo administrativo para *check-in*, registro e obtenção de documentação para reembolso de terceiros; e um processo clínico para tratamento. Apenas três recursos clínicos são, pois, necessários: um administrador (A), um enfermeiro (E) e médico (M).

Inicialmente, estima-se a quantidade de tempo (capacidade) que o paciente usa de cada recurso em cada processo. A partir de informações fornecidas pelos três funcionários, sabe-se, então, que o paciente David passou 20 minutos com o Administrador A, 25 minutos com a enfermeira E para um exame preliminar, e 10 minutos com o Médico M para o exame e consulta direta.

Em seguida, calcula-se a taxa de custo de capacidade para cada recurso, ou seja, quanto custa, por hora ou por minuto, para que um recurso esteja disponível para o trabalho relacionado ao paciente, usando a seguinte equação:

$$\text{Taxa de Capacidade de Custo} = \frac{\text{Despesas Atribuídas ao Recurso}}{\text{Capacidade Disponível do Recurso}}$$

O numerador agrega todos os custos associados ao fornecimento de um recurso de cuidados de saúde, com A, E e M.

Começa com a remuneração total de cada pessoa, incluindo salário, impostos sobre a folha de pagamento e benefícios adicionais, tais como seguro de saúde e pensões. Para tanto, adicionam-se os custos de todos os outros recursos associados que permitem que A, E e M estejam disponíveis para atendimento ao paciente. Esses geralmente incluem uma proporção dos custos relacionados à supervisão dos funcionários, o espaço (os escritórios que cada funcionário usa) e o equipamento, a tecnologia da informação e as telecomunicações que cada um utiliza no curso normal do trabalho.

O compartilhamento do custo de supervisão, por exemplo, pode ser calculado com base em quantas pessoas um gerente supervisiona. Os custos do espaço são uma função da área de ocupação e taxas de aluguel; Os custos de tecnologia da informação (TI) são baseados no uso, por indivíduo, de computadores/produtos e serviços de comunicação. Assim, o custo total da enfermeira E seria como segue:

Salário Anual (incluindo benefícios)	R$195.000,00
Custo de Supervisão (10% do custo total da supervisão de enfermagem)	R$ 27.000,00
Ocupação (10 m^2 de espaço a $1,100/$m^2$/ano)	R$ 11.000,00
Suporte e Tecnologia	R$ 2.200,00
Custo total anual da enfermeira "E"	R$235.200,00

Em seguida, calcula-se a disponibilidade para cuidados de saúde da enfermeira E - o denominador da equação de taxa de custo de capacidade. Esse cálculo começa com ano de 365 dias e subtrai-se o tempo que a enfermeira não está disponível para o trabalho. O cálculo para a enfermeira E seria como segue:

Comece com	**365 dias por ano**
menos dias de fins de semana	104
menos dias de férias	20
menos feriados	12
menos dias doente	5
	224 dias disponíveis por ano
Comece com	7,5 horaspor dia disponível
menos paradas programadas	0,5
menos reuniões, treinamento, educação	1
	6 horas disponíveis por dia

A enfermeira E está, portanto, disponível para o trabalho com pacientes 80.640 minutos por ano (6 horas por dia * 60 minutos/dia * 224 dias/ano = 80.640 minutos). Dividindo o custo anual do recurso (R$ 235.200,00) pela capacidade anual (80.640 minutos) dará a taxa de custo de capacidade da enfermeira E = R$2,92 por minuto.

Usando-se raciocínio análogo pode-se simular as seguintes taxas de custo de capacidade para Administrador A e o Médico M, de R$3,25 por minuto e R$15,00 por minuto, respectivamente.

Calcula-se, então, o custo total da visita de David à instalação simplesmente multiplicando a taxa de custo de capacidade de cada recurso pelo tempo (em horas). David gastou usando o recurso e depois somando os componentes, R$289,65:

(20 minutos	x R$ 2,92)	= R$ 58,40
(25 minutos	x R$ 3,25)	= R$ 81,25
(10 minutos	x R$15,00)	= R$150,00
Custo total da visita =		R$289,65

Como mostra esse exemplo, calcular com precisão o custo da prestação de cuidados de saúde é bastante direto no sistema TDABC. Embora o exemplo seja reconhecidamente simplificado, ele captura quase todos os conceitos fundamentais que qualquer fornecedor de cuidados de saúde precisa aplicar para estimar o custo do tratamento dos pacientes ao longo de seus ciclos completos de cuidados.

Ao captar todos os custos durante o ciclo completo de cuidados, para a condição médica de um paciente individual, permite-se que os provedores e pagadores abordem praticamente qualquer questão de cálculo de custos. Os provedores podem agregar e analisar o custo de atendimento dos pacientes por idade, gênero e comorbidade, ou por instalação de tratamento, médico, empregador e pagador. Eles podem calcular os custos totais e médios para qualquer categoria ou subcategoria de pacientes enquanto ainda capturam os dados detalhados sobre pacientes individuais necessários para entender as fontes de variação de custos em cada categoria (KAPLAN e PORTER, 2011).

3.4.3 Custo do Pedido

Adaptado de Szychta (2010), conforme tabela que segue, exemplifica-se para um departamento de atendimento ao cliente, uma aplicação de TDA-BC, no estudo de três atividades: processamento de pedidos de clientes, consultas de clientes e realização de verificações de crédito. O volume de direcionadores foi identificado para cada uma das atividades: número de pedidos, número de consultas e número de cheques de crédito.

Houve 10.500 encomendas, 450 consultas e 900 verificações de crédito em um trimestre. No mesmo trimestre, os custos totais de R$450.000,00 foram incorridos. O departamento tinha 10 funcionários. Usando um método simplificado, a capacidade prática foi estimada como 80% da capacidade teórica de 8 horas por dia durante 22 dias em um mês. A capacidade prática total para o trimestre foi de 253.440 minutos (8hs * 60min * 22dias * 3meses * 10func * 0,8). A taxa de custo de capacidade foi calculada como R$ 450.000,00 dividido por 253.440, resultando em R$ 1,78 / minuto.

Seguindo o modelo, o próximo passo foi estimar o tempo gasto para cada atividade. Os gerentes estimaram que o tempo gasto para processar pedidos de clientes era de 15 minutos, para lidar com consultas de clientes era de 50 minutos, e para realizar verificações de crédito era de 70 minutos. Multiplicando com a taxa de custo de capacidade de R$ 1,78 / minuto, as taxas de direcionador de custo de atividade chegaram aos valores de R$ 26,70, R$ 89,00 e R$ 124,60 para processar pedidos de clientes, lidar com consultas de clientes e realizar verificações de crédito, consequentemente.

Multiplicando-se a taxa pelos volumes dos direcionadores de 10.500 pedidos, 450 consultas e 900 verificações de crédito, o total de minutos para cada atividade chegou-se a 157.500 minutos, 22.500 minutos e 63.000 minutos, e os custos totais para cada atividade chegaram a R$280.350,00, R$ 40.050,00 e R$112.140,00.

Resumindo esses números, o total de minutos de atividade do departamento no trimestre foi de 243.000 minutos e os custos totais para o departamento no trimestre foram $ 432.540,00. A capacidade ociosa ou não utilizada foi de 10.440 minutos (= 253.440-243.000) e os custos da capacidade ociosa ou não utilizada foram R$17.460,00 (= R$ 450.000,00 - R$432.540,00).

Atividade	Unidade de Tempo Gasto para desempenhar uma atividade (min)	Taxa de Custo de Capacidade de Enfermeira (por minuto)	Quantidade de Atividade	Tempo Total Consumido (minutos)	Custo Total Atribuído
Pedido de cliente	15 min	R$ 1,78 (R$450.000/8*60*22*3*10*0,8)	10.500	157.500	R$ 280.350,00
Consulta de cliente	50 min	R$ 1,78	450	22.500	R$ 40.050,00
Verificação de crédito	70 min	R$ 1,78	900	63.000	R$ 112.140,00
Total Consumido				243.000	R$ 432.540,00
Total Suprido				253.440	R$ 450.000,00
Capacidade Ociosa				10.440	R$ 17.460,00

Adaptado de Szychta (2010)

3.4.4 Estudo de Caso: Empresa Manufatureira de Auto Peças

Arbulo e Fortuny, J. (2011) desenvolveram um estudo de caso que ilustra as diferenças entre o método TDABC e o ABC tradicional.

Uma empresa fabrica e comercializa componentes plásticos para o setor automotivo. O produto que fabrica é o *kit* de abertura do porta-malas e que está localizado na parte traseira do veículo. O processo de produção consiste em três fases: - Primeiro, a matéria-prima básica é o plástico granular onde o processo de injeção é realizado. - Em seguida, as peças são enviadas para a instalação de pintura onde é aplicada uma camada de tinta de cor correspondente. - Terceiro, as peças pintadas passam para uma célula de montagem.

Para a análise de custos concentre-se apenas no processo de montagem. É na célula de montagem onde 3 tipos diferentes de kits são montados: tipo A, tipo B e tipo C. O processo de montagem consiste em montar uma série de elementos (interruptor, espuma, clipe e parafusos) para as principais peças que chegam da seção de pintura. O interruptor executa a função de abrir o porta-malas do carro através de sua unidade. Ele está localizado na parte central e é fixado com parafusos. O selo de espuma consiste em uma longa faixa de espuma plástico que fica ao longo do contorno do botão. Sua função é selar o componente em face aos elementos do tempo (água, umidade e poeira) para que eles não possam penetrar dentro da peça. O clipe de plástico e parafusos são os elementos necessários para a montagem do *kit* de abertura do porta-malas. Dependendo do modelo de *kit* o número de parafusos varia.

A Tabela 1 mostra os tempos necessários para a montagem dos modelos (em segundos). Esses tempos foram medidos observando os trabalhadores na célula de montagem (são o resultado de uma média ponderada aproximada de todas as amostras tomadas ao longo de diferentes dias e operadores diferentes), ARBULO; FORTUNY, 2011).

Cálculo de custos usando ABC

Tabela 1 - Tempos de montagem dos botões

Tipo de Kit	Tempo (segundos)
Modelo A	140
Modelo B	100
Modelo C	80

Definição de atividades e custos

Para a aplicação do sistema de custos ABC entrevistaram-se as pessoas envolvidas (que pertencem a diferentes departamentos) para descrever o tipo de atividade que fazem, o tempo que dedicam, os recursos que são consumidos, e as medidas de atividade ou direcionadores. Toda essa informação é mostrada na Tabela 2, onde os dados são referidos há um mês.

Cálculo dos custos do produto através de ABC

Com as informações nas tabelas 1 e 2 podem ser obtidos os custos de cada um dos modelos (ver Tabela 3).

Tabela 2- Atividades, custos e direcionadores para uma linha de montagem[4]

Atividade	% do tempo	Custo da atividade ($)	Direcionador	Quantidade do Direcionador	Taxa
Reposição dos componentes na linha de montagem	15[1]	3,000	Unidades montadas	5.000	0.6$/ unidade
Montagem	100[2]	24,960	Horas de mão de obra	156	160$/ hora
Controle de qualidade*	12[3]	4,000	Unidades montadas	5.000	0.8$/ unidade

[1] Percentagem da jornada que um <u>repositor</u> dedica a essa linha (o restante do tempo dedicado a outros setores da empresa)

[2] Um <u>operário da célula</u> dedica toda jornada à montagem

[3] Percentagem da jornada que um <u>funcionário do controle de qualidade</u> dedica a essa linha

[4] 2.000 unidades do botão A, 2.000 unidades do B e 1.000 unidades do C

Tabela 3 - Custo dos produtos sob o ABC

	ATIVIDADES			Atividades Total ($/ unidade)
	Reposição ($/unidade)	Montagem ($/unidade)	Controle de qualidade	
Modelo A	0.6	(140/3600) * 160 = 6.22	0.8	7.62
Modelo B	0.6	(100/3600) * 160 = 4.44	0.8	5.84
Modelo C	0.6	(80/3600) * 160 = 3.55	0.8	4.95

Cálculo de custos através do TDABC

Estimando os custos das atividades

As etapas abordadas no sistema de custos do TDABC são: 1º Desenvolvimento de equações de tempo; 2º Custo por unidade de tempo dos grupos de recursos naturais (reposição de materiais, montagem e controle de qualidade); 3º Estimativa dos custos das atividades.

Desenvolvimento de equações de tempo

Foram desenvolvidas equações de tempo para atividades de reposição de materiais e controle de qualidade.

Atividadades de reposição de materiais

Atividade de reposição de material inclui todas as tarefas relativas a esse processo. Dependendo do tipo de produto, o tempo necessário para substituir os materiais é diferente. Para o tipo A, o tempo é de 9 minutos. Para o tipo B o tempo é de 6 minutos, e finalmente, para o tipo C, o tempo é de 4 minutos. A equação de tempo de reabastecimento (em minutos) pode ser traduzida pela equação

$$9 X_1 + 6 X_2 + 4 X_3 \qquad (1)$$

onde, $X_1 = 1$, se são os componentes do tipo A em que $X2 = X3 = 0$. No caso de $X_1 = 0$, $X3 = 0$, e $X_2 = 1$, se refere ao tipo B. No caso de $X_1 = 0$, $X_2 = 0$ e $X_3 = 1$, é o caso do tipo C.

O número de vezes (em um mês) que o material é reabastecido para cada um dos botões é mostrado na Tabela 4

Tabela 4 - Número de vezes ao mês que se repõe material por tipo de produto

Modelo A Botão A	80
Modelo B	50
Modelo C	30

As tabelas 5 e 7 mostram os cálculos que levam aos custos de reposição de cada produto.

Atividade de controle de qualidade

O tempo que leva para executar o controle de qualidade de cada produto depende do número de pontos a verificar ou controlar. No caso do modelo A o número de pontos são 2, no caso do modelo B são 4 e do modelo C, 6. Isso poderia ser implementado de acordo com a equação:

Tempo de controle de qualidade = 0,05 X.......... (2),

onde,

X = número de pontos a revisar (2 no botão A, 4 no botão B e 6 no C). Isso é mostrado nas tabelas 6 e 8.

Custo por unidade de tempo dos grupos de recursos

O custo por unidade de tempo (minuto) para cada grupo de recursos é calculado conforme mostrado nas tabelas 5 e 6. A capacidade disponível por mês (em horas) baseia-se em 40 horas trabalhadas por semana

Cálculo dos custos do produto

De acordo com a Tabela 4, em um mês, 80 vezes são repostos os componentes do modelo A, 50 vezes os do modelo B e 30 vezes os componentes do modelo C. Com o coeficiente da equação 1, pode-se determinar o tempo de reposição para cada tipo de botão, e o custo de reposição por unidade do artigo, multiplicando-se o tempo dedicado a cada um dos modelos para o custo por unidade de tempo e dividindo pela produção realizada (Tabela 7).

De forma análoga, aplicando a equação 2 obtém-se o custo do controle de qualidade para cada tipo de botão (Tabela 8).

Somando-se ao custo de reposição e inspeção o custo de montagem (que é o mesmo que no exemplo anterior com o sistema de custos ABC) se obtém o custo de cada um dos produtos através do TDABC (Tabela 9).

Tabela 5 - Custo por unidade de tempo da atividade de reposição de materiais

1.	Capacidade disponível por semana	40 h * 0.15 pessoas =	6.0 h
2.	Capacidade normal por mês	80% * 6 h * 4 =	19.2 h
3.	Custo total por mês		3,000$
4.	Custo por unidade de tempo		.
	Custo por hora	3,000 $/ 19.2 h =	156.25 $/h
	Custo por minuto	156.25 $/h / 60 min/h =	2.60 $/min

Tabela 6 - Custo por unidade de tempo da atividade de controle de qualidade

1.	Capacidade disponível por semana	40 h * 0.12 pessoas =	4.8 h
2.	Capacidade normal por mês	80% * 4 h * 4 =	15.36 h
3.	Custo total por mês		4,000
4.	Custo por unidade de tempo		
	Custo por hora	4,000 $/ 15.36 h =	260.42 $/ h
	Custo por minuto	260,42 $/h / 60 min / h= =	4.34 $/ min

Tabela 7 - Cálculo do custo de reposição por produto

Tipo de produto	Tempo (minutos) de reposição de materiais	Custo de reposição por produto ($/tipo)
Modelo A	9 * 80 = 720	720 * 2.60 / 2000 = 0.936$
Modelo B	6 * 50 = 300	300 * 2.60 / 2000 = 0.390$
Modelo C	4 * 30 = 120	120 * 2.60 / 1000 = 0.312$

Tabela 8 - Cálculo do custo de controle de qualidade por produto

Tipo de produto	Tempo (minutos) de inspeção	Custo de reposição por produto ($/tipo)
Modelo A	0.10 * 2000 = 200	200 * 4.34 / 2000 = 0.434$
Modelo B	0.20 * 2000 = 400	400 * 4.34 / 2000 = 0.868$
Modelo C	0.30 * 1000 = 300	300 * 4.34 / 1000 = 1.302$

Tabela 9 - Custo dos produtos mediante TDABC

Produto	Reposição (/modelo)	Montagem ($/modelo)	Qualidade ($/modelo)	Total ($/modelo)
Modelo A	0,936	(140/3.600) * 160 = 6,22	0,434	7,590
Modelo B	0,390	(100/3.600) * 160 = 4,44	0,868	5,698
Modelo C	0,312	(80/3.600) * 160 = 3,55	1,302	5,164

3.4.5. Estudo de Caso: Cirurgia Sinusal Endoscópica[1]

Esse exemplo de aplicação do TDABC adapta um trabalho desenvolvido por Au e Rudmik (2013) que aplica a metodologia TDABC para determinar o custo de uma cirurgia sinusal endoscópica (EES – endoscopic sinus surgery), em um hospital.

A figura 1 apresenta um fluxo do caminho clínico percorrido pelo paciente submetido à rotina ambulatorial, que incorpora várias camadas de

[1] Os valores (em reais) desse exemplo são apenas ilustrativos.

custos, incluindo espera pré-operatória, procedimento intraoperatório de ESS, esterilização, sala de recuperação e internação no dia pós-operatório.

Figura 1 - Caminho clínico para um paciente submetido a rotina ambulatorial ESS. ESS = cirurgia endoscópica

Espera pré-operatória	Intra-operative/ Procedimento ESS	Equipamento de esterilização	Unidade de cuidados pós-anestésico(PACU)	Dia do pós-operatório da cirurgia
Enfermagem	Enfermagem	Grupo de esterilização	Enfermagem	Enfermagem
* Espaço Hospitalar	* Espaço Hospitalar	* Espaço Hospitalar	* Espaço Hospitalar	* Espaço Hospitalar
Descartáveis	Cirurgia	Equipamento capital	Descartáveis	Descartáveis
Medicamentos	Anestesista		Medicamentos	Medicamentos
	Cirurgia capital			
	Anestesia capital			
	Descartáveis			
	Medicamentos			

* inclui manutenção e limpeza

Fonte: Au e Rudmik (2013)

Capacidade Prática

A capacidade prática refere-se ao tempo real disponível para o recurso (isto é, pessoal ou equipamento de capital) para prestar os serviços. Uma suposição geral é que a capacidade prática é de 80% a 85% da capacidade total teórica (ou seja, se a capacidade total teórica é de 40 horas por semana, então a capacidade prática é de 32 a 35 horas por semana).

No entanto, ao invés de usar essa capacidade prática, consultou a Associação de Enfermeiros Registrados no Estado onde se localiza esse hospital, e obteve valores reais de capacidade prática para: (i) número médio de horas trabalhadas por dia, e (ii) número médio de dias úteis por ano para uma enfermeira de tempo integral (tendo em conta férias, dias de educação/treinamento, intervalos e faltas por doença). Uma vez que as horas de trabalho de enfermagem em tempo integral (7,75 hr/dia *248 dias = 1.922 hr) refletem outras posições comuns de emprego em tempo integral, assumiu que os valores da capacidade prática de enfermagem eram os mesmos que o pessoal de esterilização e do equipamento.

Tabela 1 - Tempos da capacidade prática

Número médio de horas de trabalho por dia	7,75
Número médio de dias trabalhado por ano	248

Fonte: Au e Rudmik (2013)

Taxas de custo de capacidade

As taxas de custo de capacidade para cada recurso orientado por tempo foram calculadas dividindo-se as estimativas de valor pelos tempos de capacidade prática. Todas as taxas de custo de capacidade são apresentadas como unidades de custo por hora. A tabela 2 determina as taxas de custo de capacidade para o pessoal, a tabela 3 para equipamentos de capital, e a tabela 4 para o espaço hospitalar.

Funcionários

A Tabela 2 descreve os valores anuais (ou seja, o salário e benefícios) e as taxas de custo da capacidade calculada para cada posição da equipe encontrada no caminho clínico.

Tabela 2. Taxa de capacidade prática dos funcionários

Salários dos funcionários	Salário anual (benefícios incluidos)	Taxa de custo de capacidade (custo por hora)
Enfermeira registrada	R$ 319.527,00	R$ 166,25
Coordenadores de carrinho de esterilização	R$ 238.556,46	R$ 124,12
Líderes de trabalho de esterilização	R$ 179.003,13	R$ 93,13
Processador cirúrgico de esterilização	R$ 154.806,30	R$ 80,54

Fonte: Au e Rudmik (2013)

Equipamento de Capital

Cada peça de equipamento foi atribuída a uma vida útil baseada em taxas de substituição históricas ou a expectativa de vida esperada da indústria para itens novos. Com base nos padrões existentes na região assumiu-se que não havia valor de revenda do equipamento ao final da vida útil.

Tabela 3 - Sumário dos principais custos de capital com taxa de capacidade de custo

Categoria de equipamento cirúrgico	Itens incluidos	Valor total	Vida útil e premissas de capacidade prática	Taxa de custo de capacidade (custo por hora)
Instrumentos ESS (1)	Sinus básico, sinus frontal, fones de ouvido e instrumentos IGS, console e peça manual do microdebridador	R$ 309.365,49	5-anos de vida útil, usado 20 vezes por mês	R$ 80,06
Sistema ESS de câmara(2)	Câmara HD, com console, fonte de tela de vídeo, cordão de iluminação, endoscópios, (0^0, 30^0, 70^0)	R$ 163.128,57	10-anos de vida útil, horas de trabalho integrais	R$ 8,49
IGS		R$ 375.000,00	10-anos de vida útil, horas de trabalho integrais	R$ 19,51
Outros equipamentos cirúrgicos	Mesa, cadeira, farol, gerador eletrocirúrgico, cauterização	R$ 191.746,92	15-anos de vida útil, horas de trabalho integrais	R$ 6,65
Máquinas de anestesia		R$ 525.000,00	15-anos de vida útil, horas de trabalho integrais	R$ 18,22
Máquina de esterilização	Custo da máquina do esterilizador, máquina Sterrad, máquina Steris arruela de cubo, carrinho e acessórios, lavadora de carrinho	R$ 1.890.000,00	10-anos de vida útil, horas de trabalho integrais	R$ 93,34

Tempo de uso dos instrumentos ESS = 3,22 hr/dia

Fonte: Au e Rudmik (2013)

(1) R$309.365,49 / 5 * 240 dias * 3,22 hr/dia = R$80,06

(2) R$163.128,57 / 10 * 1.922 hr = R$8,49

ESS = cirurgia sinusial endoscópica; HD = alta-definição; IGS = sistema guiado por imagem

Espaço hospitalar

Os custos gerais do espaço hospitalar foram determinados pela atribuição de valores de mercado aos custos por metro quadrado por ano, para aluguel e manutenção para a região onde se localiza a instituição de saúde. Os custos de manutenção incluem todos os custos operacionais internos e externos, incluindo utilidades. Os custos de aluguel do mercado para o espaço médico foram definidos como R$1.125,00 por m2 por ano e custos de mercado de manutenção foram definidos em R$480,00 por m^2 por ano. Usando esses valores de mercado, pode-se atribuir uma taxa de custo de capacidade para cada um dos diferentes espaços hospitalares utilizados durante um procedimento ambulatorial de cirurgia sinusial endoscópica (ESS) conforme tabela 4. Assumiu-se usar as mesmas taxas de capacidade prática utilizadas anteriormente para funcionário e equipamento de capital, descritas na tabela 2 e na tabela 3 (=1.922hr).

Tabela 4 - Taxas de custo de capacidade de aluguel e armazenamento de espaço hospitalar

	Localização no hospital	Metro quadrado	Taxa de custo de capacidade (custo por hora)
Aluguel	Espera no pré-operatório (1)	14	R$ 8,19
	Sala de operação	65	R$ 38,05
	PACU	14	R$ 8,19
	Dia do pós-operatório da cirurgia	19	R$ 11,12
Manutenção	Espera no pré-operatório	14	R$ 3,50
	Sala de operação	65	R$ 16,23
	PACU	14	R$ 3,50
	Dia do pós-operatório da cirurgia	19	R$ 4,75

PACU = Unidade de cuidados pós-anestésico

Fonte: Au e Rudmik (2013)

(1) R$1.125,00 * 14 /1.922hr = R$8,19/hr

Custos Diretos

As despesas com o cirurgião, o anestesista e os descartáveis cirúrgicos e anestésicos são alocadas diretamente ao procedimento, pois, estão associadas a essa intervenção. Portanto, aí, uma taxa de capacidade de custo não pode ser calculada, uma vez que estes são pagamentos únicos por caso ESS. Esses custos, pagamentos de médicos, por exemplo, são adicionados ao custo total diretamente sem um ajuste do direcionador de tempo, bem como, os custos descartáveis cirúrgicos e anestésicos.

Esses pagamentos de médico deveriam ser estimados usando o valor de mercado na região.

Tabela 5 – Pagamento estimado por caso ESS

Cirurgiâo ENT por procedimento ESS	R$ 2.977,00
Anestesista por procedimento	R$ 1.320,00
Total de pagamentos médicos	R$ 4.297,00

ENT=ouvido, nariz,e garganta; ESS=cirurgia sinusal endoscópica

Fonte: Au e Rudmik (2013)

Descartáveis relacionados à cirurgia sinusal endoscópica (ESS)

Todos os equipamentos cirúrgicos descartáveis associados a um caso ESS padrão foram registrados e os preços unitários devem ser obtidos usando o valor de mercado na região (Tabela 6).

Tabela 6 - Custos de descartáveis relacionados à ESS

Item	Custo
Capa de cabeça estéril	R$ 22,80
Drapeado estéril de cabeça e pescoço	R$ 32,46
Cabeça rastreadora do IGS	R$ 675,00
Instrumento rastreador do IGS	R$ 375,00
Lâmina de microdebradeira	R$ 345,00
Lâmina de microdebradeira curvada	R$ 478,20
Tubo de sucção	R$ 58,47
Espaçadores médios de metal do Nasopore x 2	R$ 600,00
Meias de compressão sequencial	R$ 156,00
Custo total de descartáveis por caso ESS	R$ 2.742,93

ESS = cirurgia sinusal endoscópica,

HD = alta-definição, IGS = sistema guiado por imagem

Fonte: Au e Rudmik (2013)

Estimativa do tempo unitário das atividades

Durante todas as etapas do fluxo ambulatorial da ESS em apreço, as estimativas de tempo para cada encontro podem ser obtidas através de um histórico aleatório de um certo número de pacientes que receberam este tratamento ambulatorial, sem complicações, por um rinologista. Em cada etapa, as notas de enfermagem acompanham com precisão os horários conforme tabela 7.

Tabela 7 - Tempo unitário das atividades

Item	Horas
Tempo da área de espera pré-operatória	2,08
Tempo para cirurgia de ESS(configuração e limpeza)	3,22
Equipamento de esterilização para ESS	0,63
Tempo no PACU	0,93
Tempo no dia pós-operatório	2,27

ESS=cirurgia sinusal endoscópica;
PACU=unidade de cuidado pós-anestesia

Fonte: Au e Rudmik (2013)

Calculando os custos totais

Todos os custos dos recursos foram calculados multiplicando-se a taxa de custo de capacidade pelo tempo unitário da atividade [Recurso total = Taxa de custo de capacidade * Tempo unitário da atividade]. O custo total por fase do fluxo do procedimento (ou seja, preparação pré-operatória, intra-operatório do procedimento ESS, esterilização, unidade de cuidados pós-anestesia (PACU), e sala do dia pós-operatório) foi calculado pela soma de todos os custos de recursos, juntamente com os custos irrecuperáveis (por exemplo, honorários médicos e descartáveis). O custo total do procedimento ESS de ambulatório de rotina foi calculado pela soma dos custos totais para cada fase do fluxo do procedimento clínico.

Resultados da unidade de custos de preparação pré-operativa

Conforme tabela 8, os custos totais na área de preparação pré-operação é de R$147,39.

Tabela 8 - Sumário dos custos de espera pré-operativa

	Taxa de custo de capacidade (R$/hora)	Tempo de atividade (horas)	Custo
Enfermeira (dividida entre 4 pacientes)	R$ 41,56 (R$166,26/4)	2.08	R$ 86,44
Espaço de aluguel do hospital	R$ 8,19	2.08	R$ 17,03
Espaço de manutenção do hospital	R$ 3,50	2.08	R$ 7,28
Descartáveis (spray de oximetazolina, IV, saco de solução salina normal)	n/a	n/a	R$ 36,99
Total			R$ 147,74

IV = intravenoso

n/a = não se aplica

Fonte: Au e Rudmik (2013)

Resultados da unidade de custos intraoperatório

Conforme tabela 9 é onde ocorre a maior parcela dos custos e seu total obtido é de R$9.110,80

Tabela 9 - Sumário de custos intraoperativos

	Taxa de custo de capacidade (R$/hora)	Tempo de atividade (horas)	Custo
Instrumentadora	R$ 166,26	3.22	$535,11
Enfermeira circulante	R$ 166,26	3.22	R$ 535,11
Enfermeira de cobertura (dividida entre 12 salas de operação)	R$ 13,86 (R$166,26/12)	3.22	R$ 44,58
Espaço de aluguel do hospital	R$ 38,06	3.22	R$ 123,15
Espaço de manutenção do hospital	R$ 16,23	3.22	R$ 52,77
Sistema guiado por imagem	R$ 19,50	3.22	R$ 62,82
Instrumentos ESS	R$ 80,04	3.22	R$ 257,73
Sistema de câmera ESS	R$ 8,49	3.22	R$ 27,33
Outro equipamento cirúrgico	R$ 6,66	3.22	R$ 21,42
Máquina de anestesia	R$ 18,21	3.22	R$ 58,62
Pagamento de médicos (cirurgia e anestesia)	n/a	n/a	R$ 4.297,00
Custo total dos descartáveis cirúrgicos	n/a	n/a	R$ 2.742,93
Custo total dos descartáveis anestésicos	n/a	n/a	R$ 352,23
Total			R$ 9.110,80

ESS = cirurgia sinusal endoscópica

n/a = não se aplica

Fonte: Au e Rudmik (2013)

Custos de Esterilização

Conforme tabela 10, R$270,40.

Tabela 10 - Sumário dos custos de esterilização

	Taxa de custo de capacidade (R$/hora)	Tempo de atividade (horas)	Custo
Coordenador de carrinho	R$124.11	0,63	R$ 78,19
Trabalhador líder	R$ 93,12	0,63	R$ 58,66
Processador cirúrgico	R$ 80,55	0,63	R$ 50,74
Máquina de esterilização	R$ 93,36	0,63	R$ 58,81
Serviços descartáveis de esterilização	n/a	n/a	R$ 24,00
Total			R$ 270,40

n/a = não se aplica

Fonte: Au e Rudmik (2013)

Custo da PACU

O custo total da PACU por paciente foi de R85,69 (Tabela 11). O principal diferencial de custo entre a PACU e a área de espera do pré-operatório é devido a um período de permanência mais curto nessa fase.

Tabela 11 - Sumário dos custos PACU

	Taxa de custo de capacidade (R$/hora)	Tempo de atividade (horas)	Custo
Enfermeira (dividida entre 4 pacientes)	R$ 41,56 (R$166,26/4)	0.93	R$ 38,65
Espaço de aluguel do hospital	R$ 8,19	0.93	R$ 7,61
Espaço de manutenção do hospital	R$ 3,50	0.93	R$ 3,26
Descartáveis (spray de oximetazolina, IV, saco de solução salina normal)	n/a	n/a	R$ 36,17
Total			R$ 85,69

n/a = não se aplica

Fonte: Au e Rudmik (2013)

Custo unitário da cirurgia do dia pós-operatório

O custo total da unidade de cirurgia do dia pós-operatório, por caso ESS, foi de R$146.92 (Tabela 12). Os cuidados de enfermagem contribuem com a maior proporção dos custos unitários da cirurgia do dia pós-operatório.

Tabela 12 - Sumário dos custos de cirurgia do dia pós-operatório

	Taxa de custo de capacidade (R$/hora)	Tempo de atividade (horas)	Custo
Enfermeira (dividida entre 4 pacientes)	R$ 41,56 (R$166,26/4)	2.27	R$ 94,34
Espaço de aluguel do hospital	R$ 11,12	2.27	R$ 25,24
Espaço de manutenção do hospital	R$ 4,75	2.27	R$ 10,78
Descartáveis (spray de oximetazolina, IV, saco de solução salina normal)	n/a	n/a	R$ 16,56
Total			R$ 146,92

n/a = não se aplica

Fonte: Au e Rudmik (2013)

Custo geral da ESS ambulatorial

O custo total do ESS ambulatorial foi calculado em R$9.761,55 (Tabela 13). A fase intraoperatória da ESS ambulatorial compreendeu o tempo de atividade mais longo (3,22 horas), continha o maior número de itens de custo e contribuiu para 93,33% dos custos totais.

Tabela 13 - Custo total da ESS ambulatorial

Localização ambulatorial	Custo	Percentagem do custo total
Unidade de espera pré-operatória	R$ 147,74	1,50%
Intraoperatório	R$ 9.110,80	93,3%
Esterilização	R$ 270,40	2,80%
PACU	R$ 85,69	0,90%
Unidade de cirurgia do dia pós-operatório	R$ 146,97	1,50%
Total	R$ 9.761,55	100,00%

Fonte: Au e Rudmik (2013)

Trata-se de um exemplo de aplicação da metodologia TDABC baseado no trabalho desenvolvido por Au e Rudmik (2013), para quantificar o custo global do procedimento ESS ambulatorial - Cirurgia Sinusal Endoscópica aplicado em um hospital. Os resultados desse modelo definiram o custo total com o valor de R$9.752,07 (valores apenas ilustrativos), sendo que a fase do intraoperatório representou a maior parcela dos custos.

Conclusão

O Custeio Baseado em Atividades orientado ao Tempo (TDABC) foi desenvolvido e publicado por Kaplan e Anderson em 2004 para melhorar a abordagem de baixo para cima e eliminar alguns dos problemas detectados na implantação do modelo ABC. Apenas são necessários dois parâmetros para TDABC: (i) a taxa de custo de capacidade para o departamento, (ii) o uso de capacidade (principalmente tempo gasto) por cada transação processada no departamento.

Aplicações práticas do TDABC são apresentadas através de cinco aplicações/estudos de casos.

Questões para Análise e Discussão

1. O TDABC simplifica o ABC eliminando a necessidade de fazer entrevistas e pesquisas detalhadas para avaliar os custos da atividade. Ao usar taxas de custo de capacidade objetivamente determinadas, as taxas de atividade podem ser calculadas diretamente.

   Certo ( )   Errado ( )

2. A atualização de um modelo TDABC é fácil porque as taxas de atividade são atualizadas simplesmente atualizando a taxa de custo da capacidade. A maioria das mudanças nas condições operacionais é refletida pelas mudanças nos custos de recursos ou no tempo do sistema. Essas alterações são refletidas na taxa de custo da capacidade que é usada para atualizar a taxa de atividade.

Certo ( ) Errado ( )

3. Considere dois funcionários com salário anual de R$90.000,00. Assuma que eles trabalham 30 horas por semana com duas semanas de férias. Calcule a taxa TDABC para a atividade, e o custo da atividade considerando que ela requer 20 minutos.

4. Assuma que um grupo de enfermagem supre 2.500 horas em cada trimestre a um custo de R$84.000,00. A capacidade teórica é de 2.500 horas por trimestre. Calcule o custo unitário, por hora, do grupo de enfermagem.

5. Considere a etapa do Plano Operatório de um procedimento cirúrgico hospitalar. As atividades que compõem essa etapa são: 1. Seleção/Preparação de processos e envio (apoio do pessoal do Serviço de Internamento, tempo da atividade = 3 minutos); 2. Distribuição de processos pelos médicos (apoio do pessoal da Secretaria da unidade, tempo da atividade = 1 minuto); 3. Realização do plano (médico, tempo da atividade = 4 minutos); 4. Registro informático do plano (apoio do pessoal da Secretaria da unidade, tempo da atividade = 2 minutos).

A remuneração mensal do médico (com benefícios) é de R$25.000,00/mês. O salário mensal do pessoal de serviço administrativo e de secretaria (com benefícios) é de R$5,800,00. Os dias de trabalho prático de todos é de 24 dias por mês, 7 horas de trabalho por dia.

Pede-se: O custo total da etapa Plano Operatório.

Teoria das Restrições

4.1. Contabilidade de Ganhos (Throughput Accounting)

A teoria das restrições foi desenvolvida na década de oitenta pelo físico israelense Eliyahu Goldratt que com ela se tornou importante consultor de gestão empresarial. Ele se concentrou em três requisitos: ganho (contribuição) ou throughput, despesas operacionais, e inventário. Sua teoria das restrições (TOC – Theory of Constraints) aparenta ser um refinamento do custeio direto acoplado com programação linear.

Algumas das prescrições da teoria das restrições não são novas, como é o caso da maximização do ganho por unidade de restrição e o uso dos resultados sobre a base do custeio variáveis não são novas. Estes enfoques já haviam sido apresentados nos livros de custos há muito tempo. Contudo, a contribuição da TOC em seu todo é interessante e merece um destaque no universo da gestão estratégica de custos através do braço da TOC que se expande no mundo dos custos e que é conhecida como contabilidade de ganho. Isso tudo apesar da rebeldia de Goldratt contra o mundo dos custos receitando sua substituição pelo mundo dos ganhos.

Segundo Luebbe et al (1992): "Muitos acreditam que a teoria das restrições não contribui com nada novo porque se pode obter virtualmente o mesmo com a técnica da programação linear. Embora isso seja compreensível, dando o devido crédito a ambos, é importante o entendimento das diferenças. TOC é uma filosofia de operação, como também o just-in-time (JIT) ou a qualidade total (TQM) são filosofias de operações. Programação linear por seu turno é uma técnica específica...".

A TOC se concentra, pois, em somente três variáveis: ganhos, despesas operacionais e inventários.

- Ganho – corresponde ao índice no qual o sistema gera dinheiro através das vendas. Representa a diferença entre as vendas reais e o custo do material direto, este, nesse modelo, considerado como a única despesa variável. Corresponde à margem de contribuição do custeio variável onde todas as despesas são fixas à exceção do material direto. A consideração e que é marcante nessa teoria é a ênfase no curto prazo, período no qual as demais despesas podem ser consideradas como fixas. Essa simplificação que viabilizou os resultados apresentados por essa teoria também é sua principal limitação.

- Inventário – corresponde a todo o dinheiro que o sistema investe na compra de coisas que o sistema pretende vender. Essa definição foge das definições tradicionais de inventário, já que exclui o valor adicionado de mão de obra e despesas gerais.

- Despesas operacionais – corresponde a todo dinheiro que o sistema gasta para transformar inventário em ganho.

4.1.1 Os Cinco Passos de Focalização da Teoria das Restrições

1. Identifique a(s) restrição(ões) do sistema

2. Decida como explorar a(s) restrição(ões) do sistema, ou seja, não desperdiçar nada dessa restrição.

3. Subordine qualquer coisa à decisão do passo 2.

4. Levante a(s) restrição(ões) do sistema

5. Se, nos passos anteriores, uma restrição foi quebrada, volte ao passo 1, mas não deixe que a inércia se torne uma restrição do sistema.

A TOC pode ser explicada usando os cinco passos de focalização que acabou de ser listado. Observe-se que poderão existir sistemas com uma ou mais restrições. O objetivo desses passos é de focalizar a atenção do gerente nos recursos restritos, que são fatores inibidores do crescimento do lucro.

4.1.2 As Hipóteses que Suportam a Teoria das Restrições

1. A meta é fazer dinheiro agora e no futuro
2. Ganho é definido como a receita menos os custos variáveis de materiais e energia.
3. Existe pelo menos uma restrição em cada produto que limita a receita da empresa.
4. Existem três tipos de restrições: recursos escassos gargalos, recursos não gargalos, recursos com restrição de capacidade.
5. A maioria das operações de fabricação tem pelo menos alguns recursos com restrição de capacidade, o que torna fácil controlá-los.
6. Existem eventos dependentes que resultam em interações entre recursos e produtos.
7. Dentro de todos os ambientes de fabricação ocorrem flutuações estatísticas e randômicas.
8. O sistema de tecnologia de produção otimizada é implicitamente estável – a qualquer tempo dado, os gargalos são identificados, e o *mix* do pedido é estável com relação aos recursos dados.

A primeira consideração é que a meta é fazer dinheiro agora e no futuro. Fazer dinheiro é a razão primeira que leva à existência da empresa, pois do contrário ela não estaria no negócio.

A segunda consideração é a de que o ganho é usado como um meio para medir o dinheiro. Ganho, como já definido, é a receita menos os custos variáveis de material direto e energia. Subtende-se implicitamente, que a mão de obra direta não é um custo variável - existe um compromisso feito com os trabalhadores para um horizonte de planejamento, ou seja, os trabalhadores são pagos supostamente por mês, e essa despesa no curto prazo se comporta como se fixa fosse, independente da produção realizada. De forma semelhante, a suposição é de que todos os custos indiretos não irão variar no curto prazo. Contudo, um horizonte de planejamento em curto prazo, não é capaz de evitar que certos custos deixem de variar no longo prazo.

A terceira hipótese é de que sempre existe, pelo menos, uma restrição em cada produto, o que limita a receita da companhia. A restrição pode ser uma limitação interna da capacidade de produção, ou pode ser externa, tais como uma falta de pedidos de clientes, limitações logísticas, ou disponibilidade de materiais.

A quarta suposição baseia-se de que existem três tipos de recursos: recursos gargalos escassos, recursos não gargalos, e recursos com capacidade restrita (RCR). Um RCR é um recurso que ainda não é gargalo até o presente momento, mas, se não for gerenciado convenientemente irá se tornar um gargalo.

A quinta consideração é a de que a maioria das operações tem somente poucos RCR, e então é fácil controlá-las.

A TOC assume duas características (hipóteses 6 e 7) sobre o processo de produção. No processo de produção existem eventos dependentes que resultam em interações entre recursos e produtos. E dentro de todos os ambientes de fabricação ocorrem flutuações estatísticas e eventos randômicos. Juntas essas duas considerações implicam na necessidade de programação e priorização do fluxo do produto. A programação enfocada pela tecnologia de produção otimizada implica mais propriamente, num horizonte de curto prazo.

A oitava suposição da TOC é a de que o sistema de tecnologia de produção otimizada é implicitamente estável – a qualquer dado tempo os gargalos são identificados, e o *mix* do pedido é estável com relação aos recursos dados. A capacidade (tanto mecânica quanto de pessoal) é fixa para o período de curto prazo, e os gargalos são inevitáveis.

O objetivo da teoria das restrições é o foco no aumento do ganho pela eliminação das restrições e pela redução de ambos, inventário e despesas operacionais.

Em essência a TOC trata as despesas operacionais como fixas e não adiciona qualquer valor ao inventário mesmo se estiver em processo ou em estado de acabado. Todas as despesas de operação mais o custo do inventário (materiais) usado para produzir o ganho real são considerados na determinação da verdadeira lucratividade do período de ganho. A produção nos recursos escassos deve ser maximizada. Estoques amortecedores (*buffer*) são agregados nos locais onde existem os recursos restritos (gargalos), de modo que eles não parem de trabalhar – uma vez que a produção do gargalo em última análise é a produção do sistema. Em analogia a uma corrente o elo mais fraco é que limita a resistência da corrente. Uma hora perdida no gargalo é igual a uma hora perdida no sistema. Nos recursos não gargalos qualquer investimento representa desperdício, e qualquer melhoria de produtividade é uma mera ilusão.

Em suma, enquanto que as produções nos recursos com restrições devem ser maximizadas, a produção dos não gargalos deve ser administrada de forma diferente. Uma vez que eles possuem excesso de capacidade não devem produzir constantemente, pois isso iria aumentar os inventários. E em concordância com as técnicas do just-in-time (JIT) Goldratt prega a redução do estoque e a produção somente quando for necessária. No que tange à questão do estoque que o JIT procura reduzir a zero, a TOC defende o estoque amortecedor para proteger o equipamento onde existem gargalos. Goldratt também abraça em sua teoria, as técnicas da qualidade total. E propõe uma mudança nas prioridades gerenciais. Estas tradicionalmente enfatizavam primeiro a redução dos custos, em segundo, um aumento dos ganhos e, em terceiro, a redução dos inventários. Goldratt, em troca, coloca em primeiro lugar o ganho, o inventário em segundo e em terceiro o custo, o que representa uma mudança vital na mente de muitos gerentes.

4.1.3 Exemplo de Aplicação

A teoria das restrições recomenda, pois, que quando existe um recurso gargalo o ganho por unidade do fator de restrição deve ser calculado para se determinar o mix de produtos mais apropriado. Esse ganho por unidade é a mesma margem de contribuição por unidade de fator de restrição discutida na maioria dos livros-texto de contabilidade de custos.

A fim de ilustrar a teoria desenvolvida por Goldratt, seja o exemplo apresentado por Goldratt (1991).

A figura 4.1 mostra um ambiente de manufatura onde dois produtos, P e Q são produzidos. O preço de venda de P e Q é de respectivamente de $90 e $100 por unidade. A demanda semanal do produto P é de 100 unidades e a demanda semanal do produto Q é de 50 unidades. Existem quatro centros de trabalho nessa operação: A, B, C e D. Cada centro é representado por um tipo de funcionário que tem uma máquina que pode operar 2.400 min por semana (8hs x 60 min x 5dias). A figura 4.1 identifica o tempo requerido em cada centro de trabalho para cada produto para realizar a operação específica necessária demandada para a execução de cada um dos produtos finais.

Passo 1: Identificar a(s) restrição(ões) do sistema

A fim de determinar aonde pode estar a restrição do sistema deve-se computar a carga semanal de cada centro de trabalho. Pode-se observar na figura 4.1 e também nos cálculos realizados na tabela 4.1 (coluna de minutos por semana) que o recurso A, por exemplo, para o produto P, necessita de 15 min/U. E como a demanda é de 100U serão requeridos 1500 minutos de A para o produto P. Para o produto Q, o recurso A demanda 10 min/U e como a necessidade desse produto é de 50 por semana então serão requeridos 10 min/U vezes 50U num total de 500 minutos para o produto Q. A carga por semana será então de 2000 minutos, inferior ao tempo total disponível que é de 2400 minutos, o que corresponde a uma percentagem de carga semanal de 83%. O mesmo raciocínio se aplica aos demais recursos e pode-se então verificar que a restrição nesse sistema está no recurso B que requer 3000U enquanto que somente existem 2400 minutos disponíveis a cada semana. Não há, pois, capacidade para fazer tudo que o mercado demanda em consequência da existência da restrição apontada.

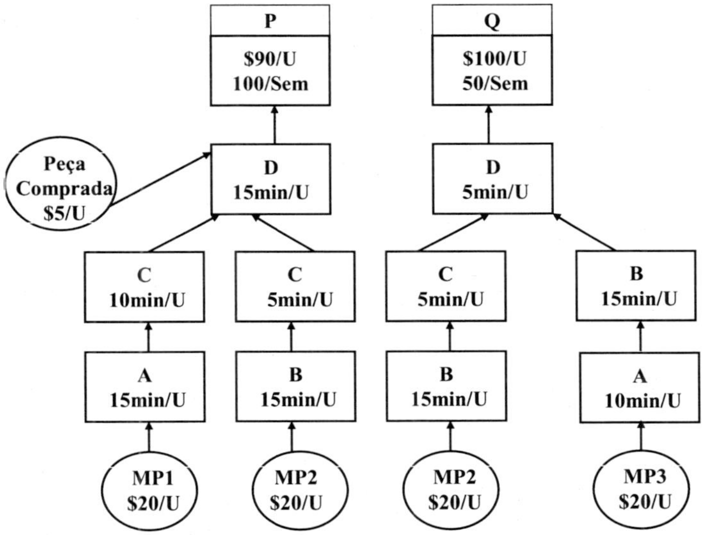

Figura 4.1 - Exemplo

Recurso	Minutos por semana		Carga por semana	Tempo disponível por semana	% da carga por semana
	P	Q			
A	1500(100x15)	500(50x10)	2000	2400	83
B	1500(100x15)	750(50x15)+750(50x15)	3000	2400	125
C	1000(100x10)+500(100x5)	250(50x5)	1750	2400	73
D	1500(100x15)	250(50x5)	1750	2400	73

Determinando as cargas dos centros de trabalho
(baseado na demanda semanal de 100 P's e 50 Q's)

Passo 2: Decidir como explorar a(s) restrição(ões) do sistema

Isso requer que se determine o *mix* de produtos que irá maximizar os lucros. Desde que a TOC é baseada na premissa de que o desempenho do sistema é determinado pela capacidade do recurso(s) restrito(s), o foco da TOC se dá na maximização do uso da restrição em relação aos objetivos. Para que o recurso B seja completamente utilizado, a TOC procura obter o máximo de cada unidade de B. Explorando B significa maximizar o retorno por unidade de B consumido.

Na figura 4.1 pode-se ver que o ganho (contribuição) definido como as vendas menos os materiais comprados é de 45.00 para o produto P. Ou seja, vendas (=90.00) menos MP1 (=20), menos MP2 (=20) e menos o componente comprado (=5). Para o produto Q, a contribuição é de vendas (=100.00) menos MP2(=20) e menos MP3(=20). Aparentemente Q, além de ter a maior receita, é o produto de maior contribuição (=60) contra o produto P com uma contribuição de (=45.00). Nada mais enganoso, pois, a contribuição na realidade deverá refletir o ganho por tempo de restrição, no caso, por minuto. Como esses valores são respectivamente de 15 e 30 (recurso B) para P e Q, resulta que P é o produto com maior valor por tempo de restrição (45 , 15 = 3), contra Q com o valor de (60 , 30 = 2).

Assim, para o produto P que é o mais rentável, procurar-se-á produzir o máximo possível - no caso, as 100 unidades que o mercado é capaz de absorver. Essa quantidade vai consumir em termos de tempo do recurso restrito, justamente 100unidades x 15 minutos que perfazem o tempo total de 1.500 minutos. Como a capacidade semanal disponível do recurso é de 2.400 minutos resulta que ainda se dispõe de 900 minutos para a produção do produto Q, o menos rentável. Isso corresponde a uma produção de 30 unidades do produto Q (900 , 30 = 30).

Outra consideração com relação a essa fase é a relacionada às vendas. Isso poderá incluir ações como a de criar um grupo de trabalho para desenvolver uma sistemática voltada para o reforço das vendas dos produtos mais lucrativos. É bom lembrar que a forma convencional de tratar essa problemática apontaria o produto Q como merecedor dessas ações, pois, não só corresponde ao maior valor na receita de vendas como apresenta a maior margem de contribuição. Entretanto, como, aliás, já comentado, uma análise mais atenta vai mostrar que, nesse exemplo, o produto Q não é o produto mais lucrativo.

Passo 3: Subordine tudo ao passo 2

Nesse passo deve-se procurar verificar que todas as providências estejam sendo executadas no que concerne à exploração da restrição como objetivo global. Isso inclui a decisão de soltar ordens para a fábrica, para comprar matérias-primas, programar todos os outros centros de trabalho, etc. Deseja-se não somente manter a restrição ocupada como procurar trabalhar nas coisas certas e ao mesmo tempo evitar o crescimento do inventário, e o crescimento das despesas operacionais. A técnica da TOC usada para acompanhar a exploração da restrição chama-se de tambor-pulmão-corda (TPC).

E, conforme, textualmente diz Goldratt (1989), "..A maneira TPC reconhece que a restrição imporá o índice de produção da fábrica. Por isso é necessário considerar o recurso principal com restrição de capacidade como sendo o tambor. O seu índice de produção servirá como batida de tambor para a fábrica inteira. Será também preciso criar um pulmão de inventário na frente de cada recurso com capacidade restrita (RCR). Esse pulmão conterá apenas o inventário necessário para manter o RCR ocupado durante o intervalo predeterminado seguinte de tempo (pulmão de tempo). Consequentemente esse pulmão de tempo protegerá o *ganho* da fábrica contra qualquer interrupção que possa ser superada dentro do intervalo predeterminado de tempo. A fim de assegurar que o inventário não crescerá além do nível imposto pelo pulmão de tempo, o índice pelo qual será permitido que a operação inicial libere material para a produção será imposto pelo índice pelo qual a RCR está produzindo...".

Passo 4: Elevar a(s) restrição(ões) do sistema

Nesse ponto todos os esforços são feitos para melhorar o desempenho do sistema em relação a seus objetivos através da elevação da restrição. Melhoramentos tais como redução do tempo de *setup* na restrição do sistema, redução do tempo de parada de manutenção preventiva, ou aumentando o nível de habilidade do operário são ações derivadas no foco de que a TOC provê à restrição do sistema. Pode-se rapidamente avaliar o valor da manutenção preventiva ou dos esforços devotados para a redução do tempo de *setup* para uma restrição comparada com o valor do mesmo esforço para uma operação não gargalo.

Passo 5: Se uma restrição é quebrada volte ao passo 1. Mas não deixe que a inércia se torne uma restrição do sistema.

Assim que a restrição do sistema é quebrada volta-se para o passo 1. Sem esse passo a inércia poderia dominar. Continuar-se-ia programando a produção como se a restrição do sistema não tivesse sido mudada e o melhoramento do processo pararia.

4.2. O Método Tambor-Pulmão-Corda

Cronologicamente essa é a primeira aplicação da TOC que foi utilizada na logística de produção, cuja aparição pela primeira vez surgiu no livro A Meta (Goldratt, 1990).

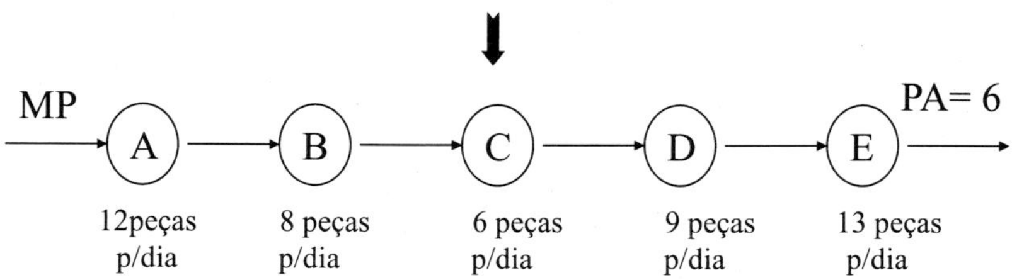

Figura 4.2 – Recurso gargalo

O gerenciamento das restrições pressupõe a existência, em qualquer sistema, de um ou mais recursos gargalos. Assim como numa corrente, o rompimento se dará no elo mais fraco, essa é, pois, sua restrição. Considere-se na figura 4.2, um processo de operação constituído de cinco máquinas ou cinco seções/setores de trabalho (A, B, C, D e E). Considerando-se tratar-se de um processo produtivo, em uma das pontas entra a matéria-prima

(MP) que vai sendo processada por cada um dos cinco recursos existentes, de tal forma que na outra sairão as unidades de produtos acabados (PA). Observa-se na figura que cada recurso tem uma determinada capacidade de produção. O recurso A pode executar doze peças por dia, B oito, C seis, D nove, e E, treze. Conforme ocorre com os processos produtivos uma determinada peça somente poderá ser processada num recurso caso acabe seu processamento no recurso imediatamente anterior. Se na primeira operação a capacidade é de 12 peças, e assim, sucessivamente, ter-se-á, ao final, como produtos acabados, tão somente 6 peças – resultado da existência de um recurso gargalo que é o recurso C que apenas tem capacidade de executar 6 peças.

O recurso gargalo comanda a produção, sendo ele o elo mais fraco dessa corrente. O raciocínio tradicional que busca otimizar os custos de cada recurso tenderá a decidir pela produção máxima possível de cada recurso. Assim, o primeiro recurso, máquina A, tem capacidade de produzir 12 peças por dia. Dessa forma o custo horário mais baixo dessa máquina, pelo critério tradicional, recomendaria a produção de todas as 12 unidades, e assim, sucessivamente. O gerenciamento das restrições mostra que isso representaria desperdícios, pois, haveriam peças retidas em locais onde a capacidade de produção fosse inferior. A sistemática convencional de custos busca o gerenciamento local de cada recurso, procurando otimizá-los. Enquanto que a TOC é global.

O desenvolvimento do método Tambor-Pulmão-Corda, característico da aplicação na logística de produção, foi feito através da analogia com uma tropa conforme exposto nos livros em Goldratt (1989) e Cogan (2007). Para simplificar considere-se que a tropa é constituída de um único soldado em cada fileira. O primeiro soldado da tropa marchando simula o recebimento de matéria-prima na fábrica. O material em referência é processado na sequência, caminhando posições seguintes de soldados na tropa – como se fora o material sendo processado através dos diversos recursos até se transformar em produto acabado. Tudo acontece nessa suposta marcha como se fora numa fábrica real onde os materiais percorrem os recursos até se transformar no produto acabado. Nessa figuração o inventário do processo é representado pela distância entre o primeiro soldado e o último conforme a figura 4.3.

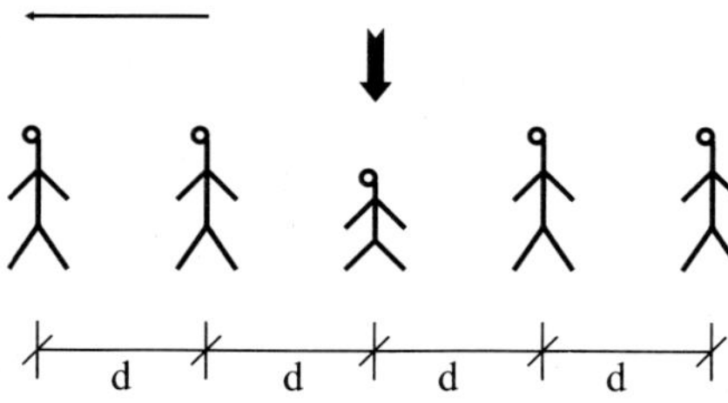

Figura 4.3

Quando a tropa inicia a marcha, os soldados estão juntos. Mais tarde, à medida que a marcha continua, a dispersão é evidente conforme a figura seguinte 4.4.

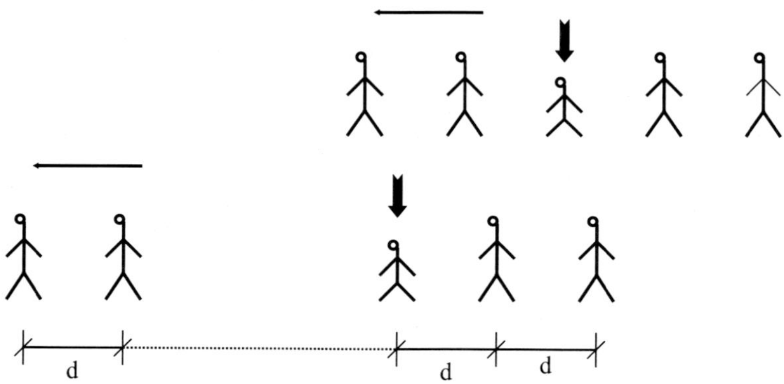

Figura 4.4

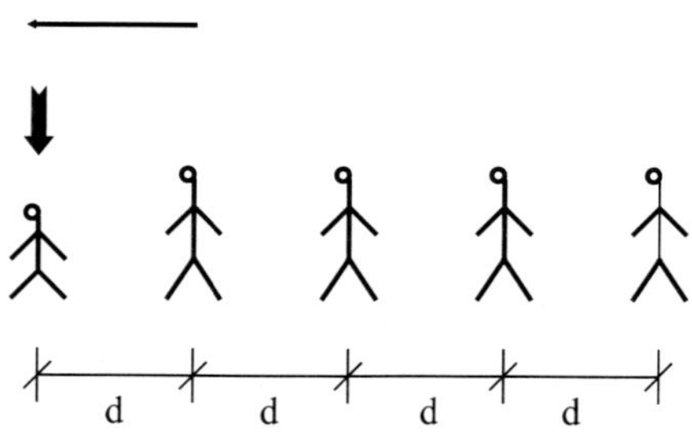

Figura 4.5

Para evitar a dispersão da tropa sem diminuir a velocidade do movimento total coloca-se o soldado mais lento na frente seguido pelos soldados menos lentos nas posições imediatamente seguintes, conforme figura 4.5. E assim sucessivamente até que ao final tem-se o soldado mais rápido. Estes, sempre que a dispersão ocorrer, tal como os recursos de produção com maior capacidade, serão posicionados para que possam usar sua força (capacidade extra) para correrem e fecharem os intervalos (redução do inventário em processo). O ganho, então, é determinado pelo soldado mais lento, não importando no caso a sua posição na tropa. A reorganização dos soldados nessa sequência reduzirá a dispersão sem, contudo, afetar a velocidade total.

E como essa analogia poderia ajudar o gerente dessa firma? Na empresa, como se pode observar, a relação de dependência dos recursos, e a análise custo-benefício do investimento a ser feita, na maior parte dos casos inviabiliza que um recurso gargalo seja colocado na primeira posição do fluxo. Então o que fazer?

Voltando então à tropa pode-se observar que existe outra maneira do comandante evitar que seus soldados se dispersem. Ele pode colocar um tambor, figura 4.6, para marcar o ritmo ou a cadência da tropa.

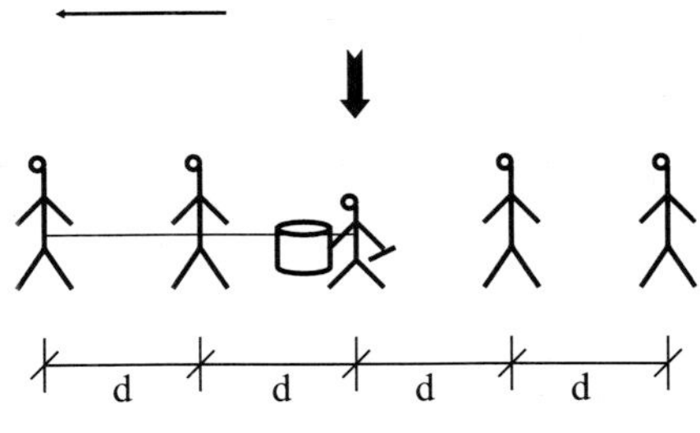

Figura 4.6

Sempre que a dispersão ocorrer, o comandante mandará os sargentos gritarem para que os soldados retomem o ritmo e fechem o intervalo. A batida do tambor ajuda a tropa a marchar no ritmo e, junto com o grito do sargento, limita a dispersão. O ritmo total é ditado pelo soldado mais lento. Se o soldado mais lento puder marchar seguindo a batida do tambor, a dispersão das tropas (formação de inventário de estoque em processo) é contida sem reduzir a velocidade total. Observe que a batida do tambor impede que os soldados mais velozes marchem mais rápidos, apesar deles terem capacidade para fazê-lo. Novamente, esta abordagem funciona para o comandante da tropa, mas como se pode usar um tambor e sargentos gritando nas fábricas? No caso da empresa o tambor é o gerente de controle de produção com o suporte do computador. Os sargentos são os expedidores ou os aceleradores da produção. O tambor desenvolve os planos e programas para a data em que o material deve ser adquirido e processado. A batida do tambor são os programas de produção, que ditam quando e qual material deve ser processado pelos recursos de produção (Goldratt, 1989).

O pulmão pode ser representado por um estoque de material em processamento situado imediatamente atrás do recurso gargalo para mantê-lo abastecido mesmo quando o recurso anterior estiver por algum motivo parado. O pulmão é um estoque regulador que faz com que o gargalo se mantenha ocupado. Sempre que possível ele deve ser expresso em tempo – é o estoque por tempo de segurança, ao invés de quantidade de peças.

Considere-se, então, que no mundo real da empresa não se podem colocar as máquinas/recursos em ordem decrescente de capacidade. Qual seria então a solução? Volte-se à tropa e busque-se a solução nela.

Já que o soldado mais lento impõe o ritmo, se for permitido que o primeiro soldado ande mais rápido do que o soldado mais lento, ele simplesmente fará com que a tropa se disperse como foi comentado. Por que, então, não se amarra com uma corda o soldado mais fraco ao primeiro da fila de soldados (figura 4.5). Com isso se evita a dispersão e para proteger o ritmo total deixe alguma folga na corda. Esse é o enfoque Tambor-Pulmão--Corda (TPC), conforme Goldratt (1989).

Com esse enfoque garante-se o sistema. Os soldados que estão atrás do soldado mais lento poderão marchar mais rápido que ele e, como consequência, estarão sempre nos calcanhares dele (nenhuma dispersão aqui). Os soldados que estão à frente do soldado mais lento também podem marchar mais rápido que ele, mas é impedida pela corda e tem que marchar na mesma velocidade do soldado mais lento. O tamanho desse intervalo será predeterminado pelo comprimento da corda que for escolhida.

Em qualquer empresa existem alguns Recursos com Restrição de Capacidade (RCR) – esses seriam os soldados mais lentos. A maneira Tambor-Pulmão-Corda reconhece que essa restrição imporá o índice de produção da empresa toda. Por isso, considere-se o recurso principal com restrição de capacidade como o tambor. O seu índice de produção servirá como batida de tambor para a fábrica inteira. Também é necessário criar um pulmão de inventário (pulmão de tempo) necessário para manter o Recurso com Restrição de Capacidade ocupada durante o intervalo predeterminado seguinte de tempo. Dessa forma esse pulmão protegerá o ganho da empresa contra qualquer interrupção que possa ser superada dentro do intervalo predeterminado de tempo. Para assegurar que o inventário não crescerá além do nível imposto pelo pulmão deve-se limitar o índice pela qual a matéria-prima é liberada para a fábrica. A corda deve prender o RCR à operação inicial (primeira).

Observe-se que a restrição é interna quando ocorre em algum recurso interno da empresa. Por outro lado, ela pode ser externa caso em que o mercado é a restrição e a empresa não consegue operar em sua capacidade total. Ou, será também externa no caso de haver restrição de fornecimento de materiais, ou seja, o mercado fornecedor limita a capacidade de produção por não poder fornecer a quantidade demandada pela produção. Assim como ocorre nas restrições internas, também nas restrições externas aplicam-se as técnicas do gerenciamento das restrições.

4.3. Processo de Raciocínio

Considerações Gerais sobre o Processo de Raciocínio

Esse é o campo de atuação mais recente da Teoria das Restrições. A TOC não é tão somente um método, mas, essencialmente um modo diferente de ver as coisas. Um exemplo que Goldratt costuma usar é a perspectiva do cilindro. Para a pessoa que está olhando o topo do cilindro, o que ela vê, aparenta ser um círculo. A pessoa que estiver olhando em frente verá um retângulo. O processo de raciocínio mostra uma nova perspectiva para os problemas, e revela, muitas vezes, soluções de senso comum que trazem vantagens competitivas para o negócio da empresa.

A teoria das restrições ensina como pensar através do processo de raciocínio e suas aplicações. Conhecendo como raciocinar pode-se entender melhor o mundo em redor dos negócios podendo-se, então, melhorá-lo. Um ponto focal do conceito da TOC é o conhecimento da causa e efeito. O processo de raciocínio conduz a uma série de passos que combinam causa e efeito com a intuição e experiência adquirida, para ganhar conhecimento. Trata-se de ferramentas de causa e efeito para entender porque as coisas acontecem e que permitirá que se crie um futuro melhor. Com conhecimento pode-se lograr alcançar os melhoramentos. Um benefício extraordinário dos processos de raciocínio é que eles fornecem as habilidades que permitem reconhecer mudanças de paradigmas. Elas ocorrem quando os tempos mudam, enquanto que as regras e os pressupostos, não. Aqueles que continuam com o mesmo padrão de operação, sem levar em consideração a realidade das mudanças, irão sofrer quando os resultados de suas ações não atingirem os objetivos esperados.

Os processos de raciocínio podem ser usados em separado ou em conjunto, dependendo do que se pretende atingir. No caso de problemas de escopo maior deve-se usar em conjunto. Procura-se, então, responder às três perguntas: O Que Mudar? Para O Que Mudar? Como Fazer Para Mudar?

O processo de raciocínio deve ser usado quando a restrição do sistema não é óbvia. Isso geralmente ocorre quando a restrição não é física, ou está no mercado ou nas políticas que regem a gestão da empresa. Na realidade, Goldratt acredita que a maioria das restrições das organizações não é física - se fosse o caso, a correta aplicação dos cinco passos de focalização da TOC iria rapidamente levantar a restrição do sistema. Para as demais, contudo, torna-se necessário a aplicação dos processos de raciocínio para identificar e quebrar as restrições das organizações.

Colocado de forma simples, pode-se dizer que o processo de raciocínio envolve uma aplicação rigorosa da lógica causa e efeito para responder as três questões, já formuladas: O Que Mudar? Para O Que Mudar? Como Fazer Para Mudar?

A primeira questão equivale ao primeiro dos cinco passos de focalização da TOC: Identifique a restrição do sistema. Desde que esses processos são geralmente usados quando a restrição não é um recurso físico, não existe, pois, evidência física (como, por exemplo, inventário no processo) para apontar em direção à restrição. Ao contrário, deve-se mapear para descobrir o que está acontecendo no sistema. A estrutura lógica que é usada para esse mapeamento é a Árvore da Realidade Atual (ARA). Não se trata de uma tarefa simples, mas quando completada com sucesso, saber-se-á o que mudar.

Isso remeterá para a outra questão que é Para O Que Mudar? Enquanto que essa questão é intuitivamente óbvia, existem dois passos para se chegar a ela:

- Identifique a ideia que levou a identificar a restrição atual.
- Assegure que a cura que se segue não será pior que a *doença*.

O Diagrama de Resolução de Conflitos (DRC), também denominado de Dispersão de Nuvem ou simplesmente Nuvem, é usado para identificar o conflito principal que está acarretando a política restritiva na organização. Usa-se, então, a Árvore da Realidade Futura (ARF) para assegurar que os resultados indesejados se transformem em resultados desejados através da saída descoberta. O efeito colateral das ideias que estão sendo elaboradas é conhecido como Ramos Negativos. Se esses efeitos negativos, consequências de boas ações, puderem ser controlados, então estará assegurado que a *cura* não será pior que a doença.

Isso leva então à terceira questão, Como Fazer para Mudar? A resposta simples seria: faça com que as pessoas que terão que conviver com as mudanças criem planos de ação necessários para a implementação. O Processo de Raciocínio envolve de forma proativa aqueles que serão os mais afetados pelas mudanças. Eles são solicitados, por sua visão dos obstáculos, a colaborarem na geração de ideias necessárias à implementação. Uma vez isso alcançado, um plano é, então, emitido. As ferramentas que respondem à questão três são a *Árvore de Pré-Requisitos (APR) e a Árvore da Transição (AT).*

4.3.1 Árvore da Realidade Atual (ARA)

Começa-se a análise, com as evidências que são indesejáveis, ou seja, com os sintomas negativos que são aparentes dentro do sistema. Como exemplos de sintomas negativos pode-se citar: ordens frequentemente expedidas com atraso; valor excessivo de inventário; lead time aumentando; pobre relacionamento humano na organização etc. Goldratt chamou-os de Efeitos Indesejáveis (EI). A chave é entender que os EI não representam o problema real – eles, na realidade, são os sintomas visíveis do problema real ou problema-raiz. O desafio é mapear a teia de inter-relacionamentos de causa e efeito que une os efeitos indesejáveis. Uma vez completado, geralmente se está em condições de identificar o problema-raiz (a restrição), através de um diagrama lógico.

É comum confundirem-se os sintomas (efeitos indesejáveis) com as causas dos problemas. Através da teia do método socrático vai-se chegando às causas dos efeitos indesejáveis – as causas-raiz (CR). O problema-raiz (PR) é a causa que dá origem à maior parte dos sintomas indesejáveis. Esse problema-raiz é, então, o foco primeiro a ser atacado. Esse diagrama é conhecido como Árvore da Realidade Atual (ARA), que uma vez construído passa-se a saber o que mudar.

Segundo Dettmer (1997) a Árvore da Realidade Atual é projetada para atender aos seguintes objetivos:

- Prover as bases para o entendimento de sistemas complexos.
- Identificar efeitos indesejáveis (EIs) exibidos pelo sistema.
- Relacionar EIs com as causas-raiz (CR), através de cadeias lógicas de causa e efeito.
- Identificar, quando possível, um problema-raiz (PR) que eventualmente produz 70 por cento ou mais dos sistemas de EIs.
- Isolar esses poucos fatores causais (restrições) que precisam ser estudados para obter-se o melhoramento máximo do sistema.

Para a construção da árvore da realidade atual (ARA) seguem-se alguns procedimentos conforme apresentados em Goldratt (1994) e Cox III et al. (2002):

- Liste de 5 a 10 efeitos indesejáveis (EI) relacionados com a situação.
- Teste a claridade de cada EI. O efeito indesejável é uma afirmação clara e concisa? Esse teste é conhecido como *ressalva de clareza*.
- Procure alguma relação causal entre quaisquer dos EIs.
- Determine qual EI é a causa e qual é o efeito.
- Continue o processo de conexão dos EIs utilizando a lógica SE - ENTÃO até que todos EIs estejam conectados.
- A numeração dos EIs na ARA serve apenas para facilitar a localização das mesmas. Um asterisco no EI indica que aquele EI faz parte da lista original de EIs.

A figura 4.6 ilustra a parte superior de uma árvore da realidade atual onde se partiu dos seguintes efeitos indesejáveis, conforme apresentado em Holt (1998):

- Existem problemas de qualidade/ satisfação/ meta;
- Algumas pessoas estão sobrecarregadas;
- Alguns membros de grupos reclamam;
- Aumento nos custos;
- Alguns trabalhos atrasam;
- Algumas pessoas estão frustradas;
- O grupo parece estar fora de controle;
- O grupo não é efetivo como esperado;

Construindo a Parte de Cima (ARA)

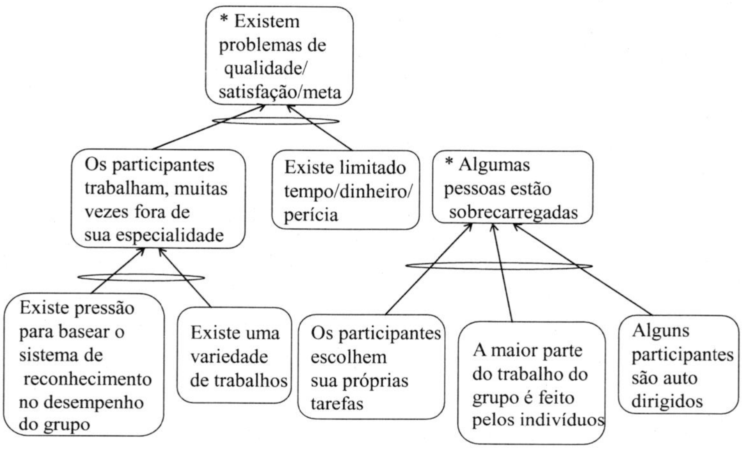

Figura 4.6

Adaptado de Holt, J. R.; Washington State University, 1998

Na figura em referência aparece apenas a parte superior dessa ARA e que inclui somente duas das EIs identificadas com um asterisco. As conexões lógicas entre as entidades podem ser verificadas através da relação causal lida como "SE causa, ENTÃO efeito":

SE Os participantes trabalham muitas vezes fora de sua especialidade E Existe limitado tempo/dinheiro/perícia ENTÃO Existem problemas de qualidade/satisfação/meta;

SE Existe pressão para basear o sistema de reconhecimento no desempenho do grupo E Existe uma variedade de trabalhos ENTÃO Os participantes trabalham muitas vezes fora de sua especialidade;

SE Os participantes escolhem suas próprias tarefas E A maior parte do trabalho de grupo é feito pelos indivíduos E Alguns participantes são auto-dirigidos ENTÃO Algumas pessoas estão sobrecarregadas;

De cima para baixo vai-se prosseguindo nas relações causais mostradas na figura 4.6 até que se chegue a entidades para as quais não existem mais quaisquer causas, conforme figura 4.7. Essas entidades são denominadas de causas-raiz. Destas, a que dá origem à aproximadamente 70% das EIs é escolhida como o problema-raiz para o qual procurar-se-á a solução. A figura 4.7 ilustra isso.

O problema-raiz (PR) é, pois, a causa-raiz (CR) que dá origem à maior parte dos efeitos indesejáveis que se está procurando resolver. A identificação desta causa responde a primeira parte do processo de raciocínio, e que é a questão: O que mudar? Esta resposta remete à segunda questão.

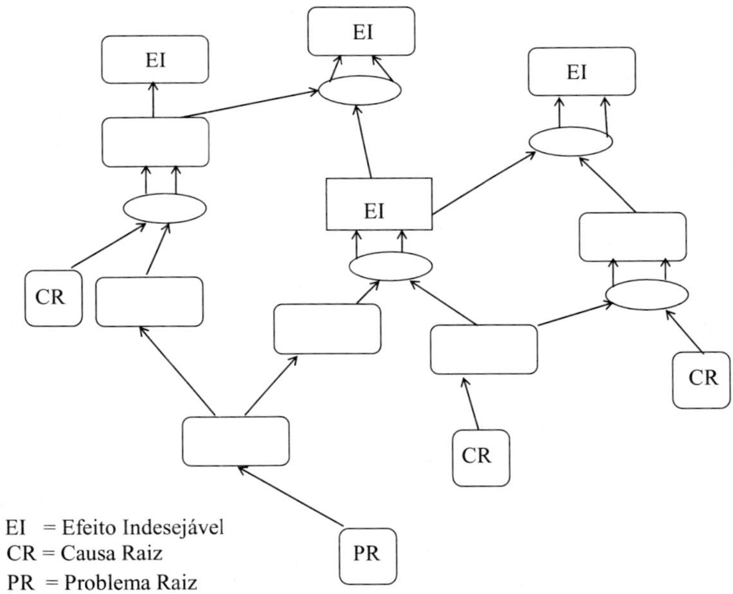

Figura 4.7 – Árvore da Realidade Atual

Fonte: Dettmer, 1997

4.3.1.1 Convenções Usadas nas Árvores

Dettmer (1997) explicita algumas das convenções utilizadas na construção das árvores:

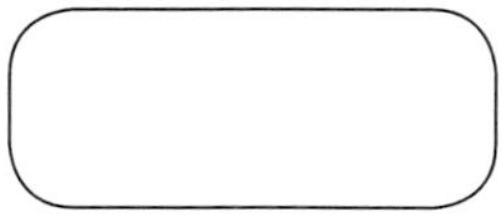	Entidade – É um evento (causa, efeito ou condição de realidade). É o elemento básico das árvores de causa e efeito
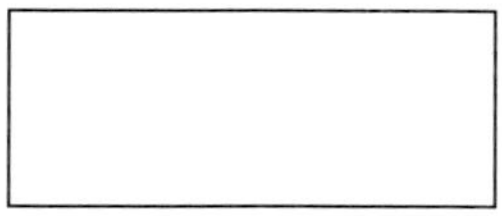	Injeção, Objetivo, Objetivo intermediário, Ação – É a representação da injeção usada na ARF, ou do objetivo intermediário usado na APR, ou da ação usada na ATT
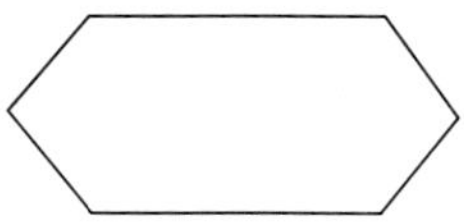	Obstáculo (hexágono) - É uma situação ou condição que previne o cumprimento de uma injeção ou o objetivo de uma Árvore de Pré-Requisitos (APR).
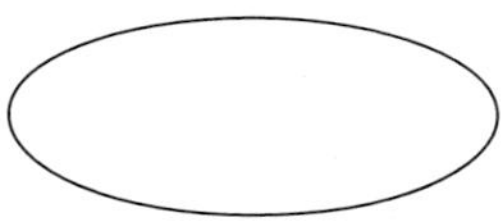	Elipse – Denota suficiência. Identifica a situação onde duas ou mais causas de magnitude aproximadamente equivalentes são necessárias para produzir o efeito indicado.
	Seta de causa e efeito – Indica a direção e a relação imediata de causa e efeito. A causa fica na cauda e o efeito na ponta da seta.
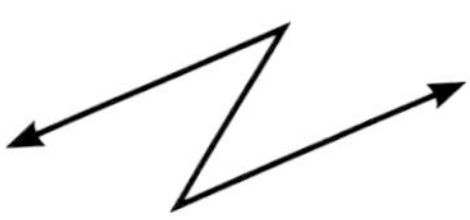	Seta de conflito – Indica duas condições ou pré-requisitos conflitantes.

4.3.1.2 Categorias de Reserva de Legitimidade (CLRs)

O processo de raciocínio da TOC é constituído de ferramentas lógicas. A diferença mais significante entre o processo de raciocínio da TOC e as ferramentas tradicionais de análise de problemas é uma série de regras que governam a aceitabilidade das conexões nas árvores. Enquanto que as ferramentas tradicionais não incorporam nenhum critério rigoroso de validação das conexões, o processo de raciocínio entende que as regras lógicas são absolutamente essenciais para o sucesso das árvores da TOC e elas são denominadas de categorias de reserva de legitimidade - CLRs (DETTMER, 1997).

As categorias de reserva de legitimidade são ferramentas para validar ou invalidar qualquer argumento. São muito potentes quando aplicadas de uma forma sistemática - são ferramentas para descobrir a premissa básica e questioná-la sem considerar o aspecto emocional. São constituídas de oito testes, ou provas, usadas para a verificação da lógica da causa e efeito:

1. Clareza;
2. Existência de Entidade;
3. Existência de Casualidade; Insuficiência de Causa;
4. Causa Adicional;
5. Causa e efeito Reverso;
6. Existência de Efeito Previsto;
7. Tautologia;

Segundo Holt (1998) as categorias de reserva de legitimidade (CLRs) permitem questionar qualquer argumento sem atacar pessoa, posição ou emoção. As CRLs asseguram que a lógica esteja certa. As falhas que ocorrem na lógica das árvores somente acontecem porque as CLRs não foram usadas corretamente.

4.3.2 O Que Mudar: Diagrama de Resolução de Conflitos (DRC) e Árvore da Realidade Futura (ARF)

4.3.2.1 Diagrama de Resolução de Conflitos (DRC) ou Dispersão de Nuvem

O primeiro passo para determinar a resposta a essa questão é entender por que o problema-raiz (a restrição) existe, e que foi determinado através da Árvore da Realidade Atual (ARA). Assume-se que os gerentes não são tolos, se existisse uma solução simples ela já teria sido usada tempos atrás - deve, pois, existir algum conflito que encubra o problema-raiz. Uma vez identificada essa política restritiva (problema-raiz), é necessário desenvolver novas políticas que irão resolver o conflito. Isso é realizado através do Diagrama Dispersão de Nuvem.

Segundo Dettmer (1997), o Diagrama de Resolução de Conflitos procura atender os seguintes objetivos:

- Confirmar que o conflito existe realmente.
- Identificar o conflito que perpetua um problema maior.
- Resolver o conflito.
- Criar soluções onde ambos os lados ganham.
- Criar soluções novas e de ruptura para os problemas.
- Explicar em profundidade por que um problema existe.
- Identificar todos os pressupostos/paradigmas que têm conexão com problemas e conflitos.

O formato geral de uma dispersão de nuvem segue a figura 4.8. Nessa figura observa-se que o objetivo [A] é justamente o inverso do problema-raiz detectado no diagrama ARA. Ou seja, alcançar o objetivo [A] pressupõe a solução do problema-raiz. Observa-se, então, para que o objetivo [A] seja alcançado precisa-se de [B], e a fim de obter [B] precisa-se de D.

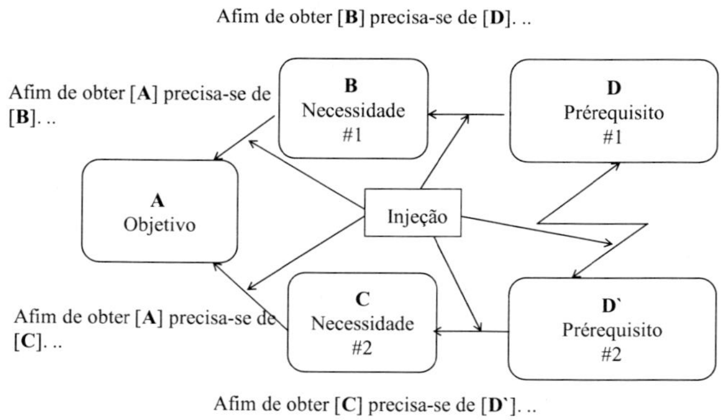

Figura 4.8- Diagrama de Resolução de Conflitos

Adaptado de Dettmer, 1997

Igualmente para atingir o objetivo [A] precisa-se do outro ramo que é [C], e para obter [C] precisa-se de D`. Ocorre que D e D` são pré-requisitos opostos. Isso acontece porque forças competitivas fortes as perpetuam e as mantêm em equilíbrio. Surge, então, o conflito que precisa ser resolvido para que o objetivo seja alcançado. Esses conflitos resultam de um ou mais pressupostos/paradigmas. Para solucionar o conflito, soluções (injeções) são sugeridas entre [A] e [B], [A] e [C], [B] e [D], [C] e [D], [D] e [D`] para que quebrem esses pressupostos/paradigmas.

Então, o seguinte está ocorrendo:

- Para cumprir [A], é preciso cumprir [B] por causa do pressuposto AB.
- Para cumprir [B], é preciso cumprir [D] por causa do pressuposto BD.
- Para cumprir [A], é preciso cumprir [C] por causa do pressuposto AC.
- Para cumprir [C], é preciso cumprir [D`] por causa do pressuposto CD`.
- Para cumprir [D], é preciso cumprir [D`] por causa do pressuposto DD`.

Observe-se que, por um lado, é preciso cumprir D, e por outro lado, é preciso cumprir seu oposto, D` (D´ corresponde a <u>não-D</u>).

Dentre as injeções sugeridas existe alguma que invalida o pressuposto? Daí o nome de dispersão de nuvem para esse diagrama – a injeção quebra o paradigma qual uma nuvem que, após dispersa, mostra às claras, o que está acontecendo.

Considere-se o seguinte exemplo em Holt (1998), na figura 4.9, de como encontrar soluções de ruptura. A figura em apreço sugere que para cumprir a entidade [Comer] é preciso cumprir a entidade [Ter dinheiro], por causa do pressuposto [Tem-se de pagar pelo que se come]. Esse pressuposto ou paradigma necessita para solução que o <u>status quo</u> seja quebrado. Esse é o papel da injeção. Assim, a mesma figura sugere algumas sugestões de injeções que quebram esse pressuposto. Observa-se que qualquer uma das injeções sugeridas quebra o pressuposto em referência. No diagrama de dispersão de nuvem existem várias

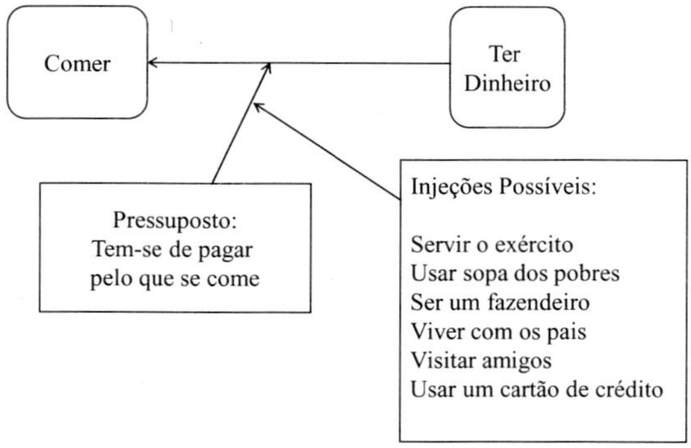

Figura 4.9 - Encontrando Soluções de Ruptura

Adaptado de Holt, J. R.; Washington State University, 1998

relações entre as entidades, e cada qual está ancorada pelo seu respectivo pressuposto/paradigma. Ao se analisar as injeções que quebram os pressupostos do respectivo diagrama DRC, escolher-se-á a injeção que será a solução do conflito mostrado por esse diagrama.

Na figura 4.10, em outro exemplo, Holt (1998) mostra um diagrama de resolução de conflitos/dispersão de nuvem cujos pressupostos e injeções são apresentados a seguir.

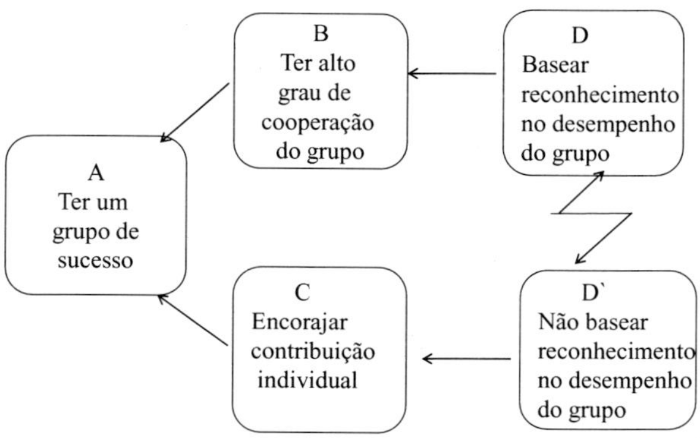

Figura 4.10 – Encontrando soluções de rutura

Adaptado de Holt, J. R.; Washington State University, 1998

AB – A fim de obter [A] Ter um grupo de *sucesso* é preciso ter [B] *Ter alto grau de cooperação do grupo*.

Pressuposto: A maioria dos grupos que têm alto grau de espírito de grupo, sinergia e cooperação, é efetiva.

Injeção: Os grupos são organizados em torno de uma opinião comum, mantendo um excelente e integrado sistema de comunicação intergrupal.

AC - A fim de obter [A] é preciso ter de [C].

Pressuposto: A maioria dos trabalhos de grupos é efetuada através do esforço individual.

Injeção: 1.Atividades individuais são críticas somente numa pequena fração do tempo. A maioria das atividades pode ser subordinada a umas poucas críticas.

2.Trabalha-se agressivamente no cronograma.

BD - A fim de obter [B] é preciso ter de [D].

Pressuposto: Indivíduos tendem a desempenhar de acordo como eles são medidos.

Injeção:

1. A medida real da eficiência do grupo é o fluxo de tempo da tarefa (tarefas/tempo).

2. Os grupos transferem tarefas individuais para a próxima atividade tão logo a tarefa é completada.

3. São permitidas falhas aos indivíduos, desde que não coloque em risco o projeto.

4. Os membros sabem o que precisam conhecer quando necessário

5. Programar tarefas de tal forma que a mais importante seja feita primeira. A programação deve ser agressiva, e ainda prover lenta segurança nos lugares certos. Balanceie o trabalho para evitar recursos conflitantes.

CD` - A fim de obter [C] é preciso ter [D`].

Pressuposto: Indivíduos desempenham-se melhor quando seu trabalho é recompensado.

Injeção:

1. Designe as pessoas tanto quanto for prático para cada tarefa (processe poucas tarefas muito rapidamente)

2. A realização do grupo agrega a realização de muitas ações individuais (sucesso e falha em média).

3. A tarefa começa tão logo quanto possível.

4. Os membros do grupo contribuem de acordo com suas habilidades (um jogador de basquetebol de cadeira de rodas pode ainda contribuir)

DD` - A fim de obter [D] é preciso ter [D`].

Pressuposto: Dois sistemas de recompensa enviam sinais contrários.

Injeção:

1. Nenhum membro do grupo é punido. Jamais.

2. Alocam-se recursos quando o estoque de segurança é atingido (programações vermelhas, amarelas, normais)

3. Unem-se todos os recursos e usam-se todos agressivamente no que precisa ser feito.

Injeção selecionada:

Programar tarefas de tal forma que a mais importante seja feita primeira. A programação deve ser agressiva, e ainda prover lenta segurança nos lugares certos. Balanceie o trabalho para evitar recursos conflitantes.

A injeção selecionada foi a escolhida por supostamente poder resolver o conflito existente e que impede o atendimento do objetivo, que é a solução do problema-raiz, no caso, Ter um grupo de sucesso.

4.3.2.2. Árvore da Realidade Futura (ARF)

Ainda na segunda questão Para O Que Mudar? Testa-se a nova ideia para ver se traz o impacto desejado no sistema, ou seja, se essa ideia irá mudar os efeitos indesejáveis (EI) para efeitos desejáveis (ED). Se o que se viu anteriormente funciona, então, sabe-se para o que mudar. O diagrama aí utilizado chama-se Árvore da Realidade Futura (ARF) - porque dá uma boa visão de como será no futuro, caso a nova política seja implementada. Trata-se, pois, de uma definição da expressão de uma realidade que ainda não existe. A *Árvore da Realidade Futura* desmembra as relações de causa-efeito entre as mudanças que foram feitas com relação aos sistemas existentes e seus consequentes resultados. É, pois, uma projeção do futuro, desde um ponto de início no presente, de baixo para cima, ao invés de ser de cima para baixo como o é a Árvore da Realidade Atual. Conforme indica a figura 4.11, a partir da injeção que resolve o problema-raiz e em sentido contrário ao da ARA, de baixo para cima, constroem-se as relações lógicas de causa e efeito esperando-se que, ao invés das EIs originais da ARA, encontrar-se-ão, tão somente, efeitos desejáveis, DEs.

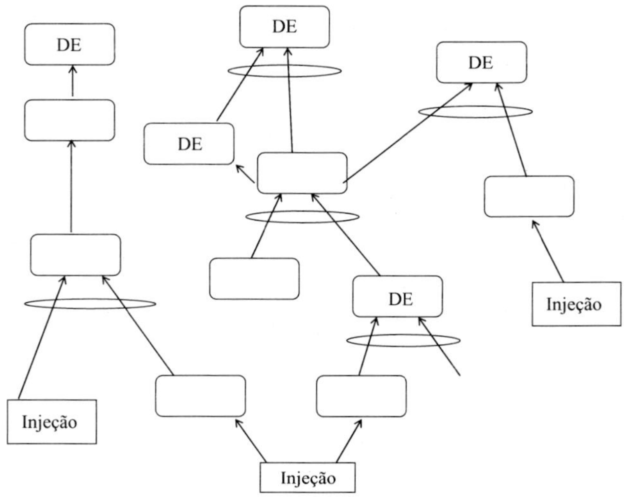

Figura 4.11– Árvore da Realidade Futura

Adaptado de Dettmer, 1997

Segundo Dettmer (1997) a Árvore da Realidade Futura serve a propósitos básicos, como:

- Permite testar efetivamente novas ideias antes de se comprometer (tempo, dinheiro, pessoas) na implementação.
- Determina se o sistema de mudança proposto irá, de fato, produzir os efeitos desejáveis sem criar outros novos efeitos devastadores.
- Revela, através de ramos negativos, se (e onde) as mudanças propostas irão criar problemas novos ou colaterais, quando estiverem resolvendo os velhos problemas.
- Provê um meio de acesso aos impactos de decisões localizadas no sistema inteiro.
- Provê uma ferramenta efetiva para persuadir tomadores de decisão a sustentarem um desejável curso de ação.
- Serve como uma ferramenta inicial de planejamento para mudar o curso do futuro.

Prosseguindo no exemplo de Holt, a figura 4.12 mostra a injeção escolhida na parte de baixo do gráfico. As relações lógicas de causa e efeito que resultam, de baixo para cima, conduzem, da parte de cima ao final dessas relações, a uma série de entidades que são, pois, os efeitos desejáveis (EDs). Esses efeitos são os sintomas positivos que irão transformar os EIS de hoje, nos EDs do futuro. Conforme mostra a figura 4.12, os efeitos desejáveis (ED) são, pois:

- Os grupos excedem as expectativas dos gerentes.
- Tem-se alta probabilidade de sucesso.
- Os custos são minimizados.
- Os membros do grupo estão motivados.
- As tarefas são completadas num excelente tempo.
- A carga de trabalho é balanceada.
- Os grupos são extremamente produtivos.

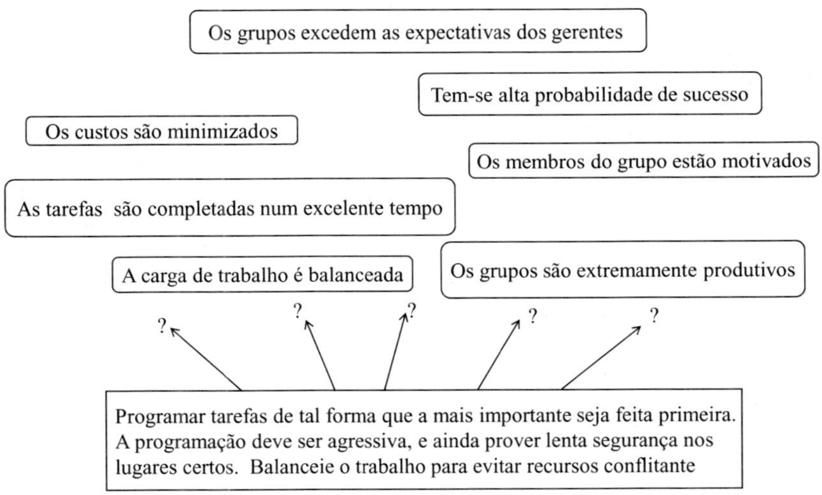

Figura 4.12 - Árvore da Realidade Futura ARF

Adaptado de Holt, J. R., Washington State University, 1998

A figura 4.13, que se segue, mostra o relacionamento, para o exemplo desenvolvido, dos efeitos indesejáveis (EIs) mostrados no capítulo do diagrama da ARA e dos efeitos desejáveis (EDs) mostrados no diagrama da ARF.

EIs (Efeitos Indesejáveis)

- Alguns membros do grupo reclamam
- Aumenta os custos
- Algum trabalho atrasa
- Algumas pessoas estão sobrecarregadas
- Existem problemas de qualidade/satisfação/objetivo
- Algumas pessoas estão frustradas
- O grupo parece estar fora-de-controle
- O grupo não é efetivo como se esperava

EDs (Efeito Desejáveis)

- Os membros do grupo estão motivados.
- Os custos são minimizados
- As tarefas são completadas num prazo excelente
- O trabalho está balanceado
- Tem-se alta probabilidade de sucesso
- Os grupos são extremamente produtivos
- Os grupos excedem as expectativas dos gerentes

Figura4.13 – Comparação entre os EIs e os EDs do exemplo

Adaptado de Holt, J. R., Washington State University, 1998

4.3.2.3 Relacionamento entre a Árvore da Realidade Atual e a Árvore da Realidade Futura

A figura 4.14 mostra uma árvore da realidade atual (ARA) e uma árvore da realidade futura (ARF). Assim, o oposto do problema-raiz da ARA é o objetivo da ARF. E os efeitos

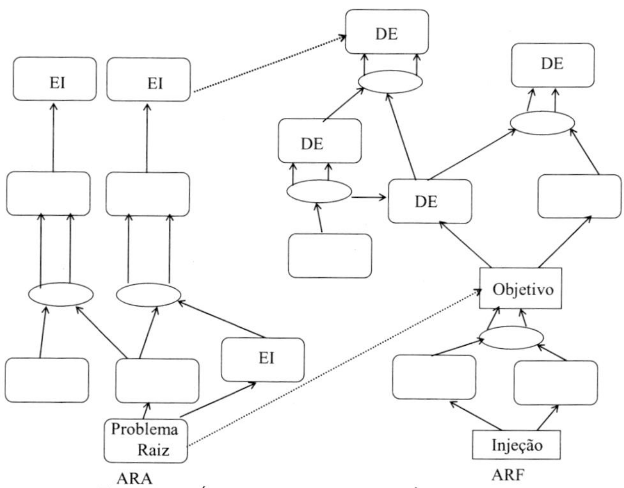

Figura 4.14 – Árvore da Realidade Futura e Árvore da Realidade Atual
Adaptade de Dettmer, 1997

indesejáveis (EI) da ARA vão dar origem aos efeitos desejáveis (ED) da ARF que são seus opostos. Assim, na ARF as injeções solucionam o objetivo que é o oposto do problema-raiz da ARA.

4.3.2.4 Ramos Negativos

Observa-se, nesse momento, que ainda não é necessário saber como se pode implementar a nova política. De fato, às vezes, pode parecer que a solução proposta é quase impossível de ser implementada. Se for esse o caso não é necessário se desesperar, existem ferramentas para contornar isso.

Uma clara visão do problema-raiz surge, como comentado, após a aplicação do diagrama Árvore da Realidade Atual (ARA). Em seguida, a Dispersão de Nuvem dá a direção a ser seguida, ou seja, uma ideia que pode significativamente melhorar a situação. Nesse momento, precisa-se construir uma solução por completo em volta da ideia tirada da nuvem. Para descobrir o que mais precisaria ser criado para que se possa melhorar o desempenho, torna-se necessária a construção da Árvore da Realidade Futura (ARF), como já comentado. Na construção da ARF procura-se, ainda, por ramos negativos, que são os efeitos colaterais das ideias que estão sendo elaboradas. Quando os ramos negativos são encontrados torna-se necessária a criação de ideias que os elimine e que vão complementar a solução final. Assim, consegue-se curar a doença sem criar grandes efeitos colaterais.

Os Processos de Raciocínio são usados numa forma muito aberta e participativa. Trabalha-se muito de perto com as pessoas que serão impactadas pelas mudanças. Seu envolvimento é absolutamente vital ao sucesso em longo prazo dessa implementação. Existe a tendência inicial de elas serem resistentes. Lembre-se que o problema-raiz provavelmente existiu por algum tempo, e que existe um significativo conflito acobertado pelo comportamento atual. A proposta apresentada, irremediavelmente se chocará com a cultura da organização. As pessoas normalmente comentam a ideia proposta com uma série de consequências negativas que, segundo elas, irão ocorrer com a nova proposta. O processo de raciocínio identifica isso como Ramos Negativos e busca formas de eliminá-las.

Para ilustrar a ressalva de ramo negativo veja o exemplo da figura 4.15 (Holt, 1998).

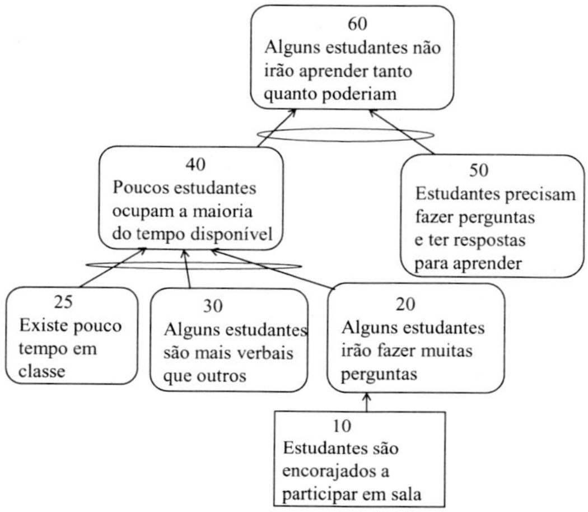

Figura 4.15 – Ressalva de ramo negativo – onde cortar

Adaptado de Holt, J. R., Washington State University, 1998

Pode-se, pois, escrever que SE [40] Poucos estudantes ocupam a maioria do tempo disponível E [50] Estudantes precisam fazer perguntas e ter respostas para aprender

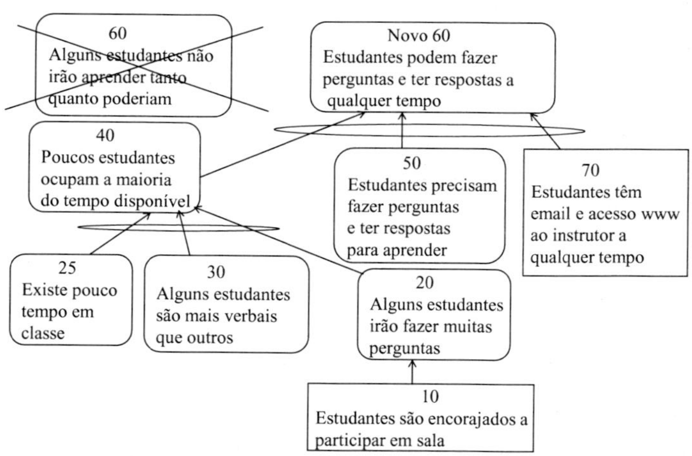

Figura 4.16 – Ressalva de ramo negativo – inserindo injeções adicionais

Adaptado de Holt, J. R., Washington State University, 1998

ENTÃO [60] Alguns estudantes não irão aprender tanto quanto poderiam. Surge aí, então, uma ressalva de ramo negativo mostrando que a entidade 60 precisa ser eliminada – uma injeção deverá ser colocada para contornar essa ressalva – é a entidade [70] e que dará origem à entidade [Novo 60]. A figura 4.16 mostra isso.

Foi introduzida, pois, a injeção [70] Estudantes têm e-mail e acesso www ao instrutor a qualquer tempo. Assim, pode-se escrever:

SE [40] Poucos estudantes ocupam a maioria do tempo disponível E [50] Estudantes precisam fazer perguntas e ter respostas para aprender E [70] Estudantes têm e-mail e acesso www ao instrutor a qualquer tempo, ENTÃO [Novo 60] Estudantes podem fazer perguntas e ter respostas a qualquer tempo.

4.3.3. Como Fazer Para Mudar: Árvore de Pré-Requisitos (APR) e Árvore de Transição (AT)

4.3.3.1. Árvore de Pré-Requisitos (APR)

Com a Árvore de Realidade Futura (ARF) concluída já se terá a estratégia pronta. Para iniciar a implementação da estratégia definida pela ARF constrói-se então a Árvore de Pré-Requisitos (APR).

Remete-se, pois, à terceira questão do Processo de Raciocínio com a pergunta Como Fazer Para Mudar? Pode-se notar que não se pergunta mais como mudar as coisas. A ênfase é como fazer as coisas mudarem. Considerando que agora as pessoas já estejam menos resistentes às mudanças, elas podem ajudar no projeto de ação - a chave é, pois, envolver as pessoas que irão executar as mudanças. A ferramenta que é utilizada para mostrar logicamente o que é necessário para ultrapassar esses obstáculos é chamada de *Árvore de Pré-Requisitos* (APR).

Segundo Dettmer (1997), a **Árvore de Pré-Requisitos visa ajudar a superar os obstáculos que impede**m de se fazer o que se deseja. Responde à pergunta, "O que é preciso fazer para alcançar o impossível?" O objetivo – o que se deseja fazer – deveria ser tão limitado quanto a regulagem de um carro. Ou deveria ser somente um passo na solução de um problema complexo. Usando a APR pode mapear obstáculos e determinar o que fazer com eles, sem considerar quem é responsável por tomar ações.

Segundo Dettmer (1997) a Árvore de Pré-Requisitos é usada para alcançar os seguintes objetivos:

- Identificar, de forma preventiva, obstáculos que impedem um desejado curso de ação, objetivo, ou injeção.
- Identificar os remédios ou condições necessárias para superar ou neutralizar obstáculos, para um desejado curso de ação, objetivo, ou injeção.
- Identificar a sequência requerida de ações necessárias a um desejado curso de ação.
- Servir de ponte entre a Árvore de Realidade Futura, que identifica o cumprimento de soluções previstas com a Árvore de Transição, que provê um plano de ação passo a passo, sequenciada no tempo.

Para a construção desse diagrama Holt sugere os seguintes passos:

- Examinar as Injeções na ARF
- Observar as injeções que são facilmente realizadas
- Pegar a pior, a mais difícil das injeções, e criar Árvore de Pré-Requisitos para essa injeção.

Em seguida, escreva a injeção no topo da folha, faça uma coluna no lado esquerdo, intitulada Obstáculos (OBS). Liste todas as razões pelas quais não é possível a execução da injeção – essas razões são os obstáculos. Para cada obstáculo (OBS) coloque na coluna da direita, dessa folha, a condição que supera esse obstáculo – são os Objetivos Intermediários (OIs). Considere, no caso de não conseguir a condição que supere um determinado obstáculo (OBS), exatamente o oposto do respectivo obstáculo.

Injeção: Programar tarefas de tal forma que a mais importante seja feita primeira. A programação deve ser agressiva, e ainda prover lenta segurança nos lugares certos. Balanceie o trabalho para evitar recursos conflitantes.

Obstáculos bloqueando a Injeção – OBSs	Objectivos Intermediários (*condições que superam os obstáculos*) – OIs
- Nenhuma prioridade.	- Os gerentes (aceitam sua liderança e função) priorizam o trabalho.
- Começa-se todo trabalho tão logo quanto possível.	- Controla-se quando o trabalho começa.
- O trabalho é complexo demais para ser programado.	- O trabalho não é tão complexo para ser programado.
- Não se conhece os recursos em conflito até que eles ocorram	-Conhece-se onde os recursos limitados estão sendo usados.

Figura 4,17 – Encontrando Objetivos Intermediários (OIs)

Adaptado de Holt, J. R., Wshington State University, 1998

A figura 4.17 ilustra a injeção escolhida, os obstáculos que as pessoas temem que possam ocorrer, e para cada obstáculo, um objetivo intermediário que tem a função de superar esse obstáculo que impede a implementação da injeção sugerida.

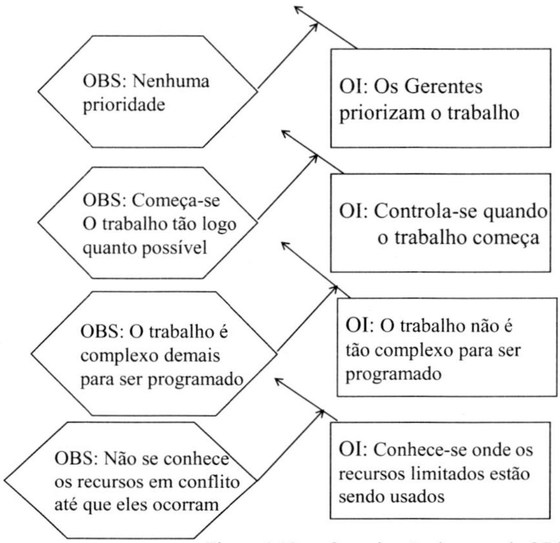

Figura 4.18 – Organização de pares de OBS e OI

Em seguida, organizem-se os pares de obstáculos (OBSs) e objetivos intermediários (IOs) conforme figura 4.18. Em seguida, eles são sequenciados e colocados em ordem de conexão lógica com a injeção, conforme mostrado na figura 4.19.

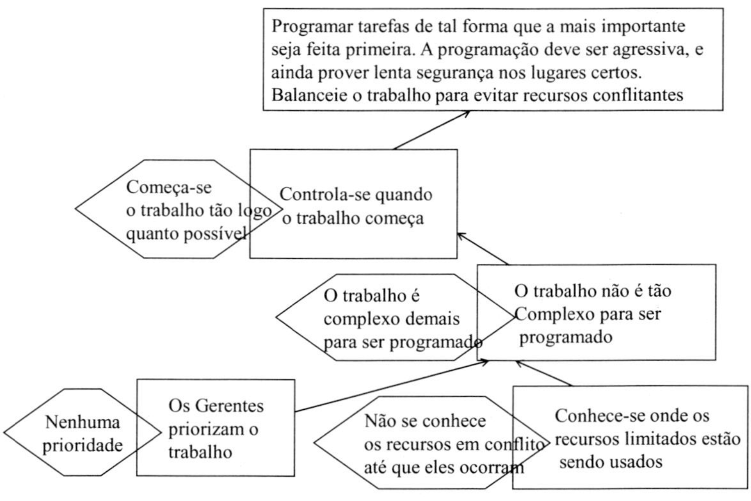

Figura 4.19 – Sequenciamento das OBS e OI

Adaptado de Holt, J. R., Washington State University, 1998

A figura 4.19 mostra, então, a forma pela qual pode-se garantir a implementação da respectiva injeção. Para cada obstáculo previsto existe um objetivo intermediário a ser alcançado – as conexões lógicas entre eles atendem às relações de causa e efeito das diversas entidades.

4.3.3.2 Árvore de Transição (AT)

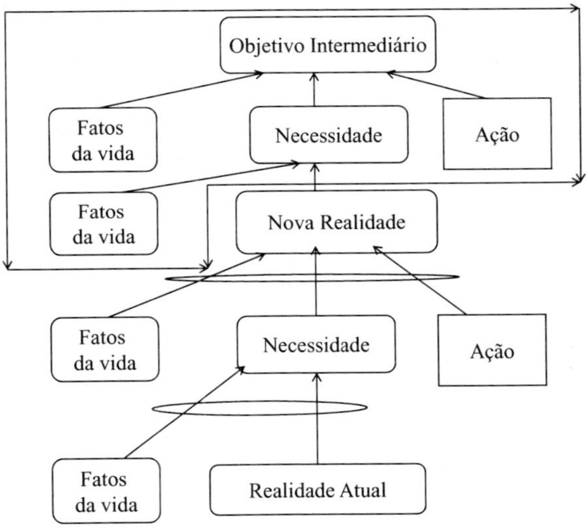

Figura 4.20 – Árvore de Transição

Adaptado de Holt, J. R., Washington State University, 1998

A *Árvore de Transição (AT)* é um diagrama lógico onde os objetivos intermediários (OIs) são definidos para que se alcance a implementação da *Árvore da Realidade Futura (ARF)*. As ações necessárias para a obtenção da mudança proposta fazem parte da Árvore de Transição. Segundo Dettmer (1997) trata-se de uma ferramenta de implementação que combina ações específicas com a realidade existente para produzir novos efeitos esperados, conforme figura 4.20. A **Árvore de Transição é um processo aditivo, combinando cada efeito sucessivo esperado, com subsequentes ações específicas para produzir novos efeitos. O objetivo da Árvore de Transição é normalmente limitado no escopo.**

Segundo Dettmer (1997) a Árvore de Transição é usada para alcançar os seguintes objetivos:

- Prover um método passo a passo para ação/implementação.
- Comunicar aos outros, as razões para a ação.
- Executar as injeções desenvolvidas no Diagrama de Resolução de Conflito ou na Árvore da Realidade Futura.
- Atender aos objetivos intermediários identificados na Árvore de Pré-Requisitos.
- Prevenir o surgimento de efeitos indesejáveis (EIs) na ação de implementação.

Prosseguindo no exemplo desenvolvido em Holt (1998), e observando-se a figura 4.19 (sequenciamento das OBSs e das OIs), será construída uma Árvore de Transição para um dos objetivos intermediários mostrados na figura 4.19 "O trabalho não é tão complexo para ser programado" .

A figura 4.21 mostra que a realidade atual (veja-se figura 4.20 – Árvore de Transição) é representada pelas entidades Os gerentes priorizam o trabalho e Conhecem-se onde os recursos limitados estão sendo usados (estes são dois OIs mostrados ainda na figura 10.3). Os fatos da vida são as entidades:

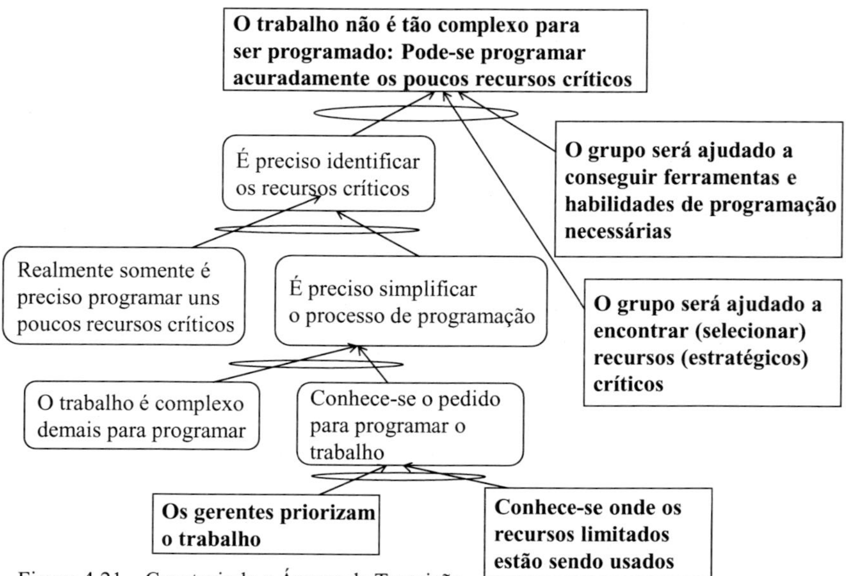

Figura 4.21 – Construindo a Árvore de Transição

Adaptado de Holt, J. R., Washington State University, 1998

- Conhece-se o pedido para programar o trabalho.
- O trabalho é complexo demais para programar.
- É preciso simplificar o processo de programação.
- Realmente somente é preciso programar uns poucos recursos críticos.
- É preciso identificar os recursos críticos.

E as ações, fruto da construção da Árvore de Transição, para atingir o objetivo intermediário são:

- O grupo será ajudado a encontrar (selecionar) recursos (estratégicos) críticos

- O grupo será ajudado a conseguir ferramentas e habilidades de programação necessárias

As conexões lógicas podem ser confirmadas, como por exemplo, SE *É preciso identificar os recursos críticos* E O grupo será ajudado a encontrar (selecionar) recursos (estratégicos) críticos E O grupo será ajudado a conseguir ferramentas e habilidades de programação necessárias, ENTÃO O trabalho não é tão complexo para ser programado.

De forma similar, esse expediente será feito para todos os outros objetivos intermediários da figura 10.3, dando origem às ações de implementação necessárias para que se alcance a injeção mostrada na figura 10.3.

Conclusão

A teoria das restrições (TOC), desenvolvida na década de 80 por Goldratt, se concentrou em três requisitos: ganho (contribuição) ou throughput, despesas operacionais, e inventário. A contabilidade de ganhos da TOC é considerada a contabilidade de custos da TOC, muito embora a teoria das restrições não reconheça a determinação dos custos e considera o ganho (vendas reais menos material direto). A heurística da contabilidade de ganhos permite que se determine o mix ótimo de produção acarretando ganho máximo para a empresa restrito a um cenário de curto prazo. Cinco são os passos de focalização da TOC. O capítulo apresenta oito hipóteses que suportam a TOC.

O método tambor-pulmão-corda que cronologicamente representa a primeira aplicação da TOC aplicada em logística de produção, descreve o gerenciamento das restrições que pressupõe a existência, em qualquer sistema, de um ou mais recursos gargalos. Assim como ocorre com uma corrente, o rompimento se dará no elo mais fraco, e essa é, pois, sua restrição.

O processo de raciocínio da TOC conduz a uma série de passos que combinam causa e efeito com a intuição e a experiência adquirida, para ganhar conhecimento. Trata-se de ferramentas de causa e efeito para entender por que as coisas acontecem e que permitirá que se crie um futuro melhor. Procura-se, então, responder às três perguntas: O que mudar? Para o que mudar? Como fazer para mudar?

Questões para Análise e Discussão

1. Uma hora perdida no gargalo é igual a uma hora perdida no sistema inteiro.
2. Uma hora economizada onde não é gargalo é uma ilusão.
3. Deve-se balancear o fluxo não a capacidade.
4. O nível de utilização dos não gargalos não deve ser determinado pelos seus próprios potenciais.
5. Na figura que se segue, responda as perguntas:

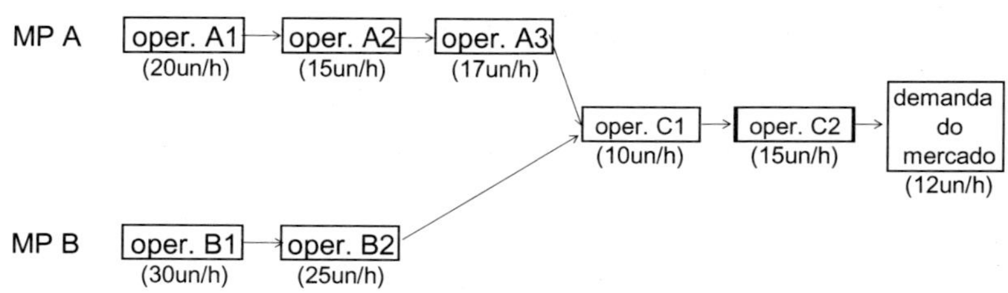

a) Onde está a restrição?
b) O que precisa ser feito para a produção chegar a 15un/h? Por que?
c) Considerando o item anterior, onde estará agora a restrição? Por que?
d) Sugira como elevar essa nova restrição?

6. Contabilidade de Ganhos

(Adaptado de Spoede et al.; Using activity analysis to locate profitability drivers. *Management Accounting*, May, 1993).

A Teoria das Restrições recomenda que quando uma organização tem um recurso restrito, a margem de contribuição unitária dessa restrição pode ser calculada para a determinação do <u>mix</u> apropriado de produtos.

As companhias podem ter muitos recursos e produtos diversos. A conjugação entre as capacidades necessárias e as margens de contribuição pode ser usada para determinar o *mix* de produtos mais conveniente. Ao invés de um enfoque voltado para o controle dos custos a Teoria das Restrições acredita numa filosofia gerencial voltada para a margem de contribuição unitária (preço de venda menos custo do material) como forma de melhor avaliar as oportunidades que se apresentam para a empresa.

A figura que segue apresenta um fluxo de necessidades de recursos para uma organização simulada que produz somente os Produtos A, B e C. Esse fluxo representa o fluxo sequencial de operações necessárias para o processamento do produto.

Assim, embora os recursos estejam restritos a uma localização fixa, eles podem desempenhar múltiplas operações em múltiplos produtos através de alterações em seus *setups*. Por exemplo, as duas unidades de Recursos 2 (R2) são requeridas para executar quatro operações separadas. Essas mudanças, entretanto, requerem tempo de *setup*. No caso do Recurso 2, 120 minutos de tempo de *setup* são necessários antes que a produção possa começar em qualquer operação.

A figura mostra um mercado potencial (demanda externa) para os produtos da organização. O Produto A requer o uso de uma unidade cada das matérias- primas MP1 e MP2. O Produto B requer uma unidade cada das matérias-primas MP1, MP2 e MP3. O Produto C requer uma unidade da matéria-prima MP4. Os vários recursos disponíveis para uso no processo de produção estão mostrados no lado esquerdo da figura 3.2. Assume-se que cada unidade de recurso tenha 2.400 minutos (40 horas) de tempo disponível por semana.

A organização simulada não apresenta saldos em estoque de produtos acabados, no início do período. A demanda do mercado consiste de 40 unidades do Produto A, 80 unidades de B, e 40 unidades de C.

A empresa incorre em despesas mensais de R$10.000,00, pagáveis no final da semana. Os números inscritos no interior dos quadrados representam o número de minutos requeridos por um recurso para processar cada unidade de material através de cada operação.

Se a organização tiver capacidade infinita, a demanda total do mercado para os produtos A, B, C poderá ser atendida. A tabela que se segue demonstra as cargas como uma percentagem da capacidade de cada recurso, inclusive os tempos de *setups*. O Recurso 1 irá precisar de 137% de sua capacidade corrente para produzir o total de unidades demandadas. Dessa forma, o *mix* de produtos que irá maximizar o lucro deverá ser selecionado das várias combinações possíveis das unidades acabadas que podem ser produzidas.

Pede-se: O *mix* de produtos que otimizará o resultado operacional.

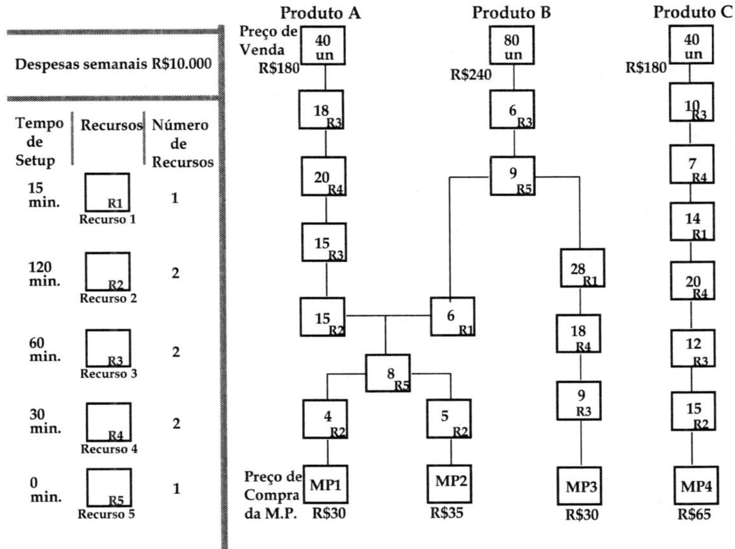

Spoede et al.,"Using Activity Analysis To Locate Profitability Drivers", 1993

Tempos de Produção dos Recursos					
	Recurso 1	**Recurso 2**	**Recurso 3**	**Recurso 4**	**Recurso 5**
Produto A (40 unidades)	-0-	40(4+5+15)=960	40(15+18)=1.320	40(20)=800	40(8)=320
Produto B (80 unidades)	80(6+28)=2.720	80(9)= 720	80(9+6)=1.200	80(18)=1.440	80(8+9)=1.360
Produto C (40 unidades)	40(14)= 560	40(15)= 600	40(12+10)= 880	40(20+7)=1.080	-0-
Tempo requerido para uma semana de vendas	3.280	2.280	3.400	3.320	1.680
Tempo disponível para semana de 40 horas (min.)	2.400	4.800	4.800	4.800	2.400
Carga	137%	47,5%	71%	69,1%	70%

Spoede et al., "Using Activity Analysis To Locate Profitability Drivers", 1993

7. Qual dos dois sistemas da figura que se segue aparenta ser o mais complexo? Por que?

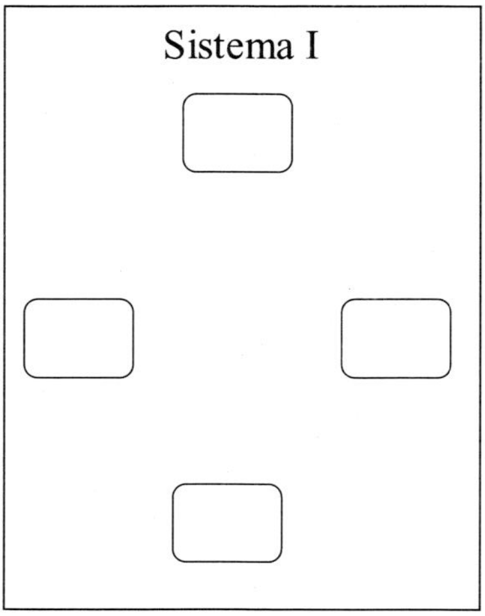

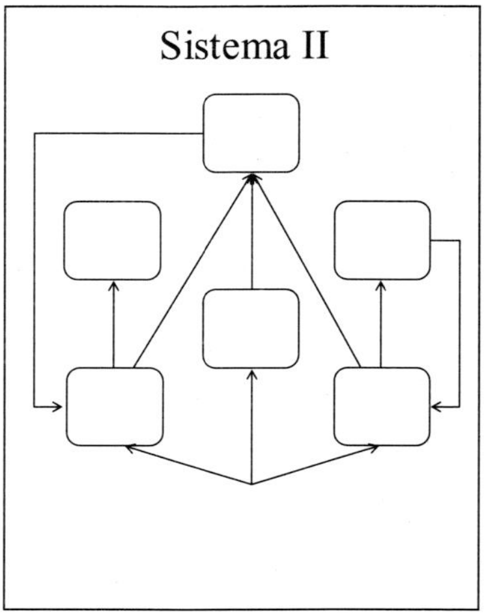

8. Existem conexões entre O Processo de Raciocínio da Teoria das Restrições e os Cinco Pontos de Focalização da Teoria das Restrições? Comente.

9. As árvores de Pré-Requisitos e de Transição são poderosas ferramentas para implementar uma nova solução para um problema, ou seja, mostra como fazer para mudar. Como ficam os outros aspectos que costumam ocorrer nas implementações, como por exemplo, resistência às mudanças? Comente.

Capítulo V

Custeio do Fluxo de Valor/Lean Accounting

Em 1985 o *Massachusetts Institute of Technology* – MIT decide iniciar uma extensa pesquisa na indústria automobilística mundial. Noventa plantas montadoras de veículos de dezessete países participaram. Os resultados da pesquisa, conforme livro *The Machine That Changed The World: The Story Of Lean Production* de autoria de Womack, J. P.; Jones, D. T.; e Roos, D. (1990), mostrou que o Sistema Toyota de Produç**ão (TPS** *Toyota Production System*) se destacava das demais passando a representar um novo paradigma, em contraponto à produção em massa vigente desde os primórdios da revolução industrial.

Curiosamente o termo *Lean* foi cunhado (e atribui-se sua autoria a um dos pesquisadores da equipe) para identificar o sistema TPS de produção; não seria lógico que as grandes montadoras de veículo buscassem implementar um sistema que tivesse o nome de justamente uma empresa montadora concorrente. Seguiram-se nos anos seguintes a expansão da implementação do sistema *Lean* nos demais ramos de negócios abrangendo não somente as áreas de manufatura como também as empresas do setor de serviços em escritórios, conhecida como sistemática *Lean Office*.

A produção *Lean* pressupõe alta variedade e baixos volumes com custos mínimos, investimentos reduzidos e elevados padrões de qualidade. Se comparado à mesma produção em massa, *Lean* necessita de menor presença de operários em fábrica, de menos espaço para fabricação, de menos ativos fixos, de redução no tempo para desenvolver novos produtos, de **níveis menores de** inventários/estoques, observando-se ainda menor quantidade de defeitos etc.

Pode-se, pois, definir *Lean* como uma abordagem de operação projetada para eliminar o desperdício e maximizar o valor para o cliente. Caracterizada pela entrega do produto certo, na quantidade certa, com a qualidade certa (zero-defeito), na hora certa que o cliente precisa, ao mais baixo custo possível.

Por que Contabilidade *Lean* (*Lean Accounting*) ?

Durante a implementação da sistemática *lean* observa-se que os resultados nos relatórios financeiros pioram o que faz com que diversas empresas suspendam essa nova metodologia e voltem à sistemática tradicional anterior. Contudo, os ganhos obtidos no chão de fábrica são mascarados com o uso da contabilidade gerencial tradicional. Daí o surgimento da contabilidade *lean* que adequa a contabilidade tradicional para as empresas *lean*.

Para isso ilustrar considere-se o seguinte exemplo obtido de Womack et al. (1996) em que é mostrada uma comparação de resultados entre a produção em massa e a produção *lean* em uma empresa fictícia.

1. Produção em Massa

Inventário Inicial	**USD1,450,000**
Compra de Material Direto	950,000
Mão de obra Direta	900,000
Custos Indiretos de Fabricação	350,000
SubTotal	2,200,000
Inventário Final	**1,450,000**
Custos Totais	2,200,000
Receita Total	**3,000,000**
Lucro (perda) – pré- impostos	**USD800,000**

2. Produção *Lean*

Inventário Inicial	**US$1,450,000**
Compra de Material Direto	500,000
Mão de obra Direta	900,000
Custos Indiretos de Fabricação	350,000

SubTotal	1,750,000
Inventário Final	**150,000**
Custos Totais	3,050,000
Receita Total	**3,000,000**
Lucro (perda) – pré- impostos	**US$(50,000)**

Quando se mira nessas duas representatividades de resultados torna-se necessária uma análise desses balancetes, pois, ao contrário das características mencionadas da produção *lean*/sistema TPS de produção, os balancetes mostram que o resultado se reduz quando do início da implementação da produção *lean*. O seguinte ocorre:

- No exemplo da produção em massa é mostrado o resultado com um lucro de US$800,000. O segundo quadro mostra o resultado com a implementação da produção *lean* na citada empresa. Obviamente algumas modificações foram operadas na manufatura da empresa. O resultado mostra isso, pois, com o sistema *lean* o inventário reduziu drasticamente - de US$1,450,000 passou para US$150,000. A necessidade de produção nesse período também foi menor, pois, houve o envio para os clientes de produtos acabados que estavam no inventário. O material requerido para essa produção foi de somente US$500,000, ao invés dos US$950,000 despendidos na produção em massa. Aos custos operacionais de US$1,750,000 foram agregados US$1,300,000 da redução do ativo em inventário, perfazendo US$3,050,000 de custos totais. Ao invés de mostrar o lucro de US$800,000 observados quando a empresa estava configurada como uma empresa tradicional de produção em massa passou a mostrar um prejuízo de US$50,000 nos seus resultados. Deve-se, contudo, observar que houve um aumento no fluxo de caixa – de U$800,000 observado na produção em massa para US1,250,000 na produção *lean*.

As empresas clientes da empresa *lean* percebem que os tempos de entrega dos produtos (do pedido feito até a entrega formal do produto) são também drasticamente reduzidos e dessa forma passam a colocar seus pedidos mais tarde do que costumavam fazer e em quantidades menores. Com isso, nos primeiros momentos da implementação *lean* as receitas de vendas são reduzidas o que contribui para mascarar os resultados obtidos com a produção *lean*.

- O sistema *lean* não é uma técnica que foca basicamente na redução de custos sendo seu foco a eliminação dos desperdícios. Assim, os ganhos obtidos com a eliminação dos desperdícios se traduzem em ganhos em recursos (mão de obra e máquinas). A mão de obra e os recursos de máquinas liberados serão utilizados no futuro em novos negócios aumentando a capacidade de produção da empresa e gerando lucros no futuro. Portanto, no curto prazo esses ganhos não aparecem nos resultados da empresa. Como se trata de um processo de melhoramento constante a demissão de funcionários ociosos com o *lean* seria culturalmente contraproducente durante o processo de implementação dessa nova sistemática.

Dois Aspectos da Contabilidade *Lean*

Quando se fala em contabilidade *lean* dois aspectos podem ser entendidos:

1. Aplicação de Métodos e Pensamentos *Lean* nos Processos Contábeis da Companhia.

2. Adequação da Contabilidade Gerencial para a Transformação *Lean*.

No primeiro caso a aplicação de métodos *lean* em focar na eliminação dos desperdícios leva a melhorias nas seguintes atividades/processos:

- Contabilidade de Custos;
- Relatórios de mão de obra;
- Ordens de produção;
- Compras & Contas a pagar;
- Avaliação & controle de inventário;
- Simplificação dos registros contábeis;
- Fechamento do mês;

No segundo caso e reportando ao que foi descrito, no item anterior, nos motivos do por que da Contabilidade *Lean*, trata-se de desenvolver técnicas de contabilidade gerencial para atender a transformação da empresa tradicional em uma empresa *lean*. Assim, os seguintes aspectos são atendidos nesse particular:

- Relatório de tomada de decisão para suportar a produção *lean* e outros processos *lean*;
- Relatório financeiro que é entendido imediatamente e usado por todos;
- Sistema simples de contabilidade *lean* para a contabilidade gerencial e relatório financeiro;
- Processos contábeis focados no valor para o cliente, fluxos de valor, puxar e melhoramento contínuo.

5.1 Manufatura *Lean*

Para o entendimento da contabilidade *lean* torna-se necessário inicialmente descrever as características básicas da manufatura *lean*.

Trata-se de uma abordagem de operação projetada para eliminar o desperdício e maximizar o valor para o cliente, caracterizada pela entrega do produto certo, na quantidade certa, com a qualidade certa (zero-defeito), na hora certa que o cliente precisa, e ao mais baixo custo possível.

5.1.1 Princípios do Pensamento *Lean*

Womack et al. (1990) enunciou cinco princípios do pensamento *lean*:

- Especificar precisamente o **valor para cada produto** particular.
- Identificar o **fluxo de valor**.
- Fazer o valor **fluir** sem interrupção.

- Deixar o cliente **puxar** o valor do produtor.
- Perseguir a **perfeição**.

a. Valor pelo Produto

Valor é determinado pelo cliente. Aumentando-se o valor ao consumidor constrói-se lealdade com o cliente e aumenta-se a satisfação do mesmo com os produtos/serviços da empresa.

Segundo Hansen et al. (2009) o valor de um produto para o cliente é a diferença entre realização e sacrifício, onde realização é o que o cliente recebe e sacrifício é o que ele desiste. Realização inclui coisas tais como funcionalidade do produto (características), qualidade do produto, segurança da entrega, tempo de resposta de entrega, imagem, e reputação. Sacrifício inclui preço do produto, tempo de aprender o uso do produto, custo de operação, custo de manutenção e custo de disposição.

Objetivos de realização, por exemplo, deveria incluir: melhoria na funcionalidade do produto, aumento da qualidade do produto, aumento na garantia da entrega, e melhoria na imagem e reputação do produto.

Objetivos para o sacrifício deveria incluir: decréscimo no preço e decréscimo nos custos pós-compras. Preço de venda e custos pós-compra são importantes medições da criação de valor. Decrescendo os custos pós-compra decresce o sacrifício do cliente, e, então, aumenta o valor para o cliente.

b. Fluxo de Valor

O fluxo de valor é constituído de todas as atividades, tanto as que agregam valor (AV) quanto as que não agregam valor (NAV), requeridas para trazer uma família de produtos ou serviços de seu ponto inicial até o produto acabado nas mãos do cliente.

Atividades que agregam valor (AV) são aquelas que o cliente deseja pagar por elas. Atividades que não agregam valor (NAV) são as que os clientes não desejam pagar e são fáceis de remover do processo e, por isso, consideradas como desperdícios. Por outro lado as atividades (NAV) que os clientes não desejam pagar, mas são necessárias sob as condições existentes no processo, são conhecidas como atividades de suporte.

Exemplo de fluxos de valor:

- Da concepção do produto ao lançamento.
- Atendimento do pedido.
- Fluxo de valor do produto novo.

A figura 5.1 exemplifica um fluxo de valor de atendimento do pedido constituído de todas as atividades desde o pedido encaminhado por Vendas passando por todas as atividades de confecção do produto sua entrega e serviços de pós-vendas.

Figura 5.1 - Fluxo de Valor do Atendimento do Pedido

Fonte: Maskell e Baggaley (2004)

Os fluxos de valor agregam produtos pertencentes a uma mesma família. Para tanto se constrói uma matriz bidimensional com atividades/processos em um dos eixos e produtos no segundo eixo conforme tabela 5.1.

Tabela 5.1 - Matriz para Identificação do Fluxo de Valor
Atividades de Produção: Fluxo de Valor do Pedido

Roda Modelo	Entrada do Pedido	Planejamento da Produção	Compras	Célula de Alumínio(a)	Célula de Aço(b)	Teste de Esforço(c)	Embalagem & Expedição	Faturamento
A	X	X	X	X			X	X
B	X	X	X	X			X	X
C	X	X	X		X	X	X	X
D	X	X	X		X	X	X	X

Fonte: Hansen, Mowen e Gwan (2009)

No exemplo em tela os modelos A e B pertencem a uma família de produtos (rodas de alumínio) e os modelos C e D (rodas de aço) a outra família. As células de alumínio passam pelas seguintes operações: Fundição, usinagem, pintura e acabamento. As células de aço pelas seguintes operações: Estampagem, soldagem, chapeamento. Para garantir que as rodas de aço tenham a mesma resistência à fadiga que as rodas de alumínio, elas passam por um teste de esforço. Os modelos A e B serão colocados em um fluxo de valor e os modelos C e D irão definir um segundo fluxo de valor.

Ao se construir o fluxo de valor deve-se trabalhar na eliminação dos desperdícios detectados projetando-se, então, um estado futuro a ser alcançado por esse fluxo de valor. Para tanto, importante utilizar na análise os sete tipos de desperdícios enunciados por Ohno (1997):

Superprodução, que ocorre quando se produz mais do que o necessário.

Retrabalho ou correção, que ocorre em consequência dos retrabalhos e perdas em materiais/peças/produtos defeituosos.

Superprocessamento, que ocorre quando um determinado passo do processo não agrega valor ao produto. Ou seja, quando é executado esforço para atender uma condição que não é requerida no produto. O processo para ou se desenvolve lentamente.

Inventário, que ocorre em consequência de estocagem de produtos acabados, produtos em processo, matérias-primas, etc.

Movimentação de materiais, que ocorre nos deslocamentos ou estoques temporários, criando passeios de materiais, funcionários e equipamentos.

Movimentação de operador, que ocorre pelo excessivo movimento das pessoas que operam as instalações de fabricação. Enquanto estão em movimento não podem dar suporte ao processo de produção.

Tempo de espera, que dá suporte ao processo de produção e ocorre quando o operário permanece ocioso, assistindo uma máquina em operação, ou quando o processo precedente não entrega seu produto na quantidade, qualidade e tempo certo.

c. Fluxo Contínuo

As seguintes características podem ainda serem observadas nos fluxos de valor:

- Reduzidos tempos de preparação/troca de máquina, que em consequência:
    - Reduz o desperdício devido aos tempos de movimentação e espera.
    - Viabiliza a produção de lotes menores em maior variedade.
- Manufatura celular
    - Escolhida fora da estrutura departamental porque reduz o tempo de processamento, diminui o custo do produto, melhora a qualidade e aumenta a entrega no tempo.
    - A célula contém todas as operações tão próximas quanto possível, necessárias para produzir uma determinada família de produtos.

c.1 **Trabalho em oposição ao Melhoramento Contínuo** (Situação atual tradicional e Situação prevista celular)

A figura 5.2 (Maskell e Baggaley, 2004) mostra o estado atual de uma configuração de trabalho tradicional onde se ressalta tratar-se de uma situação em oposição ao melhoramento contínuo. Na figura pode-se observar que o tempo total de mão de obra é de 15 minutos com um custo de R$5,00. Os custos indiretos são de R$15,00 e o custo do material de R$1,50 chegando-se a um custo total unitário de R$21,50. Informações sobre dados de produção são mostradas no canto inferior direito da figura.

A figura 5.3 mostra a situação futura com a configuração das máquinas em uma célula de produção. Observa-se que ao invés de se usar uma máquina CNC (controle numérico computadorizado) preferiu-se substituí-la por máquinas menores mais simples. Assim a célula possui uma dessas máquinas e o tempo de operação da furadeira passou para 4 minutos. O raciocínio de custo padrão tradicional, conforme dados no canto inferior esquerdo da figura, mostra que o custo total aumentou para R$25,50, muito embora os dados de operação tenham sido bastante melhorados conforme exibem os dados no canto inferior direito da figura 5.3. Isso corrobora o que já foi apontado de que aplicação da contabilidade gerencial tradicional na empresa *lean* distorce os resultados.

Figura 5.2 - Situação Atual: Trabalho em Oposição ao Melhoramento Contínuo

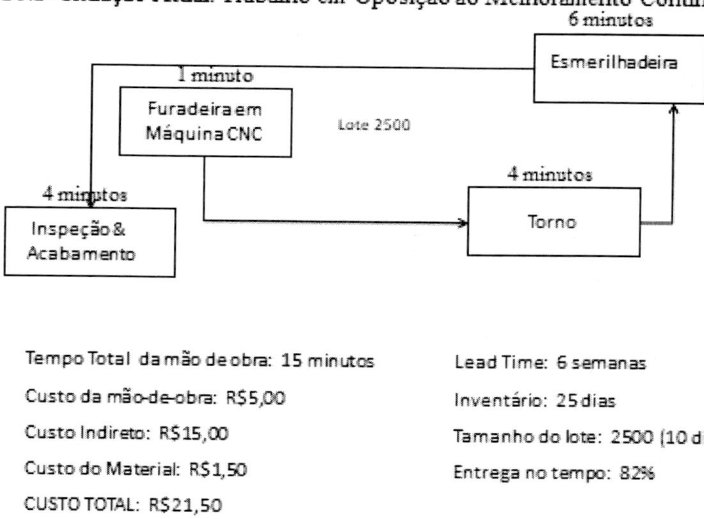

Fonte: BMA Inc. 2012

Figura 5.3 - Situação Futura: Célula de Produção *LEAN*

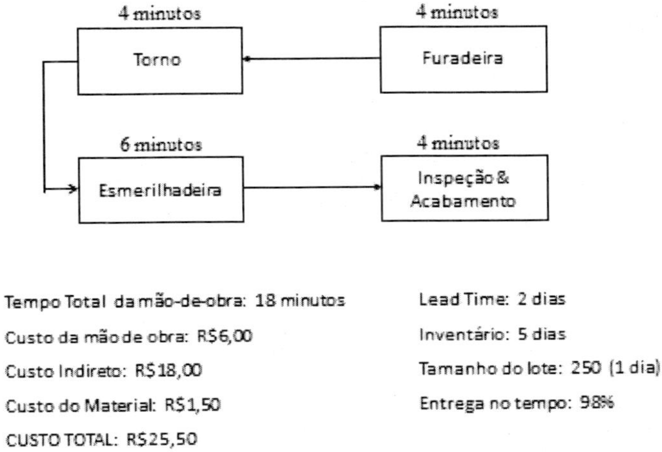

Fonte: BMA Inc. 2012

c.2 **Layout Atual (departamental) e Previsto (manufatura celular) para a produção de 10 unidades**

Figura 5.4 Layout Departamental Atual para a Produção de 10 unidades

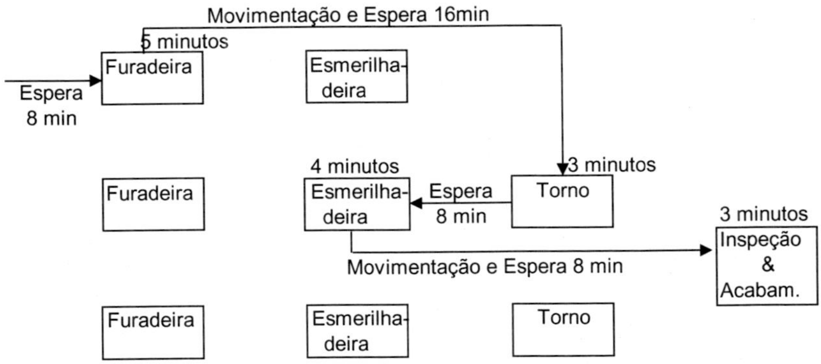

Tempo do Processo	
Furação	50 minutos
Torno	30 minutos
Esmerilhadeira	40 minutos
Insp. & Acab.	30 minutos
Processamento Total	150 minutos
Movim. e Espera	40 minutos
Total de tempo do Lote	190 minutos

Figura 5.5 Célula de Produção Proposta para a produção de 10 unidades do Produto X

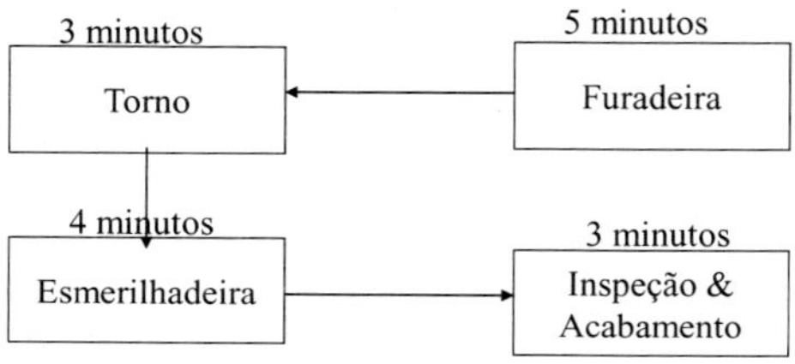

Tempo processando (dez unidades) Tempo decorrido

Primeira unidade ....15 minutos
Segunda unidade ....20 minutos (o processo começa 5 minutos depois do primeiro)
⋮
Décima unidade .... 60 minutos

Tempo economizado sobre a produção tradicional: 150 minutos – 60 minutos = 90 minutos

Se a célula é processada continuamente, então uma unidade é produzida a cada 5 minutos após a partida inicial. O tempo para produzir 10 unidades será de 60 minutos e o tempo economizado será de 90 minutos.

Fonte: Adaptado de Hansen (2009)

d. Puxar o Valor

A manufatura *lean* usa um sistema de puxar a demanda sendo a produção disparada pelo pedido do cliente.

- Elimina o desperdício pela produção de um produto somente quando é necessário, e tão somente nas quantidades demandadas pelos clientes.
- Nenhuma produção surge enquanto não houver um sinal do processo que lhe sucede para indicar a necessidade de se produzir.

- A demanda do cliente se estende para trás na cadeia de valor.
- Afeta como o produtor negocia com os fornecedores:
  - Na Compra JIT (Just-In-Time) que requer fornecedores para entregarem as peças e materiais na hora certa de serem usados na produção.
  - Nos fornecedores de peças que precisam estar integrados à produção, e que por sua vez está integrada à demanda.
- A Compra JIT explora integração com o fornecedor e para tanto:
  - Negocia contratos de longo prazo com poucos fornecedores localizados tão próximos quanto possíveis das instalações de produção.
  - Estabelece envolvimento mais extensivo com o fornecedor.
- A seleção do fornecedor se caracteriza:
  - Por não somente se basear no preço.
  - Por considerar a qualidade do componente, a habilidade de entregar como requerido, e o comprometimento à compra JIT como requisitos vitais.
  - Por estabelecer uma relação de parceria com os fornecedores.

e. Perseguir a Perfeição

Para tal, torna-se necessário atacar os seguintes aspectos:

- Identificar e eliminar as causas do desperdício.
- Manter o empregado comprometido.
- Buscar o controle de qualidade total.

5.2. Contabilidade *Lean*

Conforme Hansen et al. (2009) fabricantes *Lean* não cortam custos; transformam desperdício em capacidade disponível. O impacto financeiro vem da tomada de decisão em como usar essa capacidade (e o fluxo de caixa do inventário reduzido). A Contabilidade *Lean* usa ferramentas específicas para entender o impacto das mudanças *lean* nas companhias financeiramente.

Contabilidade *Lean* é um método de custeio que apoia a criação de valor para o cliente custeando o fluxo de valor em sua totalidade, não os produtos individuais ou departamentais, dessa forma eliminando desperdício no processo da contabilidade.

As práticas contábeis deveriam seguir de perto as mudanças na operação do negócio. Isso, contudo, não acontece quando da transformação *lean*. O fato é que o gerenciamento de custo tradicional pode não funcionar bem no ambiente *lean*. Mudanças nas atividades de estrutura e procedimento para a manufatura *lean* alteram o **custeio do produto** e o **controle da operação**.

No ambiente *lean*, muitos dos custos indiretos distribuídos aos produtos usando alocação de direcionadores são agora **rastreados diretamente** aos produtos que produzem acurácia no custeio do produto.

Figura 5.6 Custos Que Incidem no Fluxo de Valor

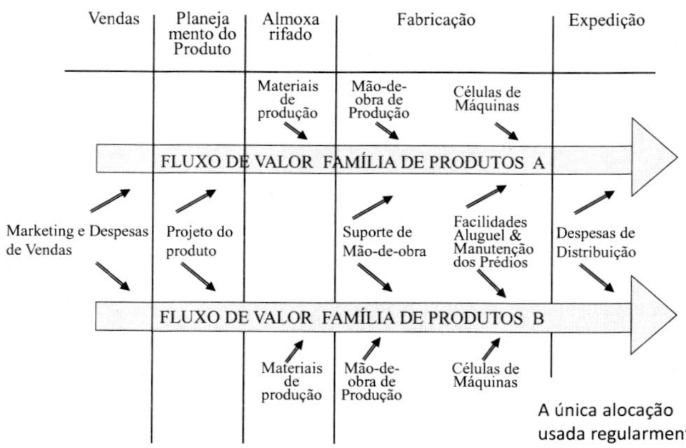

A única alocação usada regularmente é para os custos de facilidades.

Fonte: Hall (2008)

A figura 5.6 conforme Cogan (2011) mostra os custos que incidem no fluxo de valor. O custo total de material do fluxo de valor é a soma de todas as compras do período viabilizada porque na contabilidade *lean* as matérias-primas e inventários em processo representam, possivelmente, um ou dois dias de inventário. Não funciona bem em um ambiente de fabricação tradicional onde diversos meses de inventário podem ser transferidos de um período para o outro. O custo da mão de obra que trabalha no fluxo de valor é incluído se eles projetam, fazem, ou simplesmente transportam o produto de uma célula para outra. Os custos de mão de obra não são alocados aos produtos individuais na forma tradicional (tempo despendido em uma tarefa específica). Ao invés disso, a soma dos salários e benefícios diretos pagos a todos os indivíduos trabalhando no fluxo de valor é carregada diretamente ao fluxo. Mão de obra de suporte, como manutenção de máquinas, planejamento de produção, e vendas, é também aí incluído. Sempre que possível, cada empregado deve ser designado para um fluxo simples de valor ao invés de ter seu tempo distribuído entre diferentes fluxos de valor. Praticamente o único custo alocado aos fluxos de valor é uma carga por metro quadrado para o valor de suporte de facilidades (aluguel, manutenção dos prédios, utilidades, etc.). A lógica por trás disso é estimular os membros dos grupos de fluxo de valor, e minimizar os espaços ocupados para operarem os fluxos de valor. Os custos indiretos gerais que ocorrem fora dos fluxos de valor, e que não podem ser controlados pelos grupos de fluxo de valor, não devem ser agregados às famílias de produtos. Portanto, nenhum esforço é feito para absorver inteiramente os custos de suporte de facilidades. Muito embora os custos indiretos corporativos precisem ser contabilizados, eles não serão alocados aos fluxos de valor (HALL, 2008).

Como entender os custos na produção *lean*

Maskell e Baggaley (2004) mostram como entender os custos dos produtos em uma produção *lean* que diverge do que o custeio padrão tradicional costuma apresentar. Assim, considere-se figura 5.7 em que a produção do produto A é de 12 unidades por hora, pois, a operação de fundição com 5 minutos é a restrição. Considerando-se, ainda, que os custos de conversão representam R$840,00 por hora, então o custo unitário de conversão do produto A será de R$70,00 por unidade.

Supõe-se, em seguida, que a companhia introduza um segundo produto, produto B, nessa mesma célula e que os dois produtos A e B são produzidos de forma alternada dentro da célula. A taxa de produção continua sendo de 12 unidades por hora. Contudo, o total do tempo de mão de obra e máquina para fabricar o produto B é maior do que para o produto A (20 minutos contra 15 minutos). Muito embora essa diferença em tempos de mão de obra e máquina, o custo de conversão do produto B irá ser o mesmo. A companhia pode fazer 12 produtos A por hora ou 12 produtos B por hora. Assim, como o custo de conversão é de R$840,00 e se por acaso o custo de material for o mesmo para ambos os produtos, os custos dos produtos A e B serão rigorosamente iguais, muito embora o produto B consuma mais tempo de recursos do que o produto A. Essa é a lógica quando se passa da produção em massa padrão tradicional para a produção através de fluxo de valor.

Figura 5.7 – Como entender os custos na Produção Enxuta

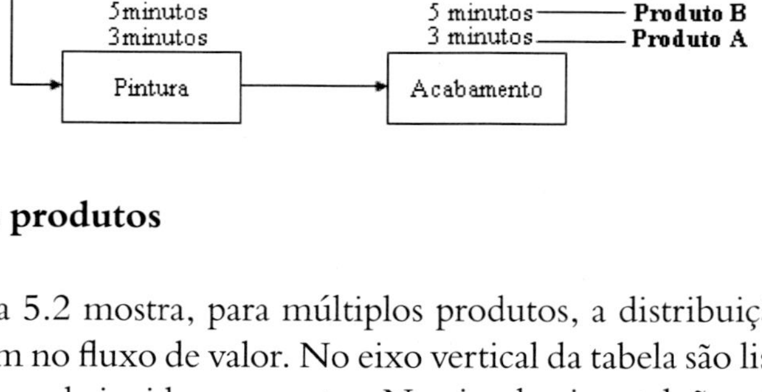

Múltiplos produtos

A tabela 5.2 mostra, para múltiplos produtos, a distribuição dos custos que incidem no fluxo de valor. No eixo vertical da tabela são listadas as áreas de trabalho onde incidem os custos. No eixo horizontal são relacionados os custos reportados. Assim, o custo de material incide nas células de produção e na montagem final onde os materiais são operacionalizados. Os custos externos, como o próprio nome indica, só ocorrem, nesse exemplo, na engenharia de projeto. Custo do empregado se relaciona às despesas de mão de obra que incide em cada área. Custos de máquina aparecem nas células de produção, de teste e de retrabalho, que são setores onde existem máquinas operacionais. Outros custos podem se relacionar a outras despesas somente ocorridas na célula I.

Tabela 5.2 - **Múltiplos Produtos**
Custos do Fluxo de Valor

	Custo de Material	Custos Externos	Custo de Empregado	Custo de Máquina	Outros Custos	Custo Total
Serviço ao cliente			R$11345			R$11345
Compras			15.670			15.670
Célula I	258.512		16.790	16.543	21.230	313.075
Célula II	24.570		22.346	2.123		49.039
Teste e retrabalho			9.904	12.090		21.994
Montagem e teste final	129.060		1.350			130.410
Embarque			2.358			2.358
Garantia da qualidade			6.916			6.916
Engenharia de produção			6.916			6.916
Manutenção			6.916			6.916
Contabilidade			6.916			6.916
Sistema de informação			3.458			3.458
Engenharia de projeto		8.560	3.458			12.018
	R$412.142	R$8.560	R$102.998	R$30.756	R$21.230	R$575.686

Fonte:Adaptado de Maskell & Baggaley (2004)

- Os custos dos produtos do fluxo de valor são calculados usando o custo médio real.

- Os custos médios são usualmente calculados semanalmente e baseados nos custos reais.

$$\text{Custo do produto do fluxo de valor} = \frac{\text{Unidades expedidas no período}}{\text{Custo do fluxo do valor do período}}$$

Observação deve ser registrada de que ao invés de se obter o custo médio dos produtos homogêneos no fluxo de valor, melhor é calcular o custo médio dos custos de conversão e somá-lo ao custo do material para a obtenção do custo de cada produto, pois, pode-se ter na família de produtos, itens que variem substancialmente em termos de conteúdo de material.

5.2.1 Relatórios do Fluxo de Valor: Demonstrativo Simples de L&P *Lean*

- Os custos são coletados e reportados por fluxo de valor.
- Cada fluxo de valor é tratado como uma unidade de negócio independente.
- O demonstrativo de resultado deve refletir o lucro/perda de cada fluxo de valor.

Cooper e Maskell (2008) apresentam um exemplo conforme tabela 5.3 onde o fluxo de valor apresenta um lucro operacional de $3,229,000 e uma perda de $9,000 após o ajuste de redução do inventário. Ao contrário, a Demonstração de L&P Tradicional somente mostra a perda de $9,000. E, além disso, ela requer um sofisticado entendimento de custeio padrão e análise de variância. O demonstrativo Simples *Lean* pode ser entendido por todos na empresa enquanto que o demonstrativo Tradicional fica restrito aos técnicos contábeis. Nesse exemplo, o demonstrativo simples *lean* mostra que existe um lucro operacional consistente e que a perda se deu tão somente pelo ajuste de inventário consequente da utilização do mesmo na entrega dos produtos. A contabilidade gerencial padrão tradicional não demonstra isso.

Tabela 5.3 - **Demonstrativo de L&P Tradicional x Demonstrativo Simples de L&P *Lean***

Custeio Tradicional Padrão

(=)	Receitas	19,040,000
(-)	Custo dos Prod. Vendidos	13,853,000
(=)	Lucro Bruto	5,187,000
(-)	Variação no preço de compra	(63,000,)
(-)	Variação de MD	1,075,000
(-)	Variação de MO	927,000
(-)	Variação de C.I.	2,902,000
(-)	Desp. com vendas e administrativas	355,000
(=)	Lucro Líquido	(9,000)

Custeio do Fluxo de Valor

(=)	Receitas	19,040,000
(-)	Custo de Material	6,608,000
(-)	Custo de Pessoal	3,900,000
(-)	Processos externos	1,442,000
(-)	Outros Custos de Conversão	2.,513,000
(-)	Facilidades	993,000
(-)	Desp. com vendas e administrativas	355,000
(=)	Lucro Operacional	3,229,000
	Inventário Anterior	10,477,000
	Inventário Atual	7,391,000
(-)	Ajuste de estoques	(3,086,000)
(-)	Custos Corporativos	152,000
(=)	Lucro Líquido	(9,000)

Fonte: Cooper & Maskell (2008)

A tabela 5.4 mostra outro exemplo de demonstrativo simples de L&P da contabilidade *lean*. O relatório apresenta demonstrativos separados por fluxo de valor (produtos de alumínio, produtos de aço e desenvolvimento de novos produtos) e apresenta em separado custos de suporte de facilidades que não puderam ser imputados aos fluxos de valores (administração e custos indiretos) e que são reportados em uma coluna separada.

Tabela 5.4 - **Demonstrativo de Lucros e Perdas**

	Produtos de Alumínio	Produtos de Aço	Desenvolvimento de Novos Produtos	Administração e Custos Indiretos	Lucros & Perdas da Companhia
Receita	R$10.812.000	R$7.208.000	R$0		R$18.020.000
Custo de Materiais	3.670.000	2.268.000	32.000		5.970.000
Custos de Conversão	780.000	1.200.000	3.640.000		620.000
Lucro do Fluxo de Valor	6.362.000	3.740.000	($3.672.000)		6.430.000
ROS do Fluxo de Valor	6,3%	5,2%			
Custo de Empregados				R$1.576.000	1.576.000
Despesas				1.272.000	1.272.000
	Inventário do Período Anterior				10512000
	Inventário Atual				6922000
	Ajuste de Inventário				-3.590.000
Lucro Bruto da Companhia					-8.000
ROS da Companhia					0

Fonte: Adaptado de Maskell & Baggaley (2004)

ROS = Retorno sobre as Vendas = Lucros/Vendas.

- Custos fora dos fluxos de valor (administração e custos indiretos de sustentação de atividades) são reportados em uma coluna separada.

- A fim de evitar distorções do desempenho da semana atual, reduções de inventário são reportadas separadamente das contribuições do fluxo de valor.

5.2.2 Tomada de Decisão

- Usando o custo médio do produto para cada fluxo de valor significa que o custo individual do produto não é conhecido.

- Um custo pleno do produto, específico e acurado, **não é necessário** para a maioria das decisões. A maior parte das decisões que foca na análise da lucratividade dos fluxos de valor é de natureza de curto prazo.

Ilustração prática: Comparação entre Tomada de Decisão *Lean* e Tomada de Decisão Tradicional

Considere-se o exemplo dado por Brian Maskell (BMA Inc., 2012) para os três seguintes cenários:

- 1. Fazendo Internamente com o Custeio Tradicional
- 2. Terceirizando
- 3.Fazendo Internamente com o Custeio do Fluxo de Valor

Sejam os seguintes dados fornecidos:

Demanda = 3.000 unidades;
Preço unitário = R$45,00
Retorno sobre as vendas = 15%;

Cálculo pelo Custeio Tradicional

Custos de Material	R$17,50
Tempo de Mão de obra	750 segundos
Taxa de Mão de obra	R$30,32
Custo de Mão de obra	R$ 6,32
Taxa de Custo Indireto	293%
Custo Indireto	R$18,52
Custo Padrão	***R$42,34***

Cálculo da Margem no Custo Padrão Tradicional
Lucratividade usando o Custo Padrão Tradicional

Preço	R$45,00
Custo Padrão	R$42,34
Lucro por unidade	R$ 2,66
% Margem	5,92%

Fazer o pedido? ***NÃO***

Cálculo com a Terceirização

Fornecedor de Baixo Custo cotou a R$33,00 com um acréscimo de 7,5% de custos de desembaraço

Quantidade	3.000 unidades
Preço	R$45,00
Custo da Terceirização	R$33,00
Overhead da Terceirização	7,50%
Custo do *Overhead* da Terceirização	R$2,48
Custo Total	R$35,48
Lucro por unidade	R$ 9,53
% Margem	21,17%

Fazer o Pedido SIM

Cálculo pelo Custeio do Fluxo de Valor

Considere os seguintes dados adicionais: O fluxo de valor necessita de capacidade para produzir as 3.000 un. e precisa comprar duas novas máquinas e contratar dois funcionários para operar as máquinas.

As três tabelas que se seguem referem-se, respectivamente, a: no primeiro calculam-se os custos adicionais que incidirão no fluxo de valor com os dados adicionais fornecidos; a segunda tabela corresponde ao relatório de L&P do fluxo de valor que mostra que caso as 3.000un vierem a ser produzidas internamente o retorno das vendas aumenta para 20,3%; a terceira tabela compara as alternativas sendo que a de fazer internamente no fluxo de valor é a melhor delas (20,3% contra 17.6% e 17,2% para retorno das vendas).

Categoria de Custo	Custo Unitário	Quantidade Adicional	Total do Custo Adicional
Material	R$17,50/un.	3.000 un.	R$52.500,00
Mão de obra	R$4.738/mês	2	R$ 9.476,00
Máquinas	R$1.533/mês	2	R$ 3.067,00

Relatório de L&P do Custeio do Fluxo de Valor

	Estado Atual	**Novo Pedido**	**Estado Futuro**
Receita	R$1.408.333	**R$135.000**	**R$1.543.333**
Custo dos Materiais	R$ 765.000	**R$52.500**	**R$817.500**
Custos da M. Obra	R$ 267.083	**R$9.476**	**R$276.560**
Custos de Máquina	R$ 59.433	**R$3.067**	**R$62.500**
Outros C. de Conversão	R$ 74.233	**R$0**	**R$74.233**
TOTAL	R$1.165.749		**R$1.230.792**
Lucro do FV	R$242.584		**R$312.541**
Retorno das Vendas	17,2%		20,3%

Comparando as Alternativas

	Estado Atual	Custo Tradicional	Pedido com Terceirização	Estado Futuro
Receita	R$1.408.333	1.408.333	1.543.333	1.543.333
Custo dos Materiais	R$ 765.000	765.000	871.425	817.500
Custos da M. Obra	R$ 267.083	267.083	267.083	276.560
Custos de Máquina	R$ 59.433	59.433	59.433	62.500
Outros C. de Conv.	R$ 74.233	74.233	74.233	74.233
TOTAL	R$1.165.749	1.165.749	1.272.174	R$1.230.792
Lucro do FV	R$ 242.584	R$ 242.584	R$ 271.159	R$ 312.541
Retorno das Vendas	17,2%	17,2%	17,6%	20,3%

O exercício apresentado mostra que seguindo o raciocínio tradicional a opção seria pela terceirização, contudo, a análise pelo custeio do fluxo de valor mostrou que a alternativa correta é de se fazer internamente na empresa através do fluxo de valor.

5.2.3 Medições de Desempenho: *Box Scorecard*

Trata-se de um quadro com as seguintes características:

- Compara métricas operacionais, de capacidade, e financeira com o desempenho da semana anterior e com o estado futuro desejado.

- Tendências no horizonte do tempo e as expectativas de alcançar algum estado desejável, no futuro próximo, são meios usados para motivar o constante melhoramento no desempenho.

- O controle *lean* utiliza uma mistura de medições financeiras e não financeiras para o fluxo de valor.

Tabela 5.5 - ***Box Scorecard***

		Semana de 03/ago	Semana Atual 10/ago	Próxima Semana 17/ago	Semana de 24/ago	Objetivo Semana 28/dez
O-PE-RA-CI-O-NAL	Vendas por pessoa	36,16	42,05			51,39
	Entregas no prazo	98,00%	94,00%			98,00%
	Lead time doca a doca	23,58	23,5			16,5
	Até o primeiro defeito	46%	42%			50%
	Custo médio p/unidade	R$388,46	R$348,66			R$388,46
	Contas a receber dias	34,5	37			35
CAPA-CIDADE	Recursos produtivos	9,30%	10,80%			11,90%
	Recursos não produtivos	63,70%	54,80%			49,30%
	Capacidade disponível	27%	34%			39%
FINAN-CEIRO	Receita	R$1.101.144	R$1.280.400			R$1.408.440
	Custo do material	R$462.480	R$512.160			R$535.207
	Custo de conversão	R$250,435	R$231,884			R$208,696
	Lucro bruto flux. de valor	R$388,228	R$536,356			R$664,537

Fonte: Maskell & Baggaley (2004)

A tabela 5.5 mostra o acompanhamento semanal dos diversos indicadores operacionais, de capacidade e financeiro, e vislumbrando o objetivo a ser alcançado.

5.2.4 Implementação *Lean*

- Mapas de fluxo de valor
    - Visualize as causas do desperdício de uma instalação de manufatura.

- Ajude a companhia a projetar melhores procedimentos para eliminar tais desperdícios.

- Setor de Serviço

  - A causa principal dos desperdícios nas companhias de serviços reside nos processos de quantidades produzidas e filas funcionalmente organizadas.

  - Usando um enfoque de **puxar** para determinar o nível de produção com a demanda do cliente é igualmente aplicável aos negócios de serviço.

- Escolha uma área piloto para implementação e proceda:

  - Treinamento formal em Contabilidade *Lean* (grupos de implementação e gerentes chave)

  - Eventos *kaizen* nos fluxos de valor no piloto escolhido:

    - Medições de desempenho
    - Custeio e capacidade do fluxo de valor
    - Tomada de decisão *lean* e *box scorecard*
    - Eliminação de transações

Conclusão

O termo *lean* foi utilizado para significar o sistema Toyota de Produção (TPS) que se revelou um novo paradigma, em oposição à produção em massa, após pesquisa de 1985 realizada pelo *Massachusetts Institute of Technology* – MIT em noventa plantas montadoras de veículos de dezessete países. Pode-se, pois, definir *lean* como uma abordagem de operação projetada para eliminar o desperdício e maximizar o valor para o cliente; caracterizada pela entrega do produto certo, na quantidade certa, com a qualidade certa (zero-defeito), na hora certa que o cliente precisa, e ao mais baixo custo possível.

Dois aspectos devem ser entendidos no *lean accounting*: a aplicação de métodos e pensamentos *lean* aplicados aos processos contábeis da companhia; e a adequação da contabilidade gerencial para a transformação *lean*.

Durante a implementação da sistemática *lean* observa-se que os resultados nos relatórios financeiros pioram o que faz com que diversas empresas suspendam essa nova metodologia e voltem à sistemática tradicional anterior. Contudo, os ganhos obtidos no chão de fábrica são mascarados com o uso da contabilidade gerencial tradicional. Daí o surgimento da contabilidade *lean* que adequa a contabilidade tradicional para as empresas *lean*.

Os princípios do pensamento *lean* são descritos, além dos sete desperdícios que essa metodologia busca eliminar.

Aborda *lean accounting* (contabilidade *lean*) relatando sobre a conveniência do demonstrativo simples de L&P em relação ao demonstrativo de L&P tradicional. Relatórios do fluxo de valor são apresentados, igualmente. Explica a tomada de decisão do fluxo de valor comparando com o custeio tradicional na decisão de fazer ou comprar. Mostra como medir o desempenho do fluxo de valor através do *Box Scorecard*. Informações adicionais são passadas para a implementação da sistemática.

Questões para Análise e Discussão

1. Como os aumentos nos inventários e nos custos dos pedidos, não aparecem como custos até que os produtos sejam vendidos, os sistemas tradicionais podem recompensar os gerentes por excesso de produção. Esse problema é exacerbado quando os bônus são associados à produtividade? O que você pensa sobre isso? Por quê?

2. Você acredita que os contadores não aparentam estar acompanhando essa evolução na forma de produzir desde a década de 20 com Henry Ford, até os dias de hoje. Por quê?

3. Na implementação para empresa *Lean*, os benefícios de pequenos inventários, produtos de alta qualidade, e aumento na satisfação do

cliente torna-se óbvio somente após um longo período de tempo. Um sistema tradicional de custeio por absorção, com sua ênfase no curto-prazo, pode facilmente enganar os tomadores de decisão. Por quê?

4. Diferencie produção empurrada de produção puxada. Ilustre com um exemplo.

5. Cite alguns sintomas observados nas empresas que as recomendariam a uma transformação para uma empresa enxuta.

6. Considere a célula de produção da figura que se segue e calcule:

O número de unidades produzidas por hora;
O tempo da primeira unidade pronta;
O tempo da décima unidade pronta;
O tempo gasto na décima unidade caso utilizasse a produção tradicional;

A economia de tempo se usada a célula de produção em relação à produção tradicional, na produção de dez unidades.

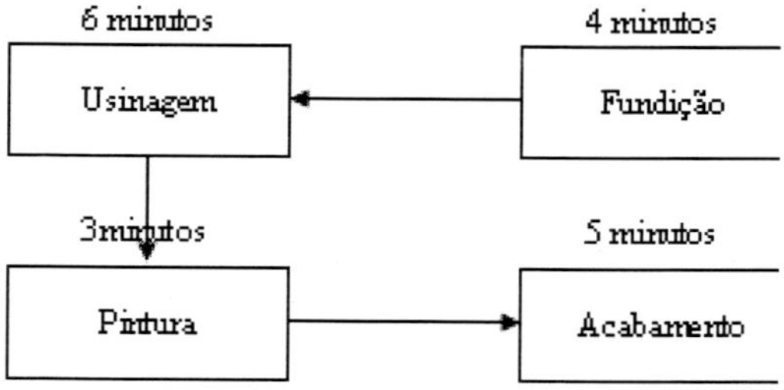

7. Por que os inventários na produção *lean* tendem a ser muito menores do que na produção em massa tradicional?

8. Por que a redução do inventário na manufatura *lean* reduz no curto-prazo, sua lucratividade?

9. Por que quando a empresa está em transição para se tornar *lean* seus clientes adiam as vendas?

10. Por que os ganhos de produtividade em termos de pessoal não se refletem no aumento da lucratividade no período de transição para empresa enxuta?

11. Por que os ganhos de produtividade em termos de capacidade de máquinas não se refletem no aumento da lucratividade no período de transição para empresa enxuta?

12. Como construir o mapa do fluxo de valor futuro a partir do mapa do fluxo de valor atual?

13. Seja o layout funcional/processos da figura que se segue. Pede-se:

    a. O tempo de processamento operacional de dez unidades do lote;
    b. O tempo total do lote;
    c. O tempo de processamento que não agrega valor;
    d. O layout por células de produção;
    e. O tempo decorrido para a primeira unidade pronta na célula de produção;
    f. O tempo decorrido para a décima unidade pronta na célula de produção;
    g. O tempo economizado na célula de produção em relação à produção tradicional;

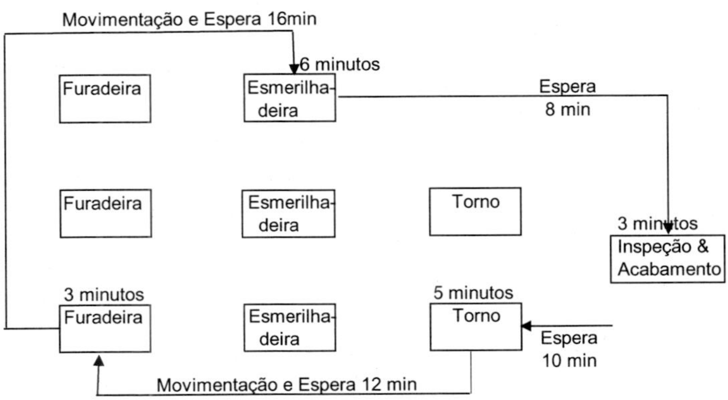

14. Por que quando se passa da produção em massa tradicional para a produção através de fluxo de valor a lógica da determinação dos custos não depende do consumo de recursos (mão de obra e máquina) despendidos pelos produtos?

15. Qual a lógica de se utilizar o critério de metro quadrado para ratear os custos de facilidades (utilidades, aluguel, manutenção dos prédios, etc.)?

16. Por que a maioria prefere utilizar, no fluxo de valor, o custo unitário médio de conversão ao invés do custo unitário médio total?

17. Por que não se necessita dos custos dos produtos na análise da maior parte das decisões que envolvem a precificação dos produtos?

18. A Rimal S. A. é uma empresa manufatureira, e no momento está analisando se deve comprar uma peça que atualmente é fabricada internamente no fluxo de valor, e é necessária para a produção nesse fluxo. A receita do fluxo de valor é de R$4.000.000,00. Atualmente o custo de materiais é de R$1.700.000,00 e o custo de conversão é de R$860.000,00. Se a companhia comprar a peça externamente, os custos de materiais deverão ser de R$1.940.000,00 e o custo de conversão deverá ser de RR780.000,00.

Explique se a companhia deveria continuar a fazer a peça ou comprar de um fornecedor. Por quê?

Custeio Meta, Ciclo de Vida, Kaizen e RCA (Contabilidade do Consumo de Recursos)

A necessidade de se garantir o lucro final previsto para os produtos/serviços, em que todas as despesas são absorvidas, levou ao desenvolvimento a partir dos anos noventa, de um novo foco no gerenciamento de custos - o custeio meta (target costing) utilizado originalmente na indústria japonesa.

O destaque dessa simples e lógica técnica, e que por isso mesmo revolucionou o gerenciamento da contabilidade de custos, foi a colocação da seguinte questão: O que tem os custos a ver com a fixação do preço de venda? Quebra-se aí a barreira representada pela forma unilateral de pensamento que sempre considerou o custo dos produtos como fator fundamental para a fixação do preço de venda.

Com exceção dos contratos de preços baseados nos custos, ou de alternativas anacrônicas de comercialização como cartel, monopólio, etc., o mercado é em última análise quem de fato determina o preço, procurando levar em conta o valor percebido pelo cliente, nos produtos/serviços. O objetivo do custo, nesse caso, é, pois, o de dar suporte às decisões de ser ou não válido entrar no mercado, ou mesmo, de se manter no mercado.

Nesse novo paradigma não se cogita a determinação do custo unitário total como condicionante para a fixação do preço de venda. Ao contrário, usa-se o preço de venda para determinar o custo que o mercado irá admitir. Segundo Peter Drucker, o preço conduz aos custos em oposição ao conceito anterior do custo levar ao preço.

O custo unitário permitido, ou alvo, ou meta, terá de ser obtido para que os lucros desejados sejam atingidos. Esse novo paradigma questiona a validade de qualquer dos anteriores baseados nos custos padrão de Frederick Taylor e de seus contemporâneos – e que eram custos voltados para a engenharia. E que, na realidade, estão sendo parcial ou totalmente alterados pelos custos voltados para o mercado. E como diz Maskell e Baggaley (2004) preços e custos não se relacionam. Os preços, sim, dependem do valor, percebido pelo cliente, nos produtos ou serviços.

Surge, então, uma questão a resolver e que é o de como determinar o lucro desejado. Este seria representado por uma percentagem das vendas? Ou levaria em conta o retorno dos investimentos? O fato é que esse lucro desejado deveria no mínimo representar o lucro que estimulasse o empreendedor a investir e se manter no negócio. Segundo Sakurai (1997) a taxa usada para determinar o lucro-meta é geralmente a lucratividade de vendas (ROS – return on sales), ao invés do retorno do investimento (ROI – return on investment). Uma das razões para isso é a facilidade de cálculo do ROS para cada produto. Contudo, e mais importante, segundo aquele autor, o uso do ROS é estrategicamente superior ao do ROI.

Nesse enfoque o custeio meta, cria também uma série de novas questões provocativas tais como:

a. Tudo que conta é que o custo unitário total não poderá exceder o custo permitido/meta considerando-se que o lucro desejado esteja sendo atendido.

b. E se verdadeiramente se acredita em melhoramento contínuo, então o custo permitido/meta unitário poderá ser reduzido no decurso do tempo.

c. A forma como se trabalha pode ter que mudar a fim de se reduzir custos. Em última análise, essa mudança pode conduzir ao envolvimento, ao comprometimento da força de trabalho, que como se sabe, muitas vezes é o que está mais próximo da ação que conduz ao melhoramento contínuo. E, no caso, essa força de trabalho envolve as pessoas da fábrica, de suprimentos, marketing e distribuição, além das pessoas dos escritórios administrativos. O melhoramento contínuo cria ainda a possibilidade de um relacionamento mais positivo com fornecedores e clientes, visando não somente a redução de custos, como o aumento da qualidade e do desempenho.

Em síntese o custeio-meta é uma ferramenta de gerenciamento estratégico que busca reduzir o custo do produto durante seu ciclo de vida. O custeio-meta presume uma interação entre a contabilidade de custos e o resto da empresa; através de um bem executado planejamento em longo prazo do lucro; e o comprometimento para com o melhoramento contínuo.

O custo-meta corresponde ao preço que os clientes desejam pagar para o produto/serviço deduzido do lucro que o empreendedor deve receber para executar o respectivo produto/serviço. É, na realidade, o custo permitido para o produto, ou seja, o custo com que se poderá produzir o citado produto no final das contas.

O custeio-meta reverte à estratégia de preços utilizada por muitas décadas por entender que os clientes não se preocupam com os custos do fornecedor dos serviços – mas apenas com os seus próprios. E, no caso, os preços dos prestadores de serviços sim é que são os seus custos, e aí termina o seu interesse.

6.1 O Custeio-Meta e a Fase do Projeto do Produto ou do Serviço

A melhor maneira de reduzir custos é implementar o custeio-meta no estágio de projeto. Aliás, é somente nessa fase que se justifica sua aplicação. Cerca de quatro quintos de todos os custos são determinados no estágio de projeto do produto ou serviço. No passado gastava-se 100% do tempo para reduzir os 20% dos custos não necessariamente determinados pelo projeto e deixavam-se os 80% dos custos simplesmente acontecerem. Entendendo a natureza da formação dos custos em todo ciclo de vida de um produto é uma importante lição. Descobre-se que os custos de operação ocorrem como resultado inexorável das características dos produtos e dos processos que foram fixados na fase do projeto do produto. Com a compreensão desse comportamento pode-se dizer que antes os esforços para a redução de custos limitavam-se à observação do fato após ele ter acontecido. Ao contrário, o entendimento de que a maior parte das despesas já estará comprometida, uma vez que o projeto seja definido, mostra que os esforços para a redução de custos deveriam acontecer justamente na fase do projeto, antes, portanto, que as despesas efetivamente ocorram.

Os custos que impactam nos produtos ou serviços consideram todas as despesas que incidem no ciclo-de-vida do produto, desde a pesquisa até a situação de ser descartado - do berço à sepultura. Nunca é demais repetir que a maioria dos custos de um produto novo (80% a 90%) já está comprometida após o estágio do projeto, antes, portanto, que uma única peça sequer seja fabricada (ELORANTE, 1992). Dessa forma, as alternativas manufatureiras de redução de custos somente podem influenciar uma pequena parte do custo total do produto. O custeio do ciclo de vida, contudo, mede por completo, todos esses custos, e não apenas os incorridos durante a produção. Claro que muitos desses custos serão estimados, mas a importância de serem determinados nos estágios iniciais antes que o projeto esteja definido é primordial para a obtenção de produtos com os menores custos. A análise do cálculo e da redução desses custos, antes mesmo que eles ocorram, acontece nessa fase e se utilizam de técnicas como análise de valor, custeio ABC/ABM, TDABC, engenharia simultânea, etc.

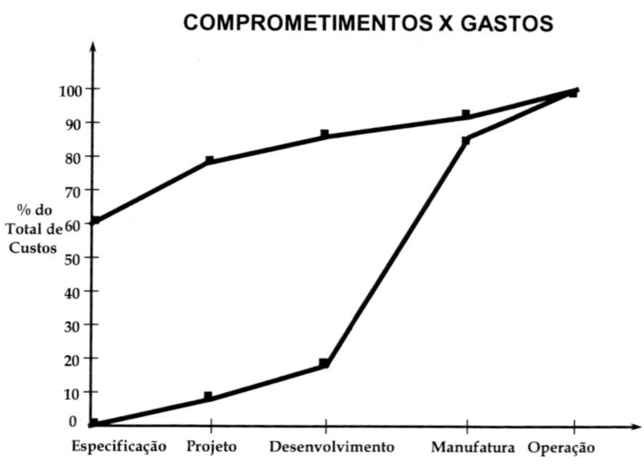

Figura 6.1

O custeio-meta que se utiliza do custeio do ciclo de vida tem relevante aplicação nos novos projetos onde é de crucial importância, principalmente quando se observa que a estratégia de lançamento de novos produtos está cada vez mais presente nas empresas; onde representam ponderável e ascendente parcela no faturamento das empresas. Existe, pois, a necessidade de se fechar o vazio que se observa na forma tradicional como a engenharia de projetos trabalha, e que se estende não só desde a inspiração de marketing à fabricação do produto, como até ao próprio serviço de pós-venda dispensado aos respectivos clientes. A consideração de todos os custos, desde as fases de introdução até à maturidade do produto, permite o desenvolvimento de melhores métodos de projetos, metodologias de produção, estratégias de marketing e opções de descarte do produto.

Nas indústrias de engenharia, a estimativa usual é que 80% do custo de um produto já estarão consignados tão logo o projeto tenha deixado a prancheta de desenho, (Booth 1994). Os resultados de um estudo estão mostrados na Figura 4.1, onde os custos comprometidos são comparados com os custos incorridos. O paradoxo chocante é que grandes valores de custos já estão irremediavelmente consignados durante fases onde relativamente pouco dinheiro tem sido gasto no produto. Existem, pois, duas verdades para esse estudo:

- Um bom projeto é barato, mas um mau projeto irá encarecer o produto, mais tarde no seu ciclo de vida;

- Os projetistas necessitam de alta qualidade de informação sobre os custos, pois são eles que podem controlar esses custos de maneira mais efetiva;

6.1.1 A Medição do Custeio-Meta

Como no custeio-meta a decisão do preço é o ponto focal dos esforços, e não propriamente o custo do produto, surge a questão da determinação do preço que o mercado está disposto a pagar. Em algumas empresas essas informações podem ser obtidas facilmente num simples olhar para os produtos ou pela existência de similares no mercado. Em muitas outras empresas, contudo, essas informações podem não ser obtidas tão facilmente, mas em qualquer caso, essa é a origem de qualquer esforço de custeio-meta. Portanto, o foco é muito mais externo em procurar baixar custos para atender as demandas dos clientes, do que propriamente um trabalho interno voltado para o atendimento dos respectivos padrões. Não se deve esquecer, contudo, o enfoque cada vez mais atual de que o preço é definido pelo valor que agrega aos produtos ou serviços não tendo, pois, relação com seus respectivos custos.

Outro foco é no plano geral de lucro. O planejamento do lucro de médio e longo prazo deve estar em situação de incorporar o custeio-meta. Nesse planejamento de longo prazo a fixação da lucratividade é crucial porque o custeio-meta pode não ser alcançado imediatamente, porém, somente com o passar do tempo. Sem uma visão para frente quanto ao posicionamento da lucratividade de longo prazo, o gerenciamento pode exercer pressão para baixar custos de forma não realista, em função da pressão exercida para atingir o lucro no curto prazo. Uma excessiva pressão para alcançar a lucratividade no curto prazo pode acarretar dois efeitos indesejados:

- Rejeitar produtos perfeitamente lucrativos, ou

- Abaixar *padrões* de custos para aparentar que são lucrativos quando na realidade esses custos não podem ser alcançados nem mesmo no longo prazo.

É, pois, crucial olhar para frente nos esforços do custeio-meta e posicionar realisticamente o produto em seu tempo de vida. O custo-meta não é uma questão somente de custeio. De fato, o custeio-meta não teria um impacto somente em como se determina os custos dos produtos, mas, principalmente em afetar a forma pela qual se usa as informações de custos já disponibilizadas para os esforços do gerenciamento de custos. A introdução de novos produtos deverá atender certas metas de lucro. Se as metas não são atingidas, então os produtos deverão continuamente ser reprojetados até que atendam a esses objetivos. E enquanto se está na prancheta, opções ainda existem, porém, quando o produto já está em operação, pouco se tem a fazer.

A importante e ao mesmo tempo simples mudança na maneira de pensar foi a de parar de reportar quanto os produtos irão custar e sim determinar quanto eles deverão custar. Essa concentração proativa nos custos dos produtos permite a prevenção de custos ao invés de reduzi-los após o fato ter ocorrido. Esse esforço empurra para um constante melhoramento no projeto e na fabricação, no número de componentes usados no processo, e no fluxo dos produtos através do fluxo de manufatura. E mais, a redução de custos é um esforço contínuo (custeio *kaizen*), ao invés de redução de custos periódicos ou mesmo apenas procurar reportar os custos incorridos cada vez mais acuradamente. Claro que aí o objetivo não é tão somente quanto de custo reduzir, obviamente que a ênfase maior é o aumento do lucro.

Segundo Sakurai (1997) custo-meta é um método abrangente de gerenciamento estratégico de custos que envolve a redução de custos em todo o ciclo de sua ocorrência. E, embora, as empresas desenvolvam e individualizem seus procedimentos específicos, conceitualmente existem três passos iniciais para o custo-meta:

Passo 1: Planejar novos produtos concentrando-se na satisfação do cliente.

Passo 2: Determinar o custo-meta de conformidade com a política estratégica da empresa, e viabilizá-lo em custos factíveis.

Passo 3: Atingir o custo-meta usando engenharia de valor ou outras técnicas de redução de custos.

Ao receber um pedido de um cliente, o custo permitido é calculado subtraindo-se o lucro programado do preço de vendas planejado. Exemplificando, se esse preço planejado é de R$10.000.000,00 e se o lucro-meta programado é de 20% das vendas, então o custo permitido ou máximo custo de produção permitido será de R$ 8.000.000,00. Portanto, esse valor, nesse instante, nada tem a ver com quanto custaria o pedido baseado nos custos da empresa para o serviço, e sim como uma consequência de um determinante do mercado.

O passo seguinte é o de saber se o produto pode ser fabricado com esse custo. O custo flutuante é calculado para cada peça com base nos registros contábeis da empresa. Esse custo flutuante é chamado de custo estimado ou custo básico, e é um custo cumulativo normal estimado, determinado sem a preocupação de ser um custo-meta. Considere-se que, como ilustração, que esse custo seja de R$ 8.900.000,00. É chamado desvio porque é recalculado continuamente, à medida que são cumpridas as atividades de engenharia de valor. Na realidade, o trabalho inicial no custo-meta é o esforço de engenharia de valor para reduzir o custo flutuante até que esse se iguale ao custo permitido.

Idealmente, os preços devem estar atrelados à sensibilidade dos clientes e do mercado. O custeio-meta, que é baseado no mercado oferece vantagem sobre o preço baseado nos custos.

No Japão, o gerenciamento de custos é da responsabilidade dos engenheiros, não dos contadores (o que ironicamente é onde historicamente a responsabilidade foi localizada nos Estados Unidos no início da revolução industrial). Os japoneses tratam custos como um sintoma, não uma causa ou uma solução. Mas eles consideram os sintomas dos custos como chave importante para manejar problemas ou procurar oportunidades.

O custeio-meta começa com a consideração da habilidade do consumidor em pagar. Isto é, começa com o preço baseado em seu valor independente do custo. E desde que obter um lucro é considerado como um dado do problema, então o custo-meta se torna um número calculado e que não pode ser excedido durante o projeto do produto:

Então, **Custo-Meta = (Preço Baseado no Valor) - (Lucro-Meta)**

Os fabricantes em muitos países primeiro projetam e produzem seus produtos, e então calculam um *markup* de acréscimo nos custos para a determinação do preço de venda. O pessoal de venda acredita que existe um mercado para o produto naquele preço.

Nesse caso, **(Custo real) + (Lucro planejado) = Preço**

Contudo, conforme já explanado os custos são mais bem administrados durante a fase de concepção e projeto. E ao se esmerarem em rígidos e estáveis projetos, os engenheiros estarão efetivamente comprometendo os custos ao olhar para frente. Os custos são intrinsecamente criados muito cedo, durante a fase de desenvolvimento do serviço, conforme já explanado.

Existe um retardo no tempo entre as decisões de projeto do produto e seu impacto nos custos de operação. As causas dos custos e a sua efetiva ocorrência são separadas pelo tempo.

Sem projetos estáveis, a frequência e a intensidade das alterações de engenharia que podem se seguir gerarão custos excessivos bem mais tarde, ao longo do ciclo de vida do produto. No Japão, o gerenciamento de custos começa com o custeio-meta e termina com o custeio *kaizen* durante a fase subsequente de produção. Na contramão disso, outros focam no gerenciamento forçando o pessoal da produção a obter os custos diretamente na linha de produção.

Geralmente, produção e operação ficam na situação de jamais poderem reduzir substancialmente esses custos em virtude das restrições oriundas dos projetos dos produtos predeterminados, bem como dos processos a eles associados. Ao contrário, eles estão sujeitos a aumentar os custos pela introdução de algum nível de ineficiência.

Em síntese, pode-se dizer que se uma companhia pretende introduzir um produto novo no mercado, ela poderá se deparar com a questão da determinação do preço; e se questionar qual deveria ser a melhor maneira de se determinar quanto cobrar. Naqueles tempos onde a competição não era acirrada a decisão de preços se dava com base no custeio padrão. O material, a mão de obra e os custos indiretos fabris dos produtos eram calculados detalhadamente, e a eles adicionados a parcela de despesas administrativas e a margem de lucro. Essa técnica aditiva funcionou bem quando os mercados não eram tão eficientes e responsáveis como são hoje. Pode-se até prosseguir com essa forma de trabalho em situações onde se tem um produto exclusivo ou competidores ineficientes.

Contudo, negócios mais progressistas usam o enfoque do custeio-meta, conforme aqui desenvolvido e que muda a origem da decisão, saindo dos setores de contabilidade de custos e indo para o mercado. Nesse caso inicia-se pelo preço de venda, deduz-se o lucro, e pronto, de forma muito simples tem-se o custo-meta. Se, contudo, o custo originalmente estimado for maior que o custo-meta deve-se voltar à prancheta dos desenhos e redesenhar o produto para reduzir as despesas associadas a ele, ou reexaminar completamente a decisão original de oferecer o produto.

Naturalmente que uma estimativa do preço unitário é somente uma parte da equação. É necessário estimar a parcela de mercado e o volume provável de vendas para determinar a habilidade de se absorverem os custos indiretos fabris e as despesas indiretas de vendas, gerais e administrativas. Isso significa que se deve avaliar cuidadosamente a competição existente e potencial, os sensíveis preços pretendidos pelos clientes; e as condições gerais do mercado.

A característica do custeio-meta é a de se tratar de um indicador antes que os fatos ocorram, o que previne muitos problemas futuros. Olhando somente os produtos e os lucros desejados, como se atuava no passado, é bem possível entrar no mercado com um produto ou serviço que esteja com um preço não razoável e dessa forma condenado ao fracasso. E um insucesso pode representar um custo incalculável na imagem da empresa no mercado, além de prejuízos financeiros que daí advêm.

Se por outro lado a empresa tem capacidade de saber de antemão que os custos de um determinado produto novo a levará a ficar fora de mercado, antes de seu lançamento, é grande a probabilidade de que ajustes possam ser feitos para resolver esse problema. Torna-se, nesse caso, necessário reprojetar o produto para que utilize menos materiais, componentes e peças dispendiosas. Poderá ter que rever suas decisões de fazer ou comprar e de encontrar alternativas de menor preço através da terceirização, ou mesmo fabricando itens que originalmente seriam encaminhados a fornecedores externos. Pode-se também examinar os processos de produção procurando alternativas eficientes de redução de custos, através da eliminação de algumas características não essenciais do produto ou mesmo que representam refinamentos. O objetivo, obviamente, é o de reduzir os custos a um ponto tal que o preço desejado e os objetivos de lucros sejam atendidos.

O benefício real associado com a opção de precificar através do custeio-meta é que leva a tomar uma quantidade de decisões e de tentar uma quantidade de alternativas antes que se defronte com a realidade de um mercado hostil. A experiência sugere que é quase impossível voltar e reprojetar com sucesso um produto com preço acima do mercado após o mesmo já ter sido introduzido.

E conforme observa Tanaka (1993), um gerente na Europa ou nos Estados Unidos geralmente espera usar a informação de custo para tomar decisões sobre preço e investimento enquanto que um gerente japonês usa a informação de custo justamente para controlar custos, ou seja, para reduzi-lo, e, no estágio do projeto.

6.2 Análise de Valor

Análise de valor é a técnica que focaliza determinado nível de tarefas ou atividades a fim de determinar se cada uma delas agrega valor ao consumidor (eficácia), e isso ocorrendo, se a mesma pode ser realizada com menor custo (eficiência). Objetiva-se, pois, eliminar ou reduzir custos relacionados às tarefas que adicionam pouco ou nenhum valor ao consumidor.

Os termos análise de valor/engenharia de valor surgiram tão logo se desenvolveu a técnica. Análise de valor é comumente usada para descrever a aplicação de técnicas para produtos ou serviços existentes. Engenharia de valor é usada quando as técnicas são aplicadas nos projetos de produtos ou serviços. Análise de valor/engenharia de valor pode ser aplicada com o mesmo sucesso para qualquer outra área geradora de custos.

A análise de valor tem sua origem nos anos quarenta e foi introduzida pela primeira vez por L. D. Miles na General Electric Company. Durante a Segunda Guerra Mundial, em consequência da escassez de materiais, houve necessidade de frequentes substituições nos itens utilizados. A observação desse fato levou Miles a desenvolver uma metodologia de procurar alternativas com outros materiais, agora com um propósito bem definido - reduzir custos.

A análise de valor, tal como foi concebida, é uma sistemática e também um esforço criativo que analisa a função exercida por produtos ou sistemas para assegurar que as funções requeridas estão sendo atendidas no menor custo possível.

Ela consiste na aplicação sistemática de técnicas que visam:

- Identificar as funções de um produto;
- Fixar um valor para esses produtos;
- Prover funções ao menor custo possível;
- Garantir qualidade igual, se possível melhor, ao produto que é oferecido ao consumidor.

Em cada uma destas etapas deve-se responder às seguintes perguntas:

- O que é o produto?
- O que ele faz?
- Quanto custa?
- Qual o valor das funções?
- Quais as alternativas?
- Quanto custará às alternativas?

Em seguida, sugerem-se alguns exemplos genéricos de aplicação de análise de valor/engenharia de valor:

- Pode o projeto ser alterado a fim de eliminar alguma de suas partes?
- Pode o presente projeto ser comprado a um custo mais baixo?
- Pode ser utilizado um componente padronizado?
- O componente padronizado é mais econômico?
- Se o componente existente é para melhorar a aparência, sua presença é necessária?
- Existe outro componente/material que poderia desempenhar a mesma função?

- Pode o projeto ser alterado para permitir simplificar um determinado componente?
- O projeto permitirá a utilização de equipamentos padrões de inspeção?
- Pode-se usar componente já utilizado em outro equipamento?
- Pode-se reduzir o número dos diferentes materiais usados?
- Existem no mercado novos materiais que poderiam ser utilizados?
- Pode o projeto ser alterado para que permita sua fabricação através de equipamentos automatizados?

A análise de valor que nasceu no Departamento de Compras do General Electric Company desenvolveu-se rapidamente pela Engenharia e Fabricação, em diferentes empresas. A definição precisa da função exercida pelos componentes dos produtos/projetos de produtos, e a análise do custo mais baixo de prover essa função é o escopo principal da análise de valor.

Trata-se, pois, de uma técnica dos anos cinquenta e que teve sua importância resgatada nos anos mais recentes, pelo crédito adquirido por ser uma das poucas técnicas disponíveis para a redução de custos no estágio do projeto do produto.

A extensão dos conceitos de análise de valor dos produtos, aplicados aos processos de negócios da empresa, faz com que a análise de valor do processo e a técnica do custeio ABC caminhem juntas, pois são muito similares em seus métodos. A análise de valor procura questionar as tarefas individuais, verificando se elas são realmente necessárias. Essa análise não visa diretamente os custos, mas, as tarefas individuais que compõem as atividades relevantes e que por sua vez completam o processo/subprocesso que está sob análise crítica. Se existirem outros caminhos alternativos para atingir o resultado final que é o de eliminar os desperdícios - então se torna necessário custear as opções e escolher o método de custo mais efetivo. Porém, a identificação de desperdícios pode ser feita independente do custo.

Desde que o objetivo é tornar o processo menos custoso, utilizando menos recursos para o mesmo resultado, não é necessário se proceder a uma análise muito detalhada. Mais uma vez utiliza-se o conceito de Pareto, o dos poucos vitais. O ABC providencia as estimativas de custos das diversas atividades e naquelas atividades dispendiosas e que adicionam pouco valor é onde deverão ser concentradas as prioridades de ação.

Deve-se, contudo, ter em mente que caso uma redução seja obtida como resultado de uma análise de valor no processo, não necessariamente isso pode se refletir nos resultados financeiros da empresa. Mesmo porque, no curto prazo, reduzindo-se o número de vezes com que uma atividade é realizada, libera recursos. E nessa situação, uma das três seguintes alternativas irão irremediavelmente acontecer:

1. As pessoas saem da folha de pagamento, e então economias reais irão acontecer.

2. Os recursos são utilizados para novos serviços, e o volume de negócios se expande com o consequente aumento de produtividade.

3. Nada acontece, e as pessoas irão ter mais tempo disponíveis.

No caso de economias realizadas no processo, o *Controller*, na empresa, costuma perguntar onde está, em termos de resultados financeiros da empresa, a contrapartida das economias feitas no processo? Na realidade, ocorrerá excesso de capacidade se atividades que não agregam valor forem eliminadas. Todavia, reduções de custo apenas ocorrerão quando esses *custos* evidenciados forem totalmente removidos. A eliminação de atividades que não agregam valor libera recursos que se tornam disponíveis para qualquer outra atividade. Caso isso não ocorra, a eliminação aludida no processo tão somente irá adicionar mais tempo disponível ou ocioso. Desde que em curto prazo essa eliminação evidencia uma contrapartida pequena na economia de caixa da empresa, o que se deve fazer é reestruturar a descrição do cargo do empregado que realizava aquelas atividades que não agregavam valor, adicionando-lhe novos serviços.

Conforme enfatiza Juran (1993), muitos estão familiarizados com decisões de redução de custos de forma linear, expedidos pela direção da empresa, ao primeiro sinal de crise, como por exemplo: “A fim de atender as necessidades orçamentárias, todas as despesas deverão ser cortadas em 10%».

Essa não é a maneira de atender as operações com eficácia e eficiência, muito menos cortar custos sem ferir a organização. Feitos dessa forma por toda a organização os cortes serão contraproducentes. A moral do grupo será abalada, as necessidades dos clientes não serão atendidas, e muito brevemente é de se esperar que as despesas novamente vão crescer. A pergunta que deve ser feita é se existem atividades significativas que não agregam valor e que podem ser eliminadas. E, em caso positivo, deve-se providenciar de imediato o início de ações de análise e melhoria do processo em referência. Por outro lado, é improvável que 10% de todos os custos sejam relacionados a atividades que não agregam valor, o que significa que para atender ao objetivo fixado, pela alta direção, nesse exemplo, algumas atividades que agregam valor serão eliminadas. A razão pela qual os programas de reduções arbitrárias de custos não funcionam é de que eles atacam os sintomas e não as causas dos problemas. Sem um trabalho de melhoria nos processos, alguns cortes irão afetar e talvez com prejuízos maiores, direta ou indiretamente os clientes.

Segundo Juran (1993), quando ocorre uma necessidade real de cortar custos e se é utilizado o critério ilustrado, as pessoas devem levar em conta o que pode acontecer com o corte indiscriminado de atividades conforme mostram os exemplos seguintes:

- A firma pode eliminar a propaganda. Nos primeiros 60 dias, as vendas podem não ser afetadas. Após o curso de um ano qual poderá ser o resultado?

- A empresa pode reduzir o dispêndio em treinamento. Nos primeiros 60 dias nada irá mudar. Em um ano, dentre os empregados que permaneceram na empresa, quais são os que estarão aptos a realizar as novas tarefas sem treinamento?

- A empresa pode dispensar seus poucos vendedores eficazes. Quem irá visitar seus clientes?

- A empresa pode dispensar 10% de seu departamento de engenharia. O que irá acontecer com os novos produtos que deverão ser desenvolvidos para as vendas do próximo ano?

Naturalmente que decisões duras muitas vezes precisam ser tomadas. Para evitar surpresas desagradáveis é necessário que se analise a redução de despesas propostas, em termos de atividades, escolhendo-se as atividades que podem ou devem ser cortadas. Contudo, deve-se estar preparado para conviver com as consequências. Pelo menos, seria uma forma menos arriscada de atuação.

6.2.1. Descrição da Técnica

A análise de valor começa com a análise por função, pois, se algo não funciona, não poderá trabalhar e não irá vender.

Quando se tenta estabelecer as diversas funções de componentes numa montagem, por exemplo, a função deverá ser expressa em duas palavras (nome e verbo) que tem a finalidade de identificar da forma mais precisa essa função. Quando se considerar um produto qualquer é provável que sempre se possam listar as funções desse produto.

Por exemplo: <u>Produto</u> - Máquina de lavar
<u>Funções</u> - Remover sujeira
Enxaguar conteúdo
Extrair água

Nesse exemplo a função remover sujeira é a função principal e as outras são funções secundárias ou de suporte à função principal. Sejam outros exemplos:

Produto - Lâmpada elétrica
Funções - Produzir luz
Ser intercambiável
Proteger filamento
Prover decoração

Produto -	Caneta tinteiro de marca própria
Funções -	Descarregar tinta
	Ser reabastecido
	Prender no bolso
	Proteger pena
	Prover fechamento

Nesses exemplos somente algumas das funções mais importantes foram apresentadas, sempre que possível é conveniente um número de funções entre 5 e 8. Se não for possível no projeto, então, deverá ser desmembrado em submontagens.

Um exemplo seria o carro a motor.

Abaixo são mostradas as funções de um veículo a motor e por ordem de importância:

1. Transportar pessoa
2. Transportar bagagem
3. Prover proteção
4. Prover travamento
5. Prover conforto
6. Prover controle
7. Prover segurança

As funções apresentadas são muito amplas para consideração e é melhor considerar submontagens do veículo como, por exemplo, o chassi.

Nesse caso as funções também por ordem de importância seriam:

1. Produzir torque (motor)
2. Controlar rumo (direção)
3. Controlar retardos (freio)
4. Converter torque (transmissão/engrenagem)
5. Prover flexibilidade (suspensão)

6. Controlar combustível (bombear acelerador)

6.2.2. Matriz Função-Custo

Vários métodos são utilizados na execução da análise de valor, em geral, girando em torno de uma matriz ou planilha que custeia os produtos, serviços ou sistemas por função. Elas estabelecem as relações entre as funções do produto e os custos de provisão dessas funções. Um exemplo de planilha é mostrada na figura 4.2 (Withers, 1983) e reproduzida em Juran, 1992. Nela cada coluna mostra uma função desempenhada por uma característica do produto. A coluna da esquerda relaciona os diversos elementos que geram os custos. A coluna *Custo* mostra o custo total para cada elemento e a proporção entre esse custo e o custo total de todos os elementos, Juran (1992).

Os custos de cada componente são desmembrados levando-se em conta a estimativa da participação de cada uma das funções no respectivo componente. A soma de todos os custos parciais, nas colunas *Funções* conduzirá, nos seus respectivos totais, às parcelas de custo de cada função que compõe o total do produto/conjunto.

Cabe aí uma análise nos custos de cada função assim estimada, com relação às características que o produto pretende oferecer, e com o papel que essa função desempenha nas vendas do citado produto. A análise de valor, procurando manter o **valor da função** e também a **qualidade adequada** procurará reduzir os custos apurados nessa matriz. Para tanto, a utilização da prioridade dada pela análise de Pareto (com foco nos poucos vitais) é uma recomendação que não pode deixar de ser seguida.

Com relação aos valores de custos reportados na matriz função-custo deve ficar claro que independente da dificuldade de se obter precisão nas mesmas, uma boa estimativa, embora com a margem de erro usual, é suficiente para as análises da planilha de análise de valor aqui apresentada.

Matriz de Análise de Valor

Departamentos, Operações, Componentes, etc.	Custo (Libras) Valor	%	Prover aterrissagem	Aceitar passos	Prover segurança	Ser durável	Ser intercambiável	Prover rigidez	Ser resistente	Prover identidade	Ser Ajustável	Montagem
			Funções (verbo + substantivo)									
Pente	11,59	13,14	0,58	2,90	4,05	0,23	1,16		1,40		1,27	
Comutador de segurança	13,14	14,90			5,26		4,60		1,31		1,97	
Suporte do pente	28,93	32,83	11,57					14,47			2,89	
Placa inferior	3,20	3,65	0,64		0,64	1,28	0,32			0,32		
Guia de entrada	15,27	17,31		5,34	3,81	1,53	1,53		1,53		1,53	
Logotipo	1,02	1,15				0,51				0,51		
Montagem	15,00	17,02										15,00
CUSTO TOTAL(Libras)	88,15		12,79	8,24	13,76	3,55	7,61	14,47	4,24	0,83	7,66	15,00
% DO CUSTO TOTAL	100%		14,51	9,34	15,61	4,03	8,63	16,42	4,81	0,93	8,69	17,02

Figura 4.2

(Withers, 1983 em Juran, 1992)

6.3 Custeio do Ciclo de Vida

O custeio do ciclo de vida (CCV) é uma metodologia desenvolvida para a tomada de decisão nas aquisições de capital e em projetos, onde utiliza uma compreensível análise econômica de alternativas competitivas. Usa procedimentos contábeis universalmente aceitos para a determinação do custo total do projeto ou da aquisição de propriedade. Leva em consideração todos os serviços previstos no período útil de vida do citado projeto ou aquisição, bem como todos os custos que aí incidem.

Trata-se, na realidade, de uma prudente prática de negócio para ambos os setores público e privado, onde todos os custos associados em uma aquisição de capital ou em um projeto são determinados através do uso da metodologia do CCV. Somente após sua aplicação é que se pode escolher a alternativa mais efetiva e eficiente para as decisões de orçamento de investimento ou decisões de fabricação de produtos de qualidade a um custo mais baixo.

Ao assim proceder estará a organização zelando pelos interesses de seus acionistas (que no setor privado é representado pelos proprietários das ações, e no setor público, pelos que pagam os impostos). Dessa forma, estará ela, pois, exercendo, a um só tempo, uma ação proativa, e respondendo pelos gastos dos fundos orçados e pelos resultados. De início envolve grandes desembolsos de caixa, combinado com a necessidade de suportar projetos ou aquisições em toda sua vida de serviços, e ainda os custos associados à sua disposição/descarte final– essa prática exige, pois, uma prudente alocação de fundos. A eficiência e a eficácia da escolha do capital despendido, para ambos os caso, deverão ser o objetivo número um no planejamento financeiro de curto e longo prazo da firma.

Como os esforços para minimizar os custos operacionais devem continuar, a técnica do CCV não só garante que as aquisições feitas sejam financeiramente valiosas, como também que o mais benéfico dos dispêndios seja apropriado e desembolsado durante todo o processo.

O custeio do ciclo de vida pode ser aplicado virtualmente a qualquer necessidade de dispêndio de capital. Aquisições ou projetos com período de vida em serviço de 50 ou mais anos, por exemplo, podem ser analisados e comparados com alternativas competitivas com períodos menores de vida. Essa comparação pode ser prontamente realizada levando todos os custos a um ponto comum em termo de tempo – onde os recebimentos e os desembolsos das diversas alternativas competitivas são representados por seus respectivos valores líquidos no presente, **o valor do dinheiro no tempo**.

A análise do CCV é a forma do futuro proprietário da aquisição poder vislumbrar o custo total das diversas opções em oposição a somente o investimento inicial ou o preço de compra. O CCV inclui os impactos da inflação, o valor-tempo do dinheiro e custos de operação, tais como combustível, em adição ao preço de compra. Por exemplo, na seleção entre dois refrigeradores novos e similares, um custando R$1.000,00 e o outro custando R$950,00, a reação inicial poderia ser a de comprar o modelo menos caro e economizar R$50,00. Entretanto, pelas informações contidas nas instruções de energia que acompanha a maioria dos aparelhos elétricos, pode-se deduzir para o exemplo, que o primeiro refrigerador custa

R$100,00 por ano para operar, e a opção menos cara custa R$15,00 a mais, ou R$115,00. Então, quanto vale R$50,00 a mais de investimento para uma economia de R$15,00 por ano? Ganhando R$15,00 por ano num investimento de R$50,00 equivale a um retorno sobre o investimento de 30% ($15/$50), melhor do que os bancos poderiam oferecer de juros reais numa economia estável.

Às vezes calcular o custeio do ciclo de vida pode não ser fácil. Pode não saber exatamente quanto uma medição irá custar ou economizar e dessa forma ter que fazer estimativas. Para calcular o CCV de um aparelho elétrico é necessário saber inicialmente o custo de aquisição, o custo da energia consumida, os custos de operações anuais e um fator de desconto. O fator de desconto procura ajustar a inflação e o fato de que a moeda hoje tem um valor maior que a moeda gasta no futuro, uma vez que hoje ela poderá ser investida e render juros durante o tempo.

Essa informação está contida na equação, mostrada a seguir, para estimar o CCV:

CCV= preço + (custo anual de energia x vida estimada x fator de desconto)

Sheinkopf[1] apresenta o seguinte exemplo de aplicação dessa equação em seu país:

O preço de compra é quanto irá custar para comprar o item. O tempo médio de vida de um novo refrigerador/freezer é de 20 anos (baseado em informação de algumas grandes organizações). O fator de desconto é de 0.76 (esse é um número que ajusta a inflação, levando em conta o fato de o dinheiro poder ser investido e gerar juros, fazendo com que o dinheiro hoje tenha mais valor que a mesma quantia, se obtida no futuro). Esse valor corrente é baseado numa taxa de desconto de cinco por cento e numa taxa de preço de escalada da energia de dois por cento por ano acima da inflação.

[1] Ken Sheinkopf da "Solar Research and Education Foundation", em sua coluna "The Energy Column", Washington D.C.

O refrigerador A é vendido por $800, e o refrigerador B por $900. Se o refrigerador A tem um custo anual de operação de $130, a fórmula para a determinação de seu custo do ciclo de vida é de $800 + ($130 x 20 x 0.76) que corresponde a $2,776. Esse é quanto seria o custo total da aquisição de um refrigerador A através todo seu ciclo de vida. O segundo refrigerador custa mais $100, porém é mais eficiente em energia, tendo um custo anual de operação de $100. Seu custo do ciclo de vida será de 900 + (100 x 20 x 0.76) que corresponde a $2,420, tornando-o, na realidade, $356 mais barato para uso em todo seu tempo de vida que o outro que tem um custo de compra mais baixo.

O CCV tem sido usado no planejamento para a segurança e manutenção de sistemas complexos de engenharia para os setores de defesa, linhas aéreas, ferrovias, plataformas submarinas, usinas elétricas, e outras aplicações.

6.3.1. Por que são importantes os Custos do Ciclo de Vida (CCV)

O verdadeiro custo de qualquer produto ou material que uma companhia compra é muito mais que simplesmente um preço de compra. Esse produto ou material carrega com ele uma grande quantidade de custos associados com o uso da sua aquisição até a disposição final, incluindo custos de armazenagem, transporte, facilidades, energia, mão de obra, treinamento e manutenção de documentação, entre outros. Assim, o CCV de um produto pode ser definido como o custo total que uma firma incorre, desde o tempo inicial que corresponde à compra até a disposição final de quaisquer resíduos/produtos, e, além disso, até quando as obrigações perdurarem.

Embora as decisões de maior investimento muitas vezes reflitam os custos totais do ciclo de vida, a maioria das firmas faz milhares de pequenas decisões sem os CCV em mente. Muitas companhias compram e usam centenas ou mesmo milhares de materiais como parte de suas operações de todos os dias, incluindo substâncias químicas, materiais/componentes usados na fabricação de produtos, solventes, pinturas, lubrificantes, preservativos, reagentes, agentes de limpeza, e muitos outros materiais usados nos processos de fabricação e serviço. Muitos desses produtos, materiais, e processos têm significantes custos diretos e indiretos associados com sua operação ou uso ou com a disposição/descarte final do produto. Esses custos podem ser somados a uma grande parte das despesas operacionais, e também podem ser acrescidos com outros, eventualmente, devido a futuras obrigações ou outras surpresas desagradáveis. Em suma, uma compra ou decisão de operação baseada somente numa porção do CCV, tal como o custo da compra, muitas vezes torna-se mais custosa do que quando os custos completos do ciclo de vida são considerados.

Considerando o custo total do ciclo de vida, e identificando os custos indiretos bem como os diretos, as firmas têm o potencial de fazer projetos e decisões de operação que podem resultar em substanciais economias de custos de longo prazo. Ademais, as opções que minimizam custos reduzem significativamente a geração de desperdícios e de outros impactos ambientais.

6.3.2. Demonstração do resultado do CCV

Sakurai (1997) considera, dentro do ciclo de vida real de um produto, como custos da responsabilidade do fabricante as seguintes etapas: pesquisa e desenvolvimento, planejamento e desenho, produção e marketing. E como custos da responsabilidade do usuário, os seguintes: operação, manutenção e descarte.

Sakurai (1997) apresenta ainda uma ilustrativa demonstração de receita e custo do ciclo de vida para fabricante e para usuário, conforme adaptação mostrada a seguir.

Demonstração de receita e custo do fabricante

		R$
Vendas		10.000.000,00
Menos custo do produto		
Custos de desenvolvimento	700.000	
Custos de projeto	400.000	
Custos de produção	5.000.000	
Custos de marketing	600.000	

Custos logísticos de distribuição	200.000	6.900.000,00
Resultado do produto		3.100.000,00

Custos pós-venda

Custos de assistência técnica	1.200.000	
Despesas de devolução	300.000	
Despesas de litígio	110.000	1.610.000,00
Resultado líquido do produto	1.490.000,00	

Demonstração de custo do usuário

	R$
Custos de aquisição	10.000.000,00
Despesas com burocracia	110.000,00
Custos de operação	3.300.000,00
Custos de manutenção e reparos	1.500.000,00
Custos de disposição final	700.000,00
Total de custos do usuário	15.610.000,00

A importância da determinação dos custos do ciclo de vida, e antes que eles ocorram, é efetivamente uma vantagem. No caso em apreço a empresa observou que os custos de pós-venda eram muito altos e ainda estava em tempo de tomar medidas para sua redução. Observa-se aí uma clara alusão à correlação que existe entre o custo do ciclo de vida e o custo meta.

Kaplan et al. (1998) defende a aplicação do custeio ABC na determinação dos CCV. Incluindo-se aí também a importante aplicação do custeio ABC também no final do ciclo de vida do produto. Leis ambientais em muitos países da América do Norte e da Europa reforçam a responsabilidade dos custos para os produtos em devolução; as empresas que os fabricam são as responsáveis pela reciclagem e descarte do produto após os consumidores terminarem seu uso. De forma semelhante, as companhias que desmontam ou abandonam grandes empreendimentos fabris são responsáveis por qualquer custo da limpeza ambiental do local ou da região onde estava instalada. As companhias que desejam minimizar esses custos deverão reconhecer e considerar os custos ambientais durante os estágios do projeto do produto e do processo. Assim como acontece com os custos de fabricação, a grande influência dos custos ambientais também ocorre durante os estágios de desenvolvimento do produto/processo.

A fim de minimizar os custos ambientais, as companhias devem primeiro saber qual é a grandeza dos custos e dos produtos específicos e processos que contribuem para o total dos custos ambientais. A maioria das companhias não conhece os custos totais ambientais.

Um modelo específico de custeio ABC poderá ajudar as firmas a identificarem todas as atividades e os custos totais dos recursos, para poderem prevenir e remediar estragos esperados do ambiente.

6.4 Custeio Kaizen

Kaizen é um termo japonês que significa melhoramento contínuo, gradual. Custeio kaizen é o melhoramento contínuo aplicado na redução de custos durante o estágio de fabricação, no ciclo de vida de um produto.

Trata-se, pois, de outra contribuição japonesa e que integra juntamente com o custeio-meta, o gerenciamento de custos segundo a visão japonesa. Assim, o custeio-meta é aplicado antes que os produtos ou serviços entrem em produção e o custeio *kaizen* o complementa, sendo aplicado de forma contínua e gradual após os mesmos entrarem na fase de produção.

O custeio kaizen reduz o custo de produzir os produtos já existentes procurando meios de aumentar a eficiência do processo de produção usado em sua fabricação. Observa-se em empresas com muitos produtos de vida curta, que o período de vida do processo de produção que o origina é maior do que, propriamente, a vida do produto. Assim, grandes economias podem ser obtidas procurando-se focalizar o processo de produção que atua no estágio de fabricação do produto, do que no produto em si.

O kaizen está voltado para as áreas onde os gerentes percebem que existe a mais alta oportunidade de redução de custos. O custeio kaizen apresenta diversas características em comum:

- O foco é informar e motivar a redução do custo do processo, não o de obter custos de produtos mais acurados.
- A responsabilidade pela redução dos custos é do grupo, não uma responsabilidade individual.
- Frequentemente, e mesmo lote por lote, os custos reais de produção são calculados, partilhados, e analisados pelos empregados da linha de frente. Em muitas instâncias é o próprio time, não o contador, quem dá o suporte, coleta e prepara a informação de custo.
- As informações de custos usadas pelos times são canalizadas para seus ambientes de produção, de forma tal que esforços de aprendizagem e de melhoramentos são voltados para as áreas de maiores oportunidades de redução de custos.
- Os custos padrão são continuamente ajustados para refletir as reduções já ocorridas nos custos reais e também para servirem de metas de melhoramentos nos futuros custos. Isso garante que as inovações de melhoramentos de processos aprovadas serão sustentadas, e apreciadas para futuros melhoramentos.
- Os times de trabalho são os responsáveis pela geração de ideias que visam alcançar as metas de redução de custos. Eles têm, inclusive, autoridade para fazer investimentos de pequena escala, desde que demonstrem que os mesmos terão retorno na correspondente redução de custos.

Mais importante (e talvez óbvio nesse instante), que o objetivo do custeio kaizen não é a estabilidade do processo de produção para padrões de trabalho predeterminados. O objetivo é o constante melhoramento do processo crítico de tal forma que os custos possam ser continuamente reduzidos nas linhas de produtos que são maduras, altamente sensíveis a preço, e não receptivas à inovação do produto.

6.5. RCA (Contabilidade do Consumo de Recursos)

Segundo Tse e Gong, (2009) dois novos modelos de custeio, TDABC e Contabilidade de Consumo de Recursos (RCA - Resource Consumption Accounting - Contabilidade do Consumo de Recursos), emergem como dois modelos de custeios para sistemas de gerenciamento de custos para a próxima geração.

Polejewski (2007) informa que RCA combina o sistema alemão de gerenciamento de custos Grenzplankostenrechnung (GPK) com os métodos de alocação de custos do ABC para formar um Sistema de Contabilidade de Gestão abrangente que pode, finalmente, disponibilizar aos não contabilistas informações para tomar decisões. RCA integra medição e gerenciamento do negócio em um sistema de contabilidade de custos que reflete como a empresa realmente opera. RCA se assemelha muito ao Custeio Variável, um método ensinado nos livros de Contabilidade de Custos, mas raramente usado, ajustando as flutuações de volume.

Existem três princípios para o entendimento da RCA. O primeiro é a visão de recursos. A RCA baseia-se nos custos operacionais e no consumo de recursos, e os centros de custo escolhidos refletem isso. O modelo RCA usa muitos mais centros de custo do que os métodos tradicionais de custeio. Os recursos de cada centro de custo devem ser homogêneos e devem ser da responsabilidade de apenas um Gerente.

O segundo princípio da RCA é o modelo baseado em quantidade. O custeio tradicional explica os relacionamentos através de valores monetários, mas expressando esse relacionamento em um valor base causa distorções nos custos fixos. Ao usar relacionamentos quantitativos baseados em causalidade, RCA produz resultados mais precisos como modelo preditivo.

RCA analisa os relacionamentos com base em causa e efeito e aplica valores monetários mais tarde, não como o relacionamento principal. Os custos que não podem ser expressos em relações causais não são aplicados aos custos do produto. Ele exemplifica com o exemplo de fabricação de um deck com 200 bases e um dispêndio de $100,000 e 1.000 hr.

Enquanto que o custeio tradicional considera que o custo de cada base é de $500 ($100,000 ÷ 200), o RCA analisa a relação de causa e efeito entre horas e número de bases. Nesse exemplo existem 1.000 horas para 200 bases, com 5 horas por base. Do ponto de vista da RCA, o número de bases está direcionando a quantidade de horas. Essas horas adicionais são o que leva os valores para cima. Ao se calcular as 5 horas por base será possível prever melhor o custo dos futuros trabalhos. Além disso, as 5 horas por base são informações mais úteis para um gerente do que o custo da base para gerenciar seu centro de custo (POLEJEWSKI, 2007).

O terceiro princípio na compreensão da Contabilidade do Consumo de Recursos – RCA é a natureza dos custos. A RCA separa os custos de acordo com seus comportamentos, enquanto que o custeio tradicional assume que todos os custos são variáveis. A tabela, que segue, é um bom exemplo de como esse princípio fornece aos gerentes um melhor suporte à decisão.

No exemplo a seguir, o Custeio Tradicional agrupa todos os custos do centro de custo e divide pelo número de horas. Isso dá ao centro de custo uma taxa de custo de US$ 100/hr ($100,000 ÷ 1.000hs). A RCA, no entanto, reconhece que esses custos não irão aumentar e cair em US$ 100 por hora de forma uniforme porque existem custos de equipamentos fixos envolvidos. RCA separa os custos em fixos e variáveis, e fornece duas taxas por hora para os gerentes. Essa distinção permite ver melhor como as mudanças de volume afetam os custos. Separar os custos fixos dos custos variáveis também permite destacar a capacidade ociosa, como pode ser visto na tabela. Esse é um dos pontos fortes da RCA. Para que os gerentes gerenciem sua capacidade ociosa, eles devem ser capazes de quantificá-lo. A RCA define explicitamente a capacidade ociosa e fornece essa informação aos gerentes para usarem os recursos não utilizados e tomar melhores decisões (POLEJEWSKI, 2009).

			1,000 Horas		
	Tradicional			**RCA**	
			Custos Variáveis		
Mão de obra		$30,000	Mão de obra		$30,000
Materiais		$20,000	Materiais		$20,000
Equipame		$50,000	Taxa Variável		$ 50 / Hr
Custo Total		$100,000	Custos Fixos		
			Equipamento		$40,000
Taxa do Custo			Equip. Capacid. Não-usada		$10,000
Tradicional		$100 / Hr	Taxa Fixa		$ 50 / Hr
					Fonte: Polejewski (2007)

RCA aplica esses conceitos para fornecer informações melhores para que os gerentes tomem decisões. A tabela apresentada destaca um exemplo de como a RCA pode dar ao gerente uma informação que melhore diretamente suas decisões. Ainda no exemplo das bases, a RCA compara com o Custeio Tradicional através de um pedido especial para produzir um novo <u>deck</u>. Essa ordem especial exigirá 20 bases e o pagamento previsto é de $300 por cada base. Deve a empresa aceitar esse pedido?

	Exemplo de RCA				
Antes do Pedido			**Aceitar o Pedido**		
Taxa Variável		$ 50 / Hr	Custos variáveis		
				(100 Hr @ $50)	$5,000
Custos Fixos			Custos Fixos		$0
Equipamento		$40,000	Custos Adicionais		$5,000
Equip. Capacid. Não-usada		$10,000	Receita Adicional		
	(2.000 Hr)		(20 @ $300)		$6,000
Taxa Fixa		$ 50 / Hr	Lucro (Perda) Adicionado		$1,000
					Fonte: Polejewski (2007)

Inicialmente deve-se analisá-lo sob a perspectiva do Custeio Tradicional. Como mencionado anteriormente o custo de cada base é de US$500 à luz do Custeio Tradicional. Como o preço da encomenda especial é de US$300 por base perder-se-ia, com esse raciocínio US$200 por rodada, ou US$4,000 ao aceitar esse pedido.

Porém, na perspectiva da RCA o resultado é diferente. A RCA mostra como o modelo baseado em quantidade usa relações causais para prever os custos futuros.

Usando o cálculo de 5 horas por base pecebe-se que o novo trabalho irá despender 100 horas para produzir as 20 bases solicitadas. Ou seja, $5,000 de custos variáveis. Como existe uma capacidade ociosa de 2.000 hr não haverá incidência de custos fixos. O pedido novo adicionará $1,000 na lucratividade.

Na RCA as relações causais serão difíceis de definir para atividades não rotineiras. Em geral, a Contabilidade de Consumo de Recursos é um método emergente de gerenciamento de custos que pode ajudar os gerentes a tomar melhores decisões. Ao separar os comportamentos de custos, a RCA destaca a capacidade ociosa e reduz as distorções de custos fixas. Esses recursos são fundamentais para ajudar a resolver a pandemia de sistemas de contabilidade de gerenciamento inadequados.

RCA é dispendiosa para implementar. Há um tempo de planejamento significativo necessário e um sistema ERP integrado também deveria ser implementado. Isso será difícil porque a RCA é muito nova e poucas empresas de software implementaram esse método. Além disso, a RCA pode não ser bem aplicável para empresas com atividades que fogem à rotina (POLEJEWSKI, 2007).

Nota: É importante enfatizar que, embora a RCA seja um sistema avançado, ela possui algumas deficiências. Primeiro, é muito detalhada, o que a torna menos fácil de usar. Na verdade, a RCA é um sistema complexo que requer o planejamento de recursos corporativos. Além disso, é muito dispendioso e é demorado desenvolver e implementar o sistema RCA. E mesmo após o sistema RCA ter sido implementado, o processo de atualização é difícil (BALAKRISHNAN et al., 2012; FISHER e KRUMWIEDE, 2015).

Conclusão

O capítulo descreve técnicas que ganharam força nos anos 90 com o surgimento do custeio-meta; marcando a era dos custos voltados para o mercado ao invés de voltados para a engenharia. Nesse capítulo ainda são abordadas técnicas como análise de valor, o custeio do ciclo de vida, o custeio kaizen e o custeio RCA.

O custeio-meta é uma ferramenta de gerenciamento estratégico que busca reduzir o custo do produto durante seu ciclo de vida. O custeio-meta presume uma interação entre a contabilidade de custos e o resto da empresa; através de um bem executado planejamento em longo prazo do lucro; e o comprometimento para com o melhoramento contínuo. Corresponde ao preço que os clientes desejam pagar para o produto/serviço deduzido do lucro que o empreendedor deve receber para executar o respectivo produto/serviço. A melhor maneira de reduzir custos é implementar o custeio-meta no estágio de projeto.

Análise de valor é a técnica que focaliza determinado nível de tarefas ou atividades a fim de determinar se cada uma delas agrega valor ao consumidor (eficácia), e isso ocorrendo, se a mesma pode ser realizada com menor custo (eficiência). Vários métodos são utilizados na execução da análise de valor, em geral girando em torno de uma matriz ou planilha que custeia os produtos, serviços ou sistemas por função.

O custeio do ciclo de vida (CCV) é uma metodologia desenvolvida para a tomada de decisão nas aquisições de capital e em projetos, onde utiliza uma compreensível análise econômica de alternativas competitivas. Usa procedimentos contábeis universalmente aceitos para a determinação do custo total do projeto ou da aquisição de propriedade. Leva em consideração todos os serviços previstos no período útil de vida do citado projeto ou aquisição, bem como todos os custos que aí incidem.

Custeio kaizen se relaciona ao melhoramento contínuo aplicado na redução de custos durante o estágio de fabricação, no ciclo de vida de um produto.

RCA combina o sistema alemão de gerenciamento de custos Grenzplankostenrechnung (GPK) com os métodos de alocação de custos do ABC para formar um Sistema de Contabilidade de Gestão abrangente que pode, finalmente, disponibilizar aos não contabilistas informações para tomar decisões. RCA integra medição e gerenciamento do negócio em um sistema de contabilidade de custos que reflete como a empresa realmente opera.

Questões para Análise e Discussão

1. O que é custeio-meta? Em que ele é útil? Por que o custeio-meta ganhou atenção nos anos recentes?

2. O que se entende por custeio do ciclo de vida? Qual o objetivo do custeio do ciclo de vida?

3. Quais são os estágios do ciclo de vida de um produto?

4. Por que o planejamento dos custos é tão importante no estágio inicial do ciclo de vida de um produto?

5. O que é custeio kaizen?

6. Qual é a diferença entre custeio meta e kaizen?

7. O que é atividade que **agrega valor**? Dê alguns exemplos.

8. O que é uma atividade que **não agrega valor**? Dê alguns exemplos.

9. Qual a diferença entre atividade que **agrega valor** e atividade que **não agrega valor para o negócio**?

10. A área de Pesquisa de Mercado da Companhia de Relógios Alfa identificou um significativo segmento consumidor que desejava um relógio esporte, e de estilo. Esse grupo queria um produto com a funcionalidade dos relógios esportes e suficientemente elegante para que pudessem usar em todas as ocasiões. Os relógios oferecidos pela concorrência, dentro desse escopo, possuíam um preço alto para as

pessoas que compunham esse grupo.

A área de Pesquisa de Mercado determinou que o preço no varejo não poderia atingir R$150,00. O Grupo de Projeto traduziu esse preço como sendo de R$145,00. Considere ser de 40% a margem do mercado atacadista, no caso, o canal de distribuição desse produto; e ainda, que a companhia tem um objetivo de 17% de retorno sobre as vendas e de 8% para as despesas de vendas/gerais/administração. Qual o custo-meta que o Grupo de Projeto estabeleceu para esse produto?

11. Prepare uma Matriz Função-Custo para o exemplo do projetor de slide conforme informações que seguem.

Produto	**Projetor de slide**
Função	Projetar slide
	Prover iluminação
	Concentrar iluminação
	Formar imagem
	Mudar slide
	Segurar slide
	Prover sistema de ventilação
	Prover estrutura
	Proteger iluminação

Componentes e Custos	
Chassi	R$10,00
Cobertura	R$ 2,50
Lâmpada	R$ 2,50
Alojamento da lâmpada	R$ 5,00
Sistema do condensador	R$ 5,00
Lente de projeção	R$25,00
Elevação da lente	R$ 5,00
Protetor do slide	R$ 1,25
Mecanismo de mudança	R$ 6,25
Ventilador	R$ 0,65
Motor do ventilador	R$11,25
Parte elétrica	R$ 5,00

Formação de Preços

Preço Baseado no Custo mais Lucro e Preço Baseado no Valor ao Cliente

Dois são os métodos básicos para precificar os produtos e serviços: Custo mais lucro versus Preço baseado no valor ao cliente. A melhor escolha depende do tipo do negócio, do que influencia os clientes a comprar, e a natureza da competição.

Preço baseado no custo mais lucro considera o custo de produzir o produto ou serviço e adiciona uma quantia necessária para a obtenção do lucro. Geralmente mais aplicável em negócios que envolvem grandes volumes, ou que opera em mercados dominados por competição em preço. Contudo, ignora a imagem e posição no mercado, os custos ocultos são facilmente esquecidos, e, em consequência, o verdadeiro lucro por venda é muitas vezes inferior ao que se imagina.

Preço baseado no valor foca no preço que se acredita os clientes estão desejosos de pagar, baseado nos benefícios que o produto lhes oferece. Se esses benefícios estão claramente definidos isso representará uma vantagem sobre os competidores, ou seja, pode-se precificar de acordo com o valor que é oferecido. Enquanto que esse enfoque pode se mostrar muito lucrativo, ele pode reprimir potenciais clientes interessados somente em preço, além de atrair novos competidores.

Quando se coloca um valor em serviços, ao invés de trabalhar a partir de um preço unitário, é necessário pensar cuidadosamente no valor proporcionado pela sua *expertise* bem como de outros aspectos de seu serviço, tais como uma rápida resposta no tempo. Por exemplo, um técnico de TI que é capaz de resolver um problema em duas horas poderá valer mais para o cliente do que um que leva dois dias. Eles seriam capazes de precificarem mais por seus serviços, muito embora tenham despendido um número menor de horas de trabalho manual. Posiciona os preços primária e exclusivamente no valor percebido ou estimado ao consumidor, do que propriamente no preço resultante do custo do produto ou nos preços históricos.

Produtos que são intensamente comercializados (ex. óleo e outras *commodities*) ou que são vendidos para consumidores altamente sofisticados em grandes mercados (ex. indústria automotiva) usualmente são vendidos baseados no custo mais lucro. Preço baseado no valor é mais bem sucedido quando os produtos são vendidos baseados em emoções (moda), em nichos de mercado, quando se observa escassez (ex. bebidas em um festival ao ar livre em um dia quente de verão) ou complementos indispensáveis (ex. cartuchos de impressoras, fones de ouvido para telefone celular, etc.).

No longo prazo, por definição, os preços baseados no valor são sempre mais altos ou iguais aos preços derivados da precificação baseada no custo (se fossem menores, isso significaria que o valor real percebido pelo cliente seria menor que os custos de produzir o produto mais a margem de lucro, significando que as firmas no longo prazo não estariam interessadas de produzir o produto naquele preço).

Preço baseado no valor pressupõe um conhecimento do valor para o cliente. Em muitos casos obter esse entendimento requer uma pesquisa primária. Isso pode incluir avaliação das operações do cliente e entrevistas com o pessoal do cliente. Métodos de pesquisa são muitas vezes usados para determinar o valor que um cliente atribui ao produto ou serviço. Os resultados de tais pesquisas muitas vezes descrevem os desejos dos clientes em pagar.

A principal dificuldade é que o desejo do cliente de pagar certo preço difere entre clientes, entre países, e no mesmo cliente pode variar em diferentes situações (dependendo de suas necessidades reais apresentadas) de tal forma que um verdadeiro preço baseado no valor durante todo o tempo é impossível. Também, um foco extremo no preço baseado no valor pode levar os clientes a um sentimento de estarem sendo explorados, o que não é interessante para a firma no longo prazo. Muito embora a dificuldade de sua implementação, qualquer produção e qualquer posição de mercado deveria levar em consideração o valor que o produto traz ao consumidor nos estágios mais iniciais de desenvolvimento e é, por isso, empregado por muitas empresas.

O preço baseado no valor é, pois, o preço que o cliente está disposto a pagar tendo em vista o valor percebido no produto. Importante observar, contudo, a existência das leis de mercado (intersecção da procura e da oferta do referido produto) que não podem ser omitidas e elas definem o preço final a ser pago. Se, por exemplo, o cliente valoriza um determinado produto em R$20,00 significa dizer que ele está disposto a pagar qualquer valor igual ou menor que esse. Se o preço de mercado for R$15,00 esse é o valor que ele irá pagar. O inverso também é verdadeiro. Se o preço de mercado for superior a R$20,00, ele poderá não estar disposto a adquirir o produto.

Harman e Peterson (1990) listam alguns dos problemas das técnicas de contabilidade tradicional na determinação dos custos o que deveria ser considerado na análise do preço baseado no custo:

- Políticas sobre alocação de custos não são sempre razoáveis. Por exemplo, custos indiretos são alocados com base nos custos da mão de obra direta, mesmo que esses custos representem, nos dias de hoje, uma pequena percentagem da produção.

- Os registros de depreciação não estão compatíveis com a atual deterioração dos ativos porque se trata de um processo irregular. Os ativos não são verificados anualmente para determinar seu valor.

- As métricas de eficiência se referem a ações internas que procuram manter pessoas e máquinas ocupadas. Elas não medem aspectos relacionados aos clientes (entrega em tempo, qualidade, etc.).

- O objetivo é alcançar o custo padrão, não o melhoramento do processo.

- Inventário é um ativo. O custo de manter inventário não é calculado.

O controle tradicional do inventário não está relacionado com a minimização do custo do inventário. O foco prioritário é evitar faltas no inventário.

- O objetivo da contabilidade de custos é conhecer o custo exato de um produto, mas, alterações na demanda trazem mudanças no custo de uma produção devido à média de custos fixos (custo fixo sobre o número de unidades que são produzidas).

Os gerentes reclamam que usam o custo para tomada de decisões em ações como preço, lucratividade do produto ou de terceirização. Assim, nem sempre as companhias podem precificar um produto com base no custo. Cada vez mais o preço é fixado pelo que o cliente deseja pagar, estando subordinado, todavia, ao que o mercado estabelece. Assim, pode-se dizer que um custo aproximado é o suficiente.

7.1. Estratégias de Marketing na Formação de Preços

Diversas estratégias de marketing, contudo, podem ser levadas em consideração na fixação dos preços de venda.

7.1.1 Estratégias de Preços Distintos

A estratégia de preços distintos ou variáveis é aquela onde diferentes preços são aplicados a diferentes compradores, para o mesmo produto.

- Desconto em um Segundo-Mercado

Esse desconto consiste na venda de uma marca a um preço num mercado-alvo principal, e a um preço reduzido num segmento secundário de mercado (usualmente através de descontos). Isso usualmente envolve excesso de inventário ou de capacidade de produção.

- Desnatação

A desnatação envolve a fixação de um preço relativamente alto, muitas vezes no início da vida do produto. O preço é então sistematicamente reduzido à medida que o tempo passa. Produtos tecnológicos são muitas vezes precificados dessa forma. Essa estratégia se aplica principalmente quando o produto é inovador e os consumidores estão em dúvida quanto a seu real valor. A desnatação pode estabelecer um fluxo de retornos precoces para cobrir os investimentos em Pesquisa & Desenvolvimento, e os custos de dar partida ao produto. Também assume a existência de uma forte demanda inelástica para o produto. Com os custos de investimentos recuperados a situação passa a ser de concorrência normal de preços. E sempre é mais fácil baixar um preço do que aumentá-lo.

- Desconto Periódico e Randômico

Desconto periódico é a estratégia de preços onde os descontos são oferecidos sistematicamente e de forma previsível. Por exemplo, as taxas de telefonia de longa-distância são mais baratas nos finais de semana.

Desconto randômico é a estratégia de preços onde os descontos são oferecidos ocasionalmente e de forma não previsível.

7.1.2 Estratégias de Preços Competitivos

- Igualando a Estratégia da Competição

  É definido como a estratégia onde uma organização estabelece preços iguais aos de seus competidores. Muitas empresas escolhem essa estratégia para mudar a competição para áreas outras que os preços – e também para evitar a guerra da redução de preços).

- Cotar por Baixo do Preço da Competição

  É a estratégia onde a organização estabelece preços em níveis inferiores aos dos competidores. Enfatiza o oferecimento do menor preço dentre as alternativas disponíveis (por exemplo, a maioria das lojas de desconto focaliza o corte para baixo nos preços das lojas tradicionais de varejo). A esperança é de que volumes elevados com baixas margens se mostrarão mais rentáveis.

- Líderes de preços e seguidores

É a estratégia onde organizações com grandes fatias de mercado e de capacidade de produção (líderes) determinam o nível de preço. Outras organizações mais fracas na mesma indústria (seguidores) irão segui-lo

- Preço de Penetração

Isso é feito introduzindo um baixo preço inicial com a intenção de estabelecer rapidamente o produto no mercado. A lógica envolvida é a de que com o baixo preço rapidamente conseguirá grande participação no mercado e seus compradores permanecerão leais ao produto quando mais tarde o preço for aumentado. É uma alternativa à desnatação, e pode mesmo resultar em perdas iniciais. Aplica-se quando a demanda pelo produto é sensível ao preço (demanda elástica) e quando é possível obter economias substanciais de escala (menores custos unitários por produzir mais).

- Preço Predatório

Certos preços são estabelecidos por tradição. Esses preços costumeiros tendem a permanecer imutáveis por um longo período (preço do cafezinho, preço do jornal, etc.). Nesse caso a demanda é elástica acima do preço tradicional e inelástica abaixo dele. Então, um aumento de preço acima do preço de percepção tradicional conduz a uma grande redução nas vendas. Esse tipo de demanda caracteriza mercados oligopolistas onde um pequeno número de fornecedores precisa precificar nos níveis tradicionais para maximizar seus lucros.

- Preço Inflacionário

Esses preços ocorrem quando as taxas de inflação são elevadas. Em essência, assim que o dinheiro passa a valer menos, a força de compra declina e a maioria dos consumidores se torna mais consciente do preço. Uma estratégia é a de aumentar o preço do produto para tornar possível a introdução de alternativas de menor preço. Outra opção é a de reduzir serviços associados com o produto mantendo o mesmo preço.

7.1.3 Estratégias de Precificação por Linhas de Produtos

Objetiva maximizar os lucros para o total dos produtos da linha, e não propriamente, obter o maior lucro possível para um determinado item de uma linha de produtos.

- Preço Cativo

  Essa é a estratégia onde um produto básico, tal como aparelho de barbear, é precificado por baixo, mas os lucros dos produtos associados necessários para o funcionamento do produto básico, tal como lâminas de barbear, compensa a falta de lucro no produto básico.

- Preço Isca & Preço do Líder

  Preço isca é o método de atração de clientes pelo oferecimento para vendas, de itens de baixo preço com a intenção de vender mais os produtos caros. Aqui, disponibilizam-se os produtos mais baratos, mas usam-se métodos de vendas para transferir os clientes para produtos mais caros.

  Isca e mudança, entretanto, é usada quando os comerciantes não têm intenção de vender os produtos isca. Isso pode ser considerado uma prática aética de marketing.

  Perdas no produto líder correspondem a produtos precificados abaixo do custo para atrair os clientes, que podem, então, fazer compras adicionais.

- Preço Pacote & Múltiplas Unidades de Preço

Trata-se de uma estratégia onde o preço de um conjunto de produtos é menor que o total de cada preço individual.

Múltiplas unidades de preço vendem mais que uma unidade de um produto. É estabelecido um preço menor que a soma de cada unidade individual, como a venda de quatro unidades pelo preço de três, por exemplo.

7.1.4 Estratégia de Preço Imagem e Psicológica

Uma estratégia onde um preço moderado é colocado para uma versão do produto que será mostrado próximo a um modelo de alto preço da mesma marca, ou próximo a uma marca competitiva.

Preços ocasionais se tornaram tradicionais (R$4,99 ao invés de R$5,00). A lógica é que se acredita que o consumidor percebe um preço de R$1,95 como sendo significativamente menor que o de R$2,00.

Preço de prestígio ocorre quando um alto preço é percebido como sinônimo de alta qualidade. Exemplos: Relógios Rolex, perfumes, pedras preciosas. Sua demanda é devido ao alto preço.

7.2 Métodos de Formação de Preços Baseado nos Custos

7.2.1 Método Baseado no Custo Pleno

Esse método se baseia na aplicação de todos os custos do produto acrescido da margem de lucro, conforme demonstração apresentada a seguir:

	Produto
Matérias-primas	15,00
Mão de obra direta	4,00
Custos indiretos de produção	9,00
Custos de Produção	**28,00**
Despesas de vendas e administração	6,00
Custo de Produção e Venda	*34,00*
Margem de lucro antes do imposto de	

renda (35% do custo de produção e venda)	11,90
Preço de Venda	*45,90*

No caso, aplicou-se uma margem de 35% sobre os custos de produção e vendas.

Casos existem em que os custos das matérias-primas são elevados em relação aos custos de transformação (constituído pelos custos da mão de obra e pelos custos indiretos de fabricação), onde se observa que a margem aplicada nos custos totais de produção e venda estará muito influenciada pelo valor da matéria-prima. Ou mesmo, outros casos em que os custos de transformação são bem maiores que os custos do material direto – nesse caso também parece mais lógico a aplicação da margem de lucro justamente sobre os custos de transformação, como é mostrado a seguir:

	Produto
Matérias-primas	5,00
Custos de transformação	40,00
Custos de Produção	*45,00*
Despesas de vendas e administração	10,00
Custo de Produção e Venda	**55,00**
Margem de lucro antes do imposto de renda (70% dos custos de transformação)	28,00
Preço de Venda	**83,00**

No exemplo em referência caso a margem aplicada fosse a mesma adotada no demonstrativo anterior teria sido usado uma margem de 35% dos custos de produção e vendas equivalente a R$19,25 e o preço de venda proposto seria então de R$74,25.

7.2.2 Método Baseado no Custo Marginal

Considere o demonstrativo do produto abaixo:

	Produto
Matérias-primas	15,00
Outros custos variáveis	4,00

Despesas de vendas e administração	6,00
Total dos Custos Marginais	**25,00**
Custos indiretos de produção	9,00
Custo de Produção e Venda	**34,00**

Imagine agora que a citada empresa recebeu de um determinado cliente, uma solicitação para um pedido de 10.000 unidades desse produto, porém, ao preço de R$27,00 por unidade. Como é inferior ao preço pleno que é de R$34,00 pergunta-se se a empresa deveria ou não acatar tal pedido?

Para tanto será realizada a seguinte análise:

	Produto por unidade
Custo pleno de produção e venda	34,00
Preço cotado	27,00
Perda por unidade	(7,00)
Quantidade cotada	10.000
Perda total	(70.000)

Sob uma rígida ótica do custo pleno, a análise indicaria não ser recomendável a aceitação desse pedido, pois a empresa incorreria numa perda total de R$70.000,00. Essa, contudo, é uma análise que envolve uma falácia perigosa, e para tanto se torna necessário prosseguir com a análise, agora se tomando por base o custo marginal, conforme é mostrado a seguir:

	Produto por unidade
Total dos custos marginais	25,00
Preço cotado	27,00
Contribuição à cobertura dos custos fixos e do lucro	2,00
Quantidade cotada	10.000
Contribuição total	**20.000**

Conforme se pode observar, sempre que o preço cotado for superior aos custos variáveis isso representará uma margem de contribuição que servirá para ajudar a cobrir os custos fixos e o lucro. Esse tipo de raciocínio, contudo, não pode ser aplicado de forma indiscriminada sob o risco de a empresa apresentar sérios prejuízos, pois os pedidos podem não ser suficientes para cobrirem todos os custos fixos. Porém essa prática poderá ser aplicada nos casos em que a empresa apresenta uma súbita ociosidade, quando, então, um faturamento que apresente margem de contribuição positiva seria bem-vinda. É importante lembrar que isso mostra uma prática de preços diferenciados que somente deveria ser adotada em mercados diferentes com a garantia de que tal política não iria afetar o relacionamento que se tem com a clientela da empresa.

7.2.3 Método Baseado no Retorno sobre o Capital Investido

Nesse método a empresa está preocupada que sua margem de lucratividade garanta um retorno sobre o capital investido.

Imagine-se para tal como ilustração que a empresa deseje um retorno de 18,2% do seu capital investido e que é R$100.000,00. Imaginando-se que essa empresa possua custos totais de R$9.000,00 e um volume de vendas de 80.000 unidades, o preço de venda poderá ser determinado facilmente a partir da equação fundamental:

Preço de venda x volume de venda = Custo total + % Lucro x Capital investido

Substituindo-se os valores dados têm-se,
80.000 unidades x Preço de venda = R$9.000,00 + 0,182 x R$100.000,00
ou,

$$\text{Preço de venda} = \frac{\text{R\$9.000,00} + 0{,}18 \times \text{R\$ 100.000,00}}{\text{80.000 unidades}} = \text{R\$0,34}$$

7.3 Cálculo do Markup

Markup é um índice aplicado sobre o custo de um bem ou serviço para a formação do preço de venda (SANTOS, 1995). Esse índice é tal que cobre os impostos e taxas aplicadas sobre as vendas, as despesas administrativas fixas, as despesas de vendas fixas, os custos indiretos fixos de fabricação, e o lucro.

A seguir será apresentado um exemplo de aplicação como segue:
Seja um produto com os seguintes valores

Matérias-primas	R$350,00
Outros custos variáveis	R$250,00

Como foi dito o <u>markup</u> cobre uma série de contas, assim, considere--se os seguintes valores usualmente fornecidos como uma percentagem do preço de venda.

- Impostos e Taxas de Vendas

ICMS	18,00%
PIS	0,65%
Cofins	3,00%
Comissões de Vendas	<u>2,00%</u>
Total (ITV – Impostos Taxas Vendas)	23,65%

- Margem de Contribuição que corresponde aos custos/despesas fixas mais lucro

Despesas de Administração Fixas	3,00%
Despesas de Vendas Fixas	4,00%
Custos Indiretos de Produção Fixos	6,00%
Lucro	<u>18,00%</u>
Total (MC – Margem de Contribuição)	31,00%

O fator <u>Markup</u> será dado por:

Preço de Venda	100,00%
	(Menos):
ITV	23,65%
MC	<u>31,00%</u>
<u>Markup</u> divisor	45,35%

Ou opcionalmente,

Markup multiplicador (100% ÷ 45,35%) = 2,20507

Aplicando tem-se,

Markup Divisor

Matérias-primas	R$350,00
Outros custos variáveis	R$250,00
Total	R$600,00
[dividido pelo Markup divisor]	45,35%
Preço de Venda	R$1.323,04

Markup *Multiplicador*

Matérias-primas	R$350,00
Outros custos variáveis	R$250,00
Total	R$600,00
[vezes o Markup multiplicador]	2,20507
Preço de Venda	R$1.323,04

Cálculo do Preço de Venda a Prazo

Considere-se o mesmo exemplo anterior onde, então, se tem na hipótese de custo e ITV à vista:

Custos diretos (CD)	R$1.000,00
ICV (Impostos e Contribuições s/ Vendas).	23,25%
Margem de Contribuição (MC)	27,00%
Margem de contribuição à vista	R$ 542,68
Preço de venda à vista (PVV)	R$2.010,00

Considere-se agora que se deseja o preço de venda para:

Prazo de financiamento da venda (PFV)	2 meses
Juro Médio Mensal (JMM).	3% ao mês

Então, o Cálculo da Taxa Total de Juros (TTJ) será:

PFV = 2; JMM = 3%

TTJ = $[(1 + 0{,}03)^2 - 1] \times 100 = [(1{,}03 \times 1{,}03) - 1] \times 100$;

TTJ = $[(1{,}0609) - 1] \text{ X } 100 = 0{,}0609 \times 100 = 6{,}09\%$

O Preço de Venda a Prazo (PVP) será:
PVP = PVV(1 + TTJ)
PVP = 2.010,00 X 1,0609 = 2.132,41

7.4 Preço de Transferência

Segundo Kaplan et al.(1998) preço de transferência historicamente tem sido um dos mais difíceis e controversos problemas a ser resolvido pelas corporações.

Já houve quem dissesse que a fixação do preço de transferência, apesar de já vir sendo estudado por muitos anos, é ainda considerada um problema em aberto.

Em muitas organizações de porte, a corporação central não pode monitorar e controlar todos os parâmetros de operação das suas diversas empresas. Por essa razão essas organizações são normalmente estruturadas em divisões. Cada divisão é uma unidade autônoma onde seus gerentes têm a liberdade de tomar todas as ações necessárias. Porém, uma organização descentralizada tem dificuldade de avaliar o desempenho de seus gerentes divisionais. Além disso, a corporação central precisa também coordenar as ações das divisões para maximizar o lucro total da organização.

A fim de avaliar o desempenho de cada unidade divisional torna-se necessário a existência de um método que consiga medir a contribuição de cada divisão no lucro total. Uma solução comum para esse problema é fixar preços para os produtos intermediários que são transferidos de uma divisão para outra. Esses preços são conhecidos como preços de transferência. São, pois, preços utilizados principalmente para:

1. Ajudar a coordenar as decisões da divisão para alcançar os objetivos da corporação como um todo.

2. Dar condições às divisões de tomarem decisões com relação ao preço final do produto.

3. Preservar a autonomia das divisões.

Em uma simplificação do problema clássico de transferência de preços podem-se considerar duas divisões, uma que produz um produto intermediário e a outra que recebe esse produto, e o transforma em produto acabado. O preço de transferência é o valor utilizado na transação entre essas divisões. Esse valor é considerado como resultado pelo departamento de vendas de uma divisão e como despesa pelo departamento de compras da outra divisão.

Com isso, os lucros líquidos das duas divisões podem ser determinados. Os gerentes divisionais são avaliados pelos lucros que cada um gera preservando o objetivo maior que é o da maximização do lucro por parte da corporação. Um problema já aflora aí que é o da incompatibilidade entre os objetivos da organização como um todo e o dos gerentes das divisões. Enquanto que a divisão que vende está preocupada em cobrir ao máximo todos os seus custos e melhorar o seu desempenho, a divisão que compra deseja obter o produto ao menor preço possível. Ela inclusive pode pensar em comprar de outra unidade capaz de produzi-la ou fabricá-la ou em adquirir no mercado. Portanto, a solução dessa problemática é a de determinar a regra para a determinação do preço que melhor atenda todos os objetivos.

O problema torna-se mais difícil quando existem informações confidenciais. Os gerentes das unidades podem desejar ocultar alguma informação, a fim de manipular o resultado a seu favor. Na prática, o problema é ainda mais complicado. Acresce a isso alguns problemas que podem surgir, tais como, as divisões podem ter múltiplos produtos; ou podem existir restrições de capacidade; ou o produto pode ter que ser fabricado por uma cadeia de mais de duas divisões, etc.

Acadêmicos e estudiosos em economia e contabilidade demonstraram através de exemplos determinísticos simples, que em um mercado perfeitamente competitivo, o preço de transferência ótimo deveria ser o preço de mercado. Quando os produtos de transferência não podem ser obtidos num mercado perfeitamente competitivo, os estudiosos recomendam o uso do custo marginal de longo prazo para suprir os produtos transferidos, Kaplan et al. (1998).

Em suma os métodos tradicionais para estabelecer o preço de transferência são: preço de mercado, custo pleno, custo marginal, e preço negociado.

O método do preço de mercado seria a solução desde que o mercado sempre o tornasse factível. Pode inclusive ocorrer de nem existir mercado para o produto a ser transferido. Quando, pois, existe um mercado competitivo para o produto intermediário, então o preço de mercado é usado como preço de transferência. Muitas vezes o preço de transferência é o preço de mercado menos as despesas de venda (custos de publicidade, promoção de vendas, comissões de vendas, crédito e cobrança e outros que não se aplicam nas transferências internas).

O método do custo pleno que inclui materiais, mão de obra e custos indiretos de fabricação e que não são bem aceitos devido aos conhecidos problemas gerados pelos rateios convencionais que utilizam a mão de obra ou horas de máquinas como critério. Também existe a possibilidade de subotimizações das unidades. A divisão operacional estaria estimulada a superproduzir com a finalidade de absorver mais custos indiretos de fabricação em inventários enquanto que a unidade que compra estaria desencorajada de uma ação mais agressiva no mercado para obter pedidos de alto volume e ao contrário estimulado a se contentar em aceitar pedidos de clientes de volume baixo.

O método do preço baseado no custo marginal de curto prazo cobrindo somente alguns ingredientes e materiais de embalagem também é inadequado para os propósitos. Primeiro a unidade compradora reportaria elevados lucros pelo fato de estar recebendo apenas os custos variáveis. Segundo, a unidade de operação receberia crédito apenas para esses custos variáveis e haveria pouca pressão e motivação capaz de controlar as outras despesas ditas fixas ou para melhorar a eficiência operacional. Terceiro, com preços tão baixos não haveria incentivo de se buscar outras fontes de fornecimento o que torna a unidade manufatureira menos eficiente.

O método do preço negociado ocorre quando o preço de transferência é alcançado por negociação entre os gerentes das divisões. A vantagem desse método é que ele preserva a autonomia da divisão. E como desvantagens pode-se entender que o resultado depende da capacidade de negociação do gerente, além de conduzir a argumentos sem fim entre os gerentes, e ainda consumir tempo excessivo em discussões não produtivas.

O fato é que os sistemas convencionais existentes não garantem a solução que em última análise se deve buscar. Kaplan, Weiss e Desheh (1997) mostram a implementação de um método para a fixação do preço de transferência de uma indústria farmacêutica internacional com a utilização do sistema de custeio ABC.

O sistema usa as previsões de custos para os próximos anos, baseados nos dados de despesas orçadas, volume e *mix* de vendas previstos. A companhia calculou as taxas padrão para os direcionadores de custos de cada atividade. Esses custos foram distribuídos aos produtos baseados na demanda real para as atividades durante o ano para eliminar as variações mensais/trimestrais entre gasto e consumo. No que se refere à estrutura do modelo ABC seguiu-se a hierarquia de unidades, lotes, suporte de produtos e suporte de facilidades para todas as despesas.

Os custos em nível de unidades foram representados por todas as despesas diretas associadas com a produção individual das unidades dos produtos da dita empresa como cápsulas, ampolas e comprimidos. Essas despesas principalmente incluíam o custo das matérias-primas, materiais de embalagem, e salários diretos pagos aos operadores.

As despesas em nível de lote incluíam os recursos usados para cada lote de produção. Essas despesas eram principalmente os custos de preparação, *setup*, limpeza, controle de qualidade, teste de laboratório, gerenciamento da produção e de computação. Os custos da produção do lote podiam variar entre os diferentes produtos, e entre as diferentes fábricas (a corporação em referência era constituída de quatro fábricas e diversas divisões de Vendas).

Os custos em nível de produto incluíam as despesas incorridas no registro dos produtos, nas mudanças, nos processos de produção dos produtos, e no projeto da embalagem.

As despesas em nível de suporte de facilidades eram representadas pelos custos de manter a capacidade de produção das linhas, incluindo aí a depreciação, os custos das inspeções de segurança, e seguro, assim como as despesas gerais da fábrica como segurança e jardinagem.

O cálculo do preço de transferência foi feito em duas partes. Na primeira os custos em nível de unidades e de lote eram repassados; e numa segunda etapa, os custos de suporte de produtos e facilidades. Ou seja, na primeira etapa as divisões de Vendas e que obviamente compravam das divisões manufatureiras recebiam os custos em nível de unidades baseados na quantidade real de cada produto individual. Além disso, também recebiam as despesas em nível de lote baseadas no número real de lotes requeridos para cada produto que eles compraram. Esse procedimento deu ao gerente da divisão de Vendas (e que fazia a compra, obviamente) a flexibilidade de decidir, por exemplo, se aceita um pedido pequeno de um cliente, ou quanto de desconto ele estaria disposto a dar para um pedido grande.

Num segundo cálculo, as despesas de suporte de produtos eram distribuídas numa base anual levando em conta o orçamento informado. As despesas de suporte de facilidades eram distribuídas para cada divisão baseada no uso orçado da capacidade das quatro plantas manufatureiras.

Como para a citada organização não se aplicava o preço de mercado por não existir efetivamente mercado para os produtos dessa empresa, o custeio baseado em atividades parece ter provido uma ligação que estava faltando na política de preços de transferência para a dita empresa e que pode servir também para as demais, uma vez que a prática convencional de preços negociados, preços baseados em custo pleno com *markup*, ou custos marginais não conduzem aos objetivos desejados.

Conclusão

Os gerentes reclamam que usam o custo para tomada de decisões em ações como preço, lucratividade do produto ou de terceirização. Assim, nem sempre as companhias podem precificar um produto com base no custo (custo mais lucro). Cada vez mais o preço é fixado pelo que o cliente deseja pagar (custo baseado em valor), estando subordinado, todavia, ao que o mercado estabelece, ou seja, o cliente deseja pagar o preço definido pelas leis do mercado desde que seja igual ou inferior ao preço baseado no valor criado.

O capítulo descreve as estratégias de marketing (preços distintos, preços competitivos, precificação por linhas de produtos, e preços de imagem/psicológica) para a formação de preços. Explana o método do preço baseado no custo pleno mais lucro, o método baseado no custo marginal e o método baseado no retorno do capital investido. Descreve e exemplifica a aplicação de um índice sobre o custo de um bem ou serviço para a formação do preço de venda e conhecido como Markup. E, ainda, analisa a questão do preço de transferência que, segundo Kaplan (1998), tem sido um dos mais difíceis e controversos problemas para serem resolvidos pelas corporações. São abordados os seguintes métodos para estabelecer o preço de transferência: preço de mercado, custo pleno, custo marginal e preço negociado.

Questões para Análise e Discussão

1. Comente: Preço a partir do custo, ou custo a partir do preço?

2. Mostre que a Margem de Contribuição equivale ao custo fixo mais o lucro.

3. Na análise do preço de transferência que considerações também poderiam ser feitas no sentido de maximizar o lucro da corporação, quando as unidades divisionais estão distribuídas por diferentes países, onde, por exemplo, a política de impostos pode ser bem diferenciada.

4. Calcule o preço de venda à vista considerando-se os seguintes dados:
   Materiais diretos = R$1,81

Embalagem	= R$0,32
Mão de obra direta	= R$0,53
Outros custos variáveis	= R$2,19
Comissão de vendedores	= 5%
ICMS, PIS, Cofins, IR	= 23,05%
Custos indiretos de produção fixos	= 4,00%
Despesas Financeiras	= 3,00%
Despesas de Expedição	= 3,00%
Margem de Lucro desejada	= 12,00%

5. Calcule o preço de venda a prazo considerando-se os seguintes dados:

Matérias-primas	= R$350,00
Outros materiais variáveis	= R$250,00
Impostos e Taxas de Vendas	= 23,65%
Margem de Contribuição à vista	= ...31,00%
Prazo de financiamento da venda	= 3 meses
Juro médio mensal	= 2%

Leitura para Comentários

1. Guerra de Preços de Jornais na Inglaterra

(Fonte: Atkinson et al. 2000)

Ruport Murdoch controla impressão e meios de comunicação de radiodifusão ao redor do mundo: na Austrália, Ásia, Europa, e América do Norte. Sua companhia atualmente é a proprietária do Times, lembrado como o jornal que é a voz da instituição inglesa. Em 1993, ele começou uma guerra tática de redução de preços. O Times cortou seu preço ao equivalente a cerca de 45 cents. Como resultado, ganhou circulação por conta de outros jornais da concorrência, especialmente o Daily Telegraph, o maior em vendas, no entorno de um milhão de cópias por dia.

Em julho de 1994, o Daily Telegraph abaixou seu preço para $ 35 cents. Em 31 de julho de 1994, o Independent se juntou à guerra de preço, reduzindo seu preço de 45 cents para cerca de 75 cents, na tentativa de manter a paz com o corte de preços de seus rivais. A circulação diária do Independent desceu para 275.000, bem abaixo de seu pico de 400.000, comparado com mais de 500.000 cópias do Times e 400.000 do Guardian. Murdoch prontamente abaixou o Times para 35 cents. A esses preços, os jornais começaram a perder milhões – supõe-se que a perda tenha sido de $1.8 milhões ao mês para o Times. Murdoch, contudo, pode cobrir isso, dos lucros de seu império, até que seus rivais entrem em colapso. Uma comissão oficial está, agora, investigando a prática de preços predatórios, uma estratégia de marketing cuja intenção é expulsar os competidores do mercado.

2. Preço para Não Há Vagas

(Fonte: Atkinson et al. 2000)

Demitido da Walt Disney Company em 1972, Harris Rosen é agora um dos mais bem sucedidos proprietários independentes de hotel em todo o mundo. Mais de cem vezes milionário, Harris possui dois Quality Inns, o Comfort Inn, o Clarion Plaza, o Omni e o Rodeway, contando com 4.850 dos 84.400 apartamentos de hotel da área de Orlando.

Enquanto a taxa média de ocupação anual na área de Orlando não tem excedido 78,8% na última década, os hotéis de Harris alcançaram a média de mais de 96% naquele período. O segredo por trás da habilidade de Harris de preencher os apartamentos de hotéis é suficientemente simples. Ao contrário do receio de seus competidores, ele abertamente corta preços. Quando tudo indica que suas propriedades podem não encher, quadros de mensagem eletrônica começam a mostrar $29.95.

Ele compara esse ajuste delicado com a prática do yield management das linhas aéreas – abaixando o preço da passagem em diferentes tempos, em assentos que poderiam, de outra forma, permanecerem não vendidos. Também usado em cruzeiros de navios, a técnica ainda não havia sido entendida na indústria hoteleira onde muitos operadores se preocupam de que reduzindo preços, pelo menos abertamente, pode manchar a imagem polida de suas cadeias. Entretanto, se as companhias de gerenciamento de hotel que dominam a indústria não têm previsão de seguir seu exemplo, Harris continua achando que o problema é deles. A maioria deles prefere encerrar com apartamentos vazios do que descer preços a fim de preservar a santidade de seus preços médios diariamente, ridiculariza ele. Cada noite às 23hs Harris se comunica com a recepção de cada propriedade para ver se o hotel está todo vendido – e se não, por que não. Na manhã, ele está no telefone com os auditores da noite, corrigindo as taxas de ocupação do dia, os preços médios de apartamentos, e as receitas de alimentos e bebidas. Discute, então, os preços de entrada dos apartamentos do dia.

Harris também preenche apartamentos honrando as taxas dos hotéis de menores preços que lhes enviam clientes que entram, e que eles não podem acomodar. Promove, também, negócios de turismo de grupos de ônibus durante todo o ano, ao contrário do senso convencional na indústria que diz ignorar aquele segmento quando os negócios estão em alta porque é de baixa lucratividade. Outra estratégia que conduziu ao seu sucesso foi a de construir Omni e Clarion em ambos os lados do Centro de Convenção de Orlando, que atrai 2.1 milhões de pessoas ao ano. Em virtude de que o negócio de convenção é normalmente reservada anos em adiantado, a proximidade dos hotéis aos centros lhes dá um pulmão contra variações no ciclo econômico.

Harris diz que tem muita reserva monetária para mexer preços porque os débitos de sua companhia representam "um minúsculo 5% a 10% do valor de suas propriedades, então não é necessário manter altas taxas para saldar juros."

3. Considerações de Preços sem Levar em Conta Somente os Custos

(Horngreen et al. 2000)

Considere os preços que as companhias aéreas fixam para um voo ida e volta de São Francisco para Chicago. Um bilhete na classe econômica para o voo é de $400 se o passageiro permanecer em Chicago além da noite de Sábado. É de $1,500 se o passageiro retorna sem permanecer além da noite de Sábado. Pode essa diferença de preço ser explicada pela diferença no custo das companhias aéreas nessas viagens de ida e volta? Não, custa às companhias aéreas a mesma quantidade de dinheiro para transportar um passageiro de São Francisco à Chicago, e volta, sem levar em consideração se o passageiro permanece em Chicago além do Sábado à noite. Como pode ser explicada essa diferença no preço? Precisamos reconhecer, então, o potencial que representa a diferenciação de preços.

Preço diferenciado é a prática de fixar para alguns clientes, um preço mais alto que para outros clientes. Como o preço diferenciado funciona no exemplo dessa empresa aérea? A demanda para bilhetes em companhias aéreas vem de duas origens principais: viajantes de negócios e viajantes de entretenimentos. Viajantes de negócios precisam viajar a fim de conduzirem o negócio ao interesse de suas companhias. Eles geralmente viajam a seus destinos e retornam para casa dentro da mesma semana, imediatamente após completarem seu trabalho, pois o tempo, para eles, é muito importante. Esses aspectos fazem a demanda dos viajantes de negócios para viagens aéreas serem relativamente insensíveis a preços. Essa insensibilidade da demanda ao preço é chamada de demanda inelástica. As empresas aéreas podem fixar preços de passagens mais altas para os viajantes de negócios porque esses preços mais altos afetam pouco a demanda e representam ganhos mais altos no rendimento operacional dessas empresas.

Viajantes de entretenimentos têm menor necessidade de retornar para casa durante a mesma semana, e de fato, eles geralmente preferem passar os finais de semana em seus destinos. Desde que eles paguem seus bilhetes, são, pois, muito mais sensíveis aos preços do que os viajantes de negócios (a demanda nesse caso é mais elástica ao preço). Para os viajantes de entretenimentos é lucrativo, para as companhias aéreas, manterem preços de passagens baixos para estimular a demanda. Requerer uma permanência no Sábado à noite é a forma de distinguir entre os dois segmentos de mercado. A companhia aérea diferencia preço entre esses dois mercados pela vantagem que representa a diferença de sensibilidades a preços exibidas pelos viajantes de negócios e de entretenimentos. As diferenças de preços existem mesmo que não exista qualquer diferença no custo para servir os dois segmentos.

Além da diferenciação de preços, a tomada de decisões de preços também se utiliza de outras considerações que não levam em conta somente os custos, tais como as restrições na capacidade. Preço no pico da carga é a prática de se fixar um preço mais alto para o mesmo produto ou serviço quando a demanda se aproxima do limite da capacidade física. Isto é, os preços fixados durante períodos ocupados (quando as cargas no sistema são altas) são maiores que os preços fixados quando excesso de capacidade está disponível. Preço no pico da carga pode ser encontrado em telefonia, telecomunicação, hotel, aluguel de carro, e indústrias de utilidades elétricas. O seguinte representa os preços de aluguéis diários fixados pela Avis Corporation em Outubro de 1995 para aluguel de carros tamanho médio no Aeroporto Metropolitano de Detroit:

Dias da Semana (Segunda até Quinta)	$55 por dia
Fins de Semana (Quinta até Segunda)	$26 por dia

Os custos incrementais de alugar um carro na Avis são os mesmos se o carro é alugado em dias da semana ou nos fins de semana. O que então explica a diferença de preços? Nós oferecemos duas separadas, porém, relacionadas explanações. Uma explanação é a de que existe uma demanda maior para carros durante os dias da semana devido às atividades de negócios. Impulsionado pelo limite de capacidade, a *Avis* aumenta os preços do aluguel aos níveis que o mercado irá tolerar. Uma segunda explanação é que essas taxas de aluguel são uma forma de diferenciação de preços. Durante dias da semana, a demanda de carros vem grandemente de viajantes a serviço que precisam alugar carros para conduzirem seus negócios e que são relativamente insensíveis a preços. Fixando taxas mais altas de aluguel durante os dias da semana é lucrativo porque tem pouco efeito na demanda. Em contraste, a demanda para aluguéis em finais de semana vem grandemente de viajantes de entretenimentos que são mais sensíveis a preços. Menores preços estimulam a demanda desses indivíduos e aumentam o rendimento operacional da Avis. Tanto numa quanto na outra explanação, a decisão de preço não é tomada por, somente, considerações nos custos.

4. Preços nas Companhias Farmacêuticas

(Fonte: Atkinson et al. 2000)

O recente foco na reforma de cuidados com saúde fez com que os informes e preços dos produtos farmacêuticos ficassem mais críticos do que nunca. Um erro no julgamento ou um erro de cálculo quando os preços iniciais são colocados pode ter um forte impacto na companhia por muitos anos. O objetivo da empresa farmacêutica, para sua estratégia de preços, é recuperar seus investimentos em pesquisa e desenvolvimento, ganhar dinheiro para projetos futuros, e ganhar um bom retorno para seus investidores. Para uma empresa farmacêutica, pesquisa e desenvolvimento de novos produtos manterão a companhia em funcionamento. Sem eles a companhia cessa de existir. Isso pode custar a uma companhia uma média de $275 milhões para desenvolver uma nova droga, e o processo pode levar 10 ou 15 anos.

As chances do laboratório de uma companhia desenvolver uma droga inovadora, que representa uma grande mudança, são de um em 1000. Além disso, somente três em cada dez drogas que chegam ao mercado conseguem recuperar o investimento que a companhia fez neles. Com essas estatísticas, a importância da estratégia de preços não pode ser exagerada. Então, como a empresa determina o preço de uma droga? Antes do início de um projeto, a companhia realiza uma análise no fluxo de caixa projetado. Essa análise é repetida, com os dados atualizados, quando o produto está pronto para ser introduzido no mercado. Incluídos nos cálculos estão os custos de fabricar e distribuir o produto. Em adição a isso, a estratégia da companhia prevê a inclusão de um markup objetivo para seus produtos, com a finalidade de cobrir os outros custos de operação, tais como vendas gerais e administrativas, e fundos adicionais para projetos de pesquisas.

O preço é afetado pela natureza do produto e pelas condições de marketing. Uma patente de um produto inovador será precificado a um valor premium. Essa estratégia permite que a companhia recupere os altos custos de pesquisa. Assim que a patente do produto expira (depois de 17 anos, que inclui o tempo gasto em pesquisa e desenvolvimento) abre-se a competição e desenvolvem-se drogas genéricas em substituição. Os preços irão decrescer em resposta à oferta e a demanda.

Os melhoramentos, que deem a um remédio uma vantagem terapêutica, podem criar condições de mercado que permite que o produto seja precificado acima da competição. Uma análise cuidadosa da competição e das condições atuais do mercado será crítica para a fixação do preço. Um preço muito alto pode desencorajar os consumidores na compra do produto. Um preço muito baixo pode impedir a recuperação dos investimentos que a empresa teve para trazer o produto ao mercado.

Produtos novos e melhorados tais como Vasotec da Merck será precificado no meio da faixa. Originalmente aprovado como um anti-hipertensivo, Vasotec é agora usado para o tratamento de insuficiência cardíaca. Um produto novo e melhorado, tal como, uma nova dosagem na fórmula de um comprimido, pode também ser precificado acima da competição. Na outra ponta da escala estão os produtos que têm competição genérica. Condições de mercado aberto irão forçar preços menores e conduzirão ao mesmo preço da competição. Um alto preço não irá gerar vendas quanto um produto de preço mais baixo, e com igual qualidade, estiver disponível. Menores preços, no caso, podem ser fixados porque não existem gastos extensivos com pesquisa básica para a descoberta de novos compostos que conduzirão a novos produtos.

5. Precificação em Cuidados de Saúde

Os economistas argumentam que, nos estudos de custos, a definição econômica dos custos, e não a definição contábil (ou financeira), deve ser usada. Além disso, os economistas afirmam que o custo real, para a sociedade, dos recursos utilizados pelos pacientes são seus custos de oportunidade[1], os benefícios que poderiam ter sido obtidos a partir do próximo melhor uso dos recursos. Em um mercado perfeito, os preços são boas estimativas de custos de oportunidade, em parte porque o mercado perfeito está em equilíbrio, e as empresas são seguidoras de preços. Portanto, os preços de mercado podem ser usados como estimativas razoavelmente boas dos custos de oportunidade, a menos que exista uma razão específica para se desviar dessa abordagem. No entanto, no mercado real da saúde, os preços dos serviços relevantes podem não existir e/ou podem não refletir o valor societário dos recursos (BRENT 2003, DRUMMOND 2005).

[1] Custo de oportunidade representa o valor associado à melhor alternativa não escolhida. Ao se tomar determinada escolha, deixa-se de lado as demais possibilidades, pois são excludentes (escolher uma é recusar outras).

Os cuidados de saúde e o mercado de seguros de saúde são fortemente regulamentados e, por isso, podem não ser competitivos, e além disso, as falhas nesses mercados podem distorcer ainda mais os preços. Vários submercados podem ser oligopolistas ou monopolistas, onde as empresas (prestadoras de serviços) não são seguidoras de preços, tornando o preço de mercado uma estimativa imprecisa do custo de oportunidade. Além disso, os preços podem ser subsidiados e o pagamento de terceiros pode ser a forma dominante de pagamento pelos serviços. Ainda, a cobertura do seguro pode ser parcial e a taxa de reembolso pode variar consideravelmente de serviço para serviço o que causa distorção adicional nos preços. Como resultado, os preços de mercado podem ou não ser uma boa aproximação dos custos de oportunidade. Usando preços de mercado não ajustados pode alterar substancialmente os resultados. Evitando esse tipo de viés, os preços de mercado, apenas após um ajuste apropriado, devem ser usados como uma aproximação razoável dos custos de oportunidade (BRENT 2003, DRUMMOND 2005).

As taxas de reembolso para os prestadores públicos podem refletir ou depender de vários fatores como mecanismos de pagamento do provedor, características do mercado, práticas contábeis, etc. Portanto, as taxas podem não ser uma boa aproximação para os custos de oportunidade. Além disso, as tarifas estabelecidas pelos provedores privados podem não ser relevantes para os provedores públicos, devido às diferenças de preços, por exemplo incluindo lucros, salários de administração mais elevados, etc. (BROUWER, 2001).

Os preços geralmente envolvem um retorno justo sobre o investimento e sobre a compensação de risco, mas às vezes, a margem de lucro é excessiva. Nesse caso, os preços não são estimativas razoáveis dos custos de oportunidade para a sociedade. (YOUNG 2003).

Existem vários casos em que o provedor oferece serviços para os setores público e privado. No entanto, os prestadores podem exercer discriminação de preços, o que significa que o preço do mesmo serviço no setor público pode ser significativamente diferente dos preços no setor privado. Nesse caso, o preço mais baixo (geralmente o preço do setor público) corresponde aos custos reais, assumindo que não há subvenção cruzada e nenhuma prática de preços de predadores (DRANOVE, 1996).

Outro método de ajuste de preço é o preço recomendado, que é usado no Canadá, Austrália e Holanda na avaliação econômica de tecnologias da saúde (DRUMMOND, 2005).

O método do preço sombra pode ser usado nos casos em que os preços de mercado precisam ser ajustados por qualquer razão (ex. os preços do mercado não refletem a marginalidade social dos valores dos bens ou serviços no mercado competitivo, por exemplo, em uma situação de monopólio ou externalidades positivas), e/ou não existe preço de mercado (SLATHUUS, 2000).

Uma vez que os cuidados de saúde são relativamente intensivos em recursos humanos, uma parte substancial das diferenças de custos pode ser relativa a diferenças nos salários. Contudo, custos de recursos humanos (salários e benefícios marginais) podem ser o resultado de políticas de negociação e desmantelamento de recursos humanos. Consequentemente, os salários podem não refletir os custos de oportunidade (WHITEHOUSE, 1997).

Além disso, em vários países anteriormente socialistas, salários muito baixos no sistema público de cuidados de saúde são acompanhados por uma prática generalizada de pagamento informal, que pode não ser levado em consideração em um estudo de cálculo de custos (GAAL 2005).

Sem usar preços sombra para corrigir as distorções do mercado, estimativas de custos poderiam ser significativamente tendenciosas. A decisão de usar ou não os preços sombra na avaliação depende da finalidade do exercício do cálculo de custos. Infelizmente, as diretrizes econômicas dos cuidados de saúde atual fornecem pequenos detalhes sobre como o método do preço sombra deveria ser usado na prática. Consequentemente, apenas alguns estudos foram mais longe na aplicação desse método (ADAM 2003).

É importante, contudo, ter em mente que os preços sombra são usados apenas para análise econômica (avaliação), e o orçamento atual deve ser elaborado usando preços de mercado (GREEN 1999).

Os preços de aquisição podem ser encontrados em contratos recentes e em registros de suprimentos de doador. Em outros casos, as estimativas dos concessionários locais também podem ser uma fonte útil de informação (CREESE 1994).

Referências

ADAM, T.; KOOPMANSCHAP, M. A.; EVANS, D. B. Cost-effectiveness analysis: Can we reduce variability in costing methods? Int J Technol Assess Health Care, Spring;19(2):407-20, 2003.

ARBULO, R. L.; FORTUNY, J. Innovation in Cost Management: from ABC to TDABC. *Dirección y Organización*, Núm. 43, Abril, 2011.

ATKINSON, A, A; BANKER, R. D.; KAPLAN, R. S. ; YOUNG, S. M.; *Contabilidade Gerencial*. São Paulo: Editora Atlas, 2000.

AU, J. RUDMIK L. Cost of outpatient endoscopic sinus surgery from the perspective of the Canadian government: a time-driven activity-based costing approach. International Forum of Allergy & Rhinology,;3:748–54, 2013.

BALAKRISHNAN, R.; LABRO, E.; SIVARAMAKRISHMAN, K. Product cost as decision aids: An analysis of alternative approaches (Part 1). *Accounting Horizons*, 26 (1): 1-20. 2012.

BARROS, R. S.; SIMÕES, A. M. D. Do Custeio Tradicional ao Time--Driven Activity-Based Costing: Revisão de Literatura e Sugestões de Investigação Futura. *RIGC* - Vol. XII, nº 24, Julio-Diciembre 2014.

BMA Inc.; Transparências apresentadas por Brian Maskell em seminário no Lean Institute Brasil, 2012.

BOOTH, R.; Life-Cicle Costing, *Management Accounting*, June, p. 10, 1994.

BRENT, R. J. *Cost-benefit analysis in health care evaluation*. Edward Elgar, Cheltenham UK, 2003.

BROUWER, W.; RUTTEN, F.; KOOPMANSCHAP, M. *Costing in*

economic evaluations. In Drummond. M, McGuire A (eds) Economic evaluation in health care. Merging theory with practice. Oxford University Press. pp: 68-93, 2001.

CAM 1; Glossary Of Activity-Based Management, *Computer Aided Manufacturing International* (agora *Consortium For Advanced Manufacturing International*), Airlington, Texas, 1991.

CHOUDHARY, P. K.; PATNAIK, S. K.; SINGH, M. M.; KAUSHAL, G. Break-Even Analysis in Healthcare Setup. *International Journal of Research Foundation of Hospital & Healthcare Administration,* July-December 2013;1(1):29-32, 2013.

COGAN, S. *Activity-Based Costing (ABC) - A Poderosa Estratégia Empresarial.* São Paulo, Editora Cengage Learning, 1994.

COGAN, S.; *Custos e Preços – Formação e Análise.* São Paulo, Editora Thomson Pioneira, 1999.

COGAN, S.; *Contabilidade Gerencial - Uma Abordagem da Teoria das Restrições.* São Paulo: Editora Saraiva, 2007.

COGAN, S.; *Gestão pelos Números Certos – Uma novela sobre a transformação da contabilidade gerencial para as empresas lean.* Porto Alegre; Bookman, 2011.

COOPER, R.; Cost Classification in Unit-Based and Activity-Based Manufacturing Cost Systems", Journal of Cost Management, Fall, p. 4-14, 1990.

COOPER, R.; KAPLAN, R. S.; *The Design of Cost Management Systems: Text, Cases and Readings.* Prentice-Hall, Englewood Cliffs, N. J, 1991.

COOPER, R.; MASKELL, B.; How To Manage Trough Worse-Before-Better. *MITSloan Management Review,* vol 49 no. 4, Summer 2008.

COOPER, R.; The Rise of Activity-Based Costing: Part – Part One:

What is a Activity-Based Cost System? *Journal of Cost Management*. Summer, p. 45-54, 1988.

CREESE A, PARKER D. Cost analysis in primary health care. A training manual for programme managers. World Health Organization, Geneva, 1994.

CROSBY, P.B. *Qualidade - Falando Sério*. São Paulo, McGraw-Hill,1990.

DRANOVE, D. *Measuring costs. In Sloan F (ed) Valuing health care. Costs, benefits and effectiveness of pharmaceuticals and other medical technologies*. Cambridge University Press. pp: 61-75, 1996.

DRUMMOND M,; SCULPHER, M.; TORRANCE, G.; O'BRIEN, B.; STODDART, G. *Methods for the economic evaluation of health care programmes*. Third edition. Oxford University Publication, 2005.

ELORANTE, E.; The Future Factory: Challenge for One-of-a-Kind Production. *International Journal of Production Economics*, Elsevier, 28 p. 131-142, 1992.

EVERAERT, P.; BRUGGEMAN, W. Time-Driven Activity-Based Costing: Exploring the underlying model. *Cost Management*, 21 (2): 16-21. 2007.

FEIGENBAUM, A. V. *Total Quality Control*. New York, Mc Graw Hill, 1974.

FERRARA, W. Cost/Management Accounting The 21st Century. *Management Accounting*, December, p 30-36, 1995.

FISHER, J.G. AND KRUMWIEDE, K. (2015), Product costing systems: finding the right approach, The Journal of Corporate and Finance, Vol. 23 No. 3, pp. 13-21, 2015.

GAAL, P.; MCKEE M. Fee-for-service or donation? Hungarian perspectives on informal payment for health care. Soc Sci Med. 60(7): 1445-1457, 2005.

GARRISON, R. H.; NOREEN, E. W.; *Contabilidade Gerencial*. Rio de Janeiro: Editora LTC, 2001.

GOLDRATT, E. M.; *A Síndrome do Palheiro: Garimpando Informações Num Oceano* de Dados . São Paulo: Claudiney Fullmann, 1991.

GOLDRATT, E. M.; Cox, J.; *A Meta*. 4ª ed. rev., São Paulo: Claudiney Fullmann, 1990.

GOLDRATT, E. M.; Fox, R. E. *A Corrida pela vantagem competitiva*. São Paulo: Instituto de Movimentação e Armazenagem de Materiais, 1989.

GREEN, A. *Cost and Costing*. In: Introduction to health planning in developing countries. Second , edition. Oxford University Press. pp 188-212, 1999.

HALL, J. A. *Accounting Information Systems*. Ohio: Cengage Learning, 2008.

HANSEN, D. R.; MOWEN, M. M.; GUAN, L.; *Cost Management: Accounting & Control*. 6th edition, Cengage Learning, 2009.

HANSEN, D. R.; MOWEN, M.; *Gestão de Custos*. São Paulo: Editora Pioneira Thomson Learning, 2001.

HARMAN R. L.; PETERSON, L. D.; *Reinventing the Factory: Productivity Breakthroughs in Manufacturing Today*. New York: The Free Press, 1990.

HERMONT, A. A.; MADEIRA, L. A. P.; Modelo de Custeio Baseado na Atividade Aplicado aos Custos da Qualidade", Escola de Engenharia/UFRJ, Projeto Final de Graduação em Engenharia de Produção, Rio de Janeiro, 1994.

HOLMEN, J. S.; ABC VS. TOC: It's a Matter of Time. *Management Accounting*, 1995.

HORNGREN, C. H.; FOSTER, G.; DATAR, S.; *Contabilidade de Custos*. Rio de Janeiro: Editora LTC, 9ª. Edição, 2000.

JIAMBALVO, J.; *Managerial Accounting*. New York: John Wiley & Sons Inc, 2002.

JURAN INSTITUTE INC.; Business Process Quality Management (BPQM)", Binder, 1993.

JURAN, J. M. *A Qualidade Desde o Projeto: Novos Passos para o Planejamento da Qualidade em Produtos e Serviços* . São Paulo, Editora Pioneira, 1992.

JURAN, J. M.; Quality-Control Handbook", New York, McGraw--Hill Book Company Inc., 1951.

KAPLAN, R. S.; ANDERSON, S. R. The Innovation of Time-Driven Activity- Based Costing. *Cost Management*, 21(2), pp. 5-15, 2007.

KAPLAN, R. S.; ANDERSON, S. R. Time-Driven Activity-Based Costing. *Harvard Business Review*, 82(11), pp. 131-138, 2004.

KAPLAN, R. S.; COOPER, R.; *Cost & Effect: Using Integrated Cost Systems to Drive Profitability and Performance*. Boston: Harvard Business School Press, 1998.

KAPLAN, R. S.; PORTER, M. E. The big idea: How to solve the cost crisis in health care. *Harvard Business Review,* 89(9), 46-52, 2011.

KING, A.; The Current Status of Activity-Based Costing: Na Interview with Robin Cooper and Robert S. Kaplan", Management Accounting, September, 1991.

LEWIS, R. J.; Activity-Based Costing for Marketing. *Management Ac-*

counting, November, pp. 33-38, *1991*,

MARTINS, E.; Contabilidade de Custos", 3ª edição, São Paulo: Editora Atlas, 1987.

MASKELL, B.; BAGGELY B.; *Practical Lean Accounting – A Proven System For Measuring And Managing The Lean Enterprise*. New York, Productivity Press, 2004.

MILLER, J. G.; Vollmann T.E.; The Hidden Factory, *Harvard Business Review*,September-October, 1985.

OHNO, T. *O Sistema Toyota de Produção, Além Da Produção Em Larga Escala*. Porto Alegre: Bookman, 1997. 137p.

POLEJEWSKI, S. A.; Resource Consumption Accounting. St. Thomas: University of St. Thomas, 2007.

SAKURAI, M. *Gerenciamento Integral de Custos*. São Paulo: Editora Atlas, 1997.

SANTOS, J. J. ; Formação do Preço e do Lucro", 4ª edição, São Paulo: Editora Atlas, 1995.

SARAIVA JÚNIOR, A. F. Decisão de mix de produtos sob a ótica do custeio baseado em atividades e tempo. Dissertação (Mestrado), *Escola Politécnica da Universidade de São Paulo*, p. 173, São Paulo, 2010.

SLATHUUS, U. An evaluation of selected literature on the measurement of costs in health economic evaluation. *Health Economics Papers 3*. University of Southern Denmark. Odense, DK, 2000.

SPOEDE, C.; HENKE, E.; UMBLE, M.; Using Activity Analysis to Locate Profitability Drivers: ABC Can Support a Theory of Constrains Management Process. *Management Accounting*, May, p. 43-48, 1993.

SZYCHTA, A. (2010). Time-Driven Activity-Based Costing in Service Industries. *Management*, *1*(1), 49–60, 2010.

TANAKA, T. ; Target Costing at Toyota. *Cost Management*, Spring, p. 4-11, 1993.

TSAI, Wen-Hsien. Activity-Based Costing Model For Join Products. *Computers & Industrial Engineering*, 31, p. 725-729,1996.

TSE, M. S. C., & GONG, M. Z. Recognition of Idle Resources in Time-Driven Activity-Based Costing and Resource Consumption Accounting Models.*JAMAR*, 7(2), 41–54, 2009.

TSENG, Li-Jung; LAI, Chien-Wen. ABC Joint Products Decision with Multiple Resource Constraints.*Journal of American Academy of Business, Cambridge:* Mar; 11, 1; ABI/INFORM Global, 2007.

WEST, T.D.; WEST, D. A.; Applying ABC to healthcare. *Management Accounting;* Feb; 78, 8; ABI/INFORM Collection pg. 22, 1997.

WHITEHOUSE P.J. Pharmacoeconomics of dementia. Alzheimer's Disease and Associated Disorders; 1 (5): s22-s33, 1997.

WITHERS, S.; Funcional Cost Analysis: an Interdisciplinary Analytical Language, 1983. *Loughborough, Leicestershire: Centre for Extension Studies*, University of Technology, LE11 3TU. Ensaio apresentado na Convenção da Primavera da Royal Aeronautical Society, maio, 1983.

WOMACK, J.P. AND JONES, D.T.; *Lean Thinking: Banish Waste And Create Wealth in Your Corporation* (Simon & Schuster, New York, USA), 1996.

WOMACK, J.P., JONES, D.T.; ROOS, D.; *The Machine That Changed The World: The Story Of Lean Production*, (HarperCollins Publishers, New York, USA), 1990.

YOUNG D. W. *Management accounting in health care organization*. Jossey--Bass. A Wiley Company. USA, 2003.

YOUNG, W. W. The folly of using RCCS and RVUS for intermediate product costing: a hospital that does not have an activity-based costing system could be putting its financial viability at considerable risk. *Healthcare Financial Management*, 2007.

Respostas das Questões para Análise e Discussão

Capítulo 1

1. **Texto Sugerido**:

A classificação dos custos em variáveis ou fixos depende de se alterar ou permanecer o mesmo em relação ao nível de atividade ou negócio. Assim, enquanto os custos variáveis se alteram diretamente com o volume da operação, os custos fixos permanecem constantes, independente do volume produzido. Comissões de vendas é um exemplo de despesa indireta variável, e o custo do aluguel de uma fábrica é considerado fixo, pois ele ocorrerá independente da quantidade de produtos aí fabricados. Interessante observar que enquanto os custos variáveis aumentam ou diminuem com a quantidade produzida, o custo variável unitário se mantém inalterado. Da mesma forma, enquanto os custos fixos permanecem iguais independentes de aumento ou diminuição na quantidade produzida, o custo fixo unitário irá variar aumentando ou diminuindo. Alguns custos são denominados de semivariáveis ou semifixos, pois tem um componente fixo e um componente variável. É o que ocorre, por exemplo, muitas vezes com os vendedores que recebem um salário (parcela fixa) mais uma comissão sobre as vendas (esta, a parcela variável).

2. **Texto Sugerido**:

Custos diretos são os custos identificados facilmente a um produto ou serviço. Custos indiretos, por outro lado, representam os demais custos que não podem ser facilmente associados a um produto ou serviço. No que se referem aos produtos/serviços, usualmente o material direto (componente tangível) e a mão de obra direta - MOD (a parcela correspondente às horas utilizadas na execução tangível do bem/serviço) são considerados diretos, enquanto os demais custos são classificados como indiretos. Alguns custos indiretos se aplicados a somente um produto/serviço são alocados diretamente aos mesmos como se diretos fossem. Por outro lado, a mão de obra direta representando uma obrigação a ser prestada mensalmente pela empresa, por força de legislações trabalhistas de muitos países, é por alguns autores, tratada como indireta. Então, na verdade a parcela de mão de obra aplicada diretamente na confecção do produto/serviço é a que deveria ser considerada como um custo direto, enquanto que a parte remanescente teria o tratamento de custo indireto. A mão de obra direta, segundo Garrison (2001) também é chamada de mão de obra de toque, pois os empregados da produção naturalmente tocam no produto durante o processo de fabricação.

3. **Texto Sugerido:**

O custo direto é um custo variável, pois, varia com a quantidade produzida. O material direto (MD) e a mão de obra direta (MOD) contidas em um produto terá seu valor dobrado quando se tratar de dois produtos, triplicado para três produtos, e assim sucessivamente.

4. **Texto Sugerido:**

Os custos indiretos podem ser fixos ou variáveis. Os custos fixos permanecem constantes, independente do volume produzido, por exemplo, aluguel de uma fábrica. Existem custos indiretos que variam com a quantidade produzida. Comissões de vendas é um exemplo de despesa indireta variável.

5. **Texto Sugerido:**

Basicamente, material direto (MD), mão de obra direta (MOD) e custos indiretos de fabricação (CIF), com isso chega-se ao custo fabril. Adicionando-se a ele as despesas de vendas, gerais e administrativas e impostos ter-se-á o custo final do produto.

6. **Texto Sugerido:**

O custeio direto ou variável, com o conceito de margem de contribuição e suas aplicações bem como a análise custo-volume-lucro, representou um aperfeiçoamento em relação às incertezas provocadas pelos rateios volumétricos da contabilidade tradicional de custos. O paradigma que se seguiu ao das apropriações baseadas em volume introduziu a distinção entre custos fixos e variáveis, que levou à análise custo-volume-lucro e ao custeio direto. A dicotomia entre os custos fixos/variáveis culminou no mais dinâmico desenvolvimento no gerenciamento de custos dos anos 40 aos 80, conforme Ferrara (1995).

Muito embora a margem de contribuição não seja um substituto ideal do lucro, principalmente se os custos fixos representam uma ponderável parcela do total dos custos, coloca o gerenciamento de custos numa situação claramente mais vantajosa que a do paradigma inicial representada pelo custeio tradicional por absorção.

7. <u>Texto Sugerido</u>:

A análise custo-volume-lucro (CVL) objetiva analisar o comportamento dos custos e do lucro mediante a variação do volume.

A análise CVL, segundo Jiambalvo (2002), pode ser realizada assim que os custos fixos e variáveis tenham sido determinados. Basicamente, uma análise de CVL é qualquer análise que explore as relações entre custos, volumes ou níveis de atividade e lucro. Para se proceder a essa análise, parte-se da equação fundamental que é:

Lucro = Receita total – Custo total

8. <u>Texto Sugerido</u>:

A análise de custo-volume-lucro é uma das mais básicas ferramentas de avaliação utilizadas pelos gerentes. Esta análise examina o comportamento das receitas e custos totais, dos resultados das operações decorrentes de mudanças ocorridas nos níveis de saídas (vendas), de preços de venda, custos variáveis por unidade ou custos fixos. Em geral, os administradores usam esta análise como uma ferramenta para ajudá-los a responder questões que envolvam expectativas quanto ao que acontecerá com o lucro se houverem modificações nos preços de venda, nos custos e no volume vendido. Abrange os conceitos de margem de contribuição, ponto de equilíbrio e margem de segurança.

9. Texto Sugerido:

A maior limitação da análise do ponto de equilíbrio é o fato do modelo se basear em apenas um produto o que está longe de acontecer na quase totalidade dos casos práticos.

Todavia, quando existem vários produtos o modelo não oferece uma solução. Horngren (1985), contudo, sugere que se os administradores escolherem uma combinação de vendas, ela pode ser expressa num gráfico de ponto de equilíbrio admitindo-se receitas e custos médios para uma determinada combinação. Exemplifica com o caso de uma empresa com dois produtos, com margem de contribuição unitária de $1 para o produto A e de $2 para o produto B, e em que os custos fixos são de $100,000. O ponto de equilíbrio seria de 100.000 unidades para o produto A ou de 50.000 unidades para o produto B, caso se tratasse de apenas um produto. Seja a seguinte combinação planejada: três unidades do produto A e uma unidade do produto B. A margem de contribuição de cada **pacote** de produtos seria de 3x$1 mais 1x$2, ou seja, 5$. A margem de contribuição média por unidade de produto passaria a ser, então, de 5$ ÷ 4 unidades de cada pacote, ou seja, $1,25.

O ponto de equilíbrio, na hipótese de se manter a mesma combinação, seria, pois, $100,000 ÷ $1,25 = 80.000 unidades (sendo 60.000 unidades de A e 20.000 de B).

10. Texto Sugerido:

- Classificação da satisfação dos clientes com base em dados de pesquisas de mercado.
- Percentual de pedidos entregues na data exigida pelo cliente.
- Taxa de defeitos na produção.
- Percentual de vendas relacionadas com novos produtos (uma medida de inovação de produtos).

11.

1)

Receita líquida		
Menos	R$ 1.000.000,00	100%
Custos variáveis (R$ 1.100.000,00 - R$ 500.000,00) =	R$ 600.000,00	60%
Margem de contribuição = R$ 2.100.000,00	R$ 400.000,00	40%

Receita = R$ 800.000,00 + 60% x Receita

40% x Receita = R$ 800.000,00

Receita = R$ 800.000,00 / 0,4 = R$ 2.000.000,00 (montante das vendas no ponto de equilíbrio)

2)

R = R$ 800.000,00 + 0,6 R + R$ 40.000,00

R = R$ 840.000,00

$$R = \frac{R\$\ 840.000{,}00}{0{,}4} = R\$\ 2.100.000{,}00$$

12.

Vendas		
Menos	R$ 5.000.000,00	100%
Custos variáveis	R$ 3.000.000,00	60%
Margem de contribuição	R$ 2.000.000,00	40%
(-) Custos fixos	R$ 1.000.000,00	
Lucro	R$ 1.000.000,00	

a)
Ponto de Equilíbrio

Receita = R$ 1.000.000,00 + 60% x Receita

$$Receita = \frac{R\$\ 1.000.000{,}00}{0{,}4} = R\$\ 2.500.000{,}00$$

Lucro Esperado

Vendas	R$ 5.500.000,00
Custos variáveis	R$ 3.300.000,00
Margem de contribuição	R$ 2.200.000,00
(-) Custos fixos	R$ 1.000.000,00
Lucro	R$ 1.200.000,00

b)

Ponto de Equilíbrio: R$ 2.500.000,00 (idêntico ao item a)

Lucro Esperado

Vendas	R$ 4.500.000,00
Custos variáveis	R$ 2.700.000,00
Margem de contribuição	R$ 1.800.000,00
(-) Custos fixos	R$ 1.000.000,00
Lucro	R$ 800.000,00

c)

Ponto de Equilíbrio

Receita = R$ 1.050.000,00 + 60% x Receita

$$Receita = \frac{R\$\ 1.050.000{,}00}{0{,}4} = R\$\ 2.625.000{,}00$$

Lucro Esperado

Vendas	R$ 5.000.000,00
Custos variáveis	R$ 3.000.000,00
Margem de contribuição	R$ 2.000.000,00
(-) Custos fixos	R$ 1.050.000,00
Lucro	R$ 950.000,00

d)

Ponto de Equilíbrio

$$\text{Receita} = R\$\ 950.000,00 + 60\% \times \text{Receita}$$

$$\text{Receita} = \frac{R\$\ 950.000,00}{0,4} = R\$\ 2.375.000,00$$

Lucro Esperado

Vendas	R$ 5.000.000,00
Custos variáveis	R$ 3.000.000,00
Margem de contribuição	R$ 2.000.000,00
(-) Custos fixos	R$ 950.000,00
Lucro	R$ 1.050.000,00

e)

Ponto de Equilíbrio: R$ 2.500.000,00 (idêntico ao item a)

Lucro Esperado

Vendas	R$ 5.350.000,00
Custos variáveis	R$ 3.210.000,00
Margem de contribuição	R$ 2.140.000,00
(-) Custos fixos	R$ 1.000.000,00
Lucro	R$ 1.140.000,00

f)

Ponto de Equilíbrio: R$ 2.500.000,00 (idêntico ao item a)

Lucro Esperado

Vendas	R$ 4.650.000,00
Custos variáveis	R$ 2.790.000,00
Margem de contribuição	R$ 1.860.000,00
(-) Custos fixos	R$ 1.000.000,00
Lucro	R$ 860.000,00

g)

Ponto de Equilíbrio: R$ 2.625.000,00 (idêntico ao item c)

Lucro Esperado

Vendas	R$ 5.500.000,00
Custos variáveis	R$ 3.300.000,00
Margem de contribuição	R$ 2.200.000,00
(-) Custos fixos	R$ 1.050.000,00
Lucro	R$ 1.150.000,00

h)

Vendas	R$ 5.000.000,00	100%
Menos Custos variáveis	R$ 2.850.000,00	57%
Margem de contribuição	R$ 2.150.000,00	43%

Ponto de Equilíbrio

Receita = R$ 1.100.000,00 + 0,57 x Receita

$$\text{Receita} = \frac{\text{R\$ } 1.100.000,00}{0,43} = \text{R\$ } 2.558.139,54$$

Lucro Esperado

Vendas	R$ 5.000.000,00
Custos variáveis	R$ 2.850.000,00
Margem de contribuição	R$ 2.150.000,00
(-) Custos fixos	R$ 1.100.000,00
Lucro	R$ 1.050.000,00

Capítulo 2

1. Texto Sugerido:

Muitas vezes confunde-se o sintoma com a causa. Um custo elevado de um produto/serviço, por exemplo, pode ter tido diferentes causas. Importante detectar qual a causa para que o problema possa ser sanado. Uma das ferramentas que pode ser aplicada na determinação das causas dos sintomas observados é a Árvore da Realidade Atual (ARA) do processo de raciocínio da Teoria das Restrições.

2. Texto Sugerido:

No início da revolução industrial poucos custos eram indiretos prevalecendo, pois, os custos diretos. Naquela ocasião como por exemplo a linha de montagem de Ford pouco se tinha de tecnologia e prevalecia, na produção, os mestres com seus funcionários. Com a trajetória observada até os dias atuais, a tecnologia com suas automatizações etc., vêm eliminando cada vez mais os custos diretos, mormente a mão de obra direta. Os custos oriundos das novas tecnologias são basicamente indiretos

3. Texto Sugerido:

Quando a contabilidade de custos surgiu, os métodos tradicionais de alocação dos custos indiretos foram aplicados com relativo sucesso, pois, naquele contexto, os produtos/serviços eram similares, os custos indiretos baixos, os processos de produção eram homogêneos, clientes/demanda/canais de marketing homogêneos, despesas de vendas/distribuição/administrativos baixos, margens altas. Nos dias atuais essas características não mais se observam nas empresas o que restringe em muito a aplicação dos métodos tradicionais de alocação dos custos indiretos.

4. Texto Sugerido:

O custeio baseado em atividades - ABC é a forma de custeio que permite que se calculem os custos de cada atividade que compõe os processos interdepartamentais melhorando a precisão em relação às alocações baseadas em volume do custeio tradicional. O gerenciamento baseado em atividades – ABM usa as informações do ABC para melhorar o negócio. Enquanto o ABC fornece a informação, o ABM usa essa informação para as várias análises que objetivam o melhoramento contínuo da produção.

5. Texto Sugerido:

O ABM objetiva alcançar dois alvos, ambos comuns a qualquer companhia: o primeiro é o de melhorar o valor recebido pelos clientes e o segundo, o de melhorar o lucro em consequência de se prover tal valor. Esses alvos são alcançados procurando-se focalizar nas atividades. Diversas são as ferramentas disponíveis para a redução dos custos atuando na melhoria dos processos. Assim, o ABC informa onde os custos estão elevados e precisam ser melhorados. Ao se utilizar as técnicas de melhoria nesses custos identificados pelo ABC estaremos gerenciando baseado em atividades.

6

	NoFunc.	SAL.	SUP.	S.I.	OCUP.	DEPR.	VIAGENS	
Inspeção de Recebimento	(4)	244.000	24.800	12.000	24.000	30.000	—	R$ 334.800
Inspeção Final	(4)	244.000	24.800	12.000	24.000	40.000	—	R$ 344.800
Pesquisa de Novos Fornecedores	(2)	122.000	12.400	6.000	12.000	—	20.000	R$ 172.400
		610.000	62.000	30.000	60.000	70.000	20.000	R$852.000

Foi assumido que, para as despesas de Pessoal, Suprimento, Sistema de Informação e Ocupação, o direcionador escolhido é o número de funcionários. Também se assumiu que quatro deles atendem exclusivamente à Inspeção de Recebimento, quatro estão atendendo à Inspeção Final e dois ao serviço de Pesquisa de Novos Fornecedores. Admitiu-se ainda que os funcionários recebem o mesmo salário. Para Depreciação utilizaram-se os critérios de depreciação registrados nos livros contábeis.

7

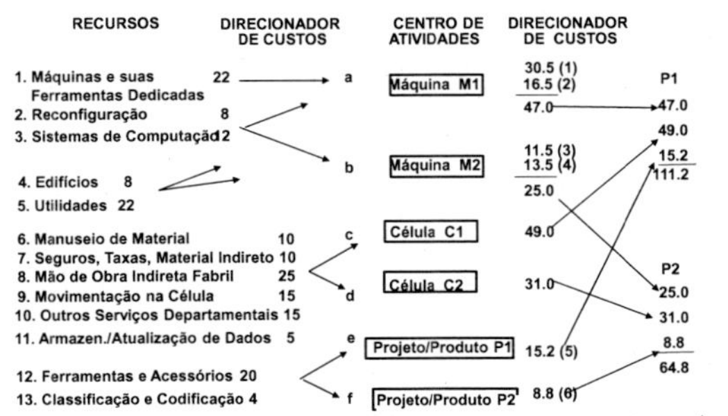

Explicação para alguns cálculos realizados:

1 Recurso 1 = 16
Recurso [2 + 3] = 20, sendo que 20 x 16/22 = 14.5
30.5

2 Recurso [4 + 5] = 30, sendo que 30 x 0,55 = 16,5

3 Recurso 1 = 6
Recurso [2 + 3] = 20 sendo que 20 x 6/22 = 5.5
11.5

4 Recurso [4 + 5] = 30, sendo que 30 x 0,45 = 13,5

5 Recurso 12 - P_1 = 608
Recurso 13 - P_1 = 152
760 : 50 lotes = 15.2

6 Recurso 12 - P_2 = 392
Recurso 13 - P_1 = 152
440 : 50 lotes = 8.8

Sistema Tradicional

Total de despesas indiretas = 176

Fator de rateio: horas de máquina por lote

$P_1 = 176 \times 155/300 = 90.9$

$P_2 = 176 \times 145/300 = 85.1$

8

Direcionadores de Custos Utilizados

Centro de Custos por Atividades	Direcionador de Custos	Volume Total	Custo p/ Atividades	
			Total	Taxa Unitária
Vendas	Valor em "real" das vendas	R$ 980.000	$ 49,00	5%
Propaganda	Quantidade de unidades vendidas	100.000	$ 40.000	$ 0,4
Armazenagem	Peso das quantidades embarcadas	270.000 kg	$ 27.000	$ 0,1
Seleção, empacotamento e embarque do pedido	Quantidade embarcada	100.000	$ 20.000	$ 0,2
Despesas gerais de escritório	Número de pedidos de clientes	500	$ 10.000	$ 20,00

Activity-Based Costing for Marketing. Lewis R. J., Management Accounting, novembro, 1991.

Lucratividade por Linha de Produto

	Total da Companhia	Linha de Produto A	B	C	Base de Alocação
Vendas	980.000	500.000	240.000	240.000	
Custos das Vendas	770.000	400.000	150.000	220.000	
Margem Bruta	210.000	100.000	90.000	20.000	
Menos: Despesas					
Vendas	49.000	25.000	12.000	12.000	5% das vendas
Propaganda	40.000	20.000	12.000	8.000	0,4/un. vend.
Armazenagem	27.000	10.000	9.000	8.000	0,1/kg emb.
Empac. e embarq.	20.000	10.000	6.000	4.000	0,2/un. vend.
Gerais de escritório	10.000	2.000	4.000	4.000	20/pedido
Despesas totais	146.000	67.000	43.000	36.000	
Lucros (Perdas) Operacionais	64.000	33.000	47.000	(16.000)	

Activity-Based Costing for Marketing. Lewis R. J., Management Accounting, novembro, 1991.

9

Texto Sugerido:

- Comprometimento da alta direção para com o programa.
- Ter em mente que a fase de implementação é tão complexa quanto a do planejamento/projeto do modelo a ser implantado. Portanto, sempre que possível, a fase do projeto já deverão levar em conta futuros problemas esperados na implementação. A questão da resistência às mudanças não pode deixar de ser considerada.
- Sugere-se a formação de um grupo de trabalho para desenvolver o projeto do ABC para a empresa e treinamentos/palestras específicos para os diversos grupos na empresa.
- Procurar manter os direcionadores de custos em um mínimo absoluto.
- Seguir a regra dos 80/20 de Pareto, alcançando 80% de eficácia com 20% de esforço, priorizando os 20% dos custos que representam 80% do valor total.
- Fazer um teste piloto antes, pois uma primeira experiência na empresa apresenta muitas dificuldades.
- Evitar identificar e custear todas as atividades.
- Lembrar que muitos direcionadores já podem estar disponíveis na empresa em outros sistemas.
- Envolver os diversos departamentos em um esforço transfuncional.

1

Respostas Capítulo 3

1. Certo (X)
2. Certo (X)
3. Tempo total disponível para a atividade = 2 * 50sem *30hr/sem*60min/hr = 180.000 minutos.
   Custo total = R$90.000,00 * 2 = R$180.000,00
   Taxa de capacidade = R$180.000,00 / 180.000 minutos = R$1,00/min. Custo da atividade = R$1,00/min * 20 min = R$20,00.

4. R$84.000,00 / 80% * 2.500 hr = R$42,00 por hora.

5. Resposta

Serviço	Atividades	Recursos c/ Pessoal	Custo/ minuto	Tempo	Custo/ total
Plano Operatório	Seleção/Preparação de processos e envio	Serviço de Internamento	0,58	3 minutos	R$ 1,74
	Distribuição de processos pelos médicos	Secretaria da unidade	0,58	1 minuto	R$ 0,58
	Realização do plano	Médico	2,48	4 minutos	R$ 9,92
	Registro informático do plano	Secretaria da unidade	0,58	2 minutos	R$ 1,16
			Total	10 minutos	R$ 13,40

Adaptado de Lopes (2017)

Administrativo	
Dias práticos de trabalho/mês	24
Horas de trabalho/dia	7
Minutos de trabalho/dia	420
Minutos de trabalho/mês	10.080
Remuneração mensal	R$ 5.800,00
Custo por minuto	**0,58**

Adaptado de Lopes (2017)

Médico	
Dias práticos de trabalho/mês	24
Horas de trabalho/dia	7
Minutos de trabalho/dia	420
Minutos de trabalho/mês	10.080
Remuneração mensal	R$ 25.000,00
Custo por minuto	**2,48**

Adaptado de Lopes (2017)

Respostas Capítulo 4

1. Texto Sugerido:

Qualquer tempo perdido no gargalo seja através da preparação de máquinas, da produção de unidades defeituosas, ou da fabricação de produtos não demandados pelo mercado, diminui o tempo total do recurso restritivo. A produção obtida no gargalo comanda a produção do sistema total.

A teoria das restrições determina que só exista benefício na melhoria da eficiência do processo produtivo (redução dos tempos de máquinas ou processos), se for o fator restritivo, diferentemente do que usualmente acontece nas fábricas onde a preocupação em melhorar a eficiência não é sempre seletiva.

2. Texto Sugerido:

Como os recursos restritivos determinam o ritmo de produção dos não restritivos, não existe nenhum benefício na economia de tempo nestes últimos, já que tal economia de tempo redunda na ociosidade desse recurso.

As economias de preparação em não gargalos não torna o sistema nem um pouco mais produtivo. O tempo e o dinheiro economizados não passam de miragem.

3. Texto Sugerido:

A teoria das restrições advoga que não se deve equilibrar a capacidade com a demanda, e sim o balanceamento do fluxo de produção na fábrica com a demanda. A ênfase recai sobre o fluxo dos materiais e não na capacidade instalada dos recursos. Isto só é possível através da identificação dos gargalos (restrições) do sistema, que são, pois, os recursos que vão limitar o fluxo do sistema como um todo.

A abordagem tradicional procura o balanceamento da capacidade dos recursos e, a partir daí, tenta estabelecer um fluxo suave, se possível contínuo. O objetivo da TOC, por seu turno, é tornar o fluxo através do gargalo igual à demanda do mercado, na realidade, um pouco menor do que a demanda. A razão para ficar um pouco abaixo do fluxo de mercado é que, ao manter o fluxo igual à demanda do mercado, existe o risco de que ao se diminuir a demanda, a companhia perca dinheiro.

4. Texto Sugerido:

Esse princípio determina que a utilização de um recurso não gargalo é nivelada em função das restrições existentes no sistema. Elas podem ser representadas pelos recursos internos com capacidades limitadas ou pela limitação da demanda do mercado.

5. Texto Sugerido:

a. A restrição está na operação C1, que é o recurso gargalo com a produção de 10un/h.

b. Elevando-se a restrição (operação C1) para 15un/h (4º. Passo de focalização da TOC), as operações A2, C1 e C2 passarão a ser restrições internas com 15un/h.

c. A restrição é externa e representada pela demanda do mercado com 12un/h.

d. Desenvolver novos mercados/novos canais de distribuição, desenvolver novos produtos, aperfeiçoar os produtos atuais, etc.

6.

Decisão do Mix de Produtos

Margem de Contribuição/Minuto por Tempo de Restrição (Recurso 1)

Produto	Preço de Venda		Custo de Material		Minutos de Recurso 1 Tempo Requerido		Margem de Contribuição por Minuto
A	R$ 180	–	R$ 65	÷	0	=	∞
B	R$ 240	–	R$ 95	÷	34	=	R$ 4,26
C	R$ 180	–	R$ 65	÷	140	=	R$ 8,21

Uso Eficiente do Recurso 1

Tempo total de máquina disponível: 5 dias x 8 horas por dia x 60 minutos por hora	2.400 min
(-) Tempo gasto para setups	45min
(-) Tempo gasto para C: 40 unidades x 14 minutos	560 min
Tempo remanescente para produzir B	1.795 min

Tempo requerido para cada un. de B = 34 min. $\frac{\text{1.795 minutos requeridos}}{\text{34 minutos por unidade}}$ = 52,8 un. de B

Resultado Operacional - Mix Ótimo de Produtos

Produto	Unidades	Preço de Venda Menos Material	Total	Recurso 1 Tempo Gasto 1
A	40	R$ 115,00	R$ 4.600	560 minutos
B	52	R$ 145,00	R$ 7.540	1.768 minutos
C	40	R$ 115,00	R$ 4.600	0
			R$ 16.740	2.328 minutos
				45 minutos de set up
				2.373 minutos
Menos outros custos de fabricação			(10.000)	
Lucro liquido antes das taxas			R$ 6.740	

Spoede et al., "Using Activity Analysis To Locate Profitability Drivers", 1993.

7. Texto Sugerido:

O sistema I aparenta ser o mais complexo, pois não apresenta uma estrutura lógica com conexões que relacionam as relações de causa e efeito entre as entidades. O sistema 2, embora apresente mais entidades, todas estão relacionadas entre si através das conexões de causa e efeito

8. Texto Sugerido:

As causas-raiz e o problema-raiz, que no processo de raciocínio respondem à primeira pergunta (*O Que Mudar?*), equivalem ao primeiro dos cinco passos de focalização da TOC , *Identifique a Restrição*. Assim, o problema-raiz pode ser considerado como sendo a restrição do sistema e as causas-raiz, as RCR (Recursos com Capacidade Restrita). A identificação do conflito e as injeções que quebram os paradigmas que perpetuam o conflito correspondem ao quarto passo *Levante a Restrição do Sistema*

9. Texto Sugerido:

Como se sabe um importante aspecto a ser considerado nas implementações é o da resistência às mudanças, e as árvores de pré-requisitos e de transição são as ferramentas do processo de raciocínio que respondem à pergunta Como Fazer para Mudar? Essas duas árvores cuidam, pois, da implementação das soluções sugeridas. Acredita-se que se existem problemas relacionados à resistência às mudanças, eles poderão surgir quando da criação da ARA e da ARF ensejando, assim, medidas que irão preveni-las.

Respostas Capítulo 5

1. Texto Sugerido:

No custeio por absorção os custos nos inventários somente aparecem no período em que os produtos são vendidos. Assim, no período em que são produzidos e estocados esses custos não aparecem, prática que estimula o excesso de produção e que é exacerbado quando os gerentes recebem bônus associados à produtividade.

2. Texto Sugerido:

Infelizmente, aqueles que conduzem estudos de campo também comentam da insatisfação encontrada pelos gerentes de produção com a aparente falha de seus departamentos de contabilidade gerencial em desenvolver métodos que irão ajudar as organizações na tomada de decisões sadias. Pesquisas entre contadores e gerentes de produção da mesma companhia, concluíram que os gerentes foram mais precisos em reportarem as deficiências no trabalho dos contadores, do que os contadores, na realidade, o fizeram. Essas pesquisas também mostraram que os gerentes estão buscando o departamento de tecnologia de informação para criarem relatórios que os contadores são incapazes (ou não desejam) de fazer. Integrando produção e contabilidade requer diálogo através das barreiras funcionais. Os grupos de trabalho, técnico e operacional, que inicia a produção *lean*, estão muitas vezes em divergência com aqueles de finanças que medem e avaliam os últimos resultados. Esses dois grupos tendem a falar línguas diferentes, com cada um entendendo seu próprio jargão. Os contadores que estão desejosos de se ajustarem às novas metodologias de produção precisam se misturar com os do chão de fábrica que, por sua vez, precisam da informação. Os gerentes de contabilidade precisam ser adaptáveis e desejosos de calcular as rápidas variações nas atividades e processos.

3. Texto Sugerido:

Um sistema tradicional de custeio por absorção, com sua ênfase no curto-prazo, pode facilmente enganar os tomadores de decisão. Os benefícios de pequenos inventários, produtos de alta qualidade, e aumento na satisfação do cliente torna-se óbvio somente após um longo período de tempo. Isso porque uma redução do inventário, que costuma ocorrer, nas implementações *lean,* pode conduzir a elevados custos das mercadorias vendidas e em consequência a redução na lucratividade.

4. Texto Sugerido:

As organizações manufatureiras historicamente trabalham através dos sistemas de empurrar a produção, fabricando produtos para estoques (a partir das previsões de vendas), antes de receber os pedidos dos clientes. As organizações enxutas (*Lean*) trabalham a produção de peças/partes a partir da demanda. Organizações de serviço já operam dessa forma em função de suas características. Quando os passos que agregam valor são organizados em fluxo, e flui ininterruptamente o cliente pode então puxar valor através do sistema. Os métodos tradicionais de produção tendem a empurrar produtos através do sistema na esperança de que o cliente irá comprá-los uma vez que sejam produzidos. Para tanto, tiveram sua época de sucesso os sistemas computadorizados conhecidos como MRP para empurrar a produção. Em um ambiente puxar, nenhum trabalho é completado até que seja requerido pelo processo imediatamente posterior. Seja o exemplo de um Supermercado. Se operando pelo Sistema de Puxar as vendas de um determinado item da prateleira é que comandam sua reposição. Ou seja, se uma determinada quantidade sai da prateleira (determinada pelo seu cartão *kanban*) este então vai comandar sua reposição na etapa anterior. Nessa etapa assim que a quantidade é transferida (comandada também pelo seu respectivo cartão *kanban*) ela também irá comandar a transferência em sua respectiva etapa anterior, e assim sucessivamente. Considerando-se o mesmo Supermercado e caso utilizada a Sistemática de Empurrar, os estoques das prateleiras e almoxarifados são construídos a partir de uma previsão de vendas na esperança de que os clientes irão comprar conforme o previsto.

5. Texto Sugerido:

- Produção com muitos atrasos na entrega.
  - Serviços paralisados em consequência de falta de empregado e de faltas em estoque.
  - Os empregados, no chão de fábrica, despendendo muito tempo em esperas.
  - O capital da empresa imobilizado nos inventários.
  - O tamanho dos lotes de produção bem maiores do que as taxas de consumo.
  - Muita movimentação e diversos estágios de estocagem no processo produtivo.

6.

a) 10un
b) 18min
c) 72min
d) 180min
e) 180 – 72 = 108min

7. Texto Sugerido:

A valorização dos inventários também muda na contabilidade *lean*. Uma vez que o foco é na produção para somente atender as demandas dos clientes, os inventários tendem a ser muito menores que nas operações de fabricação tradicional. Assim, o demonstrativo simples utilizado inclui uma linha para inventário, e para valorizá-lo levam-se somente poucos minutos. E em adição a isso, nesses demonstrativos financeiros as companhias *lean* incluem, muitas vezes, dados não financeiros.

8. Texto Sugerido:

Assim que a companhia implementa essa abordagem de fazer negócio, seus informes financeiros muitas vezes mostram um temporário golpe na linha de lucratividade, como mão de obra e custos indiretos que mudam da conta de inventário no balanço patrimonial, para despesa no demonstrativo de resultados, reduzindo, pois, os lucros. Tratar o inventário como um ativo nos demonstrativos financeiros permite que a companhia compare seus custos com as receitas, como o custo dos produtos vendidos quando ele vende o produto. Nas operações *lean*, onde o objetivo é produzir somente para atender a demanda, essa estratégia reduz inventário ao ponto dele ser desprezível.

9. Texto Sugerido:

Alguns dos mais significativos desenvolvimentos envolvem os melhoramentos operacionais que afetam os clientes. Os *lead times* para prover produtos ou serviços para os clientes diminuem, e as entregas em tempo ao cliente, melhoram. Essas mudanças são boas para os clientes, mas pela perspectiva de Vendas elas afetam o comportamento dos clientes de forma negativa no curto prazo: Os clientes compram menos (isso porque eles passam a colocar seus pedidos mais próximos do tempo de que vão precisar dos produtos, e assim podem reduzir seus estoques de segurança), resultando em reduções de receitas. O resultado é um declínio temporário nos lucros que continua até que os inventários dos clientes estejam completamente baixos. Obviamente que isso somente acontece no curtoprazo. Contudo, a Administração das empresas exige resultados de imediato.

10. Texto Sugerido:

Na implementação para a manufatura enxuta a produtividade por empregado cresce significativamente. No curto prazo, contudo, nada de novo acontece na lucratividade da empresa; os melhoramentos nos lucros e perdas da empresa representam apenas uma miragem. E por que isso? Obviamente que desligar funcionários não é uma opção recomendada na transição para *lean*, uma vez que esta requer considerável envolvimento por parte da força de trabalho; em que as pessoas são polivalentes no sentido de desempenhar múltiplos papéis. Para estimular as mudanças, o gerenciamento sênior sinaliza para segurança no emprego a toda força de trabalho. Existe um receio de que os melhoramentos posteriores de produtividade não se materializariam caso os empregados acreditassem que os ganhos de produtividade iriam levar a mais desempregos. Assim, os empregados não necessários, nesse instante, são transferidos para outras tarefas não significando que houve melhorias nos resultados.

11. Texto Sugerido:

O mesmo pode-se dizer com relação à capacidade de equipamentos que se tornam ociosos em função dos melhoramentos introduzidos. Obviamente que no longo prazo a empresa poderá melhor utilizar essa mão de obra e capacidade sobressalentes. Ou seja, o resultado da capacidade adicional das companhias criadas através de ganhos de produtividade pode não ser usado para outros objetivos no curto prazo, em parte pelo fato das companhias precisarem manter um ambiente de produção estável. Em muitos casos, além disso, leva tempo para encontrar oportunidades para o crescimento. Estabilidade é importante nas transições *lean* porque o fluxo de trabalho tem de ser padronizado; e se o volume do pedido for aumentando rapidamente, como, aliás, costuma acontecer, importante ter capacidades, tanto de pessoal quanto de equipamentos, com certa folga. Os grupos de transição esperam cerca de 18 meses antes de tentar aumentar os volumes de vendas, mesmo acreditando que têm capacidade sobressalente. Isso dá às forças de trabalho, tempo para reconhecer que a capacidade adicional não é uma pequena falha, e dá aos clientes confiança de que os ganhos de desempenho irão continuar.

12. Texto Sugerido:

O mapeamento do fluxo de valor é um bom método para diagramar um processo, identificar e quantificar os desperdícios e procedimentos não apropriados como superprodução, espera, movimentos desnecessários, etc. O mapeamento do fluxo de valor foi desenvolvido para mapear e analisar os processos de produção, especialmente fluxo de lotes e de processos. Deve-se observar, ao se mapear, que o fluxo de valor é constituído de todas as atividades, tanto as que agregam valor quanto as que não agregam valor. Naturalmente que essa análise do fluxo permite que se identifique o que não adiciona valor nem para o cliente nem para o negócio baseado nos sete desperdícios enunciados por Ohno.

O impacto financeiro do melhoramento enxuto é calculado em cima do mapa do fluxo de valor da situação atual, e das propostas de melhoramentos feitas nele para a obtenção do mapa do fluxo de valor futuro.

13.

a. O tempo de processamento operacional de um lote de dez unidades = 50 + 30 + 60 + 30 = 170;
b. O tempo total do lote 170 + 46 = 216;
c. O tempo de processamento que não agrega valor = 46;
d. O layout por células de produção;

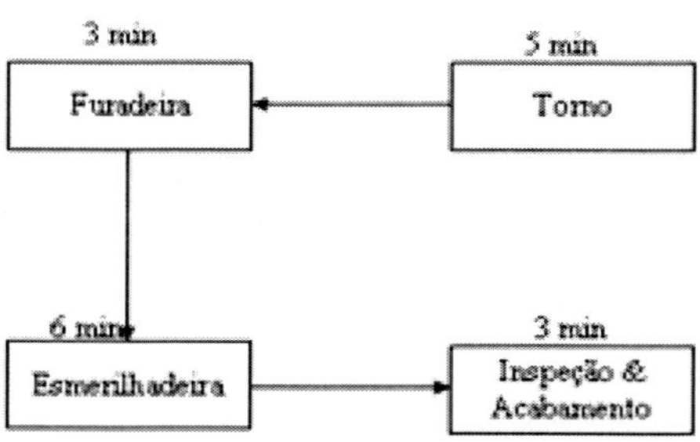

e. O tempo decorrido para a primeira unidade pronta na célula de produção = 17 min;
f. O tempo decorrido para a décima unidade pronta na célula de produção = 71min;
g. O tempo economizado sobre a produção tradicional = 170 - 71 = 99 min;

14.

Seja a figura em que a produção do produto A é de 12 unidades por hora por conta da operação que é a restrição (fundição com 5 minutos). Se ela tiver um custo de conversão (todos os custos, menos o custo de material) de R$840,00 por hora, então o custo unitário de conversão do produto A será de R$70,00 por unidade (= R$840,00/12).

Figura 5.7 – Como entender os custos na Produção Enxuta

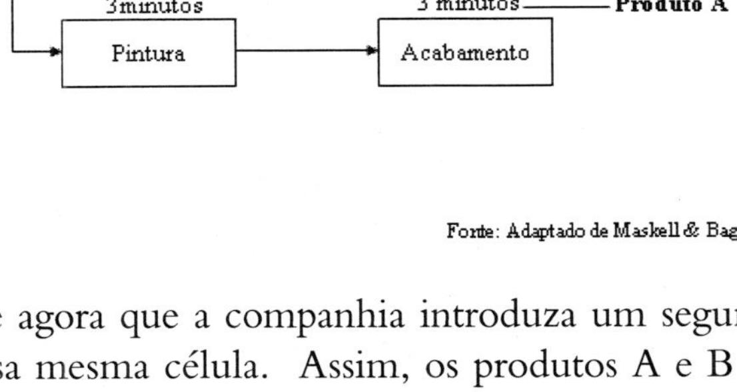

Fonte: Adaptado de Maskell & Baggaley

Considere-se agora que a companhia introduza um segundo produto, Produto B, nessa mesma célula. Assim, os produtos A e B são feitos de forma alternada dentro da célula. A taxa de produção continua sendo de 12 unidades por hora. Contudo, o total do tempo de mão de obra e máquina para fabricar B é muito maior do que para o produto A (20 minutos contra 15 minutos). Muito embora essa diferença em tempos de mão de obra e máquina, o custo do produto B irá ser o mesmo. A companhia pode fazer 12 produtos A por hora ou 12 produtos B por hora. Assim, como o custo de conversão é de R$840,00 e se por acaso o custo de material for o mesmo para ambos os produtos, os custos dos produtos A e B serão rigorosamente iguais muito embora o produto B consuma mais tempo de recursos do que o produto A. Essa é a lógica quando se passa da produção em massa tradicional para a produção através de fluxo de valor.

15. Texto Sugerido:

Praticamente o único custo alocado aos fluxos de valor é uma carga por metro quadrado para o fluxo de valor de suporte de facilidades (aluguel, manutenção dos prédios, utilidades, etc.). A lógica por trás disso é o de estimular, os membros dos grupos de fluxo de valor, a minimizar os espaços ocupados para operarem os fluxos de valor.

16. Texto Sugerido:

O custo unitário médio é calculado coletando-se todos os custos do fluxo de valor para a semana e dividindo-se pela quantidade de unidades embarcadas para os clientes nessa mesma semana. Alguns utilizam a média do total de custos do fluxo de valor (incluindo os custos de materiais); outros preferem usar a média dos custos de conversão por unidade. Se os produtos são muito similares e possuem custos similares, então a média do custo total é adequada. Se os produtos têm custos de materiais divergentes, mas processos de produção similares, então, a média dos custos de conversão é um indicador melhor.

17. Texto Sugerido:

Decisões de preços para organizações enxutas nunca foram feitas precisando do custo dos produtos. A organização enxuta foca no valor criado para o cliente ou para o mercado. É o valor ao cliente quem determina o preço. O valor para o cliente não tem relação de causa e efeito com o custo do produto. Considerando-se que os preços são determinados pelo mercado somente temos que fazer outra pergunta em resposta a essa questão: Será que estamos produzindo um lucro nesse produto se o vendermos a esse preço? É inútil, pois, determinar a lucratividade apenas tomando-se como referência o produto. A abordagem correta é olhar para o potencial do pedido e trabalhar o seu efeito na lucratividade do fluxo de valor como um todo.

A maior parte das decisões pela qual é necessária a precificação é feita nos fluxos de valor sem levar em consideração o custo dos produtos. Apenas em poucos casos ela se torna necessária (preços de transferência e na exportação de produtos).

18.

Fazer internamente: L = 4.000.000 – 1.700.000 – 860.000 = R$1.440.000
Comprar externamente: L = 4.000.000 - 1.940.000 - 780.000 = R$1.280.000
Melhor continuar fazendo a peça internamente.

Respostas Capítulo 6

1. Texto Sugerido:

Custo meta corresponde ao preço que os clientes desejam pagar para o produto/serviço deduzido do lucro que o empreendedor deve receber para executar o respectivo produto/serviço. A melhor maneira de reduzir custos é implementar o custeio meta no estágio de projeto.

O custeio meta é uma ferramenta de gerenciamento estratégico que busca reduzir o custo do produto durante seu ciclo de vida. O custeio meta presume uma interação entre a contabilidade de custos e o resto da empresa; através de um bem executado planejamento em longo prazo do lucro; e o comprometimento para com o melhoramento contínuo.

A necessidade de se garantir o lucro final previsto para os produtos/serviços, em que todas as despesas são absorvidas, levou ao desenvolvimento a partir dos anos noventa, de um novo paradigma no gerenciamento de custos - o custeio meta (*target costing*) utilizado originalmente na indústria japonesa.

2. Texto Sugerido:

O custeio do ciclo de vida (CCV) é uma metodologia desenvolvida para a tomada de decisão nas aquisições de capital e em projetos, onde utiliza uma compreensível análise econômica de alternativas competitivas. Usa procedimentos contábeis universalmente aceitos para a determinação do custo total do projeto ou da aquisição de propriedade. Leva em consideração todos os serviços previstos no período útil de vida do citado projeto ou aquisição, bem como todos os custos que aí incidem.

Assim procedendo estará a organização zelando pelos interesses de seus acionistas (que no setor privado é representado pelos proprietários das ações, e no setor público, pelos que pagam os impostos). Dessa forma, estará ela, pois, exercendo, a um só tempo, uma ação proativa, e respondendo pelos gastos dos fundos orçados e pelos resultados.

3. Texto Sugerido:

Introdução, Crescimento, Maturidade, Saturação e Declínio.

Existem cinco estágios do ciclo de vida do produto: Estágio de Introdução, de Crescimento, de Maturidade e Saturação, e por último de Declínio.

Introdução onde o bem ou produto é introduzido no mercado.

Crescimento onde o produto é aceito pelo público e entra, então, na fase de crescimento.

Maturidade e **Saturação** onde as vendas passam a ter um crescimento desacelerado e os lucros começam a cair. Quando o produto atinge a saturação, as características de competição se tornam mais acirradas, onde o produto depende das condições econômicas.

Declínio onde ocorre a redução da quantidade demandada, fazendo com que muitos produtores abandonem o mercado.

4. Texto Sugerido:

A melhor maneira de reduzir custos é implementar o custeio meta na fase de projeto. Aliás, é somente nessa etapa que se justifica sua aplicação. Cerca de quatro quintos de todos os custos são determinados no estágio de projeto do produto ou serviço. Os custos de operação, por seu turno, ocorrem como resultado inexorável das características dos produtos e dos processos que foram fixadas na fase do projeto do produto. O entendimento de que a maior parte das despesas já estará comprometida, uma vez que o projeto seja definido, mostra que os esforços para a redução de custos deveriam acontecer justamente na fase do projeto, antes, portanto, que as despesas efetivamente ocorram.

5. Texto Sugerido:

Kaizen é um termo japonês que significa melhoramento contínuo, gradual. Custeio *kaizen* é o melhoramento contínuo aplicado na redução de custos durante a fase de fabricação, no ciclo de vida de um produto.

6. Texto Sugerido:

O kaizen integra, juntamente com o custeio meta, o gerenciamento de custos segundo a visão japonesa. Assim, o custeio meta é aplicado antes que os produtos ou serviços entrem em produção e o custeio *kaizen* o complementa, sendo aplicado de forma contínua e gradual após os mesmos entrarem na fase de produção.

7. Texto Sugerido:

Atividades que agregam valor são atividades que, aos olhos do consumidor final, agregam valor ao produto ou serviço. Ou seja, atividades pelas quais o consumidor ficaria feliz em pagar por elas.

Exemplo, em uma empresa que fabrica televisores, o aparelho de televisão tangível agrega valor para o consumidor final.

8. Texto Sugerido:

Atividades que não agregam valor são atividades que, aos olhos do consumidor final, não agregam valor ao produto ou serviço e que são desnecessárias em qualquer circunstância. Estas atividades são nitidamente desperdícios e devem ser eliminadas a curto e médio prazo. Exemplo, excesso de inventário, mão de obra ociosa, máquinas ociosas, etc.

9. Texto Sugerido:

Atividades necessárias que não agregam valor são atividades que, aos olhos do consumidor final, não agregam valor ao produto ou serviço, mas, que são necessárias ao negócio. Exemplo, o trabalho do contador em uma empresa não agrega valor aos olhos do consumidor, agrega valor, contudo, para o negócio da empresa.

10. Preço de venda ao mercado atacadista = 145 / 1,4 = 103,57

11. Matriz Função-Custo

Matriz Função-Custo

Departamentos Operações Componentes etc.	Custos % Total	Função (Verbo + Substantivo)									
		Projetar slide	Prover iluminação	Concetrar iluminação	Formar imagem	Segurar slide	Mudar slide	Sistema de ventilação	Prover Estrutura	Proteger iluminação	
Chassis	R$ 10,00/12,6%								R$ 10,00		
Cobertura	R$ 2,50/3,1%									R$ 2,50	
Lâmpada	R$ 2,50/3,1%		R$ 2,50								
Alojamento da lâmpada	R$ 5,00/6,3%								R$ 2,50	R$ 2,50	
Sistema do condensador	R$ 5,00/6,3%			R$ 5,00							
Lente de proteção	R$ 25,00/31,5%				R$ 25,00						
Elevação da lente	R$ 5,00/6,3%				R$ 5,00						
Protetor do slide	R$ 1,25/1,6%					R$ 1,25					
Mecanismo de mudança	R$ 6,25/7,9%						R$ 6,25				
Ventilador	R$ 0,65/0,8%							R$ 0,65			
Motor do ventilador	R$ 11,25/14,2%							R$ 11,25			
Parte elétrica	R$ 5,00/6,3%		R$ 2,50					R$ 2,50			
Total	R$ 79,4/100%		R$ 5,00	R$ 5,00	R$ 30,00	R$ 1,25	R$ 6,25	R$ 14,40	R$ 12,50	R$ 5,00	R$79.40
			6,3%	6,3%	37.8%	1.6%	7.9%	18,1%	15.7%	6.3%	100.0%

Capítulo 7

1. Texto Sugerido:

Os gerentes reclamam que usam o custo para tomada de decisões em ações como preço, lucratividade do produto ou de terceirização. Assim, nem sempre as companhias podem precificar um produto com base no custo (custo mais lucro). Cada vez mais o preço é fixado pelo que o cliente deseja pagar (custo baseado em valor), estando subordinado, todavia, ao que o mercado estabelece, ou seja, o cliente deseja pagar o preço definido pelas leis do mercado desde que seja igual ou inferior ao preço baseado no valor criado.

2.

Preço de Venda = Custo Fixo + Custo Variável + Lucro, ou

Preço de Venda − Custo Variável = Custo Fixo + Lucro, ou

Margem de Contribuição = Custo Fixo + Lucro

3. **Texto Sugerido:**

A fim de maximizar o lucro da corporação, a seguinte consideração pode ser realizada: priorizar o fornecimento às unidades divisionais em que o preço de transferência menos os impostos do país forem os maiores. Esse procedimento retilíneo irá maximizar o lucro final. Obviamente que outras considerações podem ser consideradas como necessidades estratégicas de determinada unidade divisional mesmo que situada em países com taxa de impostos superior.

4

Materiais diretos	= R$ 1,81
Embalagem	= R$ 0,32
Mão de obra direta	= R$ 0,53
Outros custos variáveis	= R$ 2,19
	4,85
Comissão de vendedores	= 5%
ICMS, PIS, Cofins, IR	= 23,05%
IITV	= 28,05%

1

Custos indiretos de produção fixos	= 4,00%
Despesas Financeiras	= 3,00%
Despesas de Expedição	= 3,00%
Margem de Lucro Desejada	= 12,00 %
	MC = 22,00 %

Preço de Venda	100,00%
(Menos)	
ITV	28,05%
MC	22,00%
Markup divisor	49,95%

Matérias-primas + MOD + Embalagem + Outros custos variáveis	R$4,85
Markup divisor	49,95%
	R$9,71

2

5

Preço de Venda	100,00%
(-) ITV	23,65%
(-) MC	31,00%
Markup divisor	45,35%

Preço de Venda à Vista:

Matérias-primas	R$ 350,00
Outros materiais	R$ 250,00
[dividido pelo Markup divisor]	45,35%
Preço de Venda	R$ 1.323,04

Preço de Venda a Prazo:

R$ 1.323,00 x [(1,02)x(1,02)x(1,02)] = R$ 1.323,04 x 1,0612 = R$ 1.404,01

1

Índice

F

G

H

I

L

M

O

P

R

S

T

V

Impressão e acabamento
Gráfica da Editora Ciência Moderna Ltda.
Tel: (21) 2201-6662